二十五史

【名著精读】感受国学博大精深

读史使人明智，研读二十五史，可以使自己的史学知识潜移默化地提高，传世之作也能让人重温大国崛起历史、瞬间唤醒民族智慧，将五千年兴衰成败尽收眼底，明了中国历史演进的基本脉络和发展历程。

國學经典

文化，民族之本。国学，文化之基。

经典是唤醒人性的著作，可以开启人的智慧。国学能深入到一个人心灵的最深处。国学能培养一个人优雅的性情和敦厚的性格。

荟萃国学精华 传承华夏魂脉

〔西汉〕司马迁等◎著

云南出版集团公司
云南人民出版社

图书在版编目(CIP)数据

二十五史／(西汉)司马迁等著；文婕编著. －昆明：云南人民出版社，2011.6(2013.7重印)

(中国古典名著百部藏书)

ISBN 978-7-222-07969-4

Ⅰ.①二… Ⅱ.①司… ②文… Ⅲ.①中国历史:古代史-纪传体-通俗读物 Ⅳ.①K204.1-49

中国版本图书馆CIP数据核字(2011)第096488号

图书策划　学海伟业
责任编辑　吴　虹　唐　俊
排版制作　腾飞文化

书　　名　二十五史

主　　编　宋学海
作　　者　(西汉)司马迁　等著
　　　　　文婕　编著
出　　版　云南出版集团有限责任公司
　　　　　云南人民出版社有限责任公司
发　　行　云南人民出版社有限责任公司
社　　址　昆明市环城西路609号
邮　　编　650034
网　　址　www.ynpph.com.cn
E－mail　rmszbs@public.km.yn.cn
开　　本　787×1092　1/16
印　　张　25
版　　次　2011年8月第1版　2023年1月第2次印刷
印　　刷　北京山华苑印刷有限责任公司
书　　号　ISBN 978-7-222-07969-4
定　　价　55.00元

前言

中华民族有着数千年的文明历史，创造了光辉灿烂的古代文化，其中中国传统国学是我国辉煌灿烂的文化典籍的核心部分，它博大精深、源远流长，显示出中华文化的深厚根基，给人类留下了丰富的精神财富。它是我们炎黄子孙的文化精髓，它塑造了我们中华民族的民族精神。是培育民族精神的重要资源，它开启心智，滋润生命，陶冶人格，塑造灵魂。

开卷有益，忙碌中的人们闲暇之时，最应该用传统国学来陶冶自己的情操，开阔自己的心胸，提高自己的人文修养，用先人的哲思来涤荡自己忙碌的心灵。坚持着阅读的爱好，在潮流文化的强大攻势下，让传统文化永驻我们的心田。“复兴国学，从根本上讲，是复兴中华民族的自尊心、自信心。”我们要斟选传世经典著作中最最经典的部分来读，要以开放的胸襟和燃烧的激情去承接古人的经典大论与哲思华章，以自豪而不狂妄，执著而不僵化的精神风貌来直面当今社会的竞争与挑战。

为了弘扬中国传统文化，帮助读者深刻了解我们的历史与文化，用经典历史文学知识陶冶情操、提高文化修养，同时使国学得到承传，得以弘扬光大，我们精心编排了本书，文章中为了便于读者理解和领会古代先贤的思想与精神，我们选取了与正文相契合的插画，将插画与正文有机地结合在一起，可大大增加读者的阅读趣味。

本书选取了国学经典著作中很多优秀的作品及资料，博采各类经典作品的长处，并有所创新，以使得本书风格迥异、卓然超群，相信会给读者带来全新感受。

由于时间仓促，书中难免有不尽之处，恳请读者朋友们提出宝贵意见，在此深表谢意。

目录

史记

汉书

后汉书

三国志

晋书

宋　书

南 齐 书

梁　书

陈　书

魏　书

北齐书

周　书

南史

北史

隋书

旧唐书

新唐书

旧五代史

新五代史

宋史

辽　史

金　史

元　史

明史

清史稿

史 记

《史记》概论

司马迁是我国西汉时期杰出的史学家、思想家和文学家，他著的《史记》是中国第一部纪传体通史和第一部传记文学名著。

《史记》的最后一篇《太史公自序》是司马迁的自传。在这篇自传中，司马迁将其始祖追溯到颛顼时代的重、黎。颛顼任命南正重主管有关天的事务，任命火正黎主管有关地的事务。世代相传，历经唐、虞、夏、商，到周宣王时成为司马氏。司马氏世代任周朝史官，到东周惠王、襄王时去周适晋，此后便分散在卫、赵、秦等国，司马迁便是属秦一支的后裔。秦惠文王时，司马迁的八世祖司马错伐蜀有功，做过蜀郡守。秦昭襄王时，司马错之孙司马靳为武安君白起部将，与白起攻打赵国的长平，坑杀赵军，后与白起被逼迫自杀。秦始皇时，司马靳之孙司马昌曾任主铁官。至汉初，司马昌之子司马无泽做过长安街市的市长。司马无泽之子司马喜曾任五大夫。司马喜之子司马谈为汉太史令，掌天官，重操祖业，他便是司马迁的父亲。

司马谈“学天官于唐都，受《易》于杨何，习道论于黄子”，精通天文历法、阴阳顺逆，崇尚黄老之学，谨奉太史职守。《自序》所裁《论六家要旨》精辟阐述阴阳、儒、墨、法、名、道德六家学说的核心思想，对前五家既有肯定也有批判，唯独对道家推崇备至，试图以道家融合诸家。司马谈的学识、思想和修撰史书的宏愿对司马迁有着巨大的影响。司马迁追溯其“世序天地”、“世典周史”的古老家世，落脚点便在于父子重操祖业，以继承孔子修《春秋》自诩，这是他顽强著述的主要动力之一。

司马迁字子长，左冯翊夏阳（今陕西韩城）人。一般认为，他生于汉景帝中元五年（公元前 145 年），约卒于汉武帝征和三年（公元前 90 年），他的一生大致与汉武帝相始终。

司马迁的表字、生卒年俱不见于《太史公自序》和《汉书·司马迁传》，字“子长”，见于扬雄《法言·寡见》，生年至今有两说。《自序》中说：“（谈）卒三岁而迁为太史令”，司马贞

《索隐》引《博物志》说:“太史令茂陵显武里大夫司马迁,年二十八,三年六月乙卯除,六百石。”司马谈卒于元封元年(公元前 110 年),三年后为元封三年(公元前 108 年),由此上推二十八年,则司马迁生于汉武帝建元六年(公元前 135 年)。《自序》说:“五年而当太初元年”,张守节《正义》按语说:“迁年四十二岁。”太初元年(公元前 104 年)司马迁为四十二岁,由此上推四十二年,则司马迁生于汉景帝中元五年(公元前 145 年)。两种说法相差十年。近代的王国维《太史公行年考》提出中元五年说;1944 年,李长之的《司马迁生年为建元六年辨》提出建元六年说;1955 年,郭沫若的《太史公行年考有问题》也持建元六年说。此后两说并存,文史教科书多采用“中元五年说”。王国维认为司马迁的卒年难以考证,“然视为与武帝相终始,当无大误也”。便成了没有定论的定论。

《史记》的一百三十篇,分为十二本纪、十表、八书、三十世家、七十列传。《史记》五体是一个完整系统,明确分类,彼此互补,相得益彰。十表是国家大事记,有世表、年表、月表之分,明确划分历史阶段,扼要概括历史内容,创立了统计学的历史文体。八书是文化、经济诸项的分类史,包括礼、乐、律、历、天官、封禅、河渠、平准,全面叙述了各种社会制度的发展变革。本纪、世家、列传属于人物传记。本纪记帝王,世家记诸侯,列传记帝王、诸侯以外的名人。司马迁重视客观事实,名号并非唯一的划分标准。项羽、吕后实际行使帝王之权,因而立为本纪;孔子定六艺垂仪后世,陈涉反暴秦首难有功,因而把孔子和陈涉并立为世家;汉惠帝仁弱如傀儡,虽在位七年,《史记》也不予专载。这是求实精神的体现,与爱憎褒贬没有必然的联系。

《史记》五体以本纪和表为经,以书、世家和列传为纬,交织成疏密有致的历史网络,纵向贯通西汉以前各个历史时代,横向统摄各个领域、各个阶层、各个民族、各种行业,反映的社会面极其广阔,因而《史记》既是以人物为中心的通史巨著,又兼具百科全书性质。

乐工优孟说楚王

原文

优孟，故楚之乐人也。长八尺，多辩，常以谈笑讽谏。楚庄王[1]之时，有所爱马，衣以文绣，置之华屋之下，席以露床，啖以枣脯。马病肥死，使群臣丧之，欲以棺椁大夫礼葬之。左右争之，以为不可。王下令曰："有敢以马谏者，罪至死。"优孟闻之，入殿门，仰天大哭。王惊而问其故。优孟曰："马者王之所爱也，以楚国堂堂之大，何求不得，而以大夫礼葬之，薄，请以人君礼葬之。"王曰："何如?"对曰："臣请以雕玉为棺，文梓为椁，楩枫豫章为题凑[2]，发甲卒为穿圹，老弱负土，齐赵陪位于前，韩魏翼卫其后，庙食太牢，奉以万户之邑。诸侯闻之，皆知大王贱人而贵马也。"王曰："寡人之过一至此乎！为之奈何?"优孟曰："请为大王六畜葬之。以垅灶为椁，铜历[3]为棺，赍以姜枣，荐以木兰，祭以粮稻，衣以火光，葬之于人腹肠。"于是王乃使以马属太官，无令天下久闻也。

楚相孙叔敖[4]知其贤人也，善待之。病且死，属其子曰："我死，汝必贫困。若往见优孟，言我孙叔敖之子也。"居数年，其子穷困负薪，逢优孟，与言曰："我，孙叔敖子也。父且死时，属我贫困往见优孟。"优孟曰："若无远有所之。"即为孙叔敖衣冠，抵掌谈语。岁余，像孙叔敖，楚王及左右不能别也。庄王置酒，优孟前为寿。庄王大惊，以为孙叔敖复生也，欲以为相。优孟曰："请归与妇计之，三日而为相。"庄王许之。三日后，优孟复来。王曰："妇言谓何?"孟曰："妇言慎无为，楚相不足为也。如孙叔敖之为楚相，尽忠为廉以治楚，楚王得以霸。今死，其子无立锥之地，贫困负薪以自饮食。必如孙叔敖，不如自杀。"因歌曰："山居耕田苦，难以得食。起而为吏，身贪鄙者余财，不顾耻辱。身死家室富，又恐受赇枉法，为奸触大罪，身死而家灭。贪吏安可为也！念为廉吏，奉法守职，竟死不敢为非。廉吏安可为也！楚相孙叔敖持廉至死，方今妻子穷困负薪而食，不足为也！"于是庄王谢优孟，

乃召孙叔敖子,封之寝丘四百户,以奉其祀。后十世不绝。此知可以言时矣。

《史记·滑稽列传》

注解

① 楚庄王:芈姓,名旅,春秋五霸之一。

② “梗枫”句:豫章,即樟木。题凑,古代贵族死后,椁室用厚木累积而成,木的头端都向内,称题凑。

③ 历:通“鬲(gé)”,古代烹饪用的三脚锅。

④ 孙叔敖(áo):春秋时楚国贤相,辅助楚庄王称霸。

译文

优孟,是楚国的乐工,身高八尺,能言善辩,常以谈笑的方式对君王进行讽谏。楚庄王时,庄王有匹心爱的马,给它穿上锦绣,安置在华美的房屋中,睡在设有帷帐的床上,用枣脯喂养它。这匹马因为长得太肥而病死了,楚庄王命令大臣们为马服丧,想要用安葬大夫的棺椁和礼仪来安葬马。左右大臣谏争这件事,认为不能这样做。楚庄王下令说:“如果有敢对葬马的事进谏的,一律处死。”优孟听说了,进了宫殿的大门,便仰天大哭。庄王吃惊地问他原因。优孟说:“马是大王的心爱之物,楚国地大物博,有什么东西是得不到的呢?而只用大夫的礼节来安葬它,太寒薄了,请以安葬君王的礼节来安葬它吧。”庄王问:“怎么安葬呢?”优孟回答说:“我请求用雕琢过的美玉做棺,用雕了花纹的梓木做椁室,用上好的梗、枫、樟木做题凑,差遣甲士为死马挖掘墓穴,老弱人丁背土筑坟,齐赵等国的使者侍坐在前,韩魏等国的使者护卫在后,为死马建庙宇,让它享受牛、羊、猪三牲祭祀,并封以万户之邑给它守墓。这样,诸侯国听说后,就都知道大王以人为贱而以马为贵了。”庄王说:“难道我竟错到了这种地步吗?这该怎么办才行?”优孟说:“请大王将它作为六畜来安葬。用土灶做椁室,用铜锅做内棺,用姜枣来调味,用木兰来解膻,用粮食稻谷来祭祀,用火光来作它的衣服,将它安葬在人的肚肠之中。”于是庄王便将马交给太官,不让天下人长久地议论这件事。

楚相孙叔敖知道他是贤德的人,便好好地对待他。孙叔敖病重将死时,嘱咐他的儿子说:“我死之后,你会贫困。那时你可以前去见优孟,说‘我是孙叔敖的儿子。’”几年后,孙叔敖的儿子果然穷困到要背柴卖来谋生,一次碰到优孟,对他说:“我是孙叔敖的儿子。父亲临死时嘱咐我贫困时就前去见优孟。”优孟说:“你不要远行到别的地方去。”于是他穿戴起孙叔敖的衣冠,模仿孙叔敖的举止言谈,一年多后,学得酷似孙叔敖,连楚王的左右大臣也无法分辨。一次楚庄王设宴，优孟上前敬酒，庄王见了大为吃惊，以为孙叔敖复活了，要任命他为楚相。优孟说："请让我回去和妻子商议一下，三天后我再回来担任相职。"庄王答应了。三天后，优孟又来了。庄王问："你妻子怎么说？"优孟说："妻子说千万不要这样做，楚相不值得当。像孙叔敖担任楚相，竭诚尽忠，廉洁奉公，以此来治理楚国，楚王得以称霸。如今他死了，他儿子却没有安身之地，穷得靠卖柴谋生。要是像孙叔敖那样，还不如自杀。"于是唱道："居山耕田太辛苦，难以得食物。出仕去当官，贪婪卑鄙的才能有余财，全然不顾耻辱。想要身家室富，又怕受贿枉法，作奸犯科遭大罪，身遭杀戮家随灭。贪官怎可做！要想做个清廉吏，奉法守职，至死不敢胡作非为。廉吏又怎么做！楚相孙叔敖一生清廉，到头来妻儿穷困卖柴糊口，楚相怎么值得当！"于是庄王向优孟致谢，随即召来孙叔敖的儿子，将寝丘的四百户分封给他，用来祭祀孙叔敖。以后十世一直不曾断绝祭祀。这种智慧可以说是正合时宜了。

汉高祖封侯

原文

六年，上已封大功臣二十余人，其余日夜争功不决，未得行封。上在洛阳南宫，从复道[1]望见诸将往往相与坐沙中语。上曰："此何语？"留侯曰："陛下不知乎？此谋反耳。"上曰："天下属安定，何故反乎？"留侯曰："陛下起布衣，以此属取天下；今陛下为天子，而所封皆萧、曹故人所亲爱，而所诛者皆生平所仇怨。今军吏计功，以天下不足遍封，此属畏陛下不能尽封，恐又见疑平生过失及诛，故即相聚谋反耳。"上乃忧曰："为之奈何？"留侯曰："上平生所憎，群臣所共知，谁最甚者？"上曰："雍齿[2]与

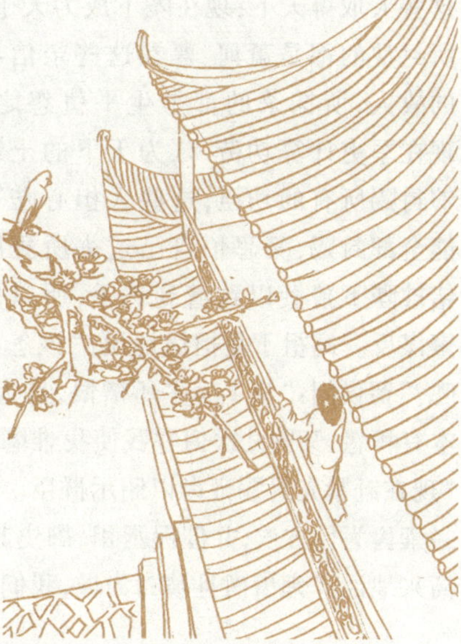

我故，数尝窘辱我。我欲杀之，为其功多，故不忍。”留侯曰：“今急先封雍齿以示群臣，群臣见雍齿封，则人人自坚矣。”于是上乃置酒，封雍齿为什方侯，而急趣丞相、御史定功行封。群臣罢酒，皆喜曰：“雍齿尚为侯，我属无患矣。”

《史记·留侯世家》

注解

① 复道：楼阁间上下的通道。

② 雍齿：沛（今江苏沛县）人，随刘邦起兵，一度叛去，反复归。

译文

第六年，高祖已封立了大功臣二十多人，其他的人日夜争功而没有结果，没能封赏。高祖在洛阳南宫，从复道上望见将领们常常聚坐在沙地上互相谈论。高祖问：“这是在说什么呀？”留侯（指张良）说：“陛下不知道吗？这是在谋反呀。”高祖说：“天下才刚安定，为什么要谋反呢？”留侯说：“陛下出身平民，依靠这些人取得天下；现在陛下成为天子，而所封赏的都是萧何、曹参这些亲信喜爱的故人，所诛杀的都是生平仇怨之人。现在军吏计算功劳，认为天下的土地不够封赐所有的功臣，这些人担心陛下不能全部封赐，又恐怕自己过去所犯的过错被陛下猜疑以致遭到诛杀，所以便相聚谋反。”高祖于是担忧地说：“该怎么办呢？”留侯问：“皇上生平所憎恨，且为群臣共知的人中，谁是最恨的？”高祖说：“雍齿与我本有积怨，又曾几次侮辱我使我难堪。我本想杀他，因他功劳多，故此不忍下手。”留侯说：“现在赶紧先封赐雍齿以昭示群臣。群臣看见雍齿受封，就会心安了。”于是高祖便设宴，封雍齿为什方侯，并催促丞相、御史赶快论定群臣的功劳来进行封赐。群臣吃完酒宴，都高兴地说：“雍齿尚且被封为侯，我们不用担忧了。”

孔子会齐侯

原文

定公十年春，及齐平。夏，齐大夫黎钼言于景公曰："鲁用孔丘，其势危齐。"乃使使告鲁为好会，会于夹谷。鲁定公且以乘车好往。孔子摄相事[①]，曰："臣闻有文事者必有武备，有武事者必有文备。古者诸侯出疆，必具官以从。请具左右司马。"定公曰："诺。"具左右司马。会齐侯夹谷，为坛位，土阶三等，以会遇之礼相见，揖让而登。献酬之礼毕，齐有司趋而进曰："请奏四方之乐。"景公曰："诺。"于是旍旄羽袚[②]矛戟剑拨鼓噪而至。孔子趋而进，历阶而登，不尽一等，举袂而言曰："吾两君为好会，夷狄之乐何为于此！请命有司！"有司却之，不去，则左右视晏子与景公。景公心怍，麾而去之。有顷，齐有司趋而进曰："请奏宫中之乐。"景公曰："诺。"优倡侏儒为戏而前。孔子趋而进，历阶而登，不尽一等，曰："匹夫而营惑诸侯者罪当诛！请命有司！"有司加法焉，手足异处。景公惧而动，知义不若，归而大恐，告其群臣曰："鲁以君子之道辅其君，而子独以夷狄之道教寡人，使得罪于鲁君，为之奈何？"有司进对曰："君子有过则谢以质，小人有过则谢以文。君若悼之，则谢以质。"于是齐侯乃归所侵鲁之郓、汶阳、龟阴之田以谢过。

《史记·孔子世家》

注解

①孔子摄相事:孔子代理相事。

②旍(jīng)旄(máo)羽袚(fú):旍,旌旗。旄,古代用牦牛尾巴做装饰的旗子。羽袚,羽毛旗子。

译文

鲁定公十年春天,地位与齐平等。夏天,齐大夫黎钼对齐景公说:"鲁国任用孔丘,他们的形势必然危及齐国。"于是齐派使者告诉鲁国,举行盟会,相会于夹谷。鲁定公将准备乘车前往。孔子代理相事,对鲁定公说:"我听说有文事的时候必须有武备,有武事的时候必须有文备。古时诸侯出边疆,必须具备全各负其责的官员来随从。请您具备好左右司马随行。"定公说:"好。"于是让左右司马一路同行。鲁定公与齐侯会于夹谷,筑建坛位,垒成土阶三等,以盟会相遇的礼节相见,彼此拱手相让而登上坛位。互献酬谢的礼节完毕,齐专有所司的官员向前说:"请允许演奏四方的音乐。"景公说:"好。"于是旌旗羽旗扬起,矛戟剑拨都鼓噪而来。孔子向前迈进,一级级登上坛阶,不止一等,举袖而论:"我们两国的国君进行盟友之会,为什么有夷狄之乐到了这里!请求命令负责官员来处理这件事!"有关官员让他们离去,却不离去,于是左右人上看晏子和齐景公。齐景公心中有愧,于是令他们离去。有一会儿之后,齐官员向前迈进说:"请允许演奏宫中音乐。"景公说:"好。"

于是一些优伶侏儒跑上来游戏不已。孔子向前迈进,一级级登上盟坛,不止一等,说:"一介匹夫前来荧惑诸侯,论其罪过应当被诛杀!请求命令负责官员处理这件事!"负责官员按法处置,表演游戏者手足被斩。齐景公畏惧而心灵受到振动,知道自己在道义上不如鲁国，回去后非常恐惧，告诉群臣说：“鲁国人用君子之道辅助他们的君王，你们却用夷狄之道教我，我因此得罪了鲁国，将怎么办好呢？”负责的官员上前对答说：“君子有过错道歉凭实质，小人有过错道歉则文饰过去。您如果为此致歉，那么用实际行为道歉。”于是齐景公归还了所侵占的鲁国的郓、汶阳、龟阴之田来悔过致歉。

五羖大夫百里奚

原　文

五年，晋献公灭虞、虢[1]，虏虞君与其大夫百里奚，以璧马赂于虞故也。既虏百里奚，以为秦穆公夫人媵于秦。百里奚亡秦走宛，楚鄙人执之。穆公闻百里奚贤，欲重赎之，恐楚人不与，乃使人谓楚曰：“吾媵臣百里奚在焉，请以五羖羊皮赎之。”楚人遂许与之。当是时，百里奚年已七十余。穆公释其囚，与语国事。谢曰：“臣亡国之臣，何足问！”穆公曰：“虞君不用子，故亡，非子罪也。”固问，语三日，穆公大说，授之国政，号曰五羖大夫。百里奚让曰：“臣不及臣友蹇叔，蹇叔贤而世莫知。臣常游困于齐而乞食铚人，蹇叔收臣。臣因而欲事齐君无知，蹇叔止臣，臣得脱齐难，遂之周。周王子颓好牛，臣以养牛干之。及颓欲用臣，蹇叔止臣，臣去，得不诛。事虞君，蹇叔止臣。臣知虞君不用臣，臣诚私利禄爵，且留。再用其言，得脱；一不用，及虞君难：是以知其贤。”于是穆公使人厚币[2]迎蹇叔，以为上大夫。

《史记·秦本纪》

注解

① 虢：读作 guó。

② 厚币：很贵重的财物。

译文

秦穆公五年，晋献公用璧玉骏马贿赂虞国借道，从而灭掉虞、虢两国，并虏获虞国国君和他的大夫百里奚。晋献公把百里奚虏获后，将他作秦穆公夫人的陪嫁仆役送到秦国。百里奚离开秦国逃到宛，被楚国乡下人捉到。秦穆公听说百里奚有贤才，想用重金赎回他，怕楚国不放过他，于是派人对楚国人说："我国陪嫁仆役百里奚，正在楚国，请允许让我们用五张黑公羊皮来赎回他。"楚国人就答应了。这时候，百里奚已经七十多岁了。秦穆公亲自释放了他，并和他讨论国家大事。百里奚辞谢说："我是亡国之臣，哪还值得问呢？"秦穆公说："虞君不任用你，所以亡国，这并非你的罪过呀。"一定要向他请教，这样谈了三天，秦穆公非常高兴，交给他国家政事，号封为五羖大夫。百里奚谦让道："我不及我友蹇(jiǎn)叔，蹇叔贤能却无人知道他。我常游历困窘在齐国并向铚人乞讨，蹇叔收留了我。我原想替齐王做事，蹇叔阻止我，我因之而脱免于齐国内乱到周室。周王子穨喜欢牛，我用养牛术取悦子穨谋官职。等到子穨想用我时，蹇叔阻止我，我离开周室，幸免于难。我服侍虞君，蹇叔阻止我。我知道虞君不任用我，我的确贪图私利禄爵，就留下来了。我一再听其善言，结果脱离危害灾难；一旦不听其建议，就遭逢了虞君之难：由此我知道蹇叔贤惠。"于是秦穆公派人用厚重礼物迎接蹇叔，封为上大夫。

毛遂自荐

原文

秦之围邯郸，赵使平原君[①]求救，合从于楚[②]，约与食客门下有勇力文武备具者二十人偕。……得十九人，余无可取者，……门下有毛遂者，前，自赞于平原君曰："遂闻君将合从于楚，约与食客门下二十人偕，不外索。

今少一人，愿君即以遂备员而行矣。”平原君曰：“先生处胜之门下几年于此矣？”毛遂曰：“三年于此矣。”平原君曰：“夫贤士之处世也，譬若锥之处囊中，其末立见。今先生处胜之门下三年于此矣，左右未有所称诵，胜未有所闻，是先生无所有也。先生不能，先生留。”毛遂曰：“臣乃今日请处囊中耳。使遂蚤得处囊中，乃脱颖而出，非特其末见而已。”平原君竟与毛遂偕。十九人相与目笑之而未废也。

毛遂比至楚，与十九人论议，十九人皆服。平原君与楚合从，言其利害，日出而言之，日中不决。十九人谓毛遂曰：“先生上。”毛遂按剑历阶而上，谓平原君曰：“从之利害，两言而决耳。今日出而言从，日中不决，何也？”楚王谓平原君曰：“客何为者也？”平原君曰：“是胜之舍人也。”楚王叱曰：“胡不下！吾乃与而君言，汝何为者也！”毛遂按剑而前曰：“王之所以叱遂者，以楚国之众也。今十步之内，王不得恃楚国之众也，王之命悬于遂手。吾君在前，叱者何也？且遂闻汤以七十里之地王天下，文王以百里之壤而臣诸侯，岂其士卒众多哉，诚能据其势而奋其威。今楚地方五千里，持戟百万，此霸王之资也。以楚之强，天下弗能当。白起，小竖子耳，率数万之众，兴师以与楚战，一战而举鄢郢，再战而烧夷陵，三战而辱王之先人[③]。此百世之怨，而赵之所羞，而王弗知恶焉。合从者为楚，非为赵也。吾君在前，叱者何也？”楚王曰：“唯唯，诚若先生之言，谨奉社稷而以从。”毛遂曰：“从定乎？”楚王曰：“定矣。”毛遂谓楚王之左右曰：“取鸡狗马之血来。”毛遂奉铜槃而跪进之楚王曰：“王当歃血而定从，次者吾君，次者遂。”遂定从于殿上。……

平原君已定从而归，归至于赵，曰：“胜不敢复相士。胜相士多者千人，寡者百数，自以为不失天下之士，今乃于毛先生而失之也。毛先生一至楚，而使赵重于九鼎大吕[④]。毛先生以三寸之舌，强于百万之师。胜不敢复相士。”遂以为上客。

《史记·平原君列传》

注解

① 平原君：名赵胜，赵武灵王的儿子，赵惠文王的弟弟，战国四公子之一。

② “舍从”句：即推楚国为盟主，约定东方国家联合起来，共同抵抗秦国。从，通“纵”。

③ “一战”三句：公元前279年，秦将白起取楚之鄢、郢。第二年，白起烧夷陵（楚之先

王坟墓,在今湖北宜昌市东)。实际上是两次战役。

④“而使”句:九鼎,古代象征国家政权的九个大鼎,相传是夏禹所铸。大吕,大钟,亦是传国宝器。

译文

秦国包围了邯郸,赵国派平原君出外求援,去楚国定合纵之约,平原君准备挑选门客中有勇有谋、文武双全的二十人陪同前往。……选出十九人,剩下的人没有合格的,……门客中有个叫毛遂的,向平原君自荐说:“我听说你将要到楚国去订合纵之约,打算在门客中挑选二十人陪同前往,不求外人。现在还少一人,希望你让我毛遂充数前往。”平原君问:“先生到我门下有几年了?”毛遂说:“三年了。”平原君说:“贤能的人生活在世上,好比锥子装在口袋里,它的尖端马上就会显露出来。先生来到我门下三年,左右的人没有称颂你的,我也从未听到过称颂你的话,这说明先生你并没有什么长处。先生没有才能,还是留下来吧。”毛遂说:“请你将我装在口袋里。如果让我毛遂早点被装在口袋里,那么锥柄都会露出来,而不仅仅是它的尖端露出来而已。”平原君最终同意毛遂同行了。十九个人都嘲笑他,但没有阻止他去。

毛遂将要到达楚国时,和同行十九人交谈辩论,十九个人都折服了。平原君与楚王商议合纵之约,说明这事的利害关系,从早晨到下午一直商讨。十九个人对毛遂说:“先生你上去吧。”毛遂按剑拾级而上,对平原君说:“合纵的利害关系,几句话就可以说得明白。现在从清晨开始商讨合纵之约,到中午还不能决定,不知为什么?”楚王问平原君:“这人是干什么的?”平原君说:“是我的门客。”楚王呵斥道:“还不下去!我和你的

主人谈话,你来干什么!”毛遂手按着剑走上前来说:“大王你呵斥我毛遂,无非是仗着楚国人多势众。现在十步之内,大王无法倚仗楚国的强大,你的性命掌握在我的手里。我的君长在场,你凭什么呵斥我?况且我听说商汤以七十里的地盘而称王天下,周文王以百里的疆域而使诸侯臣服,难道是因为他们的军队多吗?实在是能依据有利的形势而奋发威勇。现在楚国方圆五千里,军队百万,这是称霸为王的凭借。凭楚国的强大,应该是天下无敌。白起,不过是个小人,率领数万人的军队,发兵来攻打楚国,一战而攻取鄢、郢两城,二战烧毁了夷陵,三战而侮辱了大王的祖先。这是世世代代的深仇,连赵国都以此为羞耻,大王却不知羞耻痛恨。合纵是为了楚国的利益,不只是为了赵国。当着我君长在面前,你凭什么呵斥我?”楚王说:“是的!是的!实在应当像先生所说,谨以国家的名义订立纵约。”毛遂问:“合纵的事可以决定了吗?”楚王说:“决定了。”毛遂对楚王身边的人说:“拿鸡、狗、马血来。”毛遂自已捧着盛血的铜盘,跪着献给楚王,说:“大王应当首先歃血订立合纵之约,接着是我的君长,再是我毛遂。”于是在殿堂上订立了纵约。……

平原君订立了合纵盟约,返回到赵国,说:“我不敢再品评士人了。我品评的士人多说有上千,少说也有几百,自以为没有埋没天下的贤能之人,这次却将毛先生漏掉了。毛先生一到楚国,便使得赵国的地位比九鼎大钟还重要。毛先生的三寸之舌,强于百万之众的军队。我不敢再品评士人了。”于是待毛遂为上宾。

冯唐举贤

原文

冯唐者，其大父赵人。父徙代。汉兴徙安陵。唐以孝著，为中郎署长，事文帝。文帝辇过，问唐曰："父老何自为郎？家安在？"唐具以实对。文帝曰："吾居代时，吾尚食监[1]高祛数为我言赵将李齐之贤，战于钜鹿下。今吾每饭，意未尝不在钜鹿也。父知之乎？"唐对曰："尚不如廉颇、李牧之为将也。"上曰："何以？"唐曰："臣大父在赵时，为官率将[2]，善李牧。臣父故为代相，善赵将李齐，知其为人也。"上既闻廉颇、李牧为人，良说，而搏髀曰："嗟乎！吾独不得廉颇、李牧时为吾将，吾岂忧匈奴哉！"唐曰："主臣！陛下虽得廉颇、李牧，弗能用也。"上怒，起入禁中。良久，召唐让曰："公奈何众辱我，独无间处乎？"唐谢曰："鄙人不知忌讳。"

当是之时，匈奴新大入朝郝，杀北地都尉卬[3]。上以胡寇为意，乃卒复问唐曰："公何以知吾不能用廉颇、李牧也？"唐对曰："臣闻上古王者之遣将也，跪而推毂，曰：'阃[4]以内者，寡人制之；阃以外者，将军制之。'军功爵赏皆决于外，归而奏之。此非虚言也。臣大父言，李牧为赵将居边，军市之租皆自用飨士，赏赐决于外，不从中扰也。委任而责成功，故李牧乃得尽其智能，遣选车千三百乘，彀骑万三千，百金之士

十万，是以北逐单于，破东胡，灭澹林[5]，西抑强秦，南支韩、魏。当是之时，赵几霸。其后会赵王迁立，其母倡也。王迁立，乃用郭开谗，卒诛李牧，令颜聚代之。是以兵破士北，为秦所禽灭。今臣窃闻魏尚为云中[6]守，其军市租尽以飨士卒，出私养钱，五日一椎牛，飨宾客军吏舍人，是以匈奴远避，不近云中之塞。虏曾一入，尚率车骑击之，所杀甚众。夫士卒尽家人子，起田中从军，安知尺籍伍符。终日力战，斩首捕虏，上功莫府，一言不相应，文吏以法绳之。其赏不行而吏奉法必用。臣愚，以为陛下法太明，赏太轻，罚太重。且云中守魏尚坐上功首虏差六级，陛下下之吏，削其爵，罚作之。由此言之，陛下虽得廉颇、李牧，弗能用也。臣诚愚，触忌讳，死罪死罪！”文帝说。是日令冯唐持节赦魏尚，复以为云中守，而拜唐为车骑都尉[7]，主中尉及郡国车士。

《史记·冯唐列传》

注解

① 尚食监：掌管供给王者膳食的官员。

② 官率将：统率百人的队长，又称“官士将”。

③ “杀北”句：北地，汉郡名，治所在马岭（今甘肃庆阳西北）。都尉，辅佐郡守并掌全郡军事的武官。

④ 阃（kǔn）：门槛，此处指城门。

⑤ 澹（dàn）林：古族名，也作“儋林”“儋褴”。

⑥ 云中：汉郡名，治所在云中（今内蒙古托克托东北）。

⑦ 车骑都尉：管领京师及各地方政府的车战之士。

译文

冯唐，祖父是赵国人，父亲迁徙到代，汉朝建立后，又迁徙到安陵。冯唐因为能尽孝道而著称，任命为中郎署长，事奉汉文帝。文帝乘车经过中郎署时，问冯唐：“老人家是怎样被任为郎官的？家住在哪儿？”冯唐原原本本地据实回答。文帝说：“当初我在代地为王时，我的膳食官高祛多次对我谈起赵将李齐的贤能，以及他大战于钜鹿城下的一段故事。现在每当我进餐时，总是联想到这故事。您知道这事吗？”冯唐回答说：“李齐为将，还是比不上廉颇、李牧。”文帝问：“有什么根据？”冯唐说：“我祖父在赵国时，担任官卒将，和李牧交好。我的父亲曾担任代国的国相，与赵将李齐交好，了解他的为人。”文帝既已听说了廉颇、李牧的为人，十分高兴，拍着大腿说：“唉，我偏偏得不到廉颇、李牧这样的人现在来做我的将领，不然，我怎会担忧匈奴的进犯呢！”冯唐说：“臣昧死进言，陛下就算得到廉颇、李牧，也不能任用他们的。”文帝生气了，起身进入宫中。过了许久，召来冯唐责备他说：“您为什么当众侮辱我，难道就不能私下告诉我吗？”冯唐谢罪说：“我这粗陋愚蠢的人不懂得忌讳。”

这时，匈奴刚刚大举入侵朝邮，杀了北地都尉卬，文帝因匈奴入侵而忧虑，于是又召来冯唐问道：“您怎么知道我不能任用廉颇、李牧？”冯唐回答说：“我听说上古的君王派将帅出征，亲自跪着为大将推车，说：‘城门以内的事情，我来处置；城门以外的事情，将军处置。’按军功大小给予的爵位和赏赐，都由将领在外定夺，回朝后再奏知君王。这些并不是假话。我祖父说，李牧担任赵将驻守边境时，军中市场上所收入的租税都自己支配，用来犒劳士卒，赏赐由在外率兵的将领决定，君主不从中干扰，只是委任将领并督促他们成功。所以李牧得以充分施展他的才智，统率精选的兵车一千三百辆，骑射之士一万三千人，勇士十万，因此能北逐匈奴，大败东胡，攻灭儋林，向西抑制强秦，向南控制韩、魏。当时赵国几乎得以称霸天下了。后来赵王迁继位，迁的母亲是歌舞艺人，他继位后，听信郭开的谗言，终究杀害了李牧，命令颜聚代李牧为将。因此军队失败，士兵逃散，颜聚也被秦军擒获诛杀。现在我私下里听说魏尚担任云中太守，他那里军市的租税都用来犒劳士卒，并将自己的钱财也拿出来，每五日杀一次牛，以犒饷宾客、军吏及左右亲近的人，因而匈奴远远地避开，不敢接近云中边塞。匈奴曾入侵一次，魏尚带领车骑出击，杀敌很多。士兵都是平民百姓，从农田耕作中出来从军，哪里懂得尺籍伍符，只是终日竭力作战，杀敌捕虏，向幕府报功，可是只要有一言半语不相合，办案的官吏就援引法规惩治他。这样，军功奖赏不得施行，办案官吏搬出来的法规却必定施用。我愚昧无知，认为陛下的法律定得太琐细，赏赐太微薄，惩罚太苛重。而云中太守魏尚仅因为报功状上多报了六颗敌人首级就被陛下交给狱吏去制裁，革除了他的爵位，判他服劳役。由这说来，陛下即使得到廉颇、李牧，也不能任用他们的。我的确愚笨无知，触犯忌讳，该当死罪！”文帝听了很高兴，当天便命令冯唐手持符节去赦免魏尚出狱，重新担任云中太守，并任命冯唐为车骑都尉、掌管中尉及各郡国的车战部队。

萧规曹随

原文

参始微时，与萧何善；及为将相，有郤①。至何且死，所推贤唯参。参代何为汉相国，举事无所变更，一遵萧何约束。

择郡国吏木诎于文辞，重厚长者，即召除为丞相史。吏之言文刻深，欲务声名者，辄斥去之。日夜饮醇酒。卿大夫已下吏及宾客见参不事事，来者皆欲有言。至者，参辄饮以醇酒，间之，欲有所言，复饮之，醉而后去，终莫得开说，以为常。

相舍后园近吏舍，吏舍日饮歌呼。从吏恶之，无如之何，乃请参游园中，闻吏醉歌呼，从吏幸相国召按之。乃反取酒张坐饮，亦歌呼与相应和。参见人之有细过②，专掩匿覆盖之③，府中无事。

参子窋为中大夫。惠帝怪相国不治事，……参免冠谢曰："陛下自察圣武孰与高帝？"上曰："朕乃安敢望先帝乎！"曰："陛下观臣能孰与萧何贤？"上曰："君似不及也。"参曰："陛下言之是也。且高帝与萧何定天下，法令既明，今陛下垂拱，参等守职，遵而勿失，不亦可乎？"惠帝曰："善。君休矣！"

参为汉相国，出入三年。卒，谥懿侯。子窋代侯。百姓歌之曰："萧何为法，颟若画一。曹参代之，守而勿失。载其清净，民以宁一。"

《史记·曹相国世家》

注解

① 有郤(xì)：有隔阂，指论功行封时产生了隔阂。
② 细过：细小过错。
③ "专掩"句：一律包揽遮掩起来。

译文

曹参当初微贱时，与萧何友好，等到各自为将相后，有了隔阂。待到萧何即将死去时，所推举的贤士唯有曹参。因此曹参代萧何任汉相国，一切事都没有变更，一律遵从萧何的规约。

曹参选择的郡国吏都是质朴而不善言辞的厚重长者，又将他们拜官授职作为丞相史。那些死扣法令条文、对人语言苛刻严峻的，以及那些追求能吏名声的则马上开除他。他日夜饮美酒。卿大夫以下吏及宾客见曹参不兴革多事，来见他时想说几句。有来访的人，曹参就与他一起饮美酒，过了一会儿，他想说什么时，曹参又给他酌酒，直到他饮醉后离去，始终没能开口说话，这样就成了习惯。

丞相府后园有官吏宿舍，吏舍里每日有人饮酒歌唱欢闹。幕僚属员厌恶这件事，没有办法，因此请曹参在园中游玩，听到了官吏酒醉的歌唱欢闹声，幕僚属员希望曹参召来他们一一处置。曹参反而取过酒摆开筵席与他们共坐聚饮，也一起歌唱欢闹互相应和。曹参发现属下人有小错误，总是一律包揽遮掩起来，因此丞相府没有出什么事。

曹参的儿子曹窋为中大夫。惠帝怪相国不治理什么国事，……曹参脱帽谢罪说："陛下自己认为圣明英武与高帝比谁强些？"皇上说："我怎敢与先帝相比望呢？"曹参说："陛下看我与萧何谁更贤良？"皇上说："你好像不及萧何。"曹参说："陛下言之极对。况且高祖与萧何定天下，法令已经明确，如今陛下垂衣拱手，无为而治，曹参等谨守职责，遵守前法不失职，不是很好吗？"惠帝说："好。你不要说了。"

曹参担任汉相国，共有三年。他死后被封赐懿侯。儿子曹窋代袭其侯爵。老百姓这样歌唱道："萧何制定好法律，一一明确公正，官民标准统一；曹参代之为相，坚守善法，毫不失职。天下感戴他清净无为而治，人民得以安宁享受太平。"

运筹帷幄之中　决胜千里之外

原文

沛公[①]之从洛阳南出轘辕，良引兵从沛公，下韩十余城，击破杨熊军。沛公乃令韩王成留守阳翟，与良俱南，攻下宛，西入武关。沛公欲以兵二万人击秦峣下军，良说曰："秦兵尚强，未可轻。臣闻其将屠者子[②]，贾竖易动

以利。愿沛公且留壁，使人先行，为五万人具食，益为张旗帜诸山上，为疑兵，令郦食其持重宝啗[3]秦将。”秦将果畔，欲连和俱西袭咸阳，沛公欲听之。良曰：“此独其将欲叛耳，恐士卒不从。不从必危，不如因其解击之。”沛公乃引兵击秦军，大破之。逐北至蓝田，再战，秦兵竟败。遂至咸阳，秦王子婴降沛公。

沛公入秦宫，宫室帷帐狗马重宝妇女以千数，意欲留居之。樊哙[4]谏沛公出舍，沛公不听。良曰：“夫秦为无道，故沛公得至此。夫为天下除残贼，宜缟素为资[5]。今始入秦，即安其乐，此所谓‘助桀为虐’。且‘忠言逆耳利于行，毒药苦口利于病。’愿沛公听樊哙言。”沛公乃还军霸上。

《史记·留侯世家》

注解

①沛公：刘邦，按楚怀王所对诸侯立约之言，谁先入咸阳谁为王，怀王信托刘邦视其为仁厚之师布德于暴秦，故刘邦得以率先入关。

②屠者子：屠夫的儿子。

③啗（dàn）：同“啖”，吃。此谓以利引诱。

④樊哙：沛人，原以屠狗为业，反秦起义后，跟从刘邦，屡立战功，封舞阳侯。

⑤缟素为资：以艰苦、朴素的生活为资本。

译文

当沛公从洛阳南部向轘辕道行进时，张良带兵跟从沛公，攻下韩地十多座城，大破杨熊率领的秦军。沛公令韩王成留守阳翟，同张良一并南下，攻克了宛城，向西进入武关。沛公想凭两万兵攻击秦峣关的守军，张良献计道：“秦军强盛，不可轻敌。我听说守峣关的守将是屠户的儿子，商贩出身的人容易以利引诱。希望沛公暂时按兵不动，留驻营地，派些人员先出发，为五万人准备粮草，并在各个山头悬挂旗帜，以作疑兵，命令郦食其带着珍宝去引诱贿赂秦将。”秦军果然反叛，要求联合起来西进袭击咸阳，沛公顺从秦将的要求。张良说：“这只是秦将想叛秦罢了，恐怕部下的士兵不听从指挥。部下不听从必然会出危险，倒不如趁他们防守懈怠之时攻击他们。”于是沛公领兵袭击秦将所率的大军，大败秦军，乘胜追击到蓝田，再一次与秦军相战，秦军大败。于是直捣咸阳，秦王子婴向沛公投降。

沛公进入秦宫，看到宫殿、帷帐、狗马、珍宝、妇女等珍奇玩物数以千计，心里只想留住在宫殿里。樊哙劝谏沛公到外面居住，沛公就是不听。张良劝谏说："秦国暴虐无道，所以沛公才能来到这里。既然为了天下除灭残害百姓的暴政，就该身体力行节俭朴素感召万民。现在刚刚攻入秦都咸阳，就耽于安享秦朝的逸乐，这正如常言所说的'助桀为虐'啊。况且'忠言逆耳利于行，良药苦口利于病'，希望沛公听从樊哙的劝言。"沛公于是走出秦宫返回到霸上驻扎。

田单复国

原文

田单者，齐诸田①疏属也。湣王②时，单为临菑市掾③，不见知。及燕使乐毅伐破齐，齐湣王出奔，已而保莒城。燕师长驱平齐，而田单走安平，令其宗人尽断其车轴末而傅铁笼。已而燕军攻安平，城坏，齐人走，争途，以辖④折车败，为燕所虏，唯田单宗人以铁笼故得脱，东保即墨。燕既尽降齐城，唯独莒、即墨不下。燕军闻齐王在莒，并兵攻之。淖齿⑤既杀湣王于莒，因坚守，距燕军，数年不下。燕引兵东围即墨，即墨大夫出与战，败死。城中相与推田单，曰："安平之战，田单宗人以铁笼得全，习兵。"立以为将军，以即墨距燕。

顷之，燕昭王卒，惠王立，与乐毅有隙。田单闻之，乃纵反间于燕，宣言曰："齐王已死，城之不拔者二耳。乐毅畏诛而不敢归，以伐齐为名，实欲连兵南面而王齐，齐人未附，故且缓攻即墨以待其事。齐人所惧，唯恐他将之来，即墨残矣。"燕王以为然，使骑劫代乐毅。

乐毅因归赵，燕人士卒忿。而田单乃令城中人食必祭其先祖于庭，飞鸟悉翔舞城中下食。燕人怪之。田单因宣言曰："神来下教我。"乃令城中人曰："当有神人为我师。"有一卒曰："臣可以为师乎？"因反走。田单乃起，引还，东向坐，师事之。卒曰："臣欺君，诚无能也。"田单曰："子勿言

也!”因师之。每出约束,必称神师。乃宣言曰:“吾唯惧燕军之劓[⑥]所得齐卒,置之前行,与我战,即墨败矣。”燕人闻之,如其言。城中人见齐诸降者尽劓,皆怒,坚守,唯恐见得。单又纵反间曰:“吾惧燕人掘吾城外冢墓,僇[⑦]先人,可为寒心。”燕军尽掘垄墓,烧死人。即墨人从城上望见,皆涕泣,俱欲出战,怒自十倍。

田单知士卒之可用,乃身操版插[⑧],与士卒分功,妻妾编于行伍之间,尽散饮食飨士。令甲卒皆伏,使老弱女子乘城,遣使约降于燕,燕军皆呼万岁。田单又收民金,得千溢,令即墨富豪遗燕将,曰:“即墨即降,愿无虏掠吾族家妻妾,令安堵。”燕将大喜,许之。燕军由此益懈。

田单乃收城中得千余牛,为绛缯衣,画以五彩龙文,束兵刃于其角,而灌脂束苇于尾,烧其端。凿城数十穴,夜纵牛,壮士五千人随其后。牛尾热,怒而奔燕军,燕军夜大惊。牛尾炬火光明炫耀,燕军视之皆龙文,所触尽死伤。五千人因衔枚[⑨]击之,而城中鼓噪从之,老弱皆击铜器为声,声动天地,燕军大骇,败走。齐人遂夷杀其将骑劫。燕军扰乱奔走,齐人追亡逐北,所过城邑皆畔燕而归田单,兵日益多,乘胜,燕日败亡,卒至河上,而齐七十余城皆复为齐。乃迎襄王于莒[⑩],入临菑而听政。

襄王封田单,号曰安平君。

《史记·田单列传》

注解

① 诸田:齐国田姓的贵族很多,齐王也姓田田,所以称诸田。

② 滑(mǐn)王:名地。公元前318—前284年在位。

③ “单为”句:临菑,又作“临淄”,齐国都城,在今山东省淄博市。掾(yuàn),古代官署属员的通称。

④ 辖(wèi):车轴的两头。

⑤ 淖齿(nào chǐ):楚国将领,奉命率军救齐,却杀掉齐滑王并与燕国共同瓜分了侵占的

土地和东西。

⑥ 劓(yì):古代一种刑罚,割掉鼻子。

⑦ 僇(lù):侮辱。

⑧ 版插:建筑用具。筑墙时,用版夹土,用杵捣紧。插,同“锸”,挖土的工具。

⑨ 衔枚:古代行军袭击敌人时,为保持肃静,在士卒口中各横衔一小木条,并以绳系于脑后,使其不能说话,叫做“衔枚”。

⑩ “乃迎”句:襄王,名法章,湣王之子,公元前283年—前265年在位。莒(jǔ):在今山东省莒县。

译文

田单是齐国宗室的远房支属。齐湣王时,田单是都城临菑的掾吏,默默无闻。待到燕国派乐毅攻破齐国,齐湣王出逃,随后退守莒城。燕军长驱直入平定齐国,田单逃到安平,让他的族人都将车轴两端突出的部分砍掉,用铁箍包上车轴。接着燕军攻打安平,城墙毁坏,齐国人逃跑,争抢道路,因车轴折断车子毁坏,被燕军俘虏,只有田单的族人因事先用铁皮包好车轴而逃了出来,向东退守即墨城。燕国已几乎占领全部齐国城邑,只有即墨和莒城没有攻下。燕军听说齐王在莒城,便集中兵力进攻。淖齿在莒城杀了齐湣王后,固守莒城,抗击燕军,几年没被攻下。燕国又引军东进围困即墨,即墨大夫出城迎战,兵败身亡。城中人都推攀田单,说:“安平之战,田单的族人因为用铁皮包好车轴而得以逃脱,田单一定熟悉兵法。”于是推举他为将军,凭借即墨抵抗燕军。

不久,燕昭王亡,燕惠王即位,他与乐毅有矛盾。田单听说了,便派人到燕国行反间计,扬言说:“齐王已经死了,却还有两座城没有攻下来。乐毅害怕被燕王诛杀而不敢回国,以攻打齐国为名,实际上是想拥兵自重南面称王于齐。齐国人尚未归附,所以他暂缓进攻即墨城以等待时机。齐国人所害怕的,只不过是别的将领来代替他,那样即墨就会破灭了。”燕惠王信以为真,派骑劫取代乐毅。

乐毅因而归回赵国,燕国士兵愤愤不平。田单于是命令城中的人们吃饭时一定要在庭院里祭祀祖先,飞鸟便都在城的上空盘旋飞翔,下来啄食。燕国人感到很奇怪。田单借此扬言说:“有神灵下来指教我。”有一个士兵说:“我可以做老师吗?”说完回身就跑。田

单起身将他拉回来，让他坐地朝东的尊位上，以师礼来侍奉他。士兵说：“我是骗你的，其实并没有本事。”田单说：“你不要说出去！”于是以他为师。每当发号施令时，必定说是神师的指示。同时又扬言说：“我们只害怕燕军割掉所俘虏的齐国士兵的鼻子，将他们安置在队伍的前面和我们作战，那样即墨就要破灭了。”燕国人听说了，就照着这些话去做。城中人看到齐国那些投降的人全都被割了鼻子，都十分愤怒，坚守城池，唯恐被俘。田单又派间谍扬言说：“我们害怕燕国人挖开我们城外的坟墓，凌辱我们祖先的尸骸，那真令人胆寒。”燕军便将坟墓全都挖开，焚烧了尸骸。即墨人从城上望见这景象，都痛哭流涕，怒气倍增，想要出战。

田单知道这时士卒可以用了，便亲自拿起筑城的工具，和士卒一同劳苦，妻妾也编入军队之中，散发许多饮食犒赏士卒。命令披甲的士卒都埋伏起来，让老弱妇幼登城守望，派使者向燕军约定投降，燕军都欢呼万岁。田单又收集民间的黄金，共得千镒，命令即墨城中的富豪送给燕军将领，说：“即墨即将投降，希望到时不要掠夺我们族里的家产妻妾，让我们平安无事。”燕将大喜，答应了请求，燕军自此愈加松懈。

田单便征集城中的牛，得到一千多头，给牛裹上深红色的绸衣，画上五彩龙纹，在牛角上绑着尖刀，在牛尾上捆扎好浸透油脂的芦苇，点燃芦苇的末端。在城墙的脚下挖了几十个大洞晚上放出这些牛，五千名精壮士兵跟在后面。牛的尾巴灼热，狂怒而奔向燕军，燕军在黑夜里大惊。牛尾的火势光明耀眼，燕军看到的都是些龙纹怪物，凡被碰上的非死即伤。五千壮士随后突袭冲杀，而城中的士兵也喊杀随来，老弱百姓都敲打铜器，声音震天动地，燕军大为惊骇，仓皇败逃。齐人于是斩杀了燕将骑劫。燕军自相扰乱，夺路奔逃，齐人紧追不舍，所经过的城邑都背叛燕国而归附田单，军队一天天壮大，乘胜前进，燕军一天天败走逃散，最后到达齐国边境的黄河岸边，自此齐国被占领的七十多座城邑都被收复了。于是从莒城迎来襄王，进入临淄治理国政。

齐襄王封田单名号为安平君。

司马穰苴军纪严

原文

司马穰苴[①]者，田完[②]之苗裔也。齐景公时，晋伐阿、甄，而燕侵河上，齐师败绩。景公患之。晏婴乃荐田穰苴曰："穰苴虽田氏庶孽[③]，然其人文能附众，武能威敌，愿君试之。"景公召穰苴，与语兵事，大说之，以为将军，将兵扞燕晋之师。

穰苴曰："臣素卑贱，君擢之闾伍之中[④]，加之大夫之上，士卒未附，百姓不信，人微权轻。愿得君之宠臣，国之所尊，以监军，乃可。"于是景公许之，使庄贾往。穰苴既辞，与庄贾约曰："旦日日中会于军门。"穰苴先驰至军，立表下漏[⑤]待贾。贾素骄贵，以为将已之军而已为监，不甚急；亲戚左右送之，留饮。日中而贾不至。穰苴则仆表决漏，入，行军勒兵，申明约束。约束既定，夕时，庄贾乃至。穰苴曰："何后期为？"贾谢曰："不佞[⑥]大夫亲戚送之，故留。"

穰苴曰："将受命之日则忘其家，临军约束则忘其亲，援枹鼓[⑦]之急则忘其身。今敌国深侵，邦内骚动，士卒暴露于境，君寝不安席，食不甘味。百姓之命，皆悬于君，何谓相送乎！"召军正问曰："军法期而后至者云何？"对曰："当斩。"庄贾惧，使人驰报景公，请救。既往，未及反，于是遂斩庄贾以徇三军。三军之士皆振栗。久之，景公遣使者持节赦贾，驰入军中，穰苴曰："将在军，君令有所不受。"问军正曰："军驰三军法何？云何？"正曰："当斩。"使者大惧。穰苴曰："君之使不可杀之。"乃斩其仆、车之左驸、马

之左骖[8]，以徇三军，遣使者还报，然后行。

士卒次舍，井灶饮食问疾医药，身自拊循之。悉取将军之资粮享士卒，身与士卒平分粮食，最比其羸弱者。三日而后勒兵，病者皆求行，争奋出为之赴战。

晋师闻之，为罢去。燕师闻之，度水而解。于是追击之，遂取所亡封内故境而引兵归。未至国，释兵旅，解约束，誓盟而后入邑。景公与诸大夫郊迎，劳师成礼，然后反归寝。既见穰苴，尊为大司马。

《史记·司马穰苴列传》

注解

①司马穰(ráng)苴(jū)：本姓田，因为任过大司马(掌军政的职官)，后人称他为司马穰苴。

②田完：春秋时人，后田氏取代齐国旧王族，尊他为始祖。

③庶孽：众贱子。庶：众多。孽，婢妾所生的儿子。

④"君擢"句：擢(zhuó)。提拔。闾伍，即闾里，平民所居之处。

⑤"立表"句：表和漏都是古代计时的仪器。立表即立木为表，以测日影，其作用同日晷仪(俗称日晷)。下漏是用铜壶盛水，底穿一孔，壶中立箭，上刻度数，壶中水因漏出渐减，箭上刻的度数，依次显露，即可知时，其作用同钟表。

⑥不佞(nìng)：不才或不敏，一种自谦的称呼。

⑦援枹(fū)鼓：指击鼓进军。援，拿、执。枹，击鼓的棒。

⑧骖(cān)：古代用三匹马驾车时，左边的马叫骖。

译文

司马穰苴是田完的后代。齐景公时，晋国攻打齐国的阿、甄地方，而燕国侵犯到黄河边上，齐军大败。景公很忧虑，晏婴就推荐田穰苴，说："穰苴虽然只是田家的庶子，但他这个人，文能使大家亲附他，武能使敌人慑服于他，希望大王试用他。"景公召见穰苴，与他谈论军事，大为高兴，任他为将军，统率军队抵御燕、晋两国的军队。

穰苴说："我素来卑贱，大王将我自平民中提拔出来，使我位居大夫，士兵还不亲附我，百姓也不信服我，人微权轻。希望得到大王宠信的臣子，国中所尊信的人，来做监军，方才可以。"于是景公答应了他，派庄贾前往。穰苴既已辞别，和庄贾约好："明天正午时，在军营的大门外相会。"穰苴次日乘车到了军中，立表下漏，等待庄贾。庄贾向来骄贵，认为统领自己的军队而且自己监军，不大着急。亲戚和左右亲近的人为他送行，他留下来一起喝酒。正午时庄贾不到，穰苴便放倒木表，放空漏中的水，进入军营内巡视整饬部队，发布号令申明纪律。发令已完，太阳下山时，庄贾才来到。穰苴问：“为什么迟到？”庄贾谢罪说：“有大夫亲戚送行，所以留下来饮酒。”

穰苴说：“担任将领的人，一旦接到命令，便不再过问家事；临军申明纪律，便不再考虑亲人；击鼓进军的紧急时候，便不再顾及自身安危。现在敌国入侵境内很深，国内骚动不安，士卒在边境上露宿守卫，国君寝不安席，食不甘味。百姓的性命，都掌握在你的手中，还谈什么饯别！”于是召来军中的司法官问：“按军法，约好时间却后到的人该当何罪？”司法官回答说：“当斩。”庄贾害怕了，派人乘车去报知景公，请求解救。那人去了，还未返回，穰苴已处斩了庄贾，巡行三军前而宣告之。三军士兵都为之战栗畏惧。很久以后，景公派使者拿着符节来赦免庄贾，驾车奔入军营中。穰苴说：“将领在军中时，国君的命令有的可以不接受。”又问军中司法官：“军营中不许驾车快奔，现在使者做了，怎么处置？”司法官说：“当斩。”使者非常害怕。穰苴说：“国君的使者不能杀。”便杀了他的仆人，斩断了左边车厢外立着的一根木头，还杀了左边驾车的马，以警戒三军，派使者回去报告，然后出发。

士兵宿营，打井垒灶、饮食、疾病医药，穰苴都亲自过问抚慰。将自己作为将军应得的物资粮食都拿出来给士兵享用，自己和士兵平分粮食，汇总排列后自己只得到了瘦弱者的粮食数。三天后整饬部队，生病的人都要求随同行军，争先恐后要为国作战。

晋军听说了，因此而退走；燕军听说了，北渡黄河解围而去。于是齐军追击，收复了境内曾经沦陷的国土然后回师归来。未到国都，先解除武装和战时法令，立誓严守纪律、效忠君王而后入都城。景公和诸位大夫到郊外迎接加以慰劳，完成这隆重的礼节后才回去休息。见了穰苴后，尊他为大司马。

礼贤下士，临危救难

原文

魏公子无忌者，魏昭王少子而魏安釐王异母弟也。昭王薨(hōng)，安釐王即位，封公子为信陵君。是时范雎亡魏[1]相秦，以怨魏齐故，秦兵围大梁，破魏华阳下军，走芒卯。魏王及公子患之。

公子为人仁而下士，士无贤不肖皆谦而礼交之，不敢以其富贵骄士。士以此方数千里争往归之，致食客三千人。当是时，诸侯以公子贤，多客，不敢加兵谋魏十馀年。

公子与魏王博[2]，而北境传举烽，言"赵寇至，且入界"。魏王释博，欲召大臣谋。公子止王曰："赵王田猎耳，非为寇也。"复博如故。王恐，心不在博。居顷，复从北方来传言曰："赵王猎耳，非为寇也。"魏王大惊，曰："公子何以知之？"公子曰："臣之客有能深得赵王阴事[3]者，赵王所为，客辄以报臣，臣以此知之。"是后魏王畏公子之贤能，不敢任公子以国政。

魏有隐士曰侯嬴，年七十，家贫，为大梁夷门监者。公子闻之，往请，欲厚遗之。不肯受，曰："臣修身絜行数十年，终不以监门困故而受公子财。"公子於是乃置酒大会宾客。坐定，公子从车骑，虚左，自迎夷门侯生。侯生摄(shè)敝衣冠，直上载公子上坐，不让，欲以观公子。公子执辔(pèi)愈恭。侯生又谓公子曰："臣有客在市屠中，愿枉车骑过之。"公子引车入市，侯生下见其客朱亥，俾倪，故久立与其客语，微察公子。公子颜色愈和。当是时，魏将相宗室宾客满堂，待公子举酒。市人皆观公子执辔。从骑皆窃骂侯生。侯生视公子色终不变，乃谢客就车。至家，公子引侯生坐上坐，遍赞宾客，宾客皆惊。酒酣，公子起，为寿侯生前。侯生因谓公子曰："今日嬴之为公子亦足矣。嬴乃夷门抱关者也，而公子亲枉车骑，自迎嬴於众人广坐之中，不宜有所过，今公子故过之。然嬴欲就公子之名，故久立公子车骑市中，过客以观公子，公子愈恭。市人皆以嬴为小人，而以公子为长者能下士也。”於是罢酒，侯生遂为上客。

侯生谓公子曰：“臣所过屠者朱亥，此子贤者，世莫能知，故隐屠间耳。”公子往数请之，朱亥故不复谢，公子怪之。

魏安釐王二十年，秦昭王已破赵长平军，又进兵围邯郸。公子姊为赵惠文王弟平原君夫人，数遗魏王及公子书，请救於魏。魏王使将军晋鄙将十万众救赵。秦王使使者告魏王曰：“吾攻赵旦暮且下，而诸侯敢救者，已拔赵，必移兵先击之。”魏王恐，使人止晋鄙，留军壁邺，名为救赵，实持两端以观望。平原君使者冠盖相属於魏，让魏公子曰：“胜所以自附为婚姻者，以公子之高义，为能急人之困。今邯郸旦暮降秦而魏救不至，安在公子能急人之困也！且公子纵轻胜，弃之降秦，独不怜公子姊邪？”公子患之，数请魏王，及宾客辩士说王万端。魏王畏秦，终不听公子。公子自度终不能得之於王，计不独生而令赵亡，乃请宾客，约[4]车骑百馀乘，欲以客往赴秦军，与赵俱死。

行过夷门，见侯生，具告所以欲死秦军状。辞决而行，侯生曰：“公子勉之矣，老臣不能从。”公子行数里，心不快，曰：“吾所以待侯生者备矣，天下莫不闻，今吾且死而侯生曾无一言半辞送我，我岂有所失哉？”复引车还，问侯生。侯生笑曰：“臣固知公子之还也。”曰：“公子喜士，名闻天下。今有难，无他端而欲赴秦军，譬若以肉投馁虎，何功之有哉？尚安事客？然公子遇臣厚，公子往而臣不送，以是知公子恨之复返也。”公子再拜，因问。侯生乃屏人间语，曰：“嬴闻晋鄙之兵符常在王卧内，而如姬最幸，出入王卧内，力能窃之。嬴闻如姬父为人所杀，如姬资之三年，自王以下欲求报其父仇，莫能得。如姬为公子泣，公子使客斩其仇头，敬进如姬。如姬之欲为公子死，无所辞，顾未有路耳。公子诚一开口请如姬，如姬必许诺，则得虎符夺晋鄙军，北救赵而西卻秦，此五霸之伐[5]也。”公子从其计，请如姬。如姬果盗晋鄙兵符与公子。

公子行，侯生曰：“将在外，主令有所不受，以便国家。公子即合符，而晋鄙不授公子兵而复请之，事必危矣。臣客屠者朱亥可与俱，此人力士。晋鄙听，大善；不听，可使击之。”於是公子泣。侯生曰：“公子畏死邪？何泣也？”公子曰：“晋鄙嚄（huò）唶（zé）宿将，往恐不听，必当杀之，是以泣耳，岂畏死哉？”於是公子请朱亥。朱亥笑曰：“臣乃市井鼓刀屠者，而公子亲数存之，所以不报谢者，以为小礼无所用。今公子有急，此乃臣效命之秋也。”遂与公子俱。公子过谢侯生。侯生曰：“臣宜从，老不能。请数公子行日，以至晋鄙军之日，北乡自刭，以送公子。”公子遂行。

至邺，矫魏王令代晋鄙。晋鄙合符，疑之，举手视公子曰："今吾拥十万之众，屯於境上，国之重任，今单车来代之，何如哉?"欲无听。朱亥袖四十斤铁椎，椎杀晋鄙，公子遂将晋鄙军。勒兵下令军中曰："父子俱在军中，父归;兄弟俱在军中，兄归;独子无兄弟，归养。"得选兵八万人，进兵击秦军。秦军解去，遂救邯郸，存赵。赵王及平原君自迎公子於界，平原君负韊(lán)矢为公子先引。赵王再拜曰："自古贤人未有及公子者也。"当此之时，平原君不敢自比於人。公子与侯生决，至军，侯生果北乡自刭。

魏王怒公子之盗其兵符，矫杀晋鄙，公子亦自知也。已却秦存赵，使将将其军归魏，而公子独与客留赵。赵孝成王德公子之矫夺晋鄙兵而存赵，乃与平原君计，以五城封公子。公子闻之，意骄矜而有自功之色。客有说公子曰："物有不可忘，或有不可不忘。夫人有德於公子，公子不可忘也;公子有德於人，愿公子忘之也。且矫魏王令，夺晋鄙兵以救赵，於赵则有功矣，於魏则未为忠臣也。公子乃自骄而功之，窃为公子不取也。"於是公子立自责，似若无所容者。赵王扫除自迎，执主人之礼，引公子就西阶。公子侧行辞让，从东阶上。自言罪过，以负於魏，无功於赵。赵王侍酒至暮，口不忍献五城，以公子退让也。公子竟留赵。赵王以鄗为公子汤沐邑，魏亦复以信陵奉公子。公子留赵。

公子闻赵有处士毛公藏於博徒，薛公藏於卖浆家，公子欲见两人，两人自匿不肯见公子。公子闻所在，乃间步往从此两人游，甚欢。平原君闻之，谓其夫人曰："始吾闻夫人弟公子天下无双，今吾闻之，乃妄从博徒卖浆者游，公子妄人耳。"夫人以告公子。公子乃谢夫人去，曰："始吾闻平原君贤，故负魏王而救赵，以称平原君。平原君之游，徒豪举耳，不求士也。无忌自在大梁时，常闻此两人贤，至赵，恐不得见。以无忌从之游，尚恐其不我欲也，今平原君乃以为羞，其不足从游。"乃装为去。夫人具以语平原君。平原君乃免冠谢，固留公子。平原君门下闻之，半去平原君归公子，天下士复往归公子，公子倾平原君客。

公子留赵十年不归。秦闻公子在赵，日夜出兵东伐魏。魏王患之，使使往请公子。公子恐其怒之，乃诫门下："有敢为魏王使通者，死。"宾客皆背魏之赵，莫敢劝公子归。毛公、薛公两人往见公子曰："公子所以重於赵，名闻诸侯者，徒以有魏也。今秦攻魏，魏急而公子不恤，使秦破大梁而夷先王之宗庙，公子当何面目立天下乎?"语未及卒，公子立变色，告车趣驾归救魏。

魏王见公子，相与泣，而以上将军印授公子，公子遂将。

魏安釐王三十年，公子使使遍告诸侯。诸侯闻公子将，各遣将将兵救魏。公子率五国之兵破秦军於河外，走蒙骜。遂乘胜逐秦军至函谷关，抑秦兵，秦兵不敢出。当是时，公子威振[6]天下，诸侯之客进兵法，公子皆名之，故世俗称《魏公子兵法》。

秦王患之，乃行金万斤於魏，求晋鄙客，令毁公子於魏王曰："公子亡在外十年矣，今为魏将，诸侯将皆属，诸侯徒闻魏公子，不闻魏王。公子亦欲因此时定南面而王，诸侯畏公子之威，方欲共立之。"秦数使反间，伪贺公子得立为魏王未也。魏王日闻其毁，不能不信，后果使人代公子将。公子自知再以毁废，乃谢病不朝，与宾客为长夜饮，饮醇酒，多近妇女。日夜为乐饮者四岁，竟病酒而卒。其岁，魏安釐王亦薨。

秦闻公子死，使蒙骜攻魏，拔二十城，初置东郡。其后秦稍蚕食魏，十八岁而虏魏王，屠大梁。

高祖始微少时，数闻公子贤。及即天子位，每过大梁，常祠公子。高祖十二年，从击黥布还，为公子置守冢(zhǒng)五家，世世岁以四时奉祠公子。

太史公曰：吾过大梁之墟，求问其所谓夷门。夷门者，城之东门也。天下诸公子亦有喜士者矣，然信陵君之接岩穴隐者，不耻下交，有以也。名冠诸侯，不虚耳。高祖每过之而令民奉祠不绝也。

《史记·魏公子列传》

注解

① 亡魏：从魏国逃亡。

② 博：下棋。"博"是古代的一种棋类戏术。

③ 阴事：秘密的事情。

④ 约：凑集，备办。

⑤ 五霸之伐：类似春秋五霸的功绩。"五霸"，春秋时在诸侯中势力强大、称霸一时的五个诸侯盟主。说法不统一，通行的说法是指齐桓公、晋文公、秦穆公、宋襄公、楚庄王。"伐"，功劳、功绩。

⑥ 振：通"震"。

译文

魏公子的名字是无忌，他是魏昭王的小儿子，和魏安釐王是异母兄弟。魏昭王去世之后，安釐王即位成为魏国的君主，安釐王将弟弟无忌封为信陵君。当时范雎从魏国逃出到秦国担任秦的相国，由于范雎怨恨当年魏相魏齐屈把自己几乎打死的缘故，因此派出秦军围攻大梁，并将华阳魏军击败，华阳魏军将领芒卯战败逃跑。兵败华阳这件事使得魏王和公子焦虑万分。

公子是个仁爱宽厚、礼贤下士的人，士人不管有没有才能或者才能有大有小，都能一视同仁地被他谦恭相待、和善相交，公子从来没有因为自己出身富贵就轻视慢待士人。由于以上缘故，方圆几千里的士人都争先恐后地前来投奔并归附于他，在他门下的食客有三千人之多。那时候，诸侯各国由于公子为人贤德，手下宾客众多，连续十几年都不敢出动军队进犯魏国。

有一次，公子和魏王兄弟二人正在下棋，没想到有警报从北边边境传来，警报说："赵国正在出动军队侵犯我国，马上就要开拔到边境地区。"魏王闻言马上停止下棋，想要紧急召见群臣商讨对策。公子却劝说魏王道："这只不过是赵王要打猎罢了，并非是要进犯我国。"然后就继续和魏王下棋，就像什么事儿也没发生似的。然而魏王忧心忡忡，根本没心思下棋。稍等了些时候，北部再次有消息传来："是赵王打猎罢了，并非要侵犯我国。"魏王闻言之后非常讶异，就向公子发问："公子是从哪里知道这消息的？"公子就答道："赵王身边有我门下食客安排的密探，因此，但凡赵王有所举动，他都会通知我，所以我清楚这件事。"通过这件事之后，魏王开始害怕起公子的贤能来了，再也不敢放手让公子处理国家大事了。

魏国有个名隐士叫侯嬴，当时已经七十岁高龄了，他的家境贫寒，职业是看守大梁城的东门。公子闻听侯嬴是个贤人之后，就派遣门人前去拜见他，同时送了一份厚礼给他。然而侯嬴却不肯接受公子的厚礼，他拒绝道："几十年以来，我始终砥品砺行，坚守心中的节操，所以不能由于我看门贫困的理由而接受公子的财礼。"公子听说之后，就安排下大型宴席，延请宾客前来会饮就餐。宾客齐聚，依次落座之后，公子就亲自带领车马以及随从人员出发了，同时将车子左边的位子空了出来，亲自前往东城门去迎接侯先生。侯先生慢条斯理地将自己破旧的衣服帽子整理了一番之后，旁若无人地直接登上车子坐在了公子空出的尊贵座位——车子左边的座位上，一点儿也没有表示出谦逊礼让的态度，侯嬴的目的就是想用这样无礼的方式来试探下公子的真实态度。然而公子手握马缰绳，态度比之前更加的恭敬了。于是侯先生就对公子说："街市的屠宰场中有我一个朋友，麻烦公子驾车带我去拜访他。"公子闻言，马上驾着车子依照侯嬴的吩咐前往街市进入屠宰场，侯先生下车之后就去会见他的朋友朱亥，和朱亥会见时他悄悄斜眯缝着眼看公子，故意长时间站在屠宰场中，和他的朋友说话谈天，并暗自查看公子的神态表情。侯嬴发现公子的面色比起之前来显得更加和颜悦色了。此时，魏国的将军、宰相、宗室大臣还有高朋贵宾满堂高坐，只等公子回来就开始举行宴会。公子手握缰绳替侯先生驾车这一幕被街市上的人都看在了眼里。侯嬴的傲慢激怒了公子的随从人员，他们都在暗自责骂侯先生。侯先生观察到公子自始至终面不改色，于是就与朋友作别上了车。来到公子府上之后，公子亲自为侯先生做引导，将侯嬴请到上位落座，同时将侯嬴介绍给了全体宾客并极力夸赞侯嬴，满堂宾客都对此感到惊讶。在众人宴饮正欢的时候，公子离席而起，恭敬地来到侯先生面前举杯祝福他长寿。侯先生借此机会向公子说："公子今天被我侯嬴为难得很够劲了。我不过是个城东门看门关门的人，然而却劳累公子委屈车马，亲自在众目睽睽之下来迎接我，本来我不该再去别处会见朋友，没想到今天公子却不辞辛劳地陪我去拜访他。不过我也有意借此机会彰显公子礼贤下士的美名，因此故作姿态让公子驾着车马长时间地停在街市中，并乘机来试探公子是否真心诚意，结果公子却表现更加谦和恭敬了。街市上看到这一幕的，没有人不将我看作小人，同时却将认为公子品德高尚并能够礼贤下士啊。"这次宴会结束之后，侯先生便成了公子的贵客。

侯先生告诉公子说："我曾去拜访过的屠夫朱亥，是个有本事的人，只不过人们都对他不了解，因此隐没在屠夫中而已。"公子曾多次屈尊造访朱亥，朱亥故意不回拜答谢，公子感到这个人非常奇怪。

魏安釐王二十年（公元前257年），秦昭王已经在长平大败赵国军队，随后进兵围攻邯郸。公子的姐姐是赵惠文王弟弟平原君的夫人，多次给魏王和公子送信来，向魏国请求救兵。魏王派将军晋鄙带领十万之众的部队去救赵国。秦昭王得知这个消息后就派使臣告诫魏王说："我就要攻下赵国了，这只是早晚的事，诸侯中有谁敢救赵国的，拿下赵国后，一定调兵先攻打它。"魏王很害怕，就派人阻止晋鄙不要再进军了，把军队留在邺城扎营驻守，名义上是救赵国，实际上是采取两面倒的策略来观望形势的发展。平原君使臣的车子连续不断地到魏国来，频频告急，责备魏公子说："我赵胜之所以自愿依托魏国跟魏国联姻结亲，就是因为公子的道义高尚，能热心帮助别人摆脱危难。如今邯郸危在旦夕，早晚就要投降秦国，可是魏国救兵至今不来，公子能帮助别人摆脱危难又表现在哪里！再说公子即使不把我赵胜看在眼里，抛弃我让我投降秦国，难道就不可怜你的姐姐吗？"公子为这件事忧虑万分，屡次请求魏王赶快出兵，又让宾客辩士们千方百计地劝说魏王。魏王由于害怕秦国，始终不肯听从公子的意见。公子估计终究不能征得魏王的同意出兵了，就决计不能自己活着而让赵国灭亡，于是请来宾客，凑集了战车一百多辆，打算带着宾客赶到战场上去同秦军拼命，与赵国人同生共死。

公子带着车队走过东门时，去见侯先生，把打算同秦军拼命的情况全都告诉了侯先生。然后向侯先生诀别准备上路，行前侯先生说："公子努力干吧，老臣我不能随行。"公子走了几里路，心里不痛快，自语道："我对待侯先生算是够周到的了，天下无人不晓，如今我将要死难可是侯先生竟没有一言半语来送我，我难道对待他有不妥的地方吗？"于是又赶着车子返回来，想问问侯先生。侯先生一见公子便笑着说："我本来就知道公子会回来的。"又接着说："公子好客爱士，闻名天下。如今有了危难，想不出别的办法却要赶到战场上同秦军拼命，这就如同把肥肉扔给饥饿的老虎，有什么作用呢？如果这样的话，还用我们这些宾客干什么呢？公子待我情深意厚，公子前往可是我不送行，因此知道公子恼恨我会返回来的。”公子连着两次向侯先生拜礼，进而问对策。侯先生就让旁人离开，同公子秘密交谈，说：“我听说晋鄙的兵符经常放在魏王的卧室内，在妻妾中如姬最受宠爱，她出入魏王的卧室很随便，只要尽力是能偷出兵符来的。我还听说如姬的父亲被人杀死，如姬报仇雪恨的心志积蓄了三年之久，从魏王以下的群臣左右都想为如姬报仇，但没能如愿。为此，如姬曾对公子哭诉，公子派门客斩了那个仇人的头，恭敬地献给如姬。如姬要为公子效命而死，是在所不辞的，只是没有行动的机会罢了。公子如果开口请求如姬帮忙，如姬必定答应，那么就能得到虎符而夺了晋鄙的军权，北边可救赵国，西边能抵御秦国，这是春秋五霸的功业啊。”公子听从了侯嬴的计策，请求如姬帮忙。如姬果然盗出晋鄙的兵符交给了公子。

公子拿到了兵符准备上路，侯先生说：“将帅在外作战时，有机断处置的权力，国君的命令有的时候可以不接受，以便有利于国家。公子到那里即使两符相合，验明无误，可是晋鄙仍不交给公子兵权反而再请示魏王，那么事情就危险了。我的朋友屠夫朱亥可以跟您一起前往，这个人是个大力士。如果晋鄙听从，那是再好不过了；如果他不听从，可以让朱亥击杀他。”公子听了这些话后，便哭了。侯先生见状便问道：“公子害怕死呀？为什么哭呢？”公子回答说：“晋鄙是魏国勇猛强悍、富有经验的老将，我去他那里恐怕他不会听从命令，必定要杀死他，因此我难过地哭了，哪里是怕死呢？”于是公子去请求朱亥一同前往。朱亥笑着说：“我只是个市场上击刀杀生的屠夫，可是公子竟多次登门问候我，我之所以不回拜答谢您，是因为我认为小礼小节没什么用处。如今公子有了急难，这就是我为公子杀身效命的时候了。”于是，就与公子一起上路了。公子去向侯先生辞行。侯先生说：“我本应随您一起去，可是老了心有余而力不足不能随行。请允许我计算您行程的日期，您到达晋鄙军部的那一天，我面向北刎颈而死，来表达我为公子送行的一片忠心。”公子于是上路出发。

到了邺城，公子拿出兵符假传魏王命令代替晋鄙担任将领。晋鄙合了兵符，验证无误，但还是怀疑这件事，就举着手盯着公子说：“如今我统帅着十万之众的大军，驻扎在边境上，这是关系到国家命运的重任，今天你只身一人来代替我，这是怎么回事呢？”正要拒绝接受命令。这时朱亥取出藏在衣袖里的四十斤铁椎，一椎击死了晋鄙，公子于是统帅了晋鄙的军队。然后整顿部队，向军中下令说：“父子都在军队里的，父亲回家；兄弟同在军队里的，长兄回家；没有兄弟的独生子，回家去奉养双亲。”经过整顿选拔，得到精兵八万人。开拔前线攻击秦军。秦军解围撤离而去，于是邯郸得救，保住了赵国。赵王和平原君到郊界来迎接公子。平原君替公子背着盛满箭支的囊袋走在前面引路。赵王连着两次拜谢说：“自古以来的贤人没有一个赶得上公子的。”在这个时候，平原君不敢再拿自己跟别人相比了。公子与侯先生诀别之后，在到达邺城军营的那一天，侯先生果然面向北刎颈而死。

魏王恼怒公子盗出了他的兵符，假传君令击杀晋鄙，这一点公子也是明知的。所以在打退秦军拯救赵国之后，就让部将带着部队返回魏国去，而公子自己和他的门客就留在了赵国。赵孝成王感激公子假托君命夺取晋鄙军权从而保住了赵国这一义举，就与平原君商量，把五座城邑封赏给公子。公子听到这个消息后，产生了骄傲自大的情绪，露出了居功自满的神色。门客中有个人劝说公子道："事物有不可以忘记的，也有不可以不忘记的。别人对公子有恩德，公子不可以忘记；公子对别人有恩德，希望公子忘掉它。况且假托魏王命令，夺取晋鄙兵权去救赵国，这对赵国来说算是有功劳了，但对魏国来说那就不算忠臣了。公子却因此自以为有功，觉得了不起，我私下认为公子实在不应该。"公子听后，立刻责备自己，好像无地自容一样。赵国召开盛大欢迎宴会，赵王打扫了殿堂台阶，亲自到门口迎接贵客，并执行主人的礼节，领着公子走进殿堂的西边台阶。公子则侧着身子走一再推辞谦让，并主动从东边的台阶升堂。宴会上，公子称说自己有罪，对不起魏国，于赵国也无功劳可言。赵王陪着公子饮酒直到傍晚，始终不好意思开口谈封献五座城邑的事，因为公子总是在谦让自责。公子终于留在了赵国。赵王把鄗邑封赏给公子，这时魏王也把信陵邑又奉还给公子。公子仍留在赵国。

公子听说赵国有两个有才有德而没有从政的人，一个是毛公藏身于赌徒中，一个是薛公藏身在酒店里，公子很想见见这两个人，可是这两个人躲了起来不肯见公子。公子打听到他们的藏身地址，就悄悄地步行去同这两个人交往，彼此都以相识为乐事，很是高兴。平原君知道了这个情况，就对他的夫人说："当初我听说夫人的弟弟魏公子是个举世无双的大贤人，如今我听说他竟然胡来，跟那伙赌徒、酒店伙计交往，公子只是个无知妄为的人罢了。"平原君的夫人把这些话告诉了公子。公子听后就向夫人告辞准备离开这里，说："以前我听说平原君贤德，所以背弃魏王而救赵国，满足了平原君的要求。现在才知道平原君与人交往，只是显示富贵的豪放举动罢了，他不是求取贤士人才啊。我从前在大梁时，就常常听说这两个人贤能有才，到了赵国，我唯恐不能见到他们。拿我这个人跟他们交往，还怕他们不要我呢，现在平原君竟然把跟他们交往看作是羞辱，平原君这个人不值得结交。"于是就整理行装准备离去。夫人把公子的话全都告诉了平原君，平原君听了自感惭愧便去向公子脱帽谢罪，坚决地把公子挽留下来。平原君门下的宾客们听到这件事，有一半人离开了平原君归附于公子，天下的士人也都去投靠公子，归附在他的门下。公子的为人使平原君的宾客仰慕而尽都到公子的门下来。

公子留在赵国十年不回魏国。秦国听说公子留在赵国，就日夜不停地发兵向东进攻魏国。魏王为此事焦虑万分，就派使臣去请公子回国。公子仍担心魏王恼怒自己，就告诫门下宾客说："有敢替魏王使臣通报传达的，处死。"由于宾客们都是背弃魏国来到赵国的，所以没谁敢劝公子回魏国。这时，毛公和薛公两人去见公子说："公子所以在赵国受到尊重，名扬诸侯，只是因为有魏国的存在啊。现在秦国进攻魏国，魏国危急而公子毫不顾念，假使秦国攻破大梁而把您先祖的宗庙夷平，公子还有什么脸面活在世上呢？"话还没说完，公子脸色立即变了，嘱咐车夫赶快套车回去救魏国。

魏王见到公子，两人不禁相对落泪，魏王把上将军大印授给公子，公子便正式担任了上将军这个统帅军队的最高职务。

魏安釐王三十年（公元前 247 年），公子派使臣把自己担任上将军的职务一事通报给各个诸侯国。诸侯们得知公子担任了上将军，都各自调兵遣将救援魏国。公子率领五个诸侯国的军队在黄河以南地区把秦军打得大败，使秦将蒙骜败逃。进而乘胜追击直到函谷关，把秦军压在函谷关内，使他们不敢再出关。当时，公子的声威震动天下，各诸侯国来的宾客都进献兵法，公子把它们合在一起签上自己的名字，所以世上俗称《魏公子兵法》。

秦王担忧公子将进一步威胁秦国，就使用了万斤黄金到魏行贿，寻找晋鄙原来的那些门客，让他们在魏王面前进谗言说："公子流亡在外十年了，现在担任魏国大将，诸侯国的将领都归他指挥，诸侯们只知道魏国有个魏公子，不知道还有个魏王。公子也要乘这个时机决定称王。诸侯们害怕公子的权势声威，正打算共同出面拥立他为王呢。"秦国又多次实行反间，利用在秦国的魏国间谍，假装不知情地请他们向公子祝贺，问是否已经立为魏王了。魏王天天听到这些毁谤公子的话，不能不信以为真，后来果然派人代替公子担任上将军。公子自己明知这是又一次因毁谤而被废黜，于是就推托有病不上朝了，他在家里与宾客们通宵达旦地宴饮，痛饮烈性酒，常跟女人厮混在一起。这样日日夜夜寻欢作乐度过了四年，终于因饮酒无度患病死亡，这一年，魏安釐王也去世了。

秦王听闻公子已经去世的消息，就派蒙骜攻击魏国，攻占了二十座城邑，开始设立东郡。自此之后，秦国慢慢地好像蚕食桑叶似的侵占魏国领土，经过十八年时间最终将魏王给俘虏了，并将大梁军民大肆屠杀，彻底将这座都城给毁掉了。

当初，汉高祖还处于低贱的地位时，曾很多次闻听到魏公子品德高尚、才能卓著的话。当他成为皇帝之后，每当路过昔日的大梁城，往往会前去祭祀公子。汉高祖十二年（公元前 195 年），他击败叛将黥布，由前线返回之时，路过大梁城，专门安置了五户人家为公子看守坟墓，命令这五户人家按时祭祀公子，世代不绝、四季不断。

太史公评论道：当初我路过已成废墟的大梁城时，曾经慕名前去寻找那个所谓的夷门，大梁城的东门原来就是所谓的夷门。当初各国诸侯中确实喜欢延纳宾客士人的公子为数不少，不过肯屈尊结交隐没于民间之中的贤士的只有信陵君一个人，对于和地位低贱的人结交他不以为耻，（因此公子声名显扬）实在是很有道理的。公子名气之大远远超过诸侯，这实在不是什么空口传虚话。所以，（出身卑微的）汉高祖每当路过大梁城的时候总会特意叮嘱百姓要好好祭祀公子且不能使这祭祀断绝。

将相和

原文

廉颇者，赵之良将也。赵惠文王十六年，廉颇为赵将伐齐，大破之，取阳晋，拜为上卿，以勇气闻於诸侯。蔺相如者，赵人也，为赵宦者令缪贤舍人。

赵惠文王时，得楚和氏璧。秦昭王闻之，使人遗赵王书，愿以十五城请易璧。赵王与大将军廉颇诸大臣谋：欲予秦，秦城恐不可得，徒见欺；欲勿予，即患秦兵之来。计未定，求人可使报秦者，未得。宦者令缪贤曰：“臣舍人蔺相如可使。”王问：“何以知之？”对曰：“臣尝有罪，窃计欲亡走燕，臣舍人相如止臣，曰：‘君何以知燕王？’臣语曰：‘臣尝从大王与燕王会境上，燕王私握臣手，曰“愿结友”。以此知之，故欲往。’相如谓臣曰：‘夫赵强而燕弱，而君幸於赵王，故燕王欲结於君。今君乃亡赵走燕，燕畏赵，其势必不敢留君，而束君归赵矣。君不如肉袒伏斧质请罪，则幸得脱矣。’臣从其计，大王亦幸赦臣。臣窃以为其人勇士，有智谋，宜可使。”於是王召见，问蔺相如曰：“秦王以十五城请易寡人之璧，可予不？”相如曰：“秦强而赵弱，不可不许。”王曰：“取吾璧，不予我城，奈何？”相如曰：“秦以城求璧而赵不许，曲在赵。赵予璧而秦不予赵城，曲在秦。均之二策，宁许以负秦曲[1]。”王曰：“谁可使者？”相如曰：“王必无人，臣愿奉璧往使。城入赵而璧留秦；城不入，臣请完璧归赵。”赵王於是遂遣相如奉璧西入秦。

秦王坐章台见相如，相如奉璧奏秦王。秦王大喜，传以示美人及左右，左右皆呼万岁。相如视秦王无意偿赵城，乃前曰：“璧有瑕，请指示王。”王授璧，相如因持璧卻立，倚柱，怒发上冲冠，谓秦王曰：“大王欲得璧，使人发书至赵王，赵王悉召群臣议，皆曰：‘秦贪，负其强，以空言求璧，偿城恐不可得’。议不欲予秦璧。臣以为布衣之交尚不相欺，况大国乎！且以一璧之故逆强秦之欢，不可。於是赵王乃斋戒五日，使臣奉璧，拜送书於庭。何者？严大国之威以修敬也。今臣至，大王见臣列观，礼节甚倨；得璧，传之美人，以戏弄臣。臣观大王无意偿赵王城邑，故臣复取璧。大王必欲急臣，臣头今与璧俱碎於柱矣！”相如持其璧睨（nì）柱，欲以击柱。秦王恐其破璧，乃辞谢固请，召有司案图，指从此以往十五都予赵。相如度秦王特以诈详为予赵城，实不可得，乃谓秦王曰：“和氏璧，天下所共传宝也，赵王恐，不敢不献。赵王送璧时，斋戒五日，今大王亦宜斋戒五日，设九宾於廷，臣乃敢上璧。”秦王度之，终不可强夺，遂许斋五日，舍相如广成传。相如度秦王虽斋，决负约不偿城，乃使其从者衣褐，怀其璧，从径道亡，归璧于赵。

秦王斋五日后，乃设九宾礼於廷，引赵使者蔺相如。相如至，谓秦王曰：“秦自缪公以来二十馀君，未尝有坚明[2]约束者也。臣诚恐见欺於王而负赵，故令人持璧归，间至赵矣。且秦强而赵弱，大王遣一介之使至赵，赵立奉璧来。今以秦之强而先割十五都予赵，赵岂敢留璧而得罪於大王乎？臣知欺大王之罪当诛，臣请就汤镬（huò），唯大王与群臣孰计议之。”秦王与群臣相视而嘻。左右或欲引相如去，秦王因曰："今杀相如，终不能得璧也，而绝秦赵之欢，不如因而厚遇之，使归赵，赵王岂以一璧之故欺秦邪！"卒廷见相如，毕礼而归之。

相如既归，赵王以为贤大夫使不辱於诸侯，拜相如为上大夫。秦亦不以城予赵，赵亦终不予秦璧。

其后秦伐赵，拔石城。明年，复攻赵，杀二万人。

秦王使使者告赵王，欲与王为好会於西河外渑池。赵王畏秦，欲毋行。廉颇、蔺相如计曰："王不行，示赵弱且怯也。"赵王遂行，相如从。廉颇送至境，与王诀曰："王行，度道里[③]会遇之礼毕，还，不过三十日。三十日不还，则请立太子为王。以绝秦望。"王许之，遂与秦王会渑池。秦王饮酒酣(hān)，曰："寡人窃闻赵王好音，请奏瑟。"赵王鼓瑟。秦御史前书曰"某年月日，秦王与赵王会饮，令赵王鼓瑟"。蔺相如前曰："赵王窃闻秦王善为秦声，请奏盆缶秦王，以相娱乐。"秦王怒，不许。於是相如前进缶，因跪请秦王。秦王不肯击缶。相如曰："五步之内，相如请得以颈血溅大王矣！"左右欲刃相如，相如张目叱之，左右皆靡。於是秦王不怿，为一击缶。相如顾召赵御史书曰"某年月日，秦王为赵王击缶"。秦之群臣曰："请以赵十五城为秦王寿"。蔺相如亦曰："请以秦之咸阳为赵王寿。"秦王竟酒，终不能加胜於赵。赵亦盛设兵以待秦，秦不敢动。

既罢归国，以相如功大，拜为上卿，位在廉颇之右。廉颇曰："我为赵将，有攻城野战之大功，而蔺相如徒以口舌为劳，而位居我上，且相如素贱人，吾羞，不忍为之下。"宣言曰："我见相如，必辱之。"相如闻，不肯与会。相如每朝时，常称病，不欲与廉颇争列。已而相如出，望见廉颇，相如引车避匿。於是舍人相与谏曰："臣所以去亲戚而事君者，徒慕君之高义也。今君与廉颇同列，廉君宣恶言而君畏匿之，恐惧殊甚，且庸人尚羞之，况於将相乎！臣等不肖，请辞去。"蔺相如固止之，曰："公之视廉将军孰与秦王？"曰："不若也。"相如曰："夫以秦王之威，而相如廷叱之，辱其群臣，相如虽驽，独畏廉将军哉？顾吾念之，强秦之所以不敢加兵於赵者，徒以吾两人在也。今两虎共斗，其势不俱生。吾所以为此者，以先国家之急而后私仇也。"廉颇闻之，肉袒(tǎn)负荆，因宾客至蔺相如门谢罪。曰："鄙贱之人，不知将军宽之至此也。"卒相与欢，为刎颈之交。

是岁，廉颇东攻齐，破其一军。居二年，廉颇复伐齐几，拔之。后三年，廉颇攻魏之防陵、安阳，拔之。后四年，蔺相如将而攻齐，至平邑而罢。其明年，赵奢(shē)破秦军阏(yù)与下。

赵奢者，赵之田部吏也。收租税而平原君家不肯出租，奢以法治之，杀平原君用事者九人。平原君怒，将杀奢。奢因说曰：“君於赵为贵公子，今纵君家而不奉公则法削，法削则国弱，国弱则诸侯加兵，诸侯加兵是无赵也，君安得有此富乎？以君之贵，奉公如法则上下平[④]，上下平则国强，国强则赵固，而君为贵戚，岂轻於天下邪？”平原君以为贤，言之於王。王用之治国赋，国赋大平，民富而府库实。

秦伐韩，军於阏与。王召廉颇而问曰：“可救不？”对曰：“道远险狭，难救。”又召乐乘而问焉，乐乘对如廉颇言。又召问赵奢，奢对曰：“其道远险狭，譬之犹两鼠斗於穴中，将勇者胜。”王乃令赵奢将，救之。

兵去邯郸三十里，而令军中曰：“有以军事谏者死。”秦军军武安西，秦军鼓噪勒兵，武安屋瓦尽振。军中候有一人言急救武安，赵奢立斩之。坚壁，留二十八日不行，复益增垒。秦间来入，赵奢善食而遣之。间以报秦将，秦将大喜曰：“夫去国三十里而军不行，乃增垒，阏与非赵地也。”赵奢既已遣秦间，卷甲而趋之，二日一夜至，令善射者去阏与五十里而军。军垒成，秦人闻之，悉甲而至。军士许历请以军事谏，赵奢曰：“内之。”许历曰：“秦人不意赵师至此，其来气盛，将军必厚集其阵以待之。不然，必败。”赵奢曰：“请受令。”许历曰：“请就鈇(fū)质之诛。”赵奢曰：“胥后令邯郸。”许历复请谏，曰：“先据北山上者胜，后至者败。”赵奢许诺，即发万人趋之。秦兵后至，争山不得上，赵奢纵兵击之，大破秦军。秦军解而走，遂解阏(yān)与之围而归。

赵惠文王赐奢号为马服君，以许历为国尉。赵奢於是与廉颇、蔺相如同位。

后四年，赵惠文王卒，子孝成王立。七年，秦与赵兵相距长平，时赵奢已死，而蔺相如病笃(dǔ)[⑤]，赵使廉颇将攻秦，秦数败赵军，赵军固壁不战。秦数挑战，廉颇不肯。赵王信秦之间。秦之间言曰：“秦之所恶，独畏马服君赵奢之子赵括为将耳。”赵王因以括为将，代廉颇。蔺相如曰：“王以名使括，若胶柱而鼓瑟耳。括徒能读其父书传，不知合变也。”赵王不听，遂将之。

赵括自少时学兵法，言兵事，以天下莫能当。尝与其父奢言兵事，奢不能难，然不谓善。括母问奢其故，奢曰：“兵，死地也，而括易言之。使赵不将括即已，若必将之，破赵军者必括也。”及括将行，其母上书言於王曰：“括不可使将。”王曰：“何以？”对曰：“始妾事其父，时为将，身所奉饭饮而进食者以十数，所友者以百数，大王及宗室所赏赐者尽以予军吏士大夫，受命之日，不问家事。今括一旦为将，东向而朝，军吏无敢仰视之者，王所赐金帛，归藏於家，而日视便利田宅可买者买之。王以为何如其父？父子异心，愿王勿遣。”王曰：“母置之，吾已决矣。”括母因曰：“王终遣之，即有如不称，妾得无随坐乎？”王许诺。

赵括既代廉颇，悉更约束，易置军吏。秦将白起闻之，纵奇兵，详败走，而绝其粮道，分断其军为二，士卒离心。四十馀日，军饿，赵括出锐卒自博战，秦军射杀赵括。括军败，数十万之众遂降秦，秦悉坑之。赵前后所亡凡四十五万。明年，秦兵遂围邯郸，岁馀，几不得脱。赖楚、魏诸侯来救，乃得解邯郸之围。赵王亦以括母先言，竟不诛也。

自邯郸围解五年，而燕用栗腹之谋，曰“赵壮者尽於长平，其孤未壮”，举兵击赵。赵使廉颇将，击，大破燕军於鄗（hào），杀栗腹，遂围燕。燕割五城请和，乃听之。赵以尉文封廉颇为信平君，为假相国。

廉颇之免长平归也，失势之时，故客尽去。及复用为将，客又复至。廉颇曰：“客退矣！”客曰：“吁！君何见之晚也？夫天下以市道[6]交，君有势，我则从君，君无势则去，此固其理也，有何怨乎？”居六年，赵使廉颇伐魏之繁阳，拔之。

赵孝成王卒，子悼襄王立，使乐乘代廉颇。廉颇怒，攻乐乘，乐乘走。廉颇遂奔魏之大梁。其明年，赵乃以李牧为将而攻燕，拔武遂、方城。

廉颇居梁久之，魏不能信用。赵以数困於秦兵，赵王思复得廉颇，廉颇亦思复用於赵。赵王使使者视廉颇尚可用否。廉颇之仇郭开多与使者金，令毁之。赵使者既见廉颇，廉颇为之一饭斗米，肉十斤，被甲上马，以示尚可用。赵使还报王曰：“廉将军虽老，尚善饭，然与臣坐，顷之三遗矢矣。”赵王以为老，遂不召。

楚闻廉颇在魏，阴使人迎之。廉颇一为楚将，无功，曰：“我思用赵人。”廉颇卒死于寿春。

李牧者，赵之北边良将也。常居代雁门，备匈奴。以便宜置吏，市租皆输入莫府[7]，为士卒费。日击数牛飨士，习射骑，谨烽火，多间谍，厚遇战士。为约曰：“匈奴即入盗，急入收保，有敢捕虏者斩。”匈奴每入，烽火谨，辄入收保，不敢战。如是数岁，亦不亡失。然匈奴以李牧为怯，虽赵边兵亦以为吾将怯。赵王让李牧，李牧如故。赵王怒，召之，使他人代将。

岁馀，匈奴每来，出战。出战，数不利，失亡多，边不得田畜。复请李牧。牧杜门不出，固称疾。赵王乃复强起使将兵。牧曰：“王必用臣，臣如前，乃敢奉令。”王许之。

李牧至，如故约。匈奴数岁无所得。终以为怯。边士日得赏赐而不用，皆愿一战。於是乃具选车得千三百乘，选骑得万三千匹，百金之士五万人，彀（gòu）者十万人，悉勒习战。大纵畜牧，人民满野。匈奴小入，详北不胜，以数千人委之。单于闻之，大率众来入。李牧多为奇陈，张左右翼击之，大破杀匈奴十馀万骑。灭襜（chān）褴（lán），破东胡，降林胡，单于奔走。其后十馀岁，匈奴不敢近赵边城。

赵悼襄王元年，廉颇既亡入魏，赵使李牧攻燕，拔武遂、方城。居二年，庞煖破燕军，杀剧辛。后七年，秦破杀赵将扈辄於武遂，斩首十万。赵乃以李牧为大将军，击秦军於宜安，大破秦军，走秦将桓齮（yǐ）。封李牧为武安君。居三年，秦攻番吾，李牧击破秦军，南距韩、魏。

赵王迁七年，秦使王翦攻赵，赵使李牧、司马尚御之。秦多与赵王宠臣郭开金，为反间，言李牧、司马尚欲反。赵王乃使赵葱及齐将颜聚代李牧。李牧不受命，赵使人微捕得李牧，斩之。废司马尚。后三月，王翦因急击赵，大破杀赵葱，虏赵王迁及其将颜聚，遂灭赵。

太史公曰：知死必勇，非死者难也，处死者难。方蔺相如引璧睨（nì）柱，及叱秦王左右，势不过诛，然士或怯懦而不敢发。相如一奋其气，威信敌国，退而让颇，名重太山，其处智勇，可谓兼之矣！

《史记·廉颇蔺相如列传》

注解

①负秦曲：使秦国承担理屈的责任。

②坚明：坚决明确地遵守。“约束”，信约，盟约。

③道里：路程。

④上下平：指上面的王公贵族和下面的普通百姓都公平相待。

⑤病笃：病重，病危。“笃”，重。

⑥市道：商人做生意的手段。

⑦莫府：即幕府，“莫”通“幕”。古代将帅出征时，办公机构设在帐幕中，称为幕府。后世地方最高的文武官员的官署也称为幕府。

译文

廉颇是赵国优秀的将领。赵惠文王十六年(公元前283年),廉颇统帅赵军攻击讨伐齐国,战胜了齐军,将阳晋占领,因此被封为上卿,他以勇气闻名于诸侯各国。蔺相如是赵国人,是赵国宦者的长官缪贤家的门客。

赵惠文王在位时,获得了著名的楚国和氏璧。秦昭王听到了这个消息,于是便派人带了一封书信给赵王,信中说愿意拿十五座城池为代价换取这块宝玉。赵王和大将军廉颇以及其他大臣们商量说:假如给了秦国宝玉的话,那么很可能拿不到秦国许诺的城池,这就是白白地上当被骗;假如不答应秦国城池换宝玉的要求,那么就要担心秦国以此为借口来攻打我国。究竟给还是不给实在不好决定,于是就打算先找一个能干可靠的使者前去秦国给秦国一个答复,结果却找不到可以胜任的人。掌管宦者的长官缪贤说:“我的门客蔺相如能够胜任,可以派他前去与秦国交涉。”赵王问道:“你凭什么说他能够胜任呢?”缪贤就回复赵王说:“我曾经犯过罪,想偷偷逃亡去燕国,但是被我的门客蔺相如给阻止住了,他问我:‘您凭什么认定燕王会收留您呢?’我就告诉他:‘我曾经作为大王的随从和燕王会见于两国边境,燕王在私底下曾拉着我的手告诉我“乐意和您成为朋友”。凭这个我知道他会收留我,因此我打算前往燕国。’蔺相如告诉我:‘赵国强大而燕国弱小,您是赵王宠信的人,因此燕王打算通过与您交好来讨好赵王。如今您逃亡出强大的赵国而前去投奔弱小的燕国,燕国惧怕强大的赵国,权衡利弊之后燕王肯定不敢冒着激怒赵王的危险而收留您,所以只能是将您绑起来送还赵国。您还不如将上衣脱掉,裸露出肩膀和后背,趴在刑具上向大王请罪,如此大王还有可能赦免您的罪过。’臣接受了蔺相如的建议,大王您也宽大处理、赦免了我的罪过。因此我心中认为蔺相如有勇有谋,适合担当出使秦国的任务。”于是赵王马上召见蔺相如,问道:“秦王打算拿十五座城池来换取和氏璧,答应给他还是不给他?”相如回答道:“秦国强大,赵国弱小,无法不答应不给他。”赵王又问:“假如给了他和氏璧,但是他却不给许诺好用来交换的城池,这该如何是好?”相如答道:“秦国请求用城换璧,赵国如不答应,赵国理亏;赵国给了璧而秦国不给赵国城邑,秦国理亏。两种对策衡量一下,宁可答应它,让秦国来承担理亏的责任。”赵王说:“谁可以派为使臣?”相如说:“大王如果确实无人可派,臣愿捧护宝璧前往出使。城邑归属赵国了,就把宝璧留给秦国;城邑不能归赵国,我一定把和氏璧完好地带回赵国。”赵王于是就派遣蔺相如带好和氏璧,西行入秦。

秦王坐在章台上接见蔺相如,相如捧璧献给秦王。秦王大喜,把宝璧给妻妾和左右侍从传看,左右都高呼万岁。相如看出秦王没有用城邑给赵国抵偿的意思,便走上前去说:“璧上有个小红斑,让我指给大王看。”秦王把璧交给他,相如于是手持璧玉退后几步站定,身体靠在柱子上,怒发冲冠,对秦王说,“大王想得到宝璧,派人送信给赵王,赵王召集全体大臣商议,大家都说:‘秦国贪得无厌,倚仗它的强大,想用空话得到宝璧,给我们的城邑恐怕是不能得到的。’商议的结果不想把宝璧给秦国。我认为平民百姓的交往尚且不互相欺骗，何况是大国呢！况且为了一块璧玉的缘故就使强大的秦国不高兴，也是不应该的。于是赵王斋戒了五天，派我捧着宝璧，在殿堂上恭敬地拜送国书。为什么要这样呢？是尊重大国的威望以表示敬意呀。如今我来到贵国，大王却在一般的台观接见我，礼节非常傲慢，得到宝璧后，传给姬妾们观看，这样来戏弄我。我观察大王没有给赵王十五城的诚意，所以我又收回宝璧。大王如果一定要逼我，我的头今天就同宝璧一起在柱子上撞碎！”相如手持宝璧，斜视庭柱，就要向庭柱上撞去。秦王怕他真把宝璧撞碎，便向他道歉，坚决请求他不要如此，并召来主管的官员查看地图，指明从某地到某地的十五座城邑交割给赵国。相如估计秦王不过用欺诈手段假装给赵国城邑，实际上赵国是不可能得到的，于是就对秦王说：“和氏璧是天下公认的宝物，赵王惧怕贵国，不敢不奉献出来。赵王送璧之前，斋戒了五天，如今大王也应斋戒五天，在殿堂上安排九宾大典，我才敢献上宝璧。”秦王估量此事，毕竟不可强力夺取，于是就答应斋戒五天，请相如住在广成宾馆。相如估计秦王虽然答应斋戒，但必定背约不给城邑，便派他的随从穿上粗麻布衣服，怀中藏好宝璧，从小路逃出，把宝璧送回赵国。

秦王斋戒五天后，就在殿堂上安排了九宾大典，去请赵国使者蔺相如。相如来到后，对秦王说：“秦国从穆公以来的二十几位君主，从没有一个坚守盟约的。我实在是怕被大王欺骗而对不起赵王，所以派人带着宝璧回去，从小路已到赵国了。况且秦强赵弱，大王派一位使臣到赵国，赵国立即就把宝璧送来。如今凭您秦国的强大，先把十五座城邑割让给赵国，赵国怎么敢留下宝璧而得罪大王呢？我知道欺骗大王之罪应被诛杀，我情愿下油锅被烹，只希望大王和各位大臣仔细考虑此事。”秦王和群臣面面相觑并有惊怪之声。侍从有人要把相如拉下去，秦王趁机说：“如今杀了相如，终归还是得不到宝璧，反而破坏了秦赵两国的交情，不如趁此好好款待他，放他回到赵国，赵王难道会为了一块璧玉的缘故而欺骗秦国吗！”最终还是在殿堂上接见相如，完成了大礼让他回国。

相如回国后，赵王认为他是一位称职的大夫，身为使臣不受诸侯的欺辱，于是封相如为上大夫。秦国没有把城邑给赵国，赵国也始终不给秦国宝璧。

此后秦国攻打赵国，夺取了石城。第二年，秦国再次攻赵，杀死两万人。

秦王派使者通告赵王，想在西河外的渑池与赵王进行一次友好会见。赵王害怕秦国，想不去。廉颇、蔺相如商议道：“大王如果不去，就显得赵国既软弱又胆小。”赵王于是前往赴会，相如随行。廉颇送到边境，和赵王诀别说：“大王此行，估计路程和会见礼仪结束，再加上返回的时间，不会超过三十天。如果三十天还没回来，就请您允许我们立太子为王，以断绝秦国的妄想。”赵王同意这个意见，便去渑池与秦王会见。秦王饮到酒兴正浓时，说：“寡人私下里听说赵王爱好音乐，请您弹瑟吧！”赵王就弹起瑟来。秦国的史官上前来写道：“某年某月某日，秦王与赵王一起饮酒，令赵王弹瑟。”蔺相如上前说：“赵王私下里听说秦王擅长秦地土乐，请让我给秦王捧上盆缶，以便互相娱乐。”秦王发怒，不答应。这时相如向前递上瓦缶，并跪下请秦王演奏。秦王不肯击缶，相如说：“在这五步之内，我蔺相如要把脖颈里的血溅在大王身上了！”侍从们想要杀相如，相如圆睁双眼大喝一声，侍从们都吓得倒退。当时秦王不大高兴，也只好敲了一下缶。相如回头招呼赵国史官写道：“某年某月某日，秦王为赵王敲缶。”秦国的大臣们说：“请你们用赵国的十五座城向秦王献礼。”蔺相如也说：“请你们用秦国的咸阳向赵王献礼。”秦王直到酒宴结束，始终也未能压倒赵国。赵国原来也部署了大批军队来防备秦国，因而秦国也不敢有什么举动。

渑池会见结束以后，由于相如功劳大，被封为上卿，位在廉颇之上。廉颇说：“我是赵国将军，有攻城野战的大功，而蔺相如只不过靠能说会道立了点功，可是他的地位却在我之上，况且相如本来是卑贱之人，我感到羞耻，在他下面我难以忍受。”并且扬言说：“我遇见相如，一定要羞辱他。”相如听到后，不肯和他相会。相如每到上朝时，常常推说有病，不愿和廉颇去争位次的先后。没过多久，相如外出，远远看到廉颇，相如就掉转车子回避。于是相如的门客就一起来直言进谏说：“我们所以离开亲人来侍奉您，就是仰慕您高尚的节义呀。如今您与廉颇官位相同，廉老先生口出恶言，而您却害怕躲避他，您怕得也太过分了，平庸的人尚且感到羞耻，何况是身为将相的人呢！我们这些人没出息，请让我们告辞吧！”蔺相如坚决地挽留他们，说：“诸位认为廉将军和秦王相比谁厉害？”回答说：“廉将军比不了秦王。”相如说：“以秦王的威势，而我却敢在朝廷上呵斥他，羞辱他的群臣，我蔺相如虽然无能，难道会怕廉将军吗？但是我想到，强秦所以不敢对赵国用兵，就是因为有我们两人在呀，如今两虎相斗，势必不能共存。我所以这样忍让，就是为了要把国家的急难摆在前面，而把个人的私怨放在后面。”廉颇听说了这些话，就脱去上衣，露出上身，背着荆条，由宾客带引，来到蔺相如的门前请罪。他说：“我是个粗野卑贱的人，想不到将军您是如此的宽厚啊！”二人终于相互交欢和好，成为生死与共的好友。

这一年，廉颇向东进攻齐国，打败了它的一支军队。过了两年，廉颇又攻打齐国的几邑，把它攻占了。此后三年，廉颇进攻魏国的防陵、安阳，都攻克了。再过四年，蔺相如领兵攻齐，打到平邑就收兵了。第二年，赵奢在阏与城下大败秦军。

赵奢，本是赵国征收田租的官吏。在收租税的时候，平原君家不肯缴纳，赵奢依法处治，杀了平原君家九个当权管事的人。平原君大怒，要杀死赵奢。赵奢趁机劝说道：“您在赵国是贵公子，现在要是纵容您家而不遵奉公家的法令，就会使法令削弱，法令削弱了就会使国家衰弱，国家衰弱了诸侯就要出兵侵犯，诸侯出兵侵犯赵国就会灭亡，您还怎能保有这些财富呢？以您的地位和尊贵，能奉公守法就会使国家上下公平，上下公平就能使国家强盛，国家强盛了赵氏的政权就会稳固，而您身为赵国贵戚，难道还会被天下人轻视吗？”平原君认为他很有才干，把他推荐给赵王。赵王任用他掌管全国的赋税，全国赋税非常公平合理，民众富足，国库充实。

秦国进攻韩国，军队驻扎在阏与。赵王召见廉颇问道：“可以去援救吗？”回答说：“道路远，而且又艰险又狭窄，很难援救。”又召见乐乘问这件事，乐乘的回答和廉颇的话一样。又召见赵奢来问，赵奢回答说：“道远地险路狭，就譬如两只老鼠在洞里争斗，哪个勇猛哪个得胜。”赵王便派赵奢领兵，去救援阏与。

军队离开邯郸三十里，赵奢就在军中下令说：“有谁来为军事进谏的处以死刑。”秦军驻扎在武安西边，秦军击鼓呐喊的练兵之声，把武安城中的屋瓦都震动了。赵军中的一个侦察人员请求急速援救武安，赵奢立即把他斩首。赵军坚守营垒，停留二十八天不向前进发，反而又加筑营垒。秦军间谍潜入赵军营地，赵奢用饮食好好款待后把他遣送回去。间谍把情况向秦军将领报告，秦将大喜，说：“离开国都三十里军队就不前进了，而且还增修营垒，阏与不会为赵国所有了。”赵奢遣送秦军间谍之后，就令士兵卸下铁甲，快速向阏与进发。两天一夜就到达前线，下令善射的骑兵离阏与五十里扎营。军营筑成后，秦军知道了这一情况，立即全军赶来。一个叫许历的军士请求就军事提出建议，赵奢说：“让他进来。”许历说：“秦人本没想到赵军会来到这里，现在他们赶来对敌，士气很盛，将军一定要集中兵力严阵以待。不然的话，必定要失败。”赵奢说：“请让我接受您的指教。”许历说：“我请求接受死刑。”赵奢说：“等回邯郸以后的命令吧。”许历请求再提个建议，说：“先占据北面山头的得胜，后到的失败。”赵奢同意，立即派出一万人迅速奔上北面山头。秦兵后到，与赵军争夺北山但攻不上去，赵奢指挥士兵猛攻，大败秦军。秦军四散逃跑，于是阏与的包围被解除，赵军回国。

赵惠文王赐给赵奢的封号是马服君，并任许历为国尉。赵奢于是与廉颇、蔺相如职位相同。

四年以后，赵惠文王去世，太子孝成王即位。孝成王七年（公元前259年），秦军与赵军在长平对阵，那时赵奢已死，蔺相如也已病危，赵王派廉颇率兵攻打秦军，秦军几次打败赵军，赵军坚守营垒不出战。秦军屡次挑战。廉颇置之不理。赵王听信秦军间谍散布的谣言。秦军间谍说：“秦军所厌恶忌讳的，就是怕马服君赵奢的儿子赵括来做将军。”赵王因此就以赵括为将军，取代了廉颇。蔺相如说：“大王只凭名声来任用赵括，就好像用胶把调弦的柱粘死再去弹瑟那样不知变通。赵括只会读他父亲留下的书，不懂得灵活应变。”赵王不听，还是命赵括为将。

赵括从小就学习兵法，谈论军事，以为天下没人能抵得过他。他曾与父亲赵奢谈论用兵之事，赵奢也难不倒他，可是并不说他好。赵括的母亲问赵奢这是什么缘故，赵奢说：“用兵打仗是关乎生死的事，然而他却把这事说得那么容易。如果赵国不用赵括为将也就罢了，要是一定让他为将，使赵军失败的一定就是他呀。”等到赵括将要起程的时候，他母亲上书给赵王说：“赵括不可以让他做将军。”赵王说：“为什么？”回答说：“当初我侍奉他父亲，那时他是将军，由他亲自捧着饮食侍候吃喝的人数以十计，被他当做朋友看待的数以百计，大王和王族们赏赐的东西全都分给军吏和僚属，接受命令的那天起，就不再过问家事。现在赵括一下子做了将军，就面向东接受朝见，军吏没有一个敢抬头看他的，大王赏赐的金帛，都带回家收藏起来，还天天访查便宜合适的田地房产，可买的就买下来。大王认为他哪里像他父亲？父子二人的心地不同，希望大王不要派他领兵。”赵王说：“您就把这事放下别管了，我已经决定了。”赵括的母亲接着说：“您一定要派他领兵，如果他有不称职的情况，我能不受株连吗？”赵王答应了。

赵括代替廉颇之后，把原有的规章制度全都改变了，把原来的军吏也撤换了。秦将白起听到了这些情况，便调遣奇兵，假装败逃，又去截断赵军运粮的道路，把赵军分割成两半，赵军士卒离心。过了四十多天，赵军饥饿，赵括出动精兵亲自与秦军搏斗，秦军射死赵括。赵括军队战败，几十万大军于是投降秦军，秦军把他们全部活埋了。赵国前后损失共四十五万人。第二年，秦军就包围了邯郸，有一年多，赵国几乎不能保全，全靠楚国、魏国军队来援救，才得以解除邯郸的包围。赵王也由于赵括的母亲有言在先，终于没有株连她。

邯郸解围之后五年，燕国采纳栗腹的计谋，说是“赵国的壮丁全都死在长平了，他们的遗孤尚未成人”，燕王便发兵攻赵。赵王派廉颇领兵反击，在鄗城大败燕军，杀死栗腹，于是包围燕国都城。燕国割让五座城请求讲和，赵王才答应停战。赵王把尉文封给廉颇，封号是信平君，让他任代理相国。

廉颇在长平被免职回家，失掉权势的时候，原来的门客都离开他了。等到又被任用为将军，门客又重新回来了。廉颇说：“先生们都请回吧！”门客们说：“唉！您的见解怎么这样落后？天下之人都是按市场交易的方法进行结交，您有权势，我们就跟随着您，您没有权势了，我们就离开，这本是很普通的道理，有什么可抱怨的呢？”又过了六年，赵国派廉颇进攻魏国的繁阳，把它攻克了。

赵孝成王去世，太子悼襄王即位，派乐乘接替廉颇。廉颇大怒，攻打乐乘，乐乘逃跑了。廉颇于是也逃奔魏国的大梁。第二年，赵国便以李牧为将进攻燕国，攻下了武遂、方城。

廉颇在大梁住久了，魏国对他不能信任重用。赵国由于屡次被秦兵围困，赵王就想重新用廉颇为将，廉颇也想再被赵国任用。赵王派了使臣去探望廉颇，看看他还能不能任用。廉颇的仇人郭开用重金贿赂使者，让他回来后说廉颇的坏话。赵国使臣见到廉颇之后，廉颇当他的面一顿饭吃了一斗米、十斤肉，又披上铁甲上马，表示自己还可以被任用。赵国使者回去向赵王报告说：“廉将军虽然已老，饭量还很不错，可是陪我坐着时，一会儿就拉了三次屎。”赵王认为廉颇老了，就不再把他召回了。

楚国听说廉颇在魏国，暗中派人去迎接他。廉颇虽做了楚国的将军，并没有战功，他说：“我想指挥赵国的士兵啊。”廉颇最终死在寿春。

李牧是赵国北部边境的良将。长期驻守代地雁门郡，防备匈奴。他有权根据需要设置官吏，防地内城市的租税都送入李牧的幕府，作为军队的经费。他每天宰杀几头牛犒赏士兵，教士兵练习射箭骑马，小心看守烽火台，多派侦察敌情的人员，对战士待遇优厚。订出规章说：“匈奴如果入侵，要赶快收拢人马退入营垒固守，有胆敢去捕捉敌人的，斩首。”匈奴每次入侵，烽火传来警报，立即收拢人马退入营垒固守，不敢出战。像这样过了好几年，人马物资也没有什么损失。可是匈奴却认为李牧是胆小，就连赵国守边的官兵也认为自己的主将胆小怯战。赵王责备李牧，李牧依然如故。赵王发怒，把他召回，派别人代他领兵。

此后一年多里，匈奴每次来侵犯，就出兵交战。出兵交战，屡次失利，损失伤亡很多，边境上无法耕田、放牧。赵王只好再请李牧出任。李牧闭门不出，坚持说有病。赵王就一再强使李牧出来，让他领兵。李牧说：“大王一定要用我，我还是像以前那样做，才敢奉命。”赵王答应了他的要求。

李牧来到边境，还按照原来的章程。匈奴好几年都一无所获，但又始终认为李牧胆怯。边境的官兵每天得到赏赐可是无用武之地，都愿意打一仗。于是李牧就准备了精选的战车一千三百辆，精选的战马一万三千匹，敢于冲锋陷阵的勇士五万人，善射的士兵十万人，全部组织起来训练作战。同时让大批牲畜到处放牧，放牧的人民满山遍野。匈奴小股人马入侵，李牧就假装失败，故意把几千人丢弃给匈奴。单于听到这种情况，就率领大批人马入侵。李牧布下许多奇兵，张开左右两翼包抄反击敌军，大败匈奴，杀死十多万人马。灭了襜褴，打败了东胡，收降了林胡，单于逃跑。此后十多年，匈奴不敢接近赵国边境城镇。

赵悼襄王元年（公元前244年），廉颇已经逃到魏国之后，赵国派李牧进攻燕国，攻克了武遂、方城。过了两年，庞煖打败燕军，杀死剧辛。又过了七年，秦军在武遂打败并杀死赵将扈辄，斩杀赵军十万。赵国便派李牧为大将军，在宜安进攻秦军，大败秦军，赶走秦将桓齮。李牧被封为武安君。又过三年，秦军进攻番吾，李牧击败秦军，又向南抵御韩国和魏国。

赵王迁七年（公元前229年），秦国派遣王翦率军攻击赵国，赵国派遣李牧、司马尚领兵抵挡秦军的进攻。秦国于是拿出很多金钱来贿赂赵王的宠臣郭开，要求他施行反间计，放出李牧、司马尚打算造反的谣言。赵王于是就派出赵葱和齐国将军颜聚前去替换李牧，李牧却不愿意接受赵王的这道命令。因此赵王就派人在李牧没有防备的时候的悄悄地逮捕了他，并将他处死，同时还撤除了司马尚的官职。过了三个月，王翦借机猛烈地进攻赵国，将赵军打得一败涂地，赵葱被秦军击毙，赵王迁和他的将军颜聚也被秦军给俘虏了，赵国终于被秦国给灭亡了。

太史公评论道：明知自己将会死亡却不担心惧怕，肯定具有无比的勇气。死亡不是很艰难的事情，但是如何面对死亡才是很艰难的事情。当初，蔺相如手中举着和氏璧眼睛斜斜的看着庭中立柱的时候，面对秦王的威势厉声呵斥秦王身边侍从的时候，以当时的情形而言，大不了被杀死罢了，但是普通的士人常常会由于胆小怯懦而没有胆量而有这么勇敢的表现。蔺相如一旦将自己的勇气振奋起来，他的气势就完全展现出来将强大的秦国压倒。而之后面对廉颇的挑衅又一再地表现谦和与退让，这使得他的声名威望超过了泰山，蔺相如对内对外行为处事所表现出来的智慧和勇气，可以称得上是智勇兼备了！

孝武本纪

原文

孝武皇帝者，孝景中子也。母曰王太后。孝景四年，以皇子为胶东王。孝景七年，栗太子废为临江王，以胶东王为太子。孝景十六年崩，太子即位，为孝武皇帝。孝武皇帝初即位，尤敬鬼神之祀。

元年，汉兴已六十余岁矣，天下乂安[①]，荐绅之属，皆望天子封禅改正度也。而上乡儒术，招贤良，赵绾、王臧等以文学为公卿，欲议古立明堂城南，以朝诸侯。草巡狩封禅改历服色事未就。会窦太后治黄老言，不好儒术，使人微得赵绾等奸利事，召案绾、臧，绾、臧自杀，诸所兴为者皆废。

后六年，窦太后崩。其明年，上征文学之士公孙弘等。

明年，上初至雍，郊见五畤[②]。后常三岁一郊。是时上求神君，舍之上林中蹄氏观。神君者，长陵女子，以子死悲哀，故见神于先后宛若。宛若祠之其室，民多往祠。平原君往祠，其后子孙以尊显。及武帝即位，则厚礼置祠之内中，闻其言，不见其人云。

是时而李少君亦以祠灶、谷道、却老方见上[③]，上尊之。少君者，故深泽侯人以主方。匿其年及所生长，常自谓七十，能使物，却老。其游以方遍诸侯。无妻子。人闻其能使物及不死，更馈遗之，常余金钱帛衣食。人皆以为不治产业而饶给，又不知其何所人，愈信，争事之。少君资好方，善为巧发奇中。尝从武安侯饮，坐中有年九十余老人，少君乃言与其大父游射处，老人为儿时从其大父行，识其处，一坐尽惊。少君见上，上有故铜器，问少君。少君曰："此器齐桓公十年陈于柏寝。"已而案其刻，果齐桓公器。一宫尽骇，以少君为神，数百岁人也。

少君言于上曰："祠灶则致物[④]，致物而丹沙可化为黄金，黄金成以为饮食器则益寿，益寿而海中蓬莱仙者可见，见之以封禅则不死，黄帝是也。臣尝游海上，见安期生，食臣枣，大如瓜。安期生仙者，通蓬莱中，合则见人，不合则隐。"于是天子始亲祠灶，而遣方士入海求蓬莱安期生之属，而事化丹沙诸药齐为黄金矣。

居久之，李少君病死。天子以为化去不死也，而使黄锤史[⑤]宽舒受其方。求蓬莱安期生莫能得，而海上燕齐怪迂之方士多相效，更言神事矣。

亳人薄诱忌奏祠泰一方，曰："天神贵者泰一，泰一佐曰五帝。古者天子以春秋祭泰一东南郊，用太牢具，七日，为坛开八通之鬼道。"于是天子令太祝立其祠长安东南郊，常奉祠如忌方。其后人有上书言："古者，天子三年一用太牢具祠神三一：天一，地一，泰一"。天子许之，令太祝领祠忌泰一坛上，如其方。后人复有上书言："古者，天子常以春秋解祠，祠黄帝用一枭破镜；冥羊用羊；祠马行用一青牡马；泰一、皋山山君、地长用牛；武夷君用干鱼，阴阳使者以一牛"。令祠官领之如其方，而祠于忌泰一坛旁。

其后，天子苑有白鹿，以其皮为币[⑥]，以发瑞应，造白金焉。

其明年，郊雍，获一角兽，若麃然。有司曰："陛下肃祗郊祀，上帝报享，锡一角兽，盖麟云。”于是以荐五畤，畤加一牛以燎。赐诸侯白金，以风符应合于天地。

于是济北王以为天子且封禅，乃上书献泰山及其旁邑。天子受之，更以他县偿之。常山王有罪，迁，天子封其弟于真定，以续先王祀，而以常山为郡。然后五岳皆在天子之郡。

其明年，齐人少翁[7]以鬼神方见上。上有所幸王夫人，夫人卒，少翁以方术盖夜致王夫人及灶鬼之貌云，天子自帷中望见焉。于是乃拜少翁为文成将军，赏赐甚多，以客礼礼之。文成言曰：“上即欲与神通，宫室被服不象神，神物不至。”乃作画云气车，及各以胜日驾车辟恶鬼。又作甘泉宫，中为台室，画天、地、泰一诸神，而置祭具以致天神。居岁余，其方益衰，神不至。乃为帛书以饭牛，详弗知也，言此牛腹中有奇。杀而视之，得书，书言甚怪，天子疑之。有识其手书，问之人，果(为)〔伪〕书。于是诛文成将军而隐之。

其后则又作柏梁、铜柱、承露仙人掌[8]之属矣。

文成死明年，天子病鼎湖[9]甚，巫医无所不致，(至)不愈。游水发根乃言曰：“上郡有巫，病而鬼下之。”上召置祠之甘泉。及病，使人问神君。神君言曰：“天子毋忧病。病少愈，强与我会甘泉。”于是病愈，遂幸甘泉，病良已。大赦天下，置寿宫神君。神君最贵者(大夫)〔太一〕，其佐曰大禁、司命之属，皆从之。非可得见，闻其音，与人言等。时去时来，来则风肃然也。居室帷中。时昼言，然常以夜。天子祓，然后人。因巫为主人，关饮食。所欲者言行下。又置寿宫、北宫，张羽旗，设供具，以礼神君。神君所言，上使人受书其言，命之曰“画法”。其所语，世俗之所知也，毋绝殊者，而天子独喜。其事秘，世莫知也。

其后三年，有司言：元宜以天瑞命[10]，不宜以一二数。一元曰“建元”，二元以长星曰“元光”，三元以郊得一角兽曰“元狩”云。

其明年冬，天子郊雍，议曰：“今上帝朕亲郊，而后土毋祀，则礼不答也。”有司与太史公、祠官宽舒等议：“天地牲角茧栗。今陛下亲祀后土，后土宜于泽中圜丘为五坛，坛一黄犊太牢具，已祠尽瘗，而从祠衣上黄。”于是天子遂东，始立后土祠汾阴脽上，如宽舒等议。上亲望拜，如上帝礼。礼毕，天子遂至荥阳而还。过雒阳，下诏曰：“三代邈绝，远矣难存。其以三十里地封周后为周子南君，以奉先王祀焉。”是岁，天子始巡郡县，侵寻于泰山矣。

其春，乐成侯上书言栾大。栾大，胶东宫人[11]，故尝与文成将军同师，已而为胶东王尚方。而乐成侯姊为康王后，毋子。康王死，他姬子立为王。而康后有淫行，与王不相中(得)，相危以法。康后闻文成已死，而欲自媚于上，乃遣栾大因乐成侯求见言方。天子既诛文成，后悔恨其早死，惜其方不尽，及见栾大，大悦。大为人长美，言多方略，而敢为大言，处之不疑。大言曰："臣尝往来海中，见安期、羡门之属。顾以为臣贱，不信臣。又以为康王诸侯耳，不足予方。臣数言康王，康王又不用臣。臣之师曰：'黄金可成，而河决可塞，不死之药可得，仙人可致也。'臣恐效文成，则方士皆掩口，恶敢言方哉！"上曰："文成食马肝死耳。子诚能修其方，我何爱乎！"大曰："臣师非有求人，人者求之。陛上必欲致之，则贵其使者，令有亲属，以客礼待之，勿卑，使各佩其信印，乃可使通言于神人。神人尚肯邪不邪。致尊其使，然后可致也。"于是上使先验小方，斗旗，旗自相触击。

是时，上方忧河决，而黄金不就[12]，乃拜大为五利将军。居月余，得四金印，佩天士将军、地士将军、大通将军、天道将军印。制诏御史："昔禹疏九江，决四渎。间者河溢皋陆，堤繇不息。朕临天下二十有八年，天若遗朕士而大通焉。《乾》称'蜚龙'，'鸿渐于般'，意庶几与焉。其以二千户封地士将军大为乐通侯。"赐列侯甲第，僮千人。乘舆斥车马帷帐器物以充其家。又以卫长公主妻之，赍金万斤，更名其邑曰当利公主。天子亲如五利之第。使者存问所给，连属于道。自大主将相以下，皆置酒其家，献遗之。于是天子又刻玉印曰"天道将军"，使使衣羽衣，夜立白茅上，五利将军亦衣羽衣，立白茅上受印，以示弗臣也。而佩"天道"者，且为天子道天神也。于是五利常夜祠其家，欲以下神。神未至而百鬼集矣，然颇能使之。其后治装行，东入海，求其师云。大见数月，佩六印，贵振天下，而海上燕齐之间，莫不搤捥而自言有禁方[13]，能神仙矣。

其夏六月中，汾阴巫锦为民祠魏脽后土营旁[14]，见地如钩状，掊视得鼎。鼎大异于众鼎，文镂毋款识，怪之，言吏，吏告河东太守胜，胜以闻。天子使使验问巫锦，得鼎无奸诈，乃以礼祠，迎鼎至甘泉，从行，上荐之。至中山，晏温，有黄云盖焉。有麃过，上自射之，因以祭云。至长安，公卿大地皆议请尊宝鼎。天子曰："间者河溢，岁数不登，故巡祭后土，祈为百姓育谷。今年丰庑未有报，鼎曷为出哉？"有司皆曰："闻昔大帝兴神鼎一，一者一统，天地万物所系终也。黄帝作宝鼎三，象天地人也。禹收九牧之金，铸九鼎，皆尝鬺烹上帝鬼神。遭圣则兴，迁于夏商。周德衰，宋之社亡，鼎乃沦伏而不见。《颂》云'自堂徂基，自羊徂牛；鼐鼎及鼒；不虞不骜，胡考之休'。今鼎至甘泉，光润龙变，承休无疆。合兹中山，有黄白云降盖，若兽为符，路弓乘矢，集获坛下，报祠大飨。惟受命而帝者心知其意而合德焉。鼎宜见于祖祢，臧于帝廷，以合明应。”制曰：“可。”

入海求蓬莱者，言蓬莱不远，而不能至者，殆不见其气。上乃遣望气佐候其气云。

其秋，上幸雍，且郊。或曰“五帝，泰一之佐也，宜立泰一而上亲郊之”。上疑未定。齐人公孙卿曰：“今年得宝鼎，其冬辛巳朔旦冬至，与黄帝时等。”卿有札书曰：“黄帝得宝鼎宛（侯）〔朐〕，问于鬼臾区。区对曰：‘（黄）帝得宝鼎神策，是岁己酉朔旦冬至，得天之纪，终而复始。’于是黄帝迎日推策，后率二十岁得朔旦冬至，凡二十推，三百八十年，黄帝仙登于天。”卿因所忠欲奏之。所忠视其书不经，疑其妄书，谢曰：“宝鼎事已决矣，尚何以为！”卿因嬖人奏之。上大说，召问卿。对曰：“受此书申功，申功已死。”上曰：“申功何人也？”卿曰：“申功，齐人也。与安期生通，受黄帝言，无书，独有此鼎书。曰‘汉兴复当黄帝之时。汉之圣者在高祖之孙且曾孙也。宝鼎出而与神通，封禅。封禅七十二王，唯黄帝得上泰山封’。申功曰：‘汉主亦当上封，上封则能仙登天矣。黄帝时万诸侯，而神灵之封居七千。天下名山八，而三在蛮夷，五在中国。中国华山、首山、太室、泰山、东莱，此五山黄帝之所常游，与神会。黄帝且战且学仙。患百姓非其道，乃断斩非鬼神者。百余岁，然后得与神通。黄帝郊雍上帝，宿三月。鬼臾区号大鸿，死葬雍，故鸿冢是也。其后於黄帝接万灵明廷。明廷者，甘泉也。所谓寒门者，谷口也。黄帝采首山铜，铸鼎于荆山下。鼎既成，有龙垂胡髯下迎黄帝。黄帝上骑，群臣后宫从上龙七十余人，龙乃上去。余小臣不得上，乃悉持龙髯，龙髯拔，堕黄帝之弓。百姓仰望黄帝既上天，乃抱其弓与龙胡髯号，故后世因名其处曰鼎湖，其弓曰乌号。’”于是天子曰：“嗟乎！吾诚得如黄帝，吾视去妻子如脱躧[15]耳。”乃拜卿为郎，东使候神于太室。

上遂郊雍，至陇西，西登空桐，幸甘泉。令祠官宽舒等具泰一祠坛，坛放薄忌泰一坛，坛三垓。五帝坛环居其下，各如其方，黄帝西南，除八通鬼道。泰一所用，如雍一畤物，而加醴枣脯之属，杀一犛牛以为俎豆牢具。而五帝独有俎豆醴进。其下四方地，为餟食群神从者及北斗云。已祠，胙余皆燎之。其牛色白，鹿居其中，彘在鹿中，水而洎之。祭日以牛，祭月以羊彘特[16]。泰一祝宰则衣紫及绣。五帝各如其色，日赤，月白。

十一月辛巳朔旦冬至，昧爽，天子始拜泰一。朝朝日，夕夕月，则揖；而见泰一如雍礼。其赞飨曰：“天始以宝鼎神策授皇帝，朔而又朔，终而复始，皇帝敬拜见焉。”而衣上黄。其祠列火满坛，坛旁烹炊具。有司云“祠上云有光焉”。公卿言“皇帝始郊见泰一云阳，有司奉瑄玉嘉牲荐飨。是夜有美光，及昼，黄气上属天”。太史公、祠官宽舒等曰：“神灵之休，祐福兆祥，宜因此地光域立泰畤坛以明应。令太祝领，(祀)〔狄〕及腊间祠。三岁天子一郊见。”

其秋，为伐南越，告祷泰一，以牡荆画幡日月北斗登[17]龙，以象天一三星，为泰一锋，名曰“灵旗”。为兵祷，则太史奉以指所伐国。而五利将军使不敢入海，之泰山祠。上使人微随验，实无所见。五利妄言见其师，其方尽，多不雠[18]。上乃诛五利。

其冬，公孙卿候神河南，见仙人迹缑氏城上，有物若雉，往来城上，天子亲幸缑氏城视迹。问卿：“得毋效文成、五利乎？”卿曰：“仙者非有求人主，人主求之。其道非少宽假，神不来。言神事，事如迂诞，积以岁乃可致。”于是郡国各除道，缮治宫观名山神祠所，以望幸矣。

其年，既灭南越，上有嬖臣李延年以好音见。上善之，下公卿议，曰：“民间祠尚有鼓舞之乐，今郊祠而无乐，岂称乎？”公卿曰：“古者祀天地皆有乐，而神祇可得而礼。”或曰：“泰帝使素女鼓五十弦瑟，悲，帝禁不止，故破其瑟为二十五弦。”于是塞南越，祷祠泰一，后土，始用乐舞，益召歌儿，作二十五弦及箜篌瑟自此起。

其来年冬，上议曰：“古者先振兵泽旅[19]，然后封禅。”乃遂北巡朔方，勒兵十余万，还祭黄帝冢桥山，泽兵须如。上曰：“吾闻黄帝不死，今有冢，何也？”或对曰：“黄帝已仙上天，群臣葬其衣冠。”既至甘泉，为且用事泰山，先类祠泰一。

自得宝鼎，上与公卿诸生议封禅。封禅用希旷绝[20]，莫知其仪礼，而群儒采封禅《尚书》《周官》《王制》之望祀射牛事。齐人丁公年九十余，曰：“封者，合不死之名也。秦皇帝不得上封。陛下必欲上，稍上即无风雨，遂上封矣。”上于是乃令诸儒习射牛，草封禅仪。数年，至且行。天子既闻公孙卿及方士之言，黄帝以上封禅，皆致怪物与神通，欲放黄帝以尝接神仙人蓬莱士，高世比德于九皇，而颇采儒术以文之。群儒既以不能辩明封禅事，又牵拘于《诗》《书》古文而不敢骋。上为封祠器示群儒，群儒或曰“不与古同”，徐偃又曰“太常诸生行礼不如鲁善”，周霸属图封事，于是上绌偃、霸，尽罢诸儒弗用。

三月，遂东幸缑氏，礼登中岳太室。从官在山下闻若有言“万岁”云。问上，上不言；问下，下不言。于是以三百户封太室奉祠，命曰崇高邑。东上泰山，山之草木叶未生，乃令人上石立之泰山颠。

上遂东巡海上，行礼祠八神[21]。齐人之上疏言神怪奇方者以万数，然无验者。乃益发船，令言海中神山者数千人求蓬莱神人。公孙卿持节常先行候名山，至东莱，言夜见一人，长数丈，就之则不见，见其迹甚大，类禽兽云。群臣有言见一老父牵狗，言"吾欲见巨公"，已忽不见。上既见大迹，未信，及群臣有言老父，则大以为仙人也。宿留海上，与方士传车及间使求仙人以千数。

四月，还至奉高。上念诸儒及方士言封禅人人殊，不经，难施行。天子至梁父，礼祠地主。乙卯，令侍中儒者皮弁[22]荐绅，射牛行事。封泰山下东方，如郊祠泰一之礼。封广丈二尺，高九尺，其下则有玉牒书，书秘。礼毕，天子独与侍中奉车子侯上泰山，亦有封。其事皆禁。明日，下阴道。丙辰，禅泰山下址东北肃然山，如祭后土礼。天子皆亲拜见，衣上黄而尽用乐焉。江淮间一茅三脊为神藉。五色土益杂封。纵远方奇兽蜚禽及白雉诸物，颇以加祠。兕旄牛犀象之属，弗用。皆至泰山，然后去。封禅祠，其夜若有光，昼有白云起封中。

天子从封禅还，坐明堂，群臣更上寿。于是制诏御史："朕以眇眇之身承至尊，兢兢焉惧弗任。维德菲薄，不明于礼乐。修祀泰一，若有象景光，䍐如有望，依依震于怪物，欲止不敢，遂登封泰山，至于梁父，而后禅肃然。自新，嘉与士大夫更始，赐民百户牛一酒十石，加年八十孤寡布帛二匹。复博、奉高、蛇丘、历城，毋出今年租税。其赦天下，如乙卯赦令。行所过毋有复作。事在二年前，皆勿听治。"又下诏曰："古者天子五载一巡狩，用事泰山，诸侯有朝宿地。其令诸侯各治邸泰山下。"

天子既已封禅泰山，无风雨菑，而方士更言蓬莱诸神山若将可得，于是上欣然庶几遇之，乃复东至海上望，冀遇蓬莱焉。奉车子侯暴病，一日死。上乃遂去，并海上，北至碣石，巡自辽西，历北边至九原。五月，返至甘泉。有司言宝鼎出为元鼎，以今年为元封元年。

其秋，有星茀于东井。后十余日，有星茀于三能。望气王朔言："候独见其星出如瓠，食顷复入焉。"有司言曰："陛下建汉家封禅，天其报德星云嗜。"

其来年冬，郊雍五帝，还，拜祝祠泰一。赞飨曰："德星昭衍，厥维休祥。寿星仍出。渊耀光明。信星昭见，皇帝敬拜泰祝之飨。"

其春，公孙卿言见神人东莱山，若云"见天子"。天子于是幸缑氏城，拜卿为中大夫，遂至东莱，宿留之数日，毋所见，见大人迹。复遣方士求神怪采芝药以千数。是岁旱。于是天子既出毋名，乃祷万里沙，过祠泰山。

远至瓠子，自临塞决河，留二日，沉祠而去。使二卿将卒塞决河，河徙二渠，复禹之故迹焉。

是时既灭南越，越人勇之乃言“越人俗信鬼，而其祠皆见鬼，数有效。昔东瓯王敬鬼，寿至百六十岁。后世谩怠[23]，故衰秏”。乃令越巫立越祝祠，安台无坛，亦祠天神上帝百鬼，而以鸡卜。上信之，越祠鸡卜始用焉。

公孙卿曰：“仙人可见，而上往常遽，以故不见，今陛下可为观，如缑氏城。置脯枣，神人宜可致，且仙人好楼居”。于是上令长安则作蜚廉桂观，甘泉则作益延寿观，使卿持节设具而候神人。乃作通天台，置祠具其下，将召来神仙之属。于是甘泉更置前殿，始广诸宫室。夏，有芝生殿防内中。天子为塞河，兴通天台，若有光云，乃下诏曰：“甘泉防生芝九茎，赦天下，毋有复作。”

其明年，伐朝鲜。夏，旱。公孙卿曰：“黄帝时封则天旱，干封三年。”上乃下诏曰：“天旱，意干封乎？其令天下尊祠灵星焉。”

其明年，上郊雍，通回中道，巡之。春，至鸣泽，从西河归。

其明年冬，上巡南郡，至江陵而东。登礼潜之天柱山，号曰南岳。浮江，自寻阳出枞阳，过彭蠡，祀其名山川。北至琅邪，并海上。四月中，至奉高修封焉。

初，天子封泰山，泰山东北址古时有明堂处，处险不敞。上欲治明奉堂高旁，未晓其制度。济南人公王带，上黄帝时明堂图。明堂图中有一殿，四面无壁，以茅盖，通水，圜宫垣为复道，上有楼，从西南入，命曰“昆仑”，天子从之入，以拜祠上帝焉。于是上令奉高作明堂汶上，如带图。及五年修封，则祠泰一、五帝于明堂上坐，令高皇帝祠坐对之。祠后土于下房，以二十太牢。天子从昆仑道入，始拜明堂如郊礼。礼毕，燎堂下。而上又上泰山，有秘祠其颠。而泰山下祠五帝，各如其方，黄帝并赤帝，而有司侍祠焉。泰山上举火，下悉应之。

其后二岁，十一月甲子朔旦冬至，推历者以本统[24]。天子亲至泰山，以十一月甲子朔旦冬至日祠上帝明堂，每修封禅。其赞飨曰：“天增授皇帝泰元神策，周而复始。皇帝敬拜泰一。”东至海上，考入海及方士求神者，莫验，然益遣，冀遇之。

十一月乙酉，柏梁灾。十二月甲午朔，上亲禅高里，祠后土。临渤海，将以望祠蓬莱之属，冀至殊庭[25]焉。

上还，以柏梁灾故，朝受计甘泉。公孙卿曰：“黄帝就青灵台，十二日烧，黄帝乃治明庭。明庭，甘泉也。”方士多言古帝王有都甘泉者。其后天子又朝诸候甘泉，甘泉作诸侯邸。勇之乃曰："越俗有火灾，复起屋必以大，用胜服之。"于是作建章宫，度为千门万户。前殿度高未央。其东则凤阙，高二十余丈。其西则唐中，数十里虎圈。其北治大池，渐台高二十余丈，名曰泰液池，中有蓬莱、方丈、瀛洲、壶梁，象海中神山龟鱼之属。其南有玉堂、璧门、大鸟之属。乃立神明台、井干楼，度五十余丈，辇道相属焉[26]。

夏，汉改历，以正有为岁首[27]，而色上黄，官名更印章以五字，因为太初元年。是岁，西伐大宛。蝗大起。丁夫人、雒阳虞初等以方祠诅匈奴、大宛焉。

其明年，有司言雍五畤无牢熟具[28]，芬芳不备。乃命祠官进畤犊牢具，五色食所胜，而以木禺马代驹焉。独五帝用驹，行亲郊用驹。及诸名山川用驹者，悉以木禺马代。行过，乃用驹。他礼如故。

其明年，东巡海上，考神仙之属，未有验者。方士有言"黄帝时为五城十二楼，以候神人于执期，命曰迎年"。上许作之如方，名曰明年，上亲礼祠上帝，衣上黄焉。

公王带曰："黄帝时虽封泰山，然风后、封钜、岐伯令帝封东泰山，禅凡山合符，然后不死焉。"天子既令设祠具，至东泰山，东泰山卑小，不称其声，乃令祠官礼之，而不封禅焉。其后令带奉祠候神物。夏，遂还泰山，修五年之礼如前，而加禅祠石闾。石闾者，在泰山下址南方，方士多言此仙人之闾也，故上亲禅焉。

其后五年，复至泰山修封，还过祭常山。

今天子所兴祠，泰一、后土，三年亲郊祠，建汉家封禅，五年一修封。薄忌泰一[29]及三一、冥羊、马行、赤星，五，宽舒之祠官以岁时致礼。凡六祠，皆太祝领之。至如八神诸神，明年、凡山他名祠，行过则祀，去则已。方士所兴祠，各自主，其人终则已，祠官弗主。他祠皆如其故。今上封禅，其后十二岁而还，遍于五岳、四渎矣。而方士之候祠神人，入海求蓬莱，终无有验。而公孙卿之候神者，犹以大人迹为解，无其效。天子益怠厌方士之怪迂语矣，然终羁縻弗绝，冀遇其真。自此之后，方士言祠神者弥众，然其效可睹矣。

太史公曰：余从巡祭天地诸神名山川而封禅焉。入寿宫侍祠神语，究观方士祠官之言，于是退而论次自古以来用事于鬼神者，具见其表里。后有君子，得以览焉。至若俎豆珪币之详，献酬之礼，则有司存焉。

《史记·孝武本纪》

注解

① 乂(yì)安:安定。"乂""安"同义。

② 郊:古代祭礼的一种,即在郊外祭祀天地。五畤(zhì):古代祭祀五位天帝的五个处所。《正义》引孟康说:"畤者,神灵之所止。"地在今陕西省风翔县南。

③ 祠灶:祭祀灶神。谷道:不吃粮食而能生活的方术。却老方:长生不老的方术。

④ 致物:招引来鬼神。

⑤ 黄锤:可能是县名。史:古代官府的佐吏。

⑥ 以其皮为币:汉武帝时曾用白鹿皮制成货币。当时规定,鹿皮一尺见方,值黄金一斤(据《索隐》,又见《平准书》)。

⑦ 少翁:《正义》:"《汉武帝故事》云少翁年二百岁,色如童子。"

⑧ 柏梁:台名。《索隐》引《三辅故事》云:"台高二十丈,用香柏为殿,香闻十里。"铜柱、承露仙人掌:《索隐》引《三辅故事》曰:"建章宫承露盘高三十丈,大七围,以铜为之。上有仙人掌承露,和玉屑饮之。"汉武帝以为经常饮用这种露水和着玉石粉末调成的"玉露",就可以长生不老。

⑨ 鼎湖:《会注考证》引顾炎武云:"'湖'当作'胡'。鼎胡,宫名。"

⑩ 元:开始。这里指纪年,也就是设立年号。天瑞:上天降下来的吉兆。古人迷信,把自然界出现的某些奇异现象附会天降的吉祥之兆。命:命名。

⑪ 宫人:官名。掌管君主日常生活事务。

⑫ 黄金不就:指炼黄金未成功。

⑬ 搤(è)捥:握住手腕。表示激动、振奋。搤,通"扼"。捥,同"腕"。禁方:秘方。

⑭ 魏脽:即前文所言"汾阴脽丘"。因汾阴原属魏国,所以叫魏脽。营:指祠庙周围的地界。

⑮ 躧(xǐ):同"屣",鞋。

⑯ 特:一头牲称"特"。

⑰ 牡荆:一种灌木,用来作旗柄。幡:挑起来直着挂的长条形旗子。登:升。

⑱ 雠:应验。

⑲ 振兵泽(shì)旅:意思是,停止用武。振,整顿。泽:通"释",解散,遣散。

⑳ 用:因为,由于。希:同"稀"。少,此指封禅很少举行。旷绝:断绝。旷,阻隔。

㉑ 八神:《索隐》根据《汉书·郊祀志》解释为"天主、地主、兵主、阴主、阳主、月主、日主、四时主"。一说指八方之神。

㉒ 皮弁:古冠名。用白鹿皮制作,为祝朝的常服。

㉓ 谩怠:指怠慢鬼神。谩,通"慢",怠慢。

㉔ 推历:推算历法。以本统:意思是认为以夏历十一月朔旦冬至为推历法的起点是正统。

㉕ 殊庭：异境。指仙人所居之处。

㉖ 辇道：可乘辇往来的宫中道。

㉗ 以正月为岁首：改历前是用秦历，以建亥之月（夏历十月）为岁首。

㉘ 牢熟具：烹煮过的牲畜等祭品。具：饭食，酒肴。这里泛指祭品。

㉙ 薄忌泰一：指根据亳无人廖忌所奏而建的泰一神祠。

译文

孝武皇帝在孝景皇帝的儿子中排行居中。王太后是他的生身母亲。孝景四年（公元前153年），他被分封为胶东王。孝景七年（公元前150年），栗太子刘荣被废黜，然后封为临江王，同时将胶东王立为了太子。景帝做了十六年皇帝后去世，随即太子登基即位成为皇帝，这就是孝武皇帝。孝武皇帝刚刚即位成为的皇帝的时候，就对祭祀鬼神的事情异常重视。

元年（公元前140年），汉朝建立已经有六十多年了，天下安定，朝廷大臣们都希望天子举行祭祀泰山和梁父山的封禅大典，改换确定各种制度。而皇上也崇尚儒家的学说，就通过贤良方正的科目招纳贤士。赵绾（wǎn）、王臧等人靠文章博学而做官，达到公卿的高位。他们想要建议天子按古制在城南建立宣明政教的明堂，作为朝会诸侯的地方。他们所草拟的天子出巡、封禅和改换历法服色制度的计划尚未完成，正赶上窦太后还在推崇信奉黄帝、老子的道家学说，不喜欢儒术，于是派人私下里察访赵绾等人所干的非法谋利之类的事情，传讯审查赵绾、王臧，赵绾、王臧自杀，他们所建议兴办的那些事情也就废止了。

此后六年，窦太后去世。第二年（公元前134年），皇上征召贤良文学之士公孙弘等人。

又过了一年，皇帝初次来到雍县，在祭祀五位天帝的五畤（zhì）举行郊祀仪式。以后经常是每隔三年郊祀一次。这时候皇上求得一位神君，供奉在上林苑中的蹄氏观。神君本来是长陵的一个女子，因为儿子夭折，悲哀而死，显灵于她的妯娌宛（yuān）若身上。宛若在家里供奉她，百姓很多人都去祭祀。战国时的赵国公子平原君曾经前往祭祀，她的后代子孙因此而地位尊贵，声名显赫。到武帝即位后，就用隆重的礼仪安置在宫里供奉，能听见神君的说话声，但见不到她本人。

当时李少君也以祭灶致福、避谷不食、长生不老的方术进见皇上，受到皇上的敬重。李少君是由已故的深泽侯引荐来主管方术之事的。这时他隐瞒了自己的年龄和出身经历等，经常自称七十岁了，能驱使鬼物，使人长生不老。他靠方术遍游了诸侯各国。他没有妻子儿女。人们听说他能驱使鬼物，还能使人长生不老，就不断地赠送财物给他，因此他常常有多余的金钱、丝织品、衣服和食物。人们都因为他不经营产业却很富有，又不知道他是什么地方的人，所以对他越发相信，争着去为他效力。李少君天生喜好方术，善于用巧言说中事情。他曾经到武安侯处宴饮，在座的有一位九十多岁的老人，他就谈起从前跟老人的祖父一起游玩射猎的地方，这位老人小时候曾经跟着祖父，还能记得那些地方，这时满座宾客都惊讶不已。有一次，少君拜见皇上，皇上有一件古铜器，拿出来问少君。少君说："这件铜器，齐桓公十年时陈列在柏寝台。"过后查验铜器上的铭文，果真是齐桓公时器物。整个宫中都大为吃惊，以为少君就是神，已经有几百岁了。

李少君对皇上说道："祭祀灶神就能招来鬼神，招来鬼神后朱砂就可以炼成黄金，黄金炼成了用它打造饮食器具，使用后就能延年益寿。寿命长了就可以见到东海里的蓬莱岛仙人，见到仙人后再举行封禅典礼就可以长生不死了，黄帝就是这样的。我曾经在海上游历，见到过安期生，他给我枣吃，那枣儿像瓜一样大。安期生是仙人，来往于蓬莱岛的山中，跟他投合的，他就出来相见，不投合的就躲起来不见。"于是天子开始亲自祭祀灶神，并派遣方术之士到东海访求安期生之类的仙人，同时干起用丹砂等各种药剂提炼黄金的事来了。

很久之后，李少君患病死亡。天子认为他不是死了而是成仙了，于是下令让黄锤县的佐吏宽舒学习李少君的方术。寻访蓬莱仙人安期生，但是却没人找得到安期生，而燕、齐沿海一带许多荒唐迂腐的方士却有许多人仿效李少君，纷纷前来谈论神仙之类的事情了。

亳(bó)县人薄诱忌，把祭祀泰一神的方法上奏朝廷。他说："天神中最尊贵的是泰一神，泰一的辅佐神叫五帝，就是五天帝。古时候天子于春秋两季在东南郊祭泰一神，用牛、羊、猪三牲祭祀达七天之久，筑祭坛，祭坛八面开有通道，供神鬼来往。"于是天子命令太祝在长安东南郊立泰一神祠，经常按照薄诱忌说的方法供奉和祭祀。那以后，有人上书说："古时天子每三年一次，用牛、羊、猪三牲祭祀三一之神，即：天一神、地一神和泰一神。"天子准其奏，命太祝负责在薄诱忌所奏请建立的泰一神坛上祭祀，依照上书人所说的方式进行。后来又有人上书说："古时候，天子经常在春秋两季举行除灾求福的解祠，用食其母的恶鸟枭鸟、食其父的恶兽破镜各一只祭黄帝，用羊祭冥羊神，用一匹青色雄马祭马行神，用牛祭泰一神、皋山山君和地长神，用干鱼祭武夷山神，用一头牛祭阴阳使者神。"天子也命祠官负责此事，按照上书人说的方式，在薄诱忌所奏请建立的泰一神坛旁边举行祭祀。

后来，天子的苑囿里有白鹿，就用白鹿皮制成货币，为了促使上天发出吉祥的征兆，又铸造了银锡合金的白金币。

第二年，天子到雍县举行郊祀，猎获了一头独角兽，样子象麃子。主管官员说："陛下恭恭敬敬地举行郊祀，上帝为了报答对他的供奉，赐给这头独角兽，这大概就是麒麟。"于是把它进献给五帝之畤，每畤的祭品外加一头牛，举行焚柴祭天的燎(liào)祭。赐给诸侯白金币，向他们暗示这种吉祥的征兆是与天地之意相合的。

这时济北王以为天子将要举行封禅大典，就上书向天子献出泰山及其周围的城邑。天子接受了，另用其他县邑给他作为抵偿。常山王有罪，被放逐，天子把他的弟弟封在真定，以延续对祖先的祭祀，而把常山国改为郡。这样一来，五岳就都在天子直接管辖的郡县之内了。

第二年，齐人少翁以招引鬼神的方术来进见皇上。皇上有一个宠爱的王夫人死了，据说少翁用方术在夜里使王夫人和灶神的形貌出现，天子隔着帷幕望见了。于是就封少翁为文成将军，给他的赏赐很多，以宾客之礼对待他。文成将军说道："皇帝如果想要跟神交往，而宫室、被服等用具却不象神用的，神就不会降临。"于是就制造了画有各种云气的车子，按照五行相克的原则，在不同的日子里分别驾着不同颜色的车子以驱赶恶鬼。又营建甘泉宫，在宫中建起高台宫室，室内画着天、地和泰一等神，而且摆上祭祀用具，想借此招来天神。过了一年多，他的方术越发不灵验了，神仙总也不来。文成将军就在一块帛上写了一些字，让牛吞到肚里，自己装作不知道，说这头牛的肚子里有怪异。把牛杀了观看，发现有一块帛上写着字，上面的话很奇怪，天子怀疑这件事。有人认得文成的笔迹，拿出一问，果然是少翁假造的。于是杀了文成将军，并把这事隐瞒起来。

此后，又建造了柏梁台、铜柱和承露仙人掌之类。据说承露仙人掌中和着玉石粉末的露水，经常饮用可以长生不老。

文成死后的第二年，天子在鼎湖宫病得很重，巫医们什么法子都用了，却不见好转。于是游水发根说道："上郡有个巫师，他生病时鬼神能附在他的身上。"皇上把巫师召来，供奉在甘泉宫。等到巫师有病的时候，派人去问附在巫师身上的神君。神君说道："天子不必为病担忧，病一会儿就会好的，您可以强撑着来跟我在甘泉宫相会。"于是天子的病见轻了，就亲自前往甘泉宫，果然完全好了。大赦天下，把神君安置在寿宫。神君中最尊贵的是太一神，他的辅佐神是大禁、司命之类的神仙，都跟随着他。人们看不到众神仙模样，只能听到他们说话声，跟人的声音一样。神仙们时去时来，来的时候能听见沙沙的风声。他们住在室内的帷帐中，有时白天说话，但经常是在晚上。天子先举行除灾求福的祓(fú)祭，然后才进入宫内。以巫师为主人，让他关照神君的饮食。众神所说的话，由巫师传送下来。又把他们安置在寿宫、北宫，张挂羽旗，设置祭器，来礼敬神君。神君所说的话，皇上命人记录下来，管它叫做"画法"，意思是划一之法。其实，神君所说的话一般世俗人都知道，没有什么特别的，可是天子暗暗高兴。这些事情都是秘密的，世上无人知晓。

那以后的第三年，主管官员建议：纪元应该根据上天所降的吉祥征兆来命名，不应按一年、二年的顺序计算。开国的第一个纪元可以称为"建元"，第二个纪元因为有一种叫长星的彗星出现，可称为"元光"，第三个纪元，因为郊祀时得到了独角兽，可以称为"元狩"。

次年冬天，天子到雍城举行郊祀，提出："如今上帝由我亲自祭祀了，可是地神后土我却没有祭拜，这样于礼不合。"主管官员跟太史令司马谈、祠官宽舒等人商议道："祭天地要有犄角象蚕茧、板栗那样大小的幼牲。如今陛下要亲自祭祀后土，祭后土应该在大泽中的圆丘上筑五个祭坛，每个祭坛用黄牛犊一头作太牢祭品，祭过以后全部埋掉，陪从祭祀的人员都要穿黄色衣服。"于是天子就向东行，首次在汾阴丘上立了后土祠，是按宽舒等人的建议做的。皇上亲自望拜地神，跟祭祀上帝用的礼仪相同。祭礼结束后，天子就经由荥阳回长安。途经洛阳时，下诏说："夏、商、周三代已经很久远了，难以保存下多少后代。可以划出三十里的地方赐封周王的后代为周子南君，让他在那儿供奉祖先的祭祀。"这年，天子开始巡视各郡县，逐渐地靠近泰山了。

这年春天，乐成侯上书推荐栾大。栾大是胶东王刘寄宫中管日常生活事务的宫人。从前曾经跟文成将军同师学习，后来做了胶东王掌管配制药品的尚方令。乐成侯的姐姐，是胶东康王的王后，没有儿子。康王死了，其他姬妾的儿子被立为王。而康后有淫乱行为，同新王合不来，彼此用各种办法去加害对方。康后听说文成将军已死，想要自己去讨好皇上，就派栾大通过乐成侯求见皇上谈方术。天子杀死文成将军后，也后悔他死得早，惋惜没有让他把方术全部拿出来，等到见了栾大，天子非常高兴。栾大这个人长得高大英俊，说话很有策略，而且敢说大话，说什么大话也不犹豫。他吹嘘说："我曾经在海中往来，见到过安期生、羡门高那些仙人。不过他们认为我地位低下，不信任我。又认为康王只是个诸侯罢了，不配把神仙方术传给他。我屡次向康王进言，康王又不任用我。我的老师说：'黄金可以炼成，黄河决口可以堵塞，不死之药可以求得，神仙也可以招来。'我只怕像文成一样也遭杀身之祸，那么方士们就都要把嘴封上了，哪里还敢再谈方术呢！"皇上说："文成只是误食马肝而死的。如果您对老师的方术真的有研究，我有什么舍不得的呢！"栾大说："我的老师不是有求于人，而是人们有求于他。陛下如果一定要想要招来神仙，那就要让神仙的使者地位更尊贵，让他有自己的家眷，用客礼来对待他，不要瞧不起他，并让他佩带各种印信，才可以使他传话给神仙。神仙究竟肯来不肯来，尚在两可。总之，只有让神仙的使者极为尊贵，然后才有可能招来神仙。"这时皇上要他先使个小方术，检验一下效果，他就表演斗棋，那些棋子在棋盘上互相撞击。皇上不知道其实那只是用磁石棋子和带磁钢棒搞的骗人把戏。

当时皇上正在为黄河决口的事忧虑，而且炼黄金又没有成功，就封栾大为五利将军。过了一个多月，栾大又得到四枚金印，身佩天士将军、地士将军、大通将军和天道将军等印信。皇上下诏出书给御史："从前大禹能够疏通九江，开引四渎(dú)。近来，泛滥的河水溢出，淹没陆地，筑堤的劳役连续不断。我治理天下二十八年了，上天如果要送方士给我，那就是大通将军了。《周易·乾卦》上说到"飞龙"，《渐卦》提到"鸿雁"，我想这或许是对我们君臣相得的赞许吧。应该以二千户的地方封地士将军栾大为乐通侯。"赐给他第一等的宅第和奴仆千人。把皇帝所用多余的车马和帷帐等器物分给栾大，摆满他的新居。又把卫长公主嫁给他，送给他黄金万斤，把他所住的城邑改名为当利公主邑。天子亲临五利将军的府第。使者们前去慰问，所赐赠的物品在道路上络绎不绝。从皇帝的姑姑大长公主，到将相以下的人，都在家里置备酒宴招待他，献赠礼物给他。接着天子又刻了一枚"天道将军"的玉印，派使者手持玉印，身着鸟羽制成的衣服，夜间站在白茅草上，五利将军也穿着鸟羽制成的衣服，站在白茅草上接受玉印，以此表示天子并不把爱印者当臣下看待。佩戴上"天道"之印，是要为天子引导天神降临的意思。于是五利时常夜间在家中祭祀，想求神仙降临下界。结果神仙没来，种种鬼却聚集来了，不过五利将军还是很能驱使诸鬼的。此后他就整理行装，东行去海上，据说是要去寻找他的老师。栾大被引见几个月的时间，就佩上了六枚大印，尊贵之名震惊天下，使得燕、齐沿海地区的方士们无不握住手腕，激动振奋，都说自己也有秘方，能通神仙。

这个夏季六月中旬，一个叫锦的汾阴巫师在魏脽(shuí)后土祠旁为民众祭祀，看见地面隆起，呈现出弯钩的形状，扒开土来看，得到一只鼎。这只鼎跟其他所有的鼎大不相同，上面只有花纹，而没有铸刻文字。巫师觉得奇怪，就告诉了当地官吏。当地官吏报告给河东太守胜，胜又报告了朝廷。天子派使者来检验并查问巫师锦得鼎的详情，确认其中没有诈伪之后，就按礼仪举行祭祀，把鼎请到甘泉宫，天子随鼎而行，准备把它献给天帝。走到中山时，天气晴暖，有一片黄云覆盖。正好有一头麃子跑过，皇上亲自射死了它，就用来做了祭品。到长安以后，公卿大夫们都议论请求尊奉宝鼎。天子说："近来黄河泛滥，一连几年收成不好，所以我才出巡郡县祭祀后土，祈求她为百姓滋育庄稼。今年五谷丰茂，还没有举行祭礼酬谢地神，这鼎为什么会出现呢？”主管官员都说：“听说从前太帝太昊(hào)伏羲氏造了一只神鼎，表示一统。就是说，天地万物都归统于神鼎。黄帝造了三只宝鼎，象征着天、地、人。夏禹收集了九州的铜，铸成九只宝鼎，都曾经用来烹煮牲畜，祭祀上帝和鬼神。遇到圣主，鼎就会出现。宝鼎就这样传下来，经历了夏朝、商朝。到周末世德衰败，宋国祭祀土神的社坛也被毁灭，鼎就沦没隐伏而不再出现了。《诗经·周颂》说：‘从堂到阶来回走，从羊到牛已齐备，大鼎小鼎全查过；不哗不傲极恭敬，健康长寿又多福。’如今鼎已迎到甘泉宫，它外表光彩夺目，变化神奇莫测，这意味着我们国家必将获得无穷无尽的吉祥。这跟行至中山时，上有黄白祥云覆盖，下逢麃子吉兽跑过，这些祥瑞征兆正好相合，还有在神坛下获得大弓和四箭，这全是您在太庙合祭远近祖先神主得到的回报。只有受天命做皇帝的人才能知道天意而与天德相合。这宝鼎应该进献祖先，珍藏在天帝宫廷，这样才符合种种吉祥之兆。”皇上下诏书说：“可以。”

去海上寻找蓬莱仙山的人说，蓬莱并不算远，可是总也不能到达，大概是因为看不到仙山的云气。皇上就派出善于望气的官员帮助观测云气。

这年秋天，皇上到了雍县，将要举行郊祀祭五帝。有人说：“五帝是泰一神的辅佐，应该立泰一神坛，并由皇上亲自举行郊祀。”皇上犹豫未决。齐人公孙卿说：“今年得到宝鼎，今冬辛巳日正是朔日初一，这天早晨又交冬至，这和黄帝得宝鼎的时间相同。”公孙卿有一部木简书，上面说：“黄帝得到宝鼎在宛朐(qú)县，向鬼臾区询问此事。鬼臾区回答说：‘帝得宝鼎和占卜用的神策，这年己酉日是朔日，早晨又交冬至，符合天道历数，天道历数是周而复始、循环往复的。’于是黄帝观测太阳的运行来推算历法，以后大致每二十年就遇到朔日早晨交冬至，一共推算了二十次，共三百八十年，黄帝成仙，升天而去。”公孙卿想通过所忠把这件事奏给皇上，所忠见到他的书不正经，怀疑那是荒诞的伪书，因此推辞说：“宝鼎的事已经定下来了，还上奏干什么！”公孙卿又通过皇帝所宠信的人上奏了。皇上非常高兴，就把公孙卿召来细问。公孙卿回答说：“传这本书的是申功，他已死了。”皇上问：“申功是什么人？”公孙卿说：“申功是齐人。他与安期生有交往，接受过黄帝的教诲，没留下其他书，只有这部关于鼎的书。书中说‘汉代兴盛期，应该跟黄帝时的历日相同；汉代的圣君，将出在高祖皇帝的孙子或曾孙之中。宝鼎出现了，就能与神仙相通，应该举行封禅。自古以来，举行过封禅大典的有七十二个王，只有黄帝能登上泰山祭天。’申功说：‘汉代的皇帝也应该登上泰山祭天，上了泰山行祭天礼，然后就可以成仙升天了。黄帝时，有上万个诸侯国，为祭祀神灵而建立的封国就占了七千。天下的名山有八座，其中三座在蛮夷境内，五座在中原地区。中原有华山、首山、太室山、泰山和东莱山，这五座山是黄帝常去游览的地方，在那里与神仙相会。黄帝一边作战一边学习仙道。他唯恐百姓反对他所学的仙道，就断然把诽谤鬼神的人杀掉。这样经过了一百多年，才能够与神仙相通了。黄帝当年在雍县郊祀上帝，住了三个月。鬼臾区别号叫大鸿，死后葬在雍县，鸿冢就是这么来的。那以后黄帝在明廷迎接过上万的神灵。明廷，就是现在的甘泉山。所谓寒门，就是现在的谷口。黄帝开采首山的铜矿，在荆山脚下铸鼎。鼎铸成后，有一条脖颈下悬着垂肉、两腮长着胡须的龙从天上下来迎接黄帝。黄帝骑上龙背，群臣和后宫嫔妃跟着上去的有七十多人，龙才飞升离去。其余的小臣们上不去，全都抓住龙须不放，龙须被拉断，黄帝的弓也落了下来。百姓们抬头望着黄帝升上天去，就抱着他的弓和龙须大声哭喊，所以后世把那个地方称作鼎湖，把那张弓称作乌号。’”天子说：“啊！如果我真能象黄帝那样，那么我看离开妻子儿女只不过就像脱掉鞋子一样罢了。”就封公孙卿为郎官，让他往东到太室山去等候神仙。

接着皇上去雍县郊祀，又到了陇西，西行登上了崆峒(kōng tóng)山，然后回到甘泉宫。命祠官宽舒等人设置泰一神的祭坛。祭坛仿照薄诱忌所说的泰一坛建造，分作三层，五帝的祭坛环绕在泰一坛下，各自依照他们所属的方位，黄帝坛在西南方，修八条供鬼神往来的通道。泰一坛所有祭品，与雍县五畤中的一畤相同，而外加甜酒、枣果和干肉之类，还杀一头犛(máo)牛作为祭器中的牲牢。而五帝坛只进献牛羊等牲牢和甜酒，没有犛牛。祭坛下的四周，作为一一祭祀随从的众神和北斗星的地方。祭祀完毕，把用过的祭品全部烧掉。祭祀所用的牛是白色的，把鹿塞进牛的腹腔中，再把猪塞进鹿的腹腔中，然后放在水里浸泡。祭日神用牛，祭月神用羊或猪，都只用一头。祭泰一神的祝官穿紫色绣衣，祭五帝的祝官，其礼服颜色各按照五帝所属的颜色，祭日穿红衣，祭月穿白衣。

十一月辛巳朔日，早晨交冬至，这天刚刚拂晓，天子就开始在郊外祭祀泰一神。早晨朝拜日神，傍晚祭祀月神，都是拱手肃拜；而祭拜泰一神则按照在雍县的郊祀礼仪进行。劝神进食的祝辞说：“上天开始把宝鼎神策赐给皇帝，让他的天下，月复一月，年复一年，终而复始，永无止息。皇帝在此恭敬拜见天神。”祭祀礼服用黄色。祭祀时坛上布满火炬，坛旁摆着烹煮器具。主管官员说“祠坛上方有光出现。”公卿大臣们说“皇帝最初在云阳宫郊祀，祭拜泰一神，司祭的官员捧着直径六寸的大璧瑄玉、毛纯膘肥的美牲献给神灵享用。当夜有美丽的光彩出现，到了白天，有黄色云气上升，与天相连。”太史公和祠官宽舒等说：“神灵降下美好景象，是保佑福禄的吉祥预兆，应该在这神光所照的地域建立泰畤坛，用来宣扬上天的神明瑞应。命令太祝主管此事，每年秋天和腊月间举行祭祀。每三年天子郊祀一次。”

这年秋天，为讨伐南越而祭告泰一神，用牡荆做幡旗竿，旗上画有日、月、北斗和腾空升起的龙，以象征天一三星，因为太一星在后，天一三星在前，所以，把天一三星作为泰一神的先锋旗，命名为“灵旗”。在为兵事祭告时，由太史官手持灵旗指向被伐国的方向。当时，五利将军身为使者却不敢入海求仙，只到泰山去祭祀。皇上派人暗中跟随，查验他的行踪，得知他实际上什么也没有见到。五利将军胡说见到了他的老师，其实他的方术已经用尽，大多不能应验。皇上就杀了五利将军。

在这一年的冬天，公孙卿在河南等候神仙，报告说在缑(gōu)氏城上看到了仙人的脚印，并有一个神物好像山鸡似的，在城上来往反复。天子问讯亲自到缑氏城观看脚印。问公孙卿：“你该不是在仿效文成和五利欺骗我吧？”公孙卿说：“仙人并非有求于皇帝，而是皇帝有求于仙人。求仙人道，如果不把时间稍微放宽一些，神仙是不会来的。谈起求神这种事，好象是迂腐荒诞的，其实只要积年累月就可以招来神仙。”于是各郡国都修筑道路，修缮宫殿观台和名山的神祠，以期待天子到来。

这年，灭了南越之后，皇上有个宠臣李延年以优美的音乐来进见。皇上认为那音乐极美，就下交公卿大臣们商议，说："民间祭祀还有鼓、舞和音乐，如今我举行郊祀却没有音乐，怎么相称呢?"公卿们说："古时候祭祀天地都有音乐，这样天神和地神才会来享受祭祀。"有人说："泰帝让女神素女奏五十弦的瑟，由于声音悲切，泰帝让她停下来，可是她不能自止，所以把她的瑟剖开改成了二十五弦。"于是，在为平定南越而酬祭泰一、后土神时，开始采用音乐歌舞，广召歌手，并以此开始制作二十五弦瑟和箜篌(kōng hóu)瑟。

第二年冬天，皇上提议说："古代帝王先要收兵止武，然后才进行封禅。"于是就北上巡视朔方，带着十几万军队，回来时在桥山黄帝陵墓前祭祀，在须如遣散了军队。皇上说："我听说黄帝并没死，而现在却有陵墓，是怎么回事呢?"有人回答说："黄帝成仙升天后，众臣把他的衣服帽子埋在这里，所以有陵墓。"皇上到了甘泉宫后，为了要上泰山举行封禅，就先祭告泰一神。

自从得了宝鼎，皇上就跟公卿大臣及众儒生商议起封禅的事了。由于封禅大典很少举行，时间隔久了，已经失传，没有人了解它的礼仪，众儒生主张采用《尚书》《周官》《王制》中记载的天子射牛、望祀的仪式来进行。齐人丁公已经九十多岁，他说："登泰山祭天的'封'应该是不死的意思。秦始皇没能登上泰山行封礼。陛下如果一定要上去，就应该坚持；只要稍微登得高一些就没有风雨阻挡了，也就最终可以登上泰山行封礼了。"皇上于是命令儒生们反复练习射牛，草拟封禅的礼仪。几年后，要进行封禅了。天子听了公孙卿和方士的话，说是黄帝以前的帝王举行封禅，都招来了怪异之物而与神仙相通，就想仿效黄帝那时迎接仙人蓬莱士的做法，借此以超乎世俗，跟九皇比德，而且还在很程度上采用儒术加以修饰。儒生们因为既不能明辨封禅的具体事宜，又受《诗》《书》等古文经籍的束缚，所以不敢尽情施展他们的学问。皇上把封禅用的祭器拿给儒生们看，儒生们有的说"跟古代的不同"，徐偃又说"太常祠官们行礼不如古代鲁国的好"，就在这时候，周霸会聚群儒策划封禅事宜，皇上贬退了徐偃、周霸，把儒生们全部罢黜不用了。

三月，皇上到东方去，到了缑氏县，登上中岳的太室山祭祀。随从官员在山下听到好象有人喊"万岁"。问山上的人，说是没喊；问山下的人，也说没喊。于是皇上封给太室山三百户以供祭祀，命名叫崇高邑。往东登上泰山，山上的草木还没长出叶子，就叫人把石碑运上山，立在泰山顶峰。

接着，皇上又东巡海上，行礼祭祀天主、地主、兵主、阴主、阳主、月主、日主和四时主八神。齐地人中上书谈神仙精灵和奇异方术的数以万计，但没有一个灵验。于是皇上增派船只，命令那些谈论海上神山的几千人去访求蓬莱仙人。公孙卿经常手持符节，先到各山等候神仙，到东莱时，说夜间看见一个人，身高数丈，等靠近去，却不见了。据说看到了他的脚印很大，类似禽兽的脚印。群臣中有人说看见一位牵着狗的老人，说"我想要见天子"，一会儿又忽然不见了。皇上见到那大脚印时，还不相信，等到群臣中有人说起老人的事，才在很大程度上认为那老人就是仙人了。因此，留住在海上，给方士驿车，秘密派出了数以千计的使者去寻找仙人。

四月，返回到奉高。皇上想着儒生和方士们对封禅礼仪的说法各不相同，又缺乏古书记载，实在难以施行。天子又到了梁父山，行礼祭祀地神。乙卯日，命侍中官儒生头戴白鹿皮帽，身穿插笏(hù)官服，天子射牛，进行祭祀。在泰山下的东方，筑坛祭天，依照郊祀泰一神的礼仪。祭天的坛，宽一丈二，高九尺。坛下放有封禅的文书，文书的内容隐秘，无人知晓。祭礼完毕，天子单独带着侍中奉车都尉霍子侯登上泰山，也举行了祭天仪式。这些事情都禁止泄露。第二天，顺着山北的道路下山。丙辰日，在泰山脚下东北方的肃然山辟场祭地，按照祭祀后土的礼仪。以上的封禅，天子都亲自拜见天神、地神，穿黄色礼服并全部用了音乐。用采自江淮一带的三棱灵茅作神垫，用代表五方的五色泥土混杂起来多多地加在祭坛上。还放出远方奇异的飞禽走兽和白毛野鸡等动物，大大增加礼仪的隆重气氛。但不用兕牛、旄牛、犀牛、大象之类的动物。天子及其随从都是到了泰山，然后离去的。举行封禅大典的那天晚上，天空仿佛有亮光出现，白天又有白云从祭坛中升起。

天子封禅归来，坐在明堂上，群臣相继上前祝寿。这时天子下诏令给御史："我以渺小之身继承了皇帝的至尊之位，一直谨言慎行，唯恐不能胜任。我德行微薄，不懂礼乐。祭泰一神时，天上象是有瑞祥之光，我心中不安，好象望见了什么，被这奇异景象所深深震憾，想要停止却不能。终于登上泰山筑坛祭天，到了梁父山，然后在肃然山辟场祭地。我要完善自己，勉力与士大夫们一起重新开始。赐给百姓每百户一头牛、十石酒，八十岁以上老人和孤儿寡妇，再另加赐布帛二匹。免除博县、奉高、蛇丘和历城等地的赋税，不用交纳今年租税，免除徭役。大赦天下，和乙卯年的大赦令一样。凡是我巡行所经过的地方，都不要再有驰刑再犯的轻罪徒。如果是在两年以前犯的罪，一律不再追究。"又下诏说："古时天子每五年出巡一次，在泰山举行祭祀，诸侯们来朝拜都有住所。应该让诸侯在泰山下各自修建官邸。"

天子在泰山封禅完毕，并未遇上风雨灾害，方士们又说蓬莱等神山好象就要找到了。于是皇上很高兴，觉得或许自己能遇到，就又东行到海边眺望，希望能见到蓬莱神山。奉车都尉霍子侯突然生病，一天的功夫就死了。皇上这才离开，沿海而上，往北到达碣石。又从辽西开始巡行，经北方边境到达九原县。五月，回到甘泉宫。主管官员说，宝鼎出现那年的年号为"元鼎"，今年天子到泰山举行封禅大典，年号应为"元封"。

这年秋天，有慧星出现在东井宿(xiù)天区，光芒四射。十几天后，慧星又出现在三台宿天区，光芒四射。有个望气的人叫王朔的说："我观测时，只见那星出现时形状象葫芦瓜，一会儿就又消失了。"主管官员说道："陛下创建了汉家封禅礼制，上天大概是用象征吉祥的德星出现来报答您。"

第二年冬天，天子到雍县郊祀五帝，回来后又拜祭了泰一神。祝辞说："德星光芒四射，象征美好吉祥。寿星相继出现，光辉遍照远方。信星明亮降福，皇帝敬拜诸神福泽无量。"

这年春天，公孙卿说在东莱山见到了仙人，那仙人好象是说了"想见天子"。天子于是到了缑氏城，任命公孙卿为中大夫。随即到了东莱，在那里留宿了几天，什么也没看见，只看见了巨大的人脚印。天子又派出数以千计的方士去寻找神仙奇物，采集灵芝仙药。这年天旱。这时候，天子已经没有出巡的正当名义了，就前往万里沙祈求降雨，路过泰山时又举行了祭祀。返回时到了瓠(hù)子口，亲自来到堵塞黄河决口的现场，停留了两天，沉白马于河中，以祭河神，然后离去。派二位将军率领士兵堵塞决口，把黄河分成两条河渠，使它恢复了当初大禹治水后的面貌。

消灭平定南越之后，越人勇之对皇帝进谏说“越人的习俗是信仰鬼，而且他们祭祀时鬼都会显形，往往很有奇效。过去东瓯(ōu)王敬信鬼，因此他的寿命长达一百六十岁。他的后世子孙对鬼怠慢，因此就衰微下来。”天子于是命令命越地的巫师建立越祠，只设台而没有祭坛，也祭祀天神上帝百鬼，是采有鸡卜的方法。皇上相信这些，越祠和鸡卜的方法从此就开始流行起来。

公孙卿说：“仙人是可以见到的，而皇上去求仙的时候总是太仓促，因此见不到。如今陛下可以修建一座台阁，就象缑氏城所建的一样，摆上干肉枣果之类祭品，仙人应该是能够招来的，而且仙人喜欢住楼阁。”于是皇上命令在长安建造蜚廉观和桂观，在甘泉宫建造益延寿观，派公孙卿手持符节摆好祭品，等侯仙人。又建造了通天台，在台下摆设祭品，希望招来神仙之类。又在甘泉宫设置前殿，开始增建宫室。夏天，有灵芝草在宫殿内长了出来。天子因为堵塞了黄河决口，兴建了通天台，据说当时天上隐约出现了神光，就下诏书说：甘泉宫殿房内生出了灵芝长有九株菌柄，特此大赦天下，免除女犯人不戴刑具的劳役。

第二年，征伐朝鲜。夏天，干旱。公孙卿说：“黄帝时举行完封礼，天就会干旱，这是为了使封坛的土晾干，要连旱三年。”皇上就下诏书说：“天旱，大概是为了使封坛的土干燥吧？应该让天下百姓尊祭主宰农业的灵星。”

第三年，皇上到雍县郊祀，然后打通去回中的道路到那里巡察。春天，到达鸣泽，再从西河返回。

转年冬天，皇上巡视南郡，到江陵后往东走。登上潜县的天柱山，举行祭祀，称这座山为南岳。乘船顺江而行，从寻阳穿过枞(cōng)阳，又经过彭蠡(lí)泽，一路祭祀名山大川。然后北到琅邪郡，再沿海而上。四月中旬，到达奉高县，举行了封禅典礼。

当初，天子在泰山举行封禅典礼时，泰山东北角古时建有明堂，处于险要狭隘之地。皇上想要在奉高县旁修建明堂，但不知道明堂的形制尺度。济南人公王(sù)带献上黄帝时的明堂图。明堂图中有一座殿堂，四面没有墙壁，用茅草盖顶，殿堂周围通水，环绕着宫墙修有天桥，殿上有楼，从西南方向伸入殿堂，命名为昆仑道，天子由此走进殿堂，在那里拜祭上帝。于是，皇上命令按照公王带的图样在奉高的汶上建造明堂。等到第五年再来举行封禅时，就让泰一神和五帝的神位居于上座进行祭祀，让高皇帝的神主灵位对着他们。在下房祭祀后土神，用牛、羊、猪各二十头。天子从昆仑道进去，开始按郊祀的礼仪在明堂祭拜。祭拜完毕，在堂下烧掉祭品。然后，皇上又登上泰山，在山顶秘密举行祭祀。在泰山下祭祀五帝时，按照他们各自所属方位，只有黄帝和赤帝并排，祭祀时由主管官员陪祭。在泰山上举火，山下也都举火呼应。

两年以后，十一月甲子日是朔日，早晨交冬至，推算历法的人认为以这一天为推历的起点是正统。天子亲临泰山，在这一天到明堂去祭祀上帝，因为距上一次封禅不到五年，所以没有举行封禅典礼。那祝辞说：“上天授予皇帝泰元神策，周而复始。皇帝在此虔诚地拜祭泰一神。”皇上又东到海上，考察那些到海上求仙的人和方士们，没有什么效验，但皇上还是增派使者继续前往，希望能遇上神仙。

十一月乙酉日，柏梁台失火遭灾。十二月甲午日初一，皇上亲自到高里山祭祀后土神。又到了渤海，遥望而拜祭蓬莱之类的仙山，希望能到达仙人所居住的异境。

皇上回京后，因柏梁台遭灾焚毁了，就改在甘泉宫临朝接受各郡国上报的计薄。公孙卿说："黄帝建成青灵台，十二天后就被烧了，黄帝于是修建了明庭。明庭就是甘泉宫。"方士们很多人也说，古代帝王有在甘泉建都的。后来天子又在甘泉宫接受诸侯朝见，并在甘泉建造诸侯的官邸。勇之说："越地飞俗，火灾之后再盖起的房子，一定要比原先的大，以此制服火灾。"于是天子修造建章宫，规模极大，有千门万户。其前殿，比未央宫高；其东面是凤阙，高二十多丈；其西面是唐中苑，有几十里宽的虎圈；其北面修了大水池，池中的渐台高二十多丈，池名叫做泰液池，池中有蓬莱、方丈、瀛洲和壶梁四座山，仿照海中仙山，还有用石头雕成的龟鱼之类；其南面有玉堂、壁门和鸟雕像之类。还建了神明台、井干楼，高达五十多丈，楼台之间有辇车道相互连接。

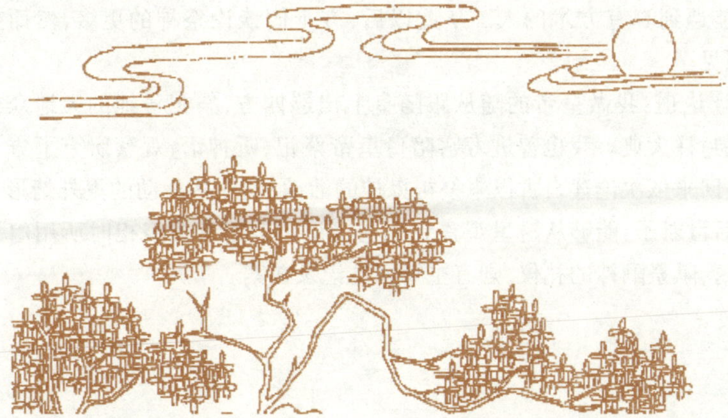

夏天，汉朝更改历法，以夏历正月作为一年的开始，官府服色崇尚黄色，把官印一律改为五个字，因而把当年定为太初元年。这年，往西去征伐大宛。蝗灾严重。丁夫人和雒阳虞初等人用方术祭祀，祈求鬼神降祸于匈奴、大宛。

第二年，主管官员说，雍县五畤祭祀时没有烹煮过的熟牲等祭品，没有芬芳香的气味。天子就命令祠官用牛犊做成熟牲祭品分别进献给五畤，所用牲牢的毛色，按照五行相克的原理配置。用木偶马代替壮马作祭品，至于祭祀各名山大川该用壮马的，全都用木偶马代替。皇帝出巡经过时举行祭祀，才用壮马。其他礼节照旧。

次年，天子东巡海上，考察神仙之类的事情，没有灵验的。有的方士说："黄帝时建造了五城十二楼，以便在执期那个地方迎侯神仙，命名为迎年。"皇上批准按他所说的建造五城十二楼，命名为明年。皇上亲自到那里行礼祭祀上帝，穿着黄色礼服。

公王带说："黄帝时虽然已在泰山筑坛祭天，然而风后，封钜、岐伯等人又要黄帝去东泰山筑坛祭天，去凡山辟场祭地，与符瑞相合了，才能长生不死。"天子就命令准备祭品，来到东泰山，见东泰山矮小，跟它的名声不相称，就命祠官祭祀，但不举行封禅。此后命公王带在那里供奉祭祀和迎侯神灵。夏天，天子返回泰山，像以前那样举行五年一次的封禅典礼，另外增加了在石闾山辟场祭地的仪式。石闾在泰山脚下的南面，很多方士说这里是仙人住的地方，所以皇上亲自在这里祭祀地神。

此后五年，天子又到泰山行封禅礼，返回途中祭祀了常山。

当今天子所兴建的神祠，泰一祠和后土祠，每三年亲自郊祀一次，建立了汉家封禅制度，每五年举行一次封禅大典。亳人谬忌奏请修建的泰一祠和三一、冥羊、马行、赤星等五座神祠，由宽舒等祠官每年按时祭祀。加上后土祠，总共六座神祠，都由太祝统管。至于象八神中的各神，以及明年、凡山等其他有名的神祠，天子路过时就祭祀，离开后就算了。方士们所兴建神祠，各由他们自己负责祭祀，人死了，祭祀也就终止，祠官不再管祭祀。其他神祠全部依照原来的规定办。当今皇上举行封禅大典，十二年以后来回顾，所祭祀的神灵已遍及五岳、四渎。而方士们迎侯祭祀神仙，去海上寻访蓬莱仙山，最终也没有什么结果。公孙卿之类等等侯神仙的方士，还是用巨大人脚印做托辞来辩解，也是没有效验。这时，天子对方士们的荒唐话越来越厌倦了，然而始终笼络着他们，不肯与他们绝断往来，总希望有一天能遇到真有方术的人。从此以后，方士们谈论祭神的更多，然而效验究竟怎样，就可以想见了。

太史公评论道：我做皇帝的随从跟随皇上出巡四方，祭祀各地的天地众神和名山大川，并参加过封禅大典。我也曾进寿宫陪侍皇帝祭祀，听神语，观察研究了方士和祠官们的言论，于是回来依次论述自古以来祭祀鬼神的活动，把这些活动的里外情形原原本本地展现出来。后世君子，能够从这里观察到那些情形。至于有关祭祀时所用俎豆等礼器以及玉帛的详情，献祭酬神的礼仪，则有主管官员记录在案。

汉 书

《汉书》概论

《汉书》是我国史学史上第一部纪传体断代史，也是第一部专记一代政权兴亡的皇朝史。《汉书》由汉代班固编撰而成，全书共一百卷，分十二纪、八表、十志、七十列传，记述上起公元前206年汉高祖元年，下迄公元24年整个两汉一代的二百三十年史事。

班固（公元32—92年），字孟坚，东汉扶风安陵（今陕西咸阳市东）人。班固出生在一个家资豪富，有外戚身份，并有正统家学传统的家庭。这个家庭，首先为他提供了良好的教育环境；其次，为他著述《汉书》提供了思想上、编撰上的基础。从建武二十三年（公元47年）到建武三十年（公元54年）的八年时间里，他不仅学习了儒家的经典著作，而且对于诸子百家学说，也进行了广泛的探讨。学习上，班固并不拘泥于一家之言，也不去死抠章句，而是着重领会其大义。他非常熟悉西汉故事，在父亲的影响下，又逐渐转向汉史的研究。

公元54年，父亲班彪去世，班固离开太学回家居丧。居丧期间，潜心阅读其父的遗作。读完《史记后传》之后，他认为该书的记叙很不详尽，决心在其基础上搜集资料、改定体例，重新撰写一部记述汉代史实的书籍。但是，在汉明帝永平五年（公元62年）有人向朝廷上书，告发他私自改作“国史”，于是班固被捕入京城监狱，书稿也被抄去。

班固的弟弟，东汉名将班超听说此事，赶到京城，上书为兄辩白。明帝看了书稿，非常赞赏他的史学才能，召他到京师任兰台令史，掌管朝廷的藏书，并进行校勘工作。第二年，又被提升为秘书郎，典校秘书。这期间，班固与令史陈宗、尹敏、孟异等写成《世祖本纪》，其后，又撰成功臣、平林、新市、公孙述等列传和载记二十八篇奏上。这些著述，后来都成了《东观汉记》的重要组成部分。

班固因文章写得好，深得皇帝喜欢，章武帝建初三年（公元78年），班固升为玄武司马，负责守卫玄武门。他在皇帝面前的地位，不仅是史臣而且成为近臣。永元四年（公元

92 年)，窦宪以外戚专政，和帝利用宦官的势力夺取了窦宪的权力。由于和窦宪关系密切，班固也被免除官职。洛阳令种竞因曾受班家奴仆的侮辱，遂乘机报复，将班固罗织入狱，不久班固便死在狱中。班固一生不仅以《汉书》扬名后世，还著有许多诗文。其中的文采名扬于世。《汉书》沿用了《史记》的纪传体，但它改《史记》的通史为断代史，从而成为后世纂修王朝史的典范。《汉书》原本一百卷，但一些较长的篇目被后来的人分割开，流传于世的就有今本一百二十卷的面貌。全书共八十余万言。十二本纪，记述了高、惠、高后、文、景、武、昭、宣、元、成、哀、平十二世的大事，编年记事，为全书总纲。

八表，前六表分别谱列王侯世系；后二表，一为《百官公卿表》，记录秦汉官制及汉代公卿的迁、免、死；一为《古今人物表》，实际上只记“古”而不记“今”，是对汉代以前历史人物的评价。十志，《律历志》叙述汉代声律、度量衡、历法及其与农业和日常生活的关系。

《礼乐志》叙述历代礼制、乐制的变化。

《刑法志》记述宗周以来至东汉初年，军制和刑法的变化。

《食货志》记述了远古至王莽时期社会财政经济的演变。

《郊祀志》记述先秦至汉代的郊祀、封禅情况。

《天文志》记录天象及其变化。

《五行志》记录了从古到汉的自然现象及与人事参验情况，罗列了董仲舒、刘向、刘歆等人的五行灾异说。

《地理志》以《禹贡》、《周官》为据，记载了汉以前的地理沿革、九州状况；又记述了汉郡县封国建置由来和变革，它们的山川和户口，各地区的风土及海外交通。

《沟洫志》叙述了秦汉兴修水利，治理黄河及各地灾害情况。

《艺文志》依据刘歆《七略》，加上班固自己的见解，按照六艺、诸子、诗赋、兵书、术数、方技的顺序，著录了西汉末年皇家藏书的名称、卷数、作者、存轶情况，并论其学术的派别源流、是非得失。

七十列传，大部分是西汉重要人物的传记；《匈奴列传》《西南两越朝鲜列传》《西域列传》是对汉代边疆各民族历史的记载。《汉书》以十志为主干，详实、系统地描述了西汉王朝规模宏大、地域辽阔的大一统气象。具体说来，《汉书》博大的历史内容可概括为以下几点：

第一，详细地记载了西汉封建专制政体的国家职能。以《地理志》为例。《地理志》通过对西汉行政区划及其风土人情、地理环境的详细记载，描述了封建国家的版图、人口、自然资源状况，具体地体现了汉代统治的具体效果。《地理志》主要写西汉地理，它以郡国为条，用本文加注的形式，依次写各郡、国及其下属县、道、侯国的地理概况，诸如郡县的民户、人口、郡县废置、并分、更名的历史，各地特产，都尉、铁官、盐官、工官等治所，山川湖泽，关塞要隘，名胜古迹，道路交通，等等情况。并总计了西汉平帝时郡、国、县、道、侯国的总数，全国的幅员，土地面积，定垦田、不可垦地、可垦不可垦地，民户，人口总数等。班固自司马氏立《货殖列传》之后，特立《地理志》，不仅发展了《货殖列传》的内容，更把郡县设置、人口多寡、垦田数目纳入历史记载的范围，这标志着我国古代史家对于客观历史认识的深入和提高，标志着我国史学史在编纂方法和历史观点上的重大发展。

第二，详细地记载了汉代的社会经济状况。这集中体现在《食货志》和《货殖列传》中。《货殖列传》是对先秦及汉代经贸活动的总体及个别介绍，其史实基本取材于《史记·货殖列传》，没有太多的补充。但《食货志》却在《平准书》的基础上，作了相当大的增补和调整。一是分门别类，改变了《平准书》农政、财政混杂叙述的方式，先言“食”记农业生产和农业政策，后言“货”，记货币、商业和财经政策，脉络清晰、次序井然。二是大大扩展了记叙的范围。《平准书》以汉代前期经济为叙述范围，《食货志》则补充秦以前和武帝以后的史实，全面反映了自古至汉的社会经济状况，也使汉代的经济措施有了对比鉴戒的参数。三是材料搜集更为齐全，内容超出《平准书》一倍多。对于先进的生产技术、有价值的理论观点及重要的经济政策，都作了记载。

第三，详细地记载了中国边疆内外各少数民族的历史。班固的《西域传》，对新疆各民族城邦以及安息、大月氏、大夏、条支等国的风土物产、道里远近、户口人数、自然环境以及社会发展等作了比较完整的记录，还叙述了汉朝与匈奴在西域进行争夺战争的历史以及汉朝与西域各国经济文化交流的历史。无论在国内民族史，还是在中亚、西南亚古民族史研究上，《西域传》都占据了重要的文献地位。

第四，记述了先秦至西汉的学术发展史，总结了其成就。《汉书》对学术史的记载极为丰富。班固把《天文志》《五行志》《律历志》的内容，作为国家政权建设不可缺少的政治措施看待的，其地位仅次于帝王和百官，远甚于州域建制和地理环境的影响，并大大地超出了他备为推崇的郊祀和儒学《六经》的作用。班固很推崇儒家学说，他总结儒学的发展史，以及儒学与阴阳五行学说相互杂糅，逐渐形成了一套神学理论的发展过程。《儒林传》概述了儒家学说的起源、宗旨，以及从春秋经战国至秦汉的传播情况。特别是详细地记录了西汉各经师的活动和经学各种典籍在西汉一代的传授历史。将此与董仲舒、公孙弘等传联系起来看，可以清楚地理出儒家思想在汉代逐步取得支配地位的原因和过程。

《艺文志》则是对东汉以前我国学术史的集中总结。《艺文志》将图书分为六大类称为《略》，每一大类下又分若干小类。《六艺略》有易、书、礼、诗、乐、春秋、论语、孝经、小学诸类。《诸子略》有儒、道、阴阳、法、名、墨、纵横、杂、农、小说诸类。《诗赋略》有屈原赋、陆贾赋、孙卿赋、杂赋、歌诗诸类。《兵书略》有兵权谋、兵形势、兵阴阳、兵技巧诸类。《数

术略》有天文、历谱、五行、蓍色、杂占、形法各类。《方技略》有医经、经方、房中、神仙各类。每一《略》又都有对这一学派发展史及特点的总结。这是对西汉末年皇家藏书的集中著录和总结，也是我们现在研究先秦秦汉学术派别的重要依据。

第五，《汉书》的实录精神。班固敢于秉笔直书，揭露汉代统治的阴暗面。《武帝纪》中，班固大力称赞武帝的雄才大略，说他“宪章立方学，统一圣真”，“兴太学，修郊祀，改正朔，定历数，协音律，作诗乐，建封禅，礼百神。绍周后，号令文章”的同时，又在其他篇章中，指出武帝的奢侈和大兴功利对社会造成的严重损害。《昭帝纪》赞云：“孝武奢侈余敝，师旅之后，海内虚耗，户口减半。”至于其他地方对上至皇帝，下至官吏、士人的批评大都是基于现实写作的。

《汉书》对后代史学具有的重要影响有：

第一，《汉书》是我国史学史上第一部纪传体断代史。班固《汉书》断代为史，可以说是对纪传体的扬长避短之举。断代史与纪传体比较，虽不易写出历史的古今发展，却能写清一代之始末，也易于译写近代史和当代史。故《汉书》一出，就成为断代体史书的鼻祖。

第二，《汉书》是我国史学史上第一部以封建正统思想为指导思想的史书。班固的《汉书》明确提出要在叙说历史演变的过程中，“旁贯《五经》，上下洽通”。班固以先验的正统史观说明历史的发展变化。以正统思想评论、总结历史的存亡得失，这一方面是为维护和巩固东汉封建统治提供了历史依据，另一方面则正好说明正统思想已在史学领域中确立了它的统治地位。

第三，《汉书》在编撰上的成就和浓厚的正统封建史观，对后世史学产生了深远的影响。二十五史中，除《南史》和《北史》为纪传体通史外，其余都是纪传体断代史；各史的纪、表、志、传的编制，也多沿用《汉书》体例而有所损益。从这一点上说，《汉书》的影响大大超过了纪传体的开山之作《史记》的影响。遗憾的是，隋唐之后，许多史家除不察班固的“整齐其文”“方以藏智”之外，更将别出心裁贯穿其中，一味模仿《汉书》体例严谨的特点。班固开始将封建正统思想作为编撰史书的指导思想，在以后二千年的封建史学发展史上，正统思想一直成为史学领域的指导思想。从西晋末年起，各个封建王朝修撰历史，都宣称自己是正统，指斥敌对政权为僭伪。

正统思想强烈地左右着史学的方向。

《汉书》中载有许多阴阳灾异之说，并特创《五行志》以记载。汉、隋之际的纪传体史书，凡有志者，都必有《五行志》，有的更名为《瑞应志》《符瑞志》。其他篇章中，也充斥了鬼神怪异、道本佛法的记述。这种有意识的神学目的论的宣扬，增加了史学著作不应有的鬼神气氛，但也在不经意之中保存了较多的科技史、思想史、宗教史的材料。《汉书》以其巨大的成就，在中国史学史上占据了除《史记》之外的最高地位。它以其编纂上的巨大成就和浓厚的正统思想，领袖了正统史学。

丙吉问牛

原文

吉[1]又尝出，逢清道群斗者，死伤横道，吉过之不问，掾史独怪之。吉前行，逢人逐牛，牛喘吐舌，吉止驻，使骑吏问："逐牛行几里矣？"掾史独谓丞相前后失问，或以讥吉，吉曰："民斗相杀伤，长安令、京兆尹职所当禁备逐捕，岁竟丞相课其殿最，奏行赏罚而已。宰相不亲小事，非所当于道路问也。方春少阳用事，未可大热，恐牛近行，用暑故喘，此时气失节，恐有所伤害也。三公[2]典调和阴阳，职当忧，是以问之。"掾史乃服，以吉知大体。

《汉书·丙吉传》

注解

① 吉：即丙吉，武帝时人，曾救助宣帝，宣帝时为丞相，宽厚谦退，有政声。

② 三公：指军事、政务和监察三方面的最高长官。此处指丞相。

译文

丙吉曾出行，碰上清道民夫成群斗殴，死伤满路，丙吉却不闻不问，属官十分奇怪。丙吉继续前行，碰到有人追赶一头牛，牛气喘吁吁热得吐出了舌头。丙吉停下车，叫骑马的小吏去问："追赶这牛跑了几里路？"属官说丞相应当过问的事不过问，不该管的却管了。有人以此讥笑丙吉。丙吉说："百姓斗殴杀伤，是长安令、京兆尹职务范围内所要禁止、防备并追捕的，每年年终由丞相考察他们的业绩，上报皇帝再行赏罚罢了。宰相不必亲自办理小事情，不应当过问路上斗殴的情形。但现在还是早春，不很热，恐怕这牛没跑多远便因太热而喘息，这表示天时节气不对，怕对农事有妨害。丞相职务是总揽全局调和阴阳，这事是我职务范围内的事，所以过问。"属官这才心服口服，认为丙吉识大体顾全局。

世风日下

原文

是时[①]，有日蚀、地震之变，上问以政治得失，衡[②]上疏曰：

"……今天下俗贪财贱义，好声色，上[③]侈靡，廉耻之节薄，淫辟之意纵，纲纪失序，疏者逾内，亲戚之恩薄，婚姻之党隆，苟合徼[④]幸，以身设利。不改其原，虽岁赦之，刑犹难使错而不用也。……"

《汉书·匡衡传》

注解

① 是时：指宣帝崩、元帝初即位时。

② 衡：匡衡，汉大臣。

③ 上：同“尚”。

④ 徼(jiǎo)：求。

译文

当时，出现日食和地震，皇上问政治上与之相应的得失，匡衡上奏折说：“……如今天下风气贪财贱义，喜好歌舞女色，崇尚奢侈铺张，廉耻的气节淡薄，邪恶的思想放纵，礼法颠倒错乱，妻妾之家的地位超过了同姓骨肉，父母本家的恩情淡薄，妻妾外家的人受到尊崇，苟且结合，投机取巧，借以谋求私利。这种风气如果不从根本上加以消除，虽然每年下一次赦令，也不能放弃刑法。……”

防患于未然

原文

初，霍氏奢侈，茂陵徐生曰：“霍氏必亡。夫奢则不逊，不逊必侮上。侮上者，逆道也。在人之右，众必害之。霍氏秉权日久，害之者多矣。天下害之，而又行以逆道，不亡何待！”乃上疏言：“霍氏泰[①]盛，陛下即爱厚之，宜以时抑制，无使至亡。”书三上，辄报闻。其后霍氏诛灭，而告霍氏者皆封。

人为徐生上书曰："臣闻客有过主人者，见其灶直突，傍有积薪，客谓主人，更为曲突，远徙其薪，不者且有火患。主人嘿然不应。俄而家果失火，邻里共救之，幸而得息[2]。于是杀牛置酒，谢其邻人，灼烂者在于上行，余各以功次坐，而不录言曲突者。人谓主人曰：'乡使听客之言，不费牛酒，终亡火患。今论功而请宾，曲突徙薪无恩泽，焦头烂额为上客耶？'主人乃寤而请之。今茂陵徐福数上书言霍氏且有变，宜防绝之。乡使福说得行，则国亡裂土出爵之费，臣亡逆乱诛灭之败。往事既已，而福独不蒙其功，唯陛下察之，贵徙薪曲突之策，使居焦发灼烂之右。"上乃赐福帛十疋，后以为郎[3]。

《汉书·霍光传》

注解

① 泰：通"太"。

② 息：通"熄"。

③ 郎：官名，侍从皇帝左右。

译文

当初，霍光族人骄横奢侈，茂陵徐生说："霍氏一定会灭亡。因为骄奢的人不懂得谦让，不谦让就会对皇上不尊敬。不尊敬皇上，这是大逆不道。位居众人之上，人们一定会嫉恨他们。霍家人掌权时间如此长，嫉恨他们的人自然也多。天下人嫉恨他们，而他们的行为又违反礼仪，不灭亡，更待何时！"于是上书说："霍家太兴盛了，陛下既然很宠爱霍家，就应该加以抑制，不使它灭亡。"上书三次，只回答说知道了。后来霍家诛灭，而告发霍家的人都受到封赏。有人为徐生鸣不平，上书说："我听说有一位客人看望主人，看见主人家的灶上的烟囱是直的，旁边堆着柴，客人告诉主人，应该将烟囱改为弯曲的，将柴移远，不然会有火灾。主人很不高兴，没有回答。不一会儿家里果然失火，邻居共同来救火，幸好火被熄灭了。于是主人家杀牛摆酒，向邻居道谢，被烧伤的人坐在上席，其余的以功劳大小依次坐下，而不请建议将烟囱改弯的人。有人对主人说：'当初要是听从了那位客人的话，就可以不破费牛、酒，而且没有火灾。现在论功行赏，建议改弯烟囱移走柴堆的人没有得到好处，烧得焦头烂额的反而坐在上席！'主人醒悟，请来那位客人。现在茂陵徐福几次上书说霍氏将有阴谋，应该防备制止他们。"当初如果徐福的建议得以实行，那么国家没有裂土封赏和赐给爵位的费用，臣子没有因叛乱被诛灭的灾祸。事情虽然已经过去，但徐福却不曾因功受赏，请陛下细察，应该看重徙薪曲突防患于未然的策略，让他居于焦头烂额的救火功劳之上。"宣帝于是赐给徐福十四帛，后来封他为郎官。

霍光评相

原文

义为丞相时年八十余，短小无须眉，貌似老妪[1]，行步俛偻[2]，常两吏扶夹乃能行。时大将军光秉政，议者或言光置宰相不选贤，苟用可专制者。光闻之，谓侍中左右及官属曰："以为人主师当为宰相，何谓云云？此语不可使天下闻也。"

《汉书·蔡义传》

注解

① 老妪：年老的妇人，古时候老妇人的自称。
② 俛偻：即"俯偻"。

译文

蔡义担任丞相时已有八十多岁，身材矮小，且无胡须和眉毛，相貌像一个老妇人，走路时身子伛偻，常常需要两名小吏左右扶持着才能行走。当时大将军霍光掌持朝政，议论的人有的说霍光任命宰相不选贤能，只用那些他可以控制的人。霍光听说了，对皇帝的侍从官和自己的属官说："我认为皇帝的老师应当任宰相，怎么有那种说法呢？这话不能让天下百姓听到。"

苏武归汉

原文

……昭帝即位。数年，匈奴与汉和亲。汉求武等，匈奴诡言武死。后汉使复至匈奴，常惠[1]请其守者与俱，得夜见汉使，具自陈道。教使者谓单于，言天子射上林[2]中，得雁，足有系帛书，言武等在某泽中，使者大喜，如惠语以让单于。单于视左右而惊，谢汉使曰："武等实在。"……单于召会武官属，前以降及物故，凡随武还者九人。……武留匈奴凡十九岁，始以强壮出，及还，须发尽白。

《汉书·苏武传》

注解

① 常惠：苏武的属官。

② 上林：苑名。汉武帝时建，供皇帝春秋游猎。在今陕西省长安、周至、鄠县一带。

译文

……昭帝继位。几年后，匈奴与汉朝和亲。汉朝要求匈奴放回苏武等人，匈奴谎称苏武死了。后来汉朝使者又到了匈奴，常惠听说后，请求看守的人夜里一起去见汉使，并把全部情况向汉使陈述。常惠让汉使对单于说，是皇上在上林苑射猎，射下一只大雁，雁的脚上系着帛书，书上写着苏武等人活在荒泽中。汉使很高兴，按照常惠教的话责问单于。单于看着左右的人，很吃惊，向汉使道歉说："苏武他们的确还活着。"……单于召集苏武及随从官员，除去先前投降的和死去的以外，随苏武回国的一共有九个人。……苏武被扣留在匈奴共十九年，出使匈奴时正是壮年，到返回时，胡须和头发全都白了。

张释之执法

原文

……拜张释之为廷尉[①]。

顷之，上行出中渭桥[②]，有一人从桥下走，乘舆马惊。于是使骑[③]捕之，属[④]廷尉。释之治问。曰："县人来，闻跸，匿桥下。久，以为行过，既出，见车骑，即走耳。"释之奏当："此人犯跸，当罚金。"上怒曰："此人亲惊吾马，马赖和柔，令它马，固不败伤我乎？而廷尉乃当之罚金！"释之曰："法者，天子所与天下公共也。今法如是，更重之，是法不信于民也。且方其时，上使使诛之则已。今已下廷尉，廷尉，天下之平也，一倾，天下用法皆为之轻重，民安所措其手足？唯陛下察之。"上良久曰："廷尉当是也。"

其后，人有盗高庙[⑤]座前玉环，得，文帝怒，下廷尉治。案盗宗庙服御物者为奏，当弃市。上大怒曰："人亡道，乃盗先帝器！吾属廷尉者，欲致之族，而君以法奏之，非吾所以恭承宗庙意也。"释之免冠顿首谢曰："法，如是足也。且罪等，然以逆顺为基。今盗宗庙器而族之，有如万分一，假令愚民取长陵一抔土[⑥]，陛下且何以加其法乎？"文帝与太后言之，乃许廷尉当。……

《汉书·张释之传》

注解

①"拜张"句：张释之，南阳人，文帝时名臣，敢于直言，不附和君主私意，严格依法办事。廷尉，最高司法官。

②中渭桥：在长安古城之北。

③骑（qí）：骑兵。

④ 属(zhǔ):交托给。

⑤ 高庙:汉高祖刘邦的庙。

⑥ 一抔(póu)土:在长陵上抓一把土,指盗墓。

译文

……张释之被任命为廷尉。

不久之后,文帝出行,路经中渭桥,忽然有人从桥下跑出来,惊吓了皇帝的车马。于是派骑兵将那人逮捕,交给廷尉法办,由张释之审讯。那人供称说:“从外县来到长安,听到御驾经过、禁止通行的命令,就躲在桥下。等了很久,以为皇帝的车子已经过去;但钻出来之后,看见车马正在经过,只好奔逃了。”张释之呈上判决书说:“这人违反行人回避的禁令,判处罚金。”文帝发怒说:“这人惊吓了我的马,幸亏马的性子温顺,假如是性子暴躁的,不就翻车跌伤我了吗?然而廷尉居然只判处他罚金!”张释之回答说:“法律是皇帝和天下人共有的,不应有所偏私。如今法律规定的,假如擅自更动加重刑罚,百姓便不会相信法律了。而且在当时,皇上要严办他,派人杀掉他也就完了。如今既然已交给廷尉,廷尉是天下公平执法的模范,一有偏差,天下执法的人都会随着任意加重或减轻刑罚,叫老百姓如何是好?希望陛下明察。”文帝过了好一会儿才说:“廷尉的判决是对的。”

后来,有人盗取高庙里案座上供奉的玉环,被捕获,文帝恼怒,交给廷尉治罪。张释之按盗窃宗庙器物和皇帝用物的法令呈奏上去,判处该犯死刑。文帝大怒说:“这人大逆不道,竟敢盗窃先帝的器物!我把他交给廷尉,是想办他个灭族的罪名,可是你却根据一般的法律判决上奏,这不符合我敬奉祖庙的本意。”张释之脱下帽子叩头谢罪说:“依照法律,这样判决就到顶了。何况就是犯同样的罪行,也得以罪状的轻重以准则。现在盗窃祖庙器物的就灭族,那么,万一有无知愚民在长陵上挖了一捧泥土,皇上又拿什么罪名来惩治他呢?”文帝告诉太后,于是同意了廷尉的判决。

严延年审案

原文

时，郡比得不能太守，涿人毕野白等由是废乱。大姓西高氏、东高氏，自郡吏以下皆畏避之，莫敢与牾，咸曰："宁负二千石，无负豪大家。"宾客放为盗贼，发，辄入高氏，吏不敢追。浸浸日多，道路张弓拔刃，然后敢行，其乱如此。延年至，遣掾蠡吾赵绣按高氏得其死罪。绣见延年新将[①]，心内惧，即为两劾，欲先白其轻者，观延年意，怒，乃出其重劾。延年已知其如此矣。赵掾至，果白其轻者，延年索怀中，得重劾，即收送狱。夜入，晨将至市论杀之，先所按者死，吏皆股弁，更遣吏分考两高，究竟其奸，诛杀各数十人。郡中震恐，道不拾遗。

三岁，迁河南太守，赐黄金二十斤。豪强胁息[②]，野无行盗，威震旁郡。其治务在摧折豪强，扶助贫弱。贫弱虽陷法，曲文以出之；其豪杰侵小民者，以文内之。众人所谓当死者，一朝出之；所谓当生者，诡杀之。吏民莫能测其意深浅，战栗不敢犯禁。按其狱，皆文致不可得反。

延年为人短小精悍，敏捷于事，虽子贡、冉有[③]通艺于政事，不能绝也。吏忠尽节者，厚遇之如骨肉，皆亲乡之，出身不顾，以是治下无隐情。然疾恶泰[④]甚，中伤者多，尤巧为狱文，善史书[⑤]，所欲诛杀。奏成于手，中主簿亲近史不得闻知。奏可论死，奄忽如神。冬月，传属县囚，会论府上，流血数里，河南号曰"屠伯"。令行禁止，郡中正[⑥]清。

《汉书·酷吏传》

注解

①新将：新为郡将。称郡守为郡将，是因郡守也兼掌兵权。

②胁息：胁，收敛。息，气息。

③子贡、冉有：孔子的学生，都做过官。冉有，即“冉求”。

④泰：通“太”。

⑤史书：指汉代通行的隶书。

⑥正：通“政”。政事。

译文

那时，接连派到涿郡去的太守都无能，涿郡人毕野白等因此得以横行不法。而豪强大族西高氏和东高氏，更是连郡府的官吏都畏避他们，不敢顶撞他们，都说：“宁可得罪太守，不能得罪豪门。”两家的门客在外放肆地偷盗抢劫，案发了，就躲进主人家，官吏不敢追捕。这样，日久，行人都要张弓拔刀才敢在路上行走，郡中盗贼作乱，竟到这等程度。严延年到任后，即派郡府的属官蠡吾人赵绣去调查高家的罪行，核定他们犯有死罪。赵绣见严延年是新来的郡将，心中惧怕，就起草了两份劾罪书，准备先禀告那轻的，如果严延年发怒，就把那份重的劾罪书拿出来。严延年早已知道他的这种做法。赵绣来了，果然禀告那份轻的。严延年在赵绣怀里搜出了那份重罪检举书，立刻将他送进了监狱。头天夜里入狱，第二天早晨就被押赴市中定罪斩首，死在他所查究的高氏之前，吓得官吏们都两腿发抖。严延年再派人分头查究两个高家，彻底追查他们的罪恶，每家诛杀几十人。郡中民众大为震惊害怕，从此境内路不拾遗。

三年后，严延年调任河南太守，赏赐黄金二十斤。河南郡中豪强都收敛自己的行为，郊野也没有行劫的盗贼，严延年的声威震动了邻近几郡。他治理地方的要旨是摧抑制服豪强，扶助贫弱。贫弱者犯法，要回护掩饰以解脱他们；对那些欺压百姓的豪强，他就加重案文词语把他们抓进监狱。大家认为一定会被处死的犯人，不定什么时候就被释放出狱；而那些被认为没有犯死罪的，严延年却又出乎意料地将他杀死。官吏和百姓都猜不到严延年什么时候执法严厉，什么时候宽松，都十分惶恐，不敢触法犯禁。而核查严延年所处理的案件，又都文案缜密，无可翻改。

严延年身材短小，精明能干，办事灵活迅速，虽然子贡、冉有精通政务，但也未必能超过他。郡府官员忠诚奉公的，严延年待他们就优厚如自家人，并亲近、一心向着他们，居官办事不顾个人得失，因此在他管辖的区域之内没有他不知道的事。但严延年疾恶如仇太过，被伤害的人很多，尤其是他善于写狱辞，又善于写官府文书，想杀某人，就亲手写成奏折，连掌管文书的中主簿，以及最接近他的属吏，都无从得知。奏准判定一个人的死罪，迅速得就像神明。冬天行刑时，严延年命令所属各县把囚犯解送来郡。集中在郡府判处死刑，血流数里，河南郡的人因此称严延年为“屠伯”。在他管辖的地域内，有令则行，有禁则止，一郡之内政治清明。

不敢窥长安

原文

永始[①]、元延间，上怠于政，贵戚骄恣，红阳长仲兄弟交通轻侠，藏匿亡命。而北地大豪浩商等报怨，杀义渠长[②]妻子六人，往来长安中。丞相御史遣掾求逐党与，诏书召捕，久之乃得。长安中奸滑浸多，闾里少年群辈杀吏，受赇报仇，相与探丸为弹，得赤丸者斫武吏，得黑丸者斫文吏，白者主治丧；城中薄暮尘起，剽劫行者，死伤横道，枹[③]鼓不绝。赏以三辅高第选守长安令[④]，

得壹切便宜从事。赏至，修治长安狱，穿地方深各数丈，致令辟为郭，以大石覆其口，名曰“虎穴”。乃部户曹掾史，与乡吏、亭长、里正、父老、伍人，杂举长安中轻薄少年恶子，无市籍商贩作务，而鲜衣凶服被铠扞[⑤]持刀兵者，

悉籍记之，得数百人。赏一朝会长安吏，车数百两[6]，分行收捕，皆劾以为通行饮食群盗。赏亲阅，见十置一，其余尽以次内[7]虎穴中，百人为辈，覆以大石。数日壹发视，皆相枕藉死，便舆出，瘗寺门桓东，楬著其姓名，百日后，乃令死者家各自发取其尸。亲属号哭，道路皆歔欷。长安中歌之曰："安所求子死？桓东少年场。生时谅不谨，枯骨后何葬？"赏所置皆其魁宿，或故吏善家子失计随轻黠愿自改者，财数十百人，皆贳[8]其罪，诡令立功以自赎。尽力有效者，因亲用之为爪牙，追捕甚精，甘耆[9]奸恶，甚于凡吏。赏视事数月，盗贼止，郡国亡命散走，各归其处，不敢窥长安。

《汉书·酷吏传》

注解

① 永始：成帝年号。

② 长：比县低一级的行政机构的长官。

③ 枹：通"桴(fú)"，鼓槌。

④ "赏以"句：赏，尹赏，成帝时著名酷吏。三辅，西汉以京兆、冯翊、扶风为三辅。

⑤ 扞：通"捍"。

⑥ 两：通"辆"。

⑦ 内：通"纳"。

⑧ 贳(shì)：赦免。

⑨ 耆：同"嗜"。

译文

成帝永始、元延年间，皇帝疏于政事，显贵与外戚骄横不法，为所欲为，红阳人长仲兄弟交结游侠，藏匿逃犯。而北地大豪强浩商等人为了报怨，杀了义渠长的妻子和儿女共六人，公然往来长安城中。丞相御史派属官追捕他们的同党，甚至以皇帝的名义下诏书缉拿，也过了很久才捕获。长安城中奸滑之徒日渐增多，市井间少年结为团伙杀害官吏以接受贿赂或报私仇。少年们共同制作弹丸来探取，摸到红丸的杀武官，摸得黑丸的杀文官，摸到白丸的为死去的同伴办理丧事。城中每到晚间，便有盗贼抢劫行人，路上常有死伤者，劫案频繁有如鼓点不绝。尹赏以出身于三辅地区高门大第的身份，被选拔为长安令，可以依据情势处理一切事情。尹赏到任，即刻修缮整理长安监狱，在地上挖坑，每个坑长宽与深度都有几丈，四壁以砖瓦砌好，用巨石覆盖坑口，起名叫“虎穴”。于是率领属官，召集乡吏、亭长、里正、父老、伍人，指出长安城中轻薄无行的少年和不听父母教诲的恶子，以及没有长安户口的商贩，衣饰华丽或身披铠甲而带刀佩剑的，都登记下来，共有几百人。尹赏于一天早上召集长安官吏，乘数百辆车，分头按名册收捕，都加上勾结接济盗贼的罪名。尹赏亲自检视犯人，每十人里放出一人，其余的都一个接一个地推入虎穴中，每一百人推入一个坑中，盖上巨石。几天后打开检查，都重叠而死，便用车拖出，埋在寺门桓的东面，标明死者姓名，百天以后，才让死者家属各自掘取尸首。家属号哭，行人都叹息流泪。长安城中歌谣传唱说：“到哪儿寻找孩子的尸首？去那桓东少年的坟地。他们活着时行为不谨，死后连好的葬地都没有！”尹赏释放的都是那些为首的和旧案累累的人，或者是从前下属和好人家子弟，因为一时失去主见被诱惑犯罪、愿意改正的，只有数十人，不超过一百。尹赏都赦免了他们，责令他们立功赎罪。凡是尽心效力有成就的，就收用为心腹属下，这些人追捕犯人十分精明，对奸恶之徒的憎恨超过了一般官吏。尹赏上任没有几个月，盗贼便销声匿迹了，郡国亡命之徒四散奔逃，各回本地，不敢再对长安有非分之想。

穷寇莫追

原文

充国引兵至先零在所①。虏久屯聚，解②弛，望见大军，弃车重，欲渡湟水③，道厄狭，充国徐行驱之。或曰逐利行迟，充国曰：“此穷寇不可迫也。缓之则走不顾，急之则还致死。”诸校④皆曰：“善。”虏赴水溺死者数百，降及斩首五百余人，虏马牛羊十万余头，车四千余辆。

《汉书·赵充国传》

注解

① "充国"句：充国，即赵充国，西汉著名大将，在武、昭、宣三帝时，先后率军反击匈奴攻扰。平定羌贵族叛乱，平羌时首开"寓兵于农"的屯田制度。

② 解（xiè）：通"懈"。

③ 湟（huáng）水：黄河上游支流，以北是汉地。

④ 校：古代军队编制单位，汉武帝设八校，每校少者七百人，多者一千二百人。军官为校尉。

译文

赵充国率领大军到达首叛的先零羌的驻地。先零羌族的官兵由于聚集时间太长，意志松弛，望见汉朝大军，纷纷丢弃车辆辎重奔逃，打算渡过湟水回去，前行道路狭窄，赵充国就率部队慢慢地追赶羌人。有人说，要消灭敌人，我们的行动太慢了，赵充国说："这是处于绝境的敌人，不能追得太急。我们慢慢追赶，他们就会一味奔逃，追得急了，就会回过头来和我们决一死战。"各校的军官们都说："对呀！"羌虏逃窜中，挤入水里淹死的有几百人，投降和被杀的五百多人，掠回马牛羊十万余万头，车马四千余辆。

李陵无援降匈奴

原文

陵[①]于是将其步卒五千人，出居延[②]，北行三十日，至浚稽山[③]，……与单于相直，骑可三万围陵军。军居两山间，以大车为营，陵引士出营外为阵，前行持戟盾，后行持弓弩，令曰："闻鼓声而纵，闻金声而止。"虏见汉军少，直前就营。陵搏战攻之，千弩俱发，应弦而倒。虏还走上山，汉军追击，杀数千人。单于大惊，召左右地兵八万余骑攻陵。陵且战且引，南行数日，抵山谷中。连战，士卒中矢伤，三创者载辇，两创者将车，一创者持兵战。

陵曰："吾士气少衰而鼓不起者，何也？军中岂有女子乎？"始军出时，关东群盗妻子徙边者随军为卒妻妇，大匿车中。陵搜得，皆剑斩之。明日复战，斩首三千余级。引兵东南，循故龙城道行四五日，抵大泽葭苇中，虏从上风纵火，陵亦令军中纵火以自救。南行至山下，单于在南山上，使其子将骑击陵。陵军步斗树木间，复杀数千人，因发连弩射单于，单于下走。是日捕得虏，言："单于曰：'此汉精兵，击之不能下，日夜引吾南近塞，得毋有伏兵乎？'诸当户君长皆言：'单于自将数万骑击汉数千人不能灭，后无以复使边臣，令汉益轻匈奴。复力战山谷间，尚四五十里得平地，不能破，乃还。"

是时陵军益急，匈奴骑多，战一日数十合，复伤杀虏二千余人。虏不利，欲去。会陵军侯管敢为校尉所辱，亡降匈奴，具言"陵军无后救，射矢且尽，独将军麾下及成安侯校各八百人为前行，以黄与白为帜，当使精骑射之，即破矣。"成安侯者，颍川人，父韩千秋，故济南相，奋击南越战死，武帝封子延年为侯，以校尉随陵。单于得敢大喜，使骑并攻汉军，疾呼曰："李陵、韩延年趣降！"遂遮道急攻陵。

陵居谷中，虏在山上，四面射矢如雨下。汉军南行，……一日五十万矢皆尽，即弃车去，士尚三千余人，徒斩车辐而持之，军吏持尺刀。抵山入峡谷，单于遮其后，乘隅下垒石，士卒多死，不得行。昏后，陵便衣独步出营，止左右："毋随我，丈夫一取单于耳。"

良久，陵还，大息曰："兵败死矣！"军吏或曰："将军威震匈奴，天命不遂，后求道径还归，如浞野侯④为虏所得，后亡还，天子客遇之，况于将军乎！"陵曰："公止！吾不死，非壮士也！"于是尽斩旌旗，及珍宝埋地中。

陵叹曰："复得数十矢，足以脱矣。今无兵复战，天明坐受缚矣！各鸟兽散，犹有得脱归报天子者。"令军士人持二升粮，一半冰，……夜半时，击鼓起士，鼓不鸣，陵与韩延年俱上马，壮士从者十余人，虏骑数千追之。韩延年战死。陵曰："无面目报陛下。"遂降。军人分散，脱至塞者，四百余人。……群臣皆罪陵。

上以问太史令司马迁。迁盛言："陵事亲孝，与士信，常奋不顾身，以殉国家之急，……有国士之风。……且陵提步卒不满五千，深入戎马之地，抑数万之师，虏救死扶伤不暇，悉举引弓之民共攻围之，转斗千里，矢尽道穷，士张空拳，冒白刃，北首争死敌。得人之死力，虽古之名将不过也。身虽陷败，然其所摧败，亦足暴于天下。彼之不死，宜欲得当以报汉也。"……上以迁诬罔，欲沮贰师⑤，为陵游说，下迁腐刑。久之，上悔陵无救，……乃遣使劳赐陵余军得脱者。陵在匈奴岁余，上遣因杅将军公孙敖⑥将兵深入匈奴，迎陵。敖军无功还，曰："捕得生口，言李陵教单于为兵以备汉军，故臣无所得。"上闻，于是族陵家，……陇西士大夫以李氏为愧。其后，汉遣使使匈奴，陵谓使者曰："吾为汉将步卒五千人，横行匈奴，以亡救而败，何负于汉，而诛吾家？"

使者曰："汉闻李少卿教匈奴为兵。"陵曰："乃李绪，非我也。"……陵痛其家以李绪而诛，使人刺杀绪，大阏氏⑦欲杀陵，单于匿之北方。大阏氏死，乃还。单于壮陵，以女妻之，立为右校王。昭帝立，大将军霍光、左将军上官桀辅政，素与陵善，遣陵故人陇西任立政等三人，俱至匈奴招陵。陵曰："丈夫不能再辱。"陵在匈奴二十余年，元平元年病死。

《汉书·李陵传》

注解

①陵：即李陵，字少卿，陇西郡名将李广之孙。

②居延：汉县名，在今甘肃酒泉。

③浚（jùn）稽（jī）山：在今蒙古喀尔喀境内。

④浞（zhuó）野侯：名赵破奴，九原人，武帝时为骠骑将军司马，后匈河将军，因击楼兰有功，封浞野侯。

⑤贰师：名李广利，武帝所宠爱的李夫人的哥哥，武帝遣其伐大宛，因大宛境内有贰师城，故号为贰师将军。无功而还。后因其兄李延年犯罪被诛，害怕连坐而降匈奴。

⑥公孙敖：义渠人，景帝时任郎官，武帝时为骑将，出击匈奴，因部属逃亡太多，当斩，逃隐民间五六年，后被发现，入狱，因其妻卷入巫蛊案而被杀。

⑦大阏氏（yān zhī）：单于的母亲。

译文

李陵率领步兵五千人，从居延郡出发，向北行军三十天，到达浚稽山，……和匈奴单于相遇，匈奴骑兵大约三万人，围住李陵的军队。李陵的军队驻扎于两山之间，以大车为营，李陵带领士兵在营外结阵，前面的拿着戟和盾，后面的拿着弓和箭，李陵下令说："听到鼓声出战，听到锣声撤退。"匈奴看到汉军人数少，径直逼到营前。李陵下令攻击，千弩俱发，匈奴人应弦而倒，其他的退向山上，汉军追击，斩杀了数千人。单于大为震惊，召集附近兵力八万余骑一同进攻李陵。李陵且战且退，向南边走了几天，到达一个山谷中，连续作战，士兵大多中了箭伤，受伤三次的载在车上，受伤两次的管理车辆，受伤一次的仍拿着武器作战。走了四五天，到了一个大湖的芦苇丛中，匈奴人在上风放火，李陵便也下令士兵放

火，烧掉附近的草木，使匈奴人放的火无法延及自己。再向南行到了一座山下，单于在南山上，派他的儿子带领骑兵攻击李陵，李陵的军队徒步与他们在树林中格斗，又杀死匈奴几千人，趁胜发连弩射单于，单于向山下逃避。这一天捕得的匈奴人说："单于说道：'这是汉朝的精兵，攻打他不能取胜，日夜引我们向南接近边塞，难道有伏兵？'各位当户、君长都说：'单于你亲自带领数万骑兵，攻击汉军几千人，却不能消灭掉他们，以后再怎么驱使边臣呢？这分明是让汉朝更加轻视匈奴。只可再尽力战于山谷之中。若再走四五十里路，到了平地，仍不能攻破他，才可引兵回去。'"

当时李陵军中越发危急，匈奴骑兵很多，一天作战几十次，又杀伤匈奴两千多人。匈奴认为形势于己不利，打算退兵。恰逢李陵麾下的哨探管敢被校尉羞辱，逃降到匈奴军中，详细地陈述说："李陵军没有后援，箭将要用完了，只要将军麾下和成安侯韩延年军校各八百人，在前为先锋，用黄旗白旗为记认，应当派精骑去射他们，立刻就可以攻破。"单于得了管敢非常高兴，马上派骑兵去攻打汉军，大呼道："李陵、韩延年快快投降！"于是阻住去路加紧攻击。

李陵军队在山谷中，匈奴人在山上，四面箭如雨下，汉军向南退。……一天之内，五十万枝箭都射尽了，就抛掉车辆行军，士兵还有三千多人，都空手握了斩断的车轮直木作为武器，军吏才有短刀。进入一个峡谷中，单于抄袭他们的后路，顺着山势滚下石块，士卒很多都被砸死，不能前行，只有就地扎营。夜里，李陵便衣出营，制止左右人说："不要随着我，大丈夫当一身独取单于！"

过了许久，李陵回来，叹息说："兵已败，只有死了！"军吏有的说："将军威震匈奴，失败是因为天意，不要死，以后可以寻路回去，像以前浞野侯被匈奴擒获，后来逃归，天子尚且以宾礼待他，何况将军你呢！"李陵说："你不要说了！我李陵若不死，便不是壮士！"于是将旗帜全都斩断，连同珍宝埋藏在地下。

李陵叹息说："如果每人还有几十枝箭，就可以脱身了。可惜如今没有兵器作战，等到天亮，只有坐而受缚了。你们各自逃生，作鸟兽散，或者还有人能逃脱，得以归报天子。"于是命令军吏士卒每人带二升干粮，一大块冰，……半夜时分，准备击鼓起兵，鼓却不响，李陵和韩延年便都上马，壮士跟从他们的有十多人，匈奴数千骑在后追击。韩延年战死。李陵说："我没有面目回报陛下了！"于是投降。军人分散逃脱到边塞的，有四百余人。……大臣们都归罪于李陵。

武帝以这事问太史令司马迁。司马迁极力辩护说道："李陵孝顺父亲，与士人交往又有信义，常奋不顾身，以赴国家的急难，……有国士的气概。……况且李陵带领不满五千步兵，深入北方，抵挡敌人数万军队，匈奴救死扶伤的应接不暇，尽起可以征战之民，一同来围攻他，转战千里，箭尽路绝，士兵们还张起空弩，冒着白刃，北向争先和敌人死战。能得许多人为之尽死效力，就是古代的名将也不过如此。自身虽失败而陷于敌中，但是他所杀死击伤的匈奴军士，也足以向天下表白自己了。李陵之所以不死，应当是想将来立功赎罪，报答汉室的恩德吧。”……武帝认为司马迁信口胡说，是想压低一同出兵而无功劳的贰师将军，为李陵游说辩护，便给司马迁施以腐刑。过了很久，武帝后悔当初李陵没有救兵，……便派人犒劳赏赐李陵军中逃回来的人。

李陵在匈奴呆了一年多后，武帝派因杅将军公孙敖带兵深入匈奴境内，迎接李陵。公孙敖之军无功而还，说：“捕获俘虏，说李陵教单于练兵来防备汉军，所以我没有战功。”武帝听说了，便族灭李陵全家。……陇西郡的士大夫自此以李氏为愧。后来汉朝派使者出使匈奴，李陵对使者说：“我为汉朝带领步兵五千人，横行匈奴，因为没有救兵而兵败，有什么对不起汉室的地方，竟诛灭我全家？”

使者说：“汉朝听说李少卿教匈奴练兵。”李陵说：“那是李绪，不是我。”……李陵痛恨自己全家因李绪而被杀，派人刺杀了李绪。大阏氏要处死李陵，单于将他藏到北方去。大阏氏死后，才回来。单于认为李陵是壮士，将女儿嫁给他，封他为右校王。昭帝册立，大将军霍光、左将军上官桀辅政，他们两人一向与李陵友好，便派李陵旧时好友陇西人任立政等三人，一同到匈奴召李陵回来。李陵说：“大丈夫不能再受羞辱了。”李陵在匈奴待了二十多年，元平元年因病而死。

后汉书

《后汉书》概论

《后汉书》是继《汉书》之后，我国古代第二部纪传体的断代史书，共一百二十卷，包括本纪十卷，列传八十卷，志三十卷，主要记述东汉建武元年（公元25年）至献帝建安二十五年（公元220年）一百九十六年的历史，在我国史学史上占有重要的地位。

《后汉书》作者为范晔。范晔，字蔚宗，出身仕宦之家，多才多艺。范晔的仕途是随着父亲范泰投效刘裕开始的。晋义熙十四年（公元418年），刘裕还彭城，受命相国宋公，范晔任为相国掾，不久，又投刘裕第四子义康幕府。刘裕代晋后，封义康为彭城王，进号右将军。范晔先在义康部下任冠军参军，又随转任右军参军，历时四年左右，入朝补尚书外兵郎。宋文帝即位，父亲范泰解国子祭酒职，致仕，乘轻舟游东阳，不问朝事。两年后，文帝杀徐羡之等，朝政稳定，范泰再度入朝做官，因他是刘裕的旧臣，文帝倍加优待礼遇。考虑范晔有脚疾，文帝特地准许他乘舆宴见。此时，刘义康改任荆州刺史。范晔再度投为义康部下，任荆州别驾从事史，受到刘义康的厚遇。不久，范晔被朝廷召为秘书丞。范晔三十一岁时，父亲去世，范晔以丁忧去职。两年后，复官，到征南大将军檀道济手下任司马，领新蔡（治今河南新蔡）太守。檀道济是战功卓著的北府名将。元嘉七年（公元430年），北魏军逼近滑台（今河南滑县），文帝加道济为都督征讨诸军事，率众北伐。范晔刚刚过了两年居忧的闲散生活，很难立即适应征战之苦，听到北伐之令下，声称患有脚病不便行军，文帝不许，但照顾他乘船负责由水路运送队伍和军械。北伐军回师后，范晔调任彭城王刘义康手下为司徒从事中郎。这时的刘义康已入朝为司徒，录尚书事，又领平北将军，南徐州刺史，与王弘同辅朝政。刘义康是皇族，所以王弘凡事推辞，形成刘义康一人专揽朝政之势。范晔这次回刘义康手下任职已是第三次，相互间的关系自然又增进了一层。不久，范晔升任尚书吏部郎。元嘉九年（公元432年），受其父范泰“好酒，不拘小节”的影响，而又远不如范泰练达的范晔，闯下一场大祸：这年冬天夜晚酣饮，醉后开北窗听刘义康之母下葬之前的挽歌为乐，事情被刘义康知道，大怒，贬范晔为宣城太守（今安徽宣城）。这件意外的灾祸，便成为范晔一生事业的转折。在宣城太守任上，他郁郁寡欢，乃转而从事自己所热爱的历史研究。

范晔纵观历代诸家所写的东汉史书，总觉得不够满意，或剪裁不当，或疏误甚众，或干涩乏味，或体例不周，因而他决心发愤撰写，著述一部具有独特风格、超过前人的东汉史。时年三十五岁的他，开始了《后汉书》的撰写。

在体例方面，范晔比较了纪传体和编年体——即他所称《春秋》的长短，指出了《春秋》的短处，这在当时是很大胆的。比较的结果，他拟以班固《汉书》为范本。范晔对全书事前有周密的安排，原计划是十纪、十志、八十列传，合为一百篇以与班固的《汉书》相应。但范晔只完成了十纪、八十列传，十志则托付给谢俨撰作，将要完成时，遇范晔被杀，文稿皆散佚。范书的本纪、列传虽承袭了《史记》《汉书》体例，但是也有他的创新。范晔这一改变是有他的根据和用意的。因为，东汉自和帝以后，当皇帝的都是十岁左右的小孩，稚子无知，政权往往掌握在太后和外戚手中，太后临朝听政习以为常。所以将皇后列入本纪，是反映了东汉时期这一历史特点的。刘知几对此颇不以为然，认为皇后只应称传而不能称纪。其实《皇后纪》始自华峤《后汉书》，范晔只是根据史实要求，采用华峤的体例而已，这正符合史家变通之旨，是无可厚非的。

范氏《后汉书》的特点之一是在每篇纪或传之后著以评论，有的传前撰有小序，各篇之后均缀之以赞。“序”为立传的宗旨和类传之纲。《后汉书》的《皇后纪》和孝子、处士、党锢、循吏、酷吏、宦者、儒林、独行、方术、逸民、列女、东夷、西羌、西域诸传均作序，共十五篇。序作为一种史书体例，是由司马迁首先采用的。范晔沿袭这一体例，有其独到之处。大体说来，《后汉书》序的用意有三：一是概述事物的渊源流变。二是指出了立类的标准。三是说明序论的依据。范晔的理论依据主要是儒家经典，尤其是孔子语录。

《后汉书》的文学成就也非常高。范晔在狱中自知将不久于世的时候，给他的诸甥侄写了一封信，表达了他对于已有的各史书和他所著的《后汉书》的看法，特别着重在文学方面，这封信被后人看成为《后汉书》的自序。他说：“文患其事尽于形，情急于藻，义牵其旨，韵移其意。”又说：“情志所托，故当以意为主，以文传意，则其旨必见；以文传意，则其词不流。然后抽其芬芳，振其金石耳。”从文学方面看，《后汉书》是达到了这个要求的。所以他说：“吾杂传论皆有精意深旨，既有裁味，故约其词句。至于《循吏》以下及六夷诸序论，笔势纵放，实天下之奇作。”

对于范晔的《后汉书》，历代有许多评论，其中绝大多数是给以肯定的评价。梁刘昭说“范晔《后汉》，良跨众氏”，认为范书超过前人。唐朝刘知己说：“范晔之删《后汉》也，简而且周，疏而不漏，盖云备矣；”又说：“观其所取，颇有奇功。”刘知己作为史评家，对诸史多所挑剔，对范书来说这是很高的评价了。清代学者王鸣盛，更是对范晔及其《后汉书》倍加推崇。的确，《后汉书》结构谨严，内容丰富，文辞优美、流畅，叙事简洁，笔势纵放，时有新意，故此书一出，大家争相传诵，除了袁宏《后汉书》外，在他之前各家后汉书便逐渐销声匿迹，至于亡佚。其后梁萧子显复著《后汉书》一百卷、王韶作《后汉林》二百卷亦皆未能传世。这个事实足以证明，范晔的《后汉书》必有其过人之处，有其存在的价值。在今天，它已成为我们研究东汉历史最重要的一部史书。

总而言之，《后汉书》虽然在指导思想上和文字上都有一些不足之处，但作为一部纪传体断代史，是远远超过同类其他著作的，是继《史记》《汉书》及《三国志》问世之后的又一杰出的史学著作。

韩棱阻止称“万岁”

原文

韩棱字伯师，颍川舞阳人，弓高侯穨当之后也。世为乡里著姓。父寻，建武中为陇西太守。

棱四岁而孤，养母弟以孝友称。及壮，推先父馀财数百万与从昆弟，乡里益高之。初为郡功曹，太守葛兴中风，病不能听政，棱阴代兴视事，出入二年，令无违者。兴子尝发教[①]欲署吏，棱拒执不从，因令怨者章之。事下案验，吏以棱掩蔽兴病，专典郡职，遂致禁锢。显宗知其忠，后诏特原之[②]。由是征辟，五迁为尚书令，与仆射郅寿、尚书陈宠，同时俱以才能称。肃宗尝赐诸尚书剑，唯此三人特以宝剑，自手署其名曰：“韩棱楚龙渊，郅寿蜀汉文，陈宠济南椎成。”时论者为之说：以棱渊深有谋，故得龙渊；寿明达有文

章，故得汉文；宠敦朴，善不见外，故得椎成。

和帝即位，侍中窦宪使人刺杀齐殇王子都乡侯畅于上东门，有司畏宪，咸委疑于畅兄弟。诏遣侍御史之齐案其事。棱上疏以为贼在京师，不宜舍近问远，恐为奸臣所笑。窦太后怒，以切责棱，棱固执其议。及事发，果如所言。宪惶恐，白太后求出击北匈奴以赎罪。棱复上疏谏，太后不从。及宪有功，还为大将军，威震天下，复出屯武威。会帝西祠园陵，诏宪与车驾会长安。及宪至，尚书以下议欲拜之，伏称万岁。棱正色曰：“夫上交不谄，下交不黩，礼无人臣称万岁之制。”议者皆惭而止。尚书左丞王龙私奏记上牛酒于宪，棱举奏龙，论为城旦③。棱在朝数荐举良吏应顺、吕章、周纡等，皆有名当时。及窦氏败，棱典案其事，深竟党与，数月不休沐④。帝以为忧国忘家，赐布三百匹。

迁南阳太守，特听棱得过家上冢，乡里以为荣。棱发擿奸盗，郡中震栗，政号严平。数岁，征入为太仆。九年冬，代张奋为司空。明年薨。

《后汉书·韩棱传》

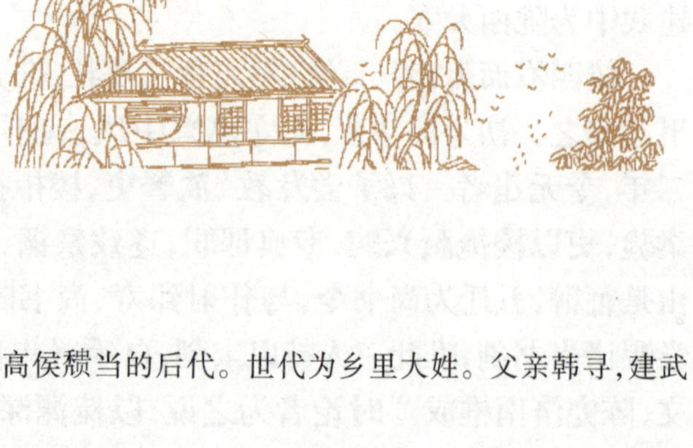

注解

① 教：文告。

② 原之：赦免、原谅他。

③ 城旦：一种筑城四年的劳役。

④ 休沐：休息洗沐，即休假。

译文

韩棱字伯师，颍川舞阳人，是弓高侯穨当的后代。世代为乡里大姓。父亲韩寻，建武年间为陇西太守。

韩棱四岁时丧父，养母弟以孝友著称。壮年，推让父亲的余财几百万给堂弟，乡里人更加称誉他的风格高尚。起先为郡里功曹，太守葛兴中风，不能听政，韩棱暗地里代替葛兴处理政事，出入二年，命令没有违抗的。葛兴的儿子曾经想发布文告安排官吏，韩棱不听，葛兴儿子于是令抱怨者上奏章告发韩棱。公文下达查核，有关官吏认为韩棱隐瞒葛兴生病的情况，擅自掌管郡守职权，就将他关了起来。显宗知道韩棱的忠心，后来下诏特意赦免了他。从此征召入朝，五迁为尚书令，与仆射郅寿、尚书陈宠，同时都以才能著称。肃宗曾赐给众尚书剑，只有这三个人特别，是宝剑，并且亲自写上他们的名字叫："韩棱楚龙渊，郅寿蜀汉文，陈宠济南椎成。"当时议论的人替他解说："因为韩棱渊深有谋略，所以得了龙渊；郅寿明达有文章，所以得到汉文；陈宠敦厚朴实，善不表现于外，所以得到椎成。"

和帝即位，侍中窦宪派人刺杀齐殇王之子都乡侯刘畅于上东门，有关官吏害怕窦宪，都故意怀疑刘畅的兄弟。皇上诏遣御史到齐国查办这件事。韩棱上疏认为贼在京师，不应当舍近而问远，恐被奸臣所笑话。窦太后发怒，深深责备韩棱，韩棱坚持他的看法。等到事情揭发后，果然如韩棱所言。窦宪很惶恐，向太后请求出击北匈奴以赎罪。韩棱再次上书劝谏，窦太后不听从。等到窦宪立了功，回来做了大将军，威震天下，又出兵驻扎武威。这时皇帝西往祭祀园陵，诏窦宪与车驾相会于长安。窦宪到后，尚书以下的官吏商议拜见窦宪时，伏地口称"万岁"。韩棱正言厉色地说："对上不谄媚，对下不亵渎，按礼无人臣称万岁的制度。"议论的人都惭愧地作罢论。尚书左丞王龙私自奏记上牛酒给窦宪，韩棱举奏王龙，判处王龙城旦罪。韩棱在朝廷数次荐举良吏应顺、吕章、周纡等，都有名于当时。等到窦宪失败，韩棱负责查究这个案子，彻底地追究其党羽，几个月都没有休假。皇帝以为韩棱忧国忘家，赐给他布三百匹。

韩棱升为南阳太守，朝廷特让他回家上祖坟祭祖，乡里以为荣耀。韩棱揭发奸盗坏人，郡中坏人都很害怕，为政严肃公平。几年后，征入为太仆。九年冬，代替张奋为司空的官职。第二年逝世。

戚宦之争

原文

陈蕃字仲举，汝南平舆[1]人也。祖河东太守。蕃年十五，尝闲处一室，而庭宇芜秽。父友同郡薛勤来候之，谓蕃曰："孺子何不洒扫以待宾客？"蕃曰："大丈夫处世，当扫除天下，安事一室乎！"勤知其有清世志，甚奇之。

初仕郡，举孝廉，除郎中。遭母忧，弃官行丧。服阕，刺史周景辟别驾从事，以谏争不合，投传[2]而去。后公府辟举方正，皆不就。太尉李固表荐，征拜议郎，再迁为乐安太守。时李膺为青州刺史，名有威政，属城闻风，皆自引去，蕃独以清绩留。郡人周璆，高洁之士。前后郡守招命莫肯至，唯蕃能致焉。字而不名，特为置一榻，去则悬之。……

大将军梁冀威震天下，时遣书诣蕃，有所请托，不得通，使者诈求谒，蕃怒，笞杀之，坐左转修武令。稍迁，拜尚书。……

自蕃为光禄勋，与五宫中郎将黄琬共典选举，不偏权富，而为势家郎所谮诉，坐免归。顷之，征为尚书仆射，转太中大夫。八年，代杨秉为太尉。……

中常侍苏康、管霸等复被任用，遂排陷忠良，共相阿媚。大司农刘祐、廷尉冯绲、河南尹李膺，皆以忤旨，为之抵罪。蕃因朝会，固理膺等，请加原宥，升之爵任。言及反覆，诚辞恳切。帝不听，因流涕而起。时小黄门赵津、南阳大猾张汜等，奉事中官，乘势犯法，二郡太守刘瓆、成瑨考案其罪，虽经赦令，而并竟考杀之。宦官怨恚，有司承旨，遂奏瓆、瑨罪当弃市。又山阳太守翟超，没入中常侍侯览财产，东海相黄浮，诛杀下邳令徐宣，超、浮并坐髡钳，输作左校[3]。蕃与司徒刘矩、司空刘茂共谏请瓆、瑨、超、浮等，帝不悦。有司劾奏之，矩、茂不敢复言。蕃乃独上疏曰："……小黄门赵津、大猾张汜等，肆行贪虐，奸媚左右，前太原太守刘瓆、南阳太守王瑨，纠而戮之。虽言赦后不当诛杀，原其诚心，在乎去恶。至于陛下，有何悁悁[4]？而小人道长，营惑圣听，遂使天威为之发怒。如加刑谪，已为过甚，况乃重罚，令伏欧刀乎！又前山阳太守翟超、东海相黄浮，奉公不桡，疾恶如仇，超没侯览财物，浮诛徐宣之罪，并蒙刑坐，不逢赦恕。览之纵横，没财已幸；宣犯衅过，死有余辜。……而今左右群竖，恶伤党类，妄相交构，致此刑谴。闻臣是言，当复啼诉。陛下深宜割塞近习豫政之源，引纳尚书朝省之事，公卿大官，五日壹朝，简练清高，斥黜佞邪。……"帝得奏愈怒，竟无所纳。朝廷众庶莫不怨之。宦官由此疾蕃弥甚，选举奏议，辄以中诏谴却，长史已下多至抵罪。犹以蕃名臣，不敢加害。……

初，桓帝欲立所幸田贵人为皇后。蕃以田氏卑微，窦族良家，争之甚固。帝不得已，乃立窦后。及后临朝，故委用于蕃。蕃与后父大将军窦武，同心尽力，征用名贤，共参政事，天下之士，莫不延颈想望太平。而帝乳母赵娆，旦夕在太后侧，中常侍曹节、王甫等与共交构，谄事太后。太后信之，数出诏命，有所封拜，及其支类，多行贪虐。蕃常疾之，志诛中官，会窦武亦有谋。蕃自以既从人望而德于太后，必谓其志可申，乃先上疏曰："臣闻言不直而行不正，则为欺乎天而负乎人。危言极意，则群凶侧目，祸不旋踵。钧此二者，臣宁得祸，不敢欺天也。今京师嚣嚣，道路喧哗，言侯览、曹节、公乘昕、王甫、郑飒等与赵夫人诸女尚书并乱天下。附从者升进，忤逆者中伤。方今一朝群臣，如河中木耳，泛泛东西，耽禄畏害。陛下前始摄位，顺天行诛，苏康、管霸并伏其辜[⑤]。是时天地清明，人鬼欢喜，奈何数月复纵左右？元恶大奸，莫此之甚。今不急诛，必生变乱，倾危社稷，其祸难量。愿出臣章宣示左右，并令天下诸奸知臣疾之。"太后不纳，朝廷闻者莫不震恐。蕃因与窦武谋之，语在武传。

及事泄，曹节等矫诏诛武等。蕃时年七十余，闻难作，将官属诸生八十余人，并拔刃突入承明门，攘臂呼曰："大将军忠以卫国，黄门反逆，何云窦氏不道邪？"王甫时出，与蕃相迕[⑥]，适闻其言，而让蕃曰："先帝新弃天下，山陵未成，窦武何功，兄弟父子，一门三侯？又多取掖庭宫人，作乐饮宴，旬月之间，赀财亿计。大臣若此，是为道邪？公为栋梁，枉桡阿党，复焉求贼！"遂令收蕃。蕃拔剑叱甫，甫兵不敢近，乃益人围之数十重，遂执蕃送黄门北寺狱。黄门从官驺[⑦]踏踧蕃曰："死老魅！复能损我曹员数，夺我曹禀假[⑧]不？"即日害之。徙其家属于比景[⑨]，宗族、门生、故吏皆斥免禁锢。

《后汉书·陈蕃传》

注解

①汝南平舆：汝南，郡名，治所在今河南汝南县东南。平舆，县名，治所在今河南平舆县西北。

②投传：投，弃。传，符信。

③输作左校：输作，因犯罪罚作劳役。左校，官署名，掌管工徒。凡大臣犯法，常送左

校劳作。

④ 悁悁(yuán):生气;气愤。

⑤ 辜:罪。

⑥ 迕(wǔ):相遇。

⑦ 驺(zōu):骑士,侍从。

⑧ 禀假:俸禄和借贷。后者实际是宦官们敲诈勒索的非法收入。

⑨ 比景:县名,在今越南南部。

译文

陈蕃字仲举,汝南郡平舆县人。祖父做过河东太守。陈蕃十五岁时,曾独住一室,而室内外十分肮脏。父亲的朋友同郡人薛勤来看他,对陈蕃说:“小孩子,为什么不打扫清洁迎接客人呢?”陈蕃说:“大丈夫在世,应当扫除天下的垃圾,哪能只顾自己一室呢?”薛勤知道他有澄清天下的志气,很赞赏他。

最初,陈蕃在郡里做官,被推举为孝廉,任郎中。因母亲去世,辞官居丧。服丧期满,刺史周景召他为别驾从事,因谏争引起意见不合,弃官离去。后来公府征召举荐他为方正,都不去。太尉李固上表章荐举他,征召他为议郎,再升任乐安太守。这时,李膺任青州刺史,治政严,有威名。下属郡县的官吏听说李膺威严,都自行离官而去,唯独陈蕃因政绩清廉而留任。同郡人周璆,高洁之士,历任郡守招请,他都不肯去,只有陈蕃能延请他来。陈蕃只尊称他的字,而不叫他的名,还特意为他专设一个床榻,周璆走了,就把床榻悬挂起来。……

大将军梁冀威震天下,当时派人送信给陈蕃,托他办事,陈蕃拒绝会见使者。使者用欺骗的办法谒见,陈蕃大怒,用竹板将使者打死,因此被降职为修武县令。不久升迁,被任为尚书。……

自从陈蕃作了光禄勋,与五宫中郎将黄琬共同掌管官吏的选举,不偏袒权贵,因而被豪门子弟诬陷控告,获罪罢官回家。不久,征召为尚书仆射,转任太中大夫。延熹八年,代替杨秉任太尉。……

中常侍苏康、管霸等人再次被起用,排挤陷害忠良大臣,彼此阿谀勾结。大司农刘祐、廷尉冯绲、河南尹李膺,都因违背皇上的旨意而受到惩处。陈蕃借朝会之机,坚决为李膺等人申诉,请求皇上宽免他们,提升他们的官爵。反复申诉,词意恳切。桓帝不听,陈蕃泪流满面,起身而去。时小宦官赵津、南阳大恶霸张汜等人,奉事宦官,仗着他们的权势作恶犯法,太原、南阳二郡太守刘瓆、成瑨抓捕审讯他们,虽有皇帝赦免他们的命令,但仍然拷问到底,杀了他们。宦官们怨恨,官吏秉承意旨,于是上奏皇帝,刘、成瑨罪当处死。又,山阳太守翟超没收了中常侍侯览的财产,东海相黄浮处死了下邳县令徐宣,翟超、黄浮都受了髡钳之刑,被押往左校劳役。陈蕃与司徒刘矩、司空刘茂一起劝谏皇帝,请求宽恕刘瓆、成瑨、翟超、黄浮等人,桓帝不高兴。官吏弹劾陈蕃、刘矩、刘茂等,刘矩、刘茂不敢再说什么了。陈蕃就独自上疏说:"………小黄门赵津、大恶霸张汜等人任意贪婪残暴,阿谀奉承皇上左右的宠臣,前太原太守刘瓆、南阳太守成瑨,收捕处决了他们。虽说赦后不应当诛杀,推求他们的诚心,在于除去恶人。那么陛下又有何生气的呢?小人道长,迷惑圣听,就使天威为之发怒。如加以刑罚,已经太过了,何况处以极刑致令诛杀呢?又,前山阳太守翟超、东海相黄浮,奉公刚正,疾恶如仇,翟超没收侯览的财产,黄浮处决徐宣,两人都因此获罪受刑,得不到您的赦免宽恕。侯览无法无天,只被没收钱财已属万幸;徐宣犯罪,死有余辜。……现在陛下身边的那些宦官小人,恶意伤害党人,随意罗织捏造罪名,陷刘瓆、成瑨、翟超、黄浮等以刑罚。听到我的这些话,他们当又要向陛下号哭申诉了。陛下迫切宜于断绝堵塞近臣内侍干预政事之源,接受尚书们到朝廷和尚书省办公,公卿大官,每五天朝会一次,选用清正高尚的人,罢免斥退邪恶之辈。……"桓帝看了陈蕃的奏章,更加恼怒,一点也没有采纳。朝廷众人没有不怨恨的。宦官因此更加痛恨陈蕃,他选择举荐的人才,送上的奏章,立即就被宦官借皇帝的名义斥责退回,他属下官吏长史以下多被借故治罪。但仍因陈蕃是当代名臣,还不敢加害他。

起先,桓帝想立宠爱的田贵人为皇后,陈蕃认为田氏出身卑微,窦氏是良家大族,争立窦氏很固执。桓帝不得已,立窦氏为皇后。窦太后执掌朝政后,因而任用陈蕃。陈蕃与窦太后的父亲大将军窦武,同心尽力,征用名流贤士,共同参与国家政治,天下之士,无不伸长脖子盼望天下太平。然而灵帝的乳母赵娆,早晚都在窦太后身边,中常侍曹节、王甫等与她勾结,讨好太后。太后信任他们,多次下诏令给他们封爵授官,而他们的部属,大都贪婪暴虐。陈蕃常疾恨他们,决心诛灭宦官,正好窦武也有同样的想法。陈蕃认为自己既顺从人们的心愿,又对太后有过功德,认为自己的目的一定可以实现,于是先上疏太后说:"我听说说话不正直,行为不端正,那就是欺骗上天,辜负世人。直言尽意,则群凶仇视,马上会招致大祸。掂量二者,我宁愿得祸,不敢欺天啊。现在京师舆论沸沸扬扬,路上行人议论纷纷,说侯览、曹节、公乘昕、王甫、郑飒等人与赵娆夫人等各位宫中女官一起扰乱天下。附从他们的升官，违背他们意旨的受到惩罚伤害。现在满朝大臣，如河中浮木，东漂西浮，贪图禄位，害怕伤害。陛下前不久开始摄政时，顺天行诛，苏康、管霸伏罪处死。当时天地清明，人、鬼都欢喜高兴，为什么才过几个月又放纵左右侍从？首恶巨奸，没有比他们更厉害的。如果现在不赶紧诛灭他们，必生变乱，倾覆危害国家，祸害实难估量。希望把我的奏章给您左右侍从阅读，并让天下那些坏家伙知道，我陈蕃痛恨他们！”窦太后没有采纳，朝廷中听说了的无人不震惊恐惧。陈蕃于是与窦武谋划，记载在《窦武传》中。

事情泄露时，曹节等人伪造太后的命令杀了窦武等人。陈蕃当时七十多岁，听说变乱发生，率领属官和学生八十多人，一起拔刀冲入承明门，振臂高喊道：“大将军忠诚卫国，宦官造反叛乱，怎么说窦氏不守臣道呢？”王甫当时从宫中出来，与陈蕃相遇，正好听到了他的话，就斥责陈蕃说：“先帝刚刚逝世，陵墓尚未修成，窦武有何功劳，兄弟父子，一门三人封侯？他又弄走许多宫女，饮酒作乐，一月之内，搜括财富以亿计。大臣如此，这是臣道吗？你是国家的栋梁，徇私枉法，与他结成朋党，还到哪里去捉贼子！”于是喝令逮捕陈蕃。陈蕃拔剑大声叱骂王甫，王甫手下兵士不敢靠近他，就增兵包围陈蕃等人几十层，于是抓捕陈蕃把他关进宦官掌管的北寺狱中。宦官的随从骑士对陈蕃又踢又踩，骂陈蕃说：“死老鬼，你还能裁减我们的人员，剥夺我们的薪水和额外收入吗？”当天就杀害了他，把他的家属流放到比景，宗族、门生、旧部属都免职禁锢。

明德马皇后

原文

建初元年，(帝)欲封爵诸舅，太后不听。明年夏，大旱，言事者以为不封外戚之故，有司因此上奏，宜依旧典。太后诏曰：“凡言事者皆欲媚朕以要[①]福耳。昔王氏五侯同日俱封[②]，其时黄雾四塞，不闻澍雨之应。又田蚡、窦婴[③]，宠贵横恣，倾覆之祸，为世所传。故先帝防慎舅氏，不令在枢机之位[④]。诸子之封，裁令半楚、淮阳诸国，常谓‘我子不当与先帝子等’。今有司奈何欲以马氏比阴氏[⑤]乎！吾为天下母，而身服大练[⑥]，食不求甘，左右但著帛布，无香薰之饰者，欲身率下也。以为外亲见之，当伤心自敕，但笑言太后素好俭。前过濯龙门上，见外家问起居者，车如流水，马如游龙，仓

头衣绿褠[7]，领袖正白，顾视御者，不及远矣。故不加谴怒，但绝岁用而已，冀以默愧其心，而犹懈怠，无忧国忘家之虑。知臣莫若君，况亲属乎？吾岂可上负先帝之旨，下亏先人之德，重袭西京败亡之祸哉！”固不许。

帝省诏悲叹，复重请曰：“汉兴，舅氏之封侯，犹皇子之为王也。太后诚存谦虚，奈何令臣独不加恩三舅乎？且卫尉[8]年尊，两校尉[9]有大病，如令不讳[10]，使臣长抱刻骨之恨[11]。宜及吉时，不可稽留。”

太后报曰：“吾反复念之，思令两善。岂徒欲获谦让之名，而使帝受不外施之嫌哉！昔窦太后欲封王皇后之兄[12]，丞相条侯[13]言受高祖约，无军功，非刘氏不侯。今马氏无功于国，岂得与阴、郭中兴之后等邪？常观富贵之家，禄位重叠，犹再实之木，其根必伤。且人所以愿封侯者，欲上奉祭祀，下求温饱耳。今祭祀则受四方之珍，衣食则蒙御府余资，斯岂不足，而必当得一县乎？吾计之孰[14]矣，勿有疑也。夫至孝之行，安亲为上。今数遭变异，谷价数倍，忧惶昼夜，不安坐卧，而欲先营外封，违慈母之拳拳[15]乎！吾素刚急，有胸中气，不可不顺也。若阴阳调和，边境清静，然后行子之志。吾但当含饴弄孙，不能复关政矣。”……

四年，天下丰稔，方垂无事，帝遂封三舅廖、防、光为列侯。并辞让，愿就关内侯。太后闻之，曰：“圣人设教，各有其方，知人情性莫能齐也。吾少壮时，但慕竹帛，志不顾命。今虽已老，而复‘戒之在得[16]’，故日夜惕厉[17]，思自降损。居不求安，食不念饱。冀乘此道，不负先帝。所以化导兄弟，共同斯志，欲令瞑目之日，无所复恨。何意老志复不从哉？万年之日长恨矣！”廖等不得已，受封爵而退位归第焉。

《后汉书·皇后纪》

注解

① 要(yāo)：通“邀”。求取；希望得到。

② “昔王氏”句：西汉成帝封太后弟王谭、王商、王立、王根、王逢时等，同时为关内侯。

③ 田蚡、窦婴：田蚡，西汉景帝王皇后之弟，任丞相，被封为武安侯。骄横跋扈。死后，汉武帝曾说：“如果田蚡在世，我就要把他的家族灭了。”窦婴，汉文帝窦皇后堂兄之子。任丞相。被封为魏其侯，后因罪被杀。

④ “故先帝”句：先帝，汉明帝。枢机之位，重要的官位。

⑤ 阴氏：光武帝皇后阴丽华。

⑥ 大练：厚而白的帛。
⑦ 韝(jiǎng)；同“摄”，臂套。即今俗称之“袖套”。
⑧ 卫尉：马皇后之兄马廖，时任卫尉。
⑨ 校尉：马皇后之兄马防、马光，时任校尉。
⑩ 不讳：不幸去世。
⑪ 恨：遗憾。
⑫ “昔窦太后”句：窦太后，汉文帝皇后。王皇后，汉景帝皇后。
⑬ 条侯：即周亚夫。被封为条侯，故名。
⑭ 孰：通“熟”。仔细、周详。
⑮ 拳拳：眷爱之情。
⑯ 戒之在得：《论语·季氏》：“及其老矣，血气既衰，戒之在得。”得，贪得。
⑰ 惕厉：惕，惧。厉，危险。

译文

建初元年(公元 76 年)，章帝想分封几位舅舅，马太后不允许。第二年夏天，大旱，分析这件灾事的人认为是由于不封外戚的缘故，因此上书奏请，应依汉制旧典，对外戚封侯。马太后诏令说：“凡是讲到旱灾应对外戚封侯的，都是想讨好于我以求获得福禄。从前成帝时，同时封王太后五位弟弟为五个关内侯，那时黄雾充塞于四方，却不见及时雨下降。田蚡、窦婴，封侯后受宠显贵，骄横任性，而遭倾覆破灭的祸患，是世人皆知而口头传述的。所以先帝(明帝)在世时，谨慎地不让外戚担任朝廷重要宫职。诸皇子的封邑，只准有楚、淮阳诸国封地的一半，常说‘我子不当与先帝子等同’。现在管事的人为何以我马氏比阴氏呢？我身为国母，穿普普通通的白缯，饮食不求甘美，左右的人只穿帛布衣裳，没有胭脂水粉薰香之类的修饰，是为了以身作则为天下的表率。认为外亲见之，当扪心自省，自我约束。没想到他们只笑说太后素来爱好俭朴。前些天经过濯龙门上，见外戚家来请安的人，车如流水，马如游龙，奴仆戴着绿色的袖套，衣领衣袖纯一雪白，而看看为我驾车的，比他们就相差很远了。我没有发怒加以谴责，只断绝供给他们的用费，希望他们有所惭愧，但他们还是懈怠，不知忧国忘家。了解臣下的莫过于君王，更何况是亲属呢？我难道可以上而有负先帝的旨意，下而亏损先人的德行，重蹈西京时外戚遭到诛戮败亡的惨祸吗？”坚决不让章帝给诸舅封爵。

章帝读了太后诏令悲戚感叹，又再次请求太后说：“汉室兴，舅氏封侯，犹如皇子封王。太后有谦虚的美德，怎能让我独不加恩于三个舅父呢？况且卫尉马廖舅舅年岁很大，两校尉马防、马光舅舅大病在身，如果一旦不幸去世，将使我长抱刻骨的遗憾！应趁吉日良辰，封侯舅氏，不可稽延耽搁。”

太后回答说：“我反复考虑，想做到两方面都好。我难道想获谦让的美名，而使帝遭受不施舅父恩宠的嫌疑吗？从前，窦太后想封景帝王皇后兄王信，丞相条侯周亚夫说受高祖的约定，无军功，不是刘氏子不封侯。今我马氏无功于国，怎能与阴氏、郭氏中兴时期皇后等同呢？我常常看到富贵之家，禄位重叠，好像结第二次果子的树木，负荷太重，它的根必定受到伤害。而且人们之所以希望封侯，是想能有丰厚的物质祭祀祖先，能过上温饱的生活。现在我马家的祭祀享受四方的珍馐，衣食则蒙朝廷俸禄而有余裕，这难道还不够，而必须封侯得一食邑吗？我通过再三考虑，没有半点疑惑了。最好的孝行，安亲为上，现在连遭几次变异，谷价涨了几倍，我日夜忧愁惶恐，坐卧不安，而你却要先对外戚封侯，违背慈母的眷爱之情！我素来刚烈急躁，胸中有气，是不可不顺的呀！如果以后阴阳协调，边境安宁，再执行你的计划，我就只含饴弄孙，不会再关心朝政了。”……

建初四年（公元 79 年），天下丰收，边陲无事，章帝于是封三个舅舅马廖、马防、马光为列侯。他们都辞让，愿意就封关内侯。马太后听后，说：“圣人设置教化，不同对象采取不同的方式，深知人们的情趣性灵是不能一致的。我在年轻的时候，只羡慕古人留名竹帛书籍，千载流芳，而不考虑命之长短。现在年纪虽然大了，而仍然告诫自己不要贪婪，所以日夜警惕危殆，总想自我压抑减损。居不求太安逸，食不求太美好。希望按照这种方式生活下去，而不辜负先帝的期望。也用以启发引导各兄弟，共同抱定这个志向，想在瞑目的时候，没有什么遗憾。现在你们偏偏愿受封爵，万不料我的宿愿还是得不到你们的顺从，不能实现啊！我只有永远含恨于九泉了！”马廖等没有办法，接受封爵后马上退位，闲居于家，不问政事。

汉明帝不任亲

原文

帝遵奉①建武制度，无敢违者。后宫之家，不得封侯与政。馆陶公主为子求郎②，不许，而赐钱千万。谓群臣曰："郎官上应列宿③，出宰百里，苟非其人，则民受其殃，是以难之。"

《后汉书·明帝纪》

注解

① 奉：遵行。

② "馆陶公主"句：馆陶公主，光武帝刘秀之女。郎，官名，皇帝侍从官侍郎、中郎、郎中等的统称。东汉以尚书台为行政中枢，其分曹任事者为尚书郎，职责范围扩大。

③ "郎官"句：南宫（太微宫）五帝座后相聚的十五颗星，为一星座，称"郎位"，古人认为它们是与郎官对应的星宿。

译文

汉明帝刘庄遵行光武帝刘秀建武年代的制度，没有敢违抗的。外戚之家，不准封侯参政。他的妹妹馆陶公主，为儿子请求郎的官位，明帝不予答应，而赐钱千万。他对群臣说："郎官上应天上星宿，宰辖百里，如果人选不当，百姓就要遭殃，所以不准许。"

班超智勇降两国

原文

班超字仲升，扶风安陵[①]人，徐令彪之少子也。为人有大志，不修细节。然内孝谨，居家常执勤苦，不耻劳辱。有口辩，而涉猎书传。永平五年，兄固被召诣校书郎[②]，超与母随至洛阳。家贫，常为官佣书以供养。久劳苦，尝辍业投笔叹曰："大丈夫无它志略，犹当效傅介子、张骞立功异域[③]，以取封侯，安能久事笔研[④]间乎？"左右皆笑之。超曰"小子安知壮士志哉！"其后行诣相者，曰："祭酒[⑤]布衣诸生耳，而当封侯万里之外。"超问其状。相者指曰："生燕颔虎颈，飞而食肉，此万里侯相也。"久之，显宗问固"卿弟安在"，固对"为官写书，受直以养老母。"帝乃除超为兰台令史[⑥]。后坐事免官。

十六年，奉车都尉窦固出击匈奴，以超为假[⑦]司马，将兵别击伊吾[⑧]，战于蒲类海[⑨]，多斩首虏而还。固以为能，遣与从事郭恂俱使西域。

超到鄯善[⑩]，鄯善王广奉超礼敬甚备，后忽更疏懈。超谓其官属曰："宁觉广礼意薄乎？此必有北虏使来，狐疑未知所从故也。明者睹未萌，况已著邪。"乃召侍胡诈之曰："匈奴使来数日，今安在乎？"侍胡惶恐，具服其状。超乃闭侍胡，悉会其吏士三十六人，与共饮，酒酣，因激怒之曰："卿曹与我俱在绝域，欲立大功，以求富贵。今虏使到裁数日，而王广礼敬即废；如令鄯善收吾属送匈奴，骸骨长为豺狼食矣。为之奈何？"官属皆曰："今在危亡之地，死生从司马。"超曰："不入虎穴，不得虎子。当今之计，独有因夜以火攻虏，使彼不知我多少，必大震怖，可殄尽也。灭此虏，则鄯善破胆，功成事立矣。"众曰："当与从事议之。"超怒曰："吉凶决于今日。从事文俗吏，闻此必恐而谋泄，死无所名，非壮士也！"众曰："善。"初夜，遂将吏士往奔虏营。会天大风，超令十人持鼓藏虏舍后，约曰："见火然[⑪]，皆当鸣鼓大呼。"余人悉持兵弩夹门而伏。超乃顺风纵火，前后鼓噪。虏众惊乱，超手格杀三人，吏兵斩其使及从士三十余级，余众百许人悉烧死。明日乃还告郭恂，恂大惊，既而色动。超知其意，举手曰："掾虽不行，班超何心独擅之乎？"恂乃悦。超于是召鄯善王广，以虏使首示之，一国震怖。超晓告抚慰，遂纳子为质。还奏于窦固，固大喜，具上超功效，并求更选使使西域。帝壮超节，诏固曰："吏如班超，何故不遣而更选乎？今以超为军司马，令遂前功。"超复受使，固欲益其兵，超曰："愿将本所从三十余人足矣。如有不虞，多益为累。"

是时于寘王广德新攻破莎车[12]，遂雄张南道[13]，而匈奴遣使监护其国。超既西，先至于寘。广德礼意甚疏。且其俗信巫。巫言："神怒何故欲向汉？汉使有騧马[14]，急求取以祠我。"广德乃遣使就超请马。超密知其状，报许之，而令巫自来取马。有顷，巫至，超即斩其首以送广德，因辞让之。广德素闻超在鄯善诛灭虏使，大惶恐，即攻杀匈奴使者而降超。超重赐其王以下，因镇抚焉。

《后汉书·班超传》

注解

① 扶风安陵：扶风，郡名，在今陕西西安市。安陵，县名，在今陕西咸阳市东北。

② 校书郎：主管校勘典籍，订正讹误的官吏。

③ "犹当"句：傅介子，西汉北地（今甘肃庆阳西北）人，昭帝时，奉命出使楼兰，在宴席上刺杀与汉为敌的楼兰王，后封义阳侯。张骞，西汉汉中成固（今陕西成固）人，曾两次出使西域，联合中亚各国共同对付匈奴，发展了汉朝与中亚各国的友好关系，促进了经济文化的交流与发展。

④ 笔研：笔砚。

⑤ 祭酒：古代飨宴时酹酒祭神的长者。此处是对班超的尊称。

⑥ 兰台令史：官名。兰台是汉代宫廷的藏书处，设御史中丞掌管。兰台令史则负责朝廷奏疏及印工文书之事。

⑦ 假:代理。

⑧ 伊吾:匈奴中地名。在今新疆哈密一带。

⑨ 蒲类海:匈奴中湖名。即今新疆东北部的巴里坤湖。

⑩ 鄯(shàn)善:西域国名,即楼兰国。汉昭帝时改为鄯善。都扜泥城,即今新疆若羌县汾卡克里克。

⑪ 然:即燃。

⑫ 莎车:西域国名,在今新疆莎车县一带。

⑬ 雄张南道:雄张,炽盛、称雄。南道,自玉门关、阳关出西域有两条道路,从鄯善傍南山北波河西行,至莎车,为南道。

⑭ 駶马:黑嘴黄马。

译文

班超字仲升,扶风安陵人,是徐县县令班彪的小儿子。他为人素有大志,不拘小节。内心却又孝顺恭谨,在家常干些苦活儿,不以劳累下贱为耻辱。有善辩的口才,又喜欢浏览群书及传注。永平五年(公元63年),他的哥哥班固被征召任校书郎,班超和他的母亲一同到洛阳。家中贫困,常为官家雇用抄书,以其所得来供养母亲。长时间劳累辛苦,曾停下手头的工作,扔笔感叹道:“大丈夫没有其他志向才略,还应该效法傅介子、张骞,立功于异域,以获得封侯,怎么能长久地在笔砚间消磨时日呢?”同事们都取笑他。班超说:“你们怎能知道壮士的志向呢!”后来,他到看相的那儿去看相,看相的说:“先生,您现在不过是布衣之士罢了,可是将来必定封侯于万里之外。”班超询问他的形状,看相的说:“你额头如燕,颈项如虎,飞翔食肉,这是万里侯的相貌啊!”过了很久,显宗问班固:“你的弟弟在哪儿?”班固回答说:“他在为官府抄书,得点钱来供养老母。”显宗就任命班超为兰台令史。后来,班超曾因有过失而被免了官。

永平十六年(公元74年),奉车都尉窦固出兵攻打匈奴,以班超作代理司马,让他率领一支军队攻打伊吾,在蒲类海作战,斩了敌人许多首级回来。窦固认为班超很有才能,派他与从事郭恂一道出使西域。

班超到了鄯善,鄯善国王广恭敬而有礼貌地接待了他,后来忽然又冷淡了。班超对他的部属说:“你们可曾感到广的礼敬之意淡薄了吗?这一定是有匈奴使者到来,使他心怀犹豫不知所从。明智的人能够看出还没有露出苗头的事物,何况是明摆着的事实呢?”于是叫来侍候的胡人,吓诈他说:“匈奴使者来了好几天了,现在在哪儿?”侍者恐惧,就吐露

了全部情况。班超便把侍者关起来，把他的部属三十六人都召集起来一同喝酒。喝得高兴的时候，班超就用语言激怒他们道："你们和我们都处在极偏远的地方，想立大功，以求富贵。现在匈奴使者来了才几天，而鄯善王广便取消礼敬，如果他把我们抓起来送给匈奴，那我们的骸骨就会永远喂豺狼了。你们看怎么办呢？"部属都说："现在处在危险存亡的地方，死活都听从司马的吩咐。"班超说："不入虎穴怎得虎子。目前的办法，只有趁夜晚用火攻击匈奴人，使他们不知道我们有多少人，他们一定大为惊恐，我们就可以全部消灭他们。消灭了匈奴人，鄯善王会因此吓破了胆，大功就可告成，事业就可建立了。"部属们说："应当跟从事商量一下。"班超怒道："是吉是凶，决定在于今日。从事是文弱平庸的官吏，听了我们的计划必定会因害怕而泄露机密。死了不为人所称道，并非一个豪壮而勇敢的人。"大家说："好！"天刚黑，班超便带领部属奔向匈奴使者的营房。这时正刮大风，班超叫十个人拿着鼓躲藏在匈奴使者营房后面，约定说："你们看到火烧起来了，就都击鼓大声呐喊。"其余的人都拿着武器弓箭，埋伏在营门两边。班超顺风放火，前后击鼓大叫，匈奴人吓得乱作一团。班超亲手杀死三个人，部属杀死了匈奴使者和随从士兵三十多人，全都砍下了他们的脑袋。其余的一百多人全被烧死。第二天，就回去把情况告知郭恂。郭恂开始大吃一惊，随即变了脸色。班超知道他的意思是想要分功，便举着手对郭恂说："您虽然没有一同去破敌，我哪有心独占这份功劳呢？"郭恂非常高兴。班超于是叫来鄯善王广，把匈奴使者的首级给他看，鄯善国举国震惊。班超便把这件事告诉他们，并加以抚慰。于是鄯善国王便把自己的儿子送到汉朝做人质。班超回来向窦固禀报，窦固大喜，详细地把班超的功劳奏明皇帝，并且要求另外选派使者出使西域。汉明帝赞许班超的气节，下令给窦固说："有班超那样的官吏，为什么不派遣而要另选他人呢？现在任命班超为军司马，让他去完成以前的功业。"班超再次受命出使西域。窦固想要多给些士兵给班超，班超说："我只愿带上原来跟随我的三十多个人就够了。如果有不测，人多了更是累赘。"

这时，于寘国王广德刚攻破莎车国，在西域南道称雄。而匈奴派了使者监护他们的国家。班超到西域，先到于寘国，广德王对他很冷淡，礼意很不周到。而且这个国家的风俗信巫。巫师说："神人发脾气了，为什么要亲近汉朝？汉朝使者有一匹䯄马，赶快牵来祭我。"广德王就派人到班超那里来要那匹马。班超暗地里了解了这个情况，便答应了把马给他，并要那个巫师亲自来牵马。一会儿，巫师来了，班超当即砍下他的头来送给广德王，并用言辞责备他。广德王早听说班超在鄯善国消灭匈奴使者的情况，非常害怕，便击杀匈奴使者向班超投降。班超重赏广德王及其下属，就此把于寘震慑安抚下来。

耿恭固守孤城

原文

恭字伯宗，国弟广之子也[①]。少孤。慷慨多大略，有将帅才。永平[②]十七年冬，骑都尉刘张出击车师[③]，请恭为司马，与奉车都尉窦固及从弟附马都尉秉破降之。始置西域都护、戊己校尉，乃以恭为戊己校尉，屯后王部金蒲城[④]，谒者关宠为戊己校尉，屯前王柳中城[⑤]，屯各置数百人。恭至部，移檄乌孙[⑥]，示汉威德，大昆弥[⑦]以下皆欢喜，遣使献名马，及奉宣帝时所赐公主博具，愿遣子入侍。恭乃发使赍[⑧]金帛，迎其侍子。

明年三月，北单于遣左鹿蠡王二万骑击车师。恭遣司马将兵三百人救之，道逢匈奴骑多，皆为所殁。匈奴遂破杀后王安得，而攻金蒲城。恭乘城博战，以毒药傅矢。传语匈奴曰："汉家箭神，其中疮者必有异。"因发强弩射之。虏中矢者，视创皆沸，遂大惊。会天暴风雨，随雨击之，杀伤甚众。匈奴震怖，相谓曰："汉兵神，真可畏也！"遂解去。恭以疏勒城旁有涧水可固，五月，乃引兵据之。七月，匈奴复来攻恭，恭募先登数千人直驰之，胡骑散走，匈奴遂于城下拥绝涧水。恭于城中穿井十五丈不得水，吏士渴乏，笮[⑨]马粪汁而饮之。恭仰叹曰："闻昔贰师将军[⑩]拔佩刀刺山，飞泉涌出；今汉德神明，岂有穷哉。"乃整衣服向井再拜，为吏士祷。有顷，水泉奔出，众皆称万岁。乃令吏士扬水以示虏。虏出不意，以为神明，遂引去。

时焉耆、龟兹攻殁都护陈睦[11]，北虏亦围关宠于柳中。会显宗[12]崩，救兵不至，车师复畔[13]，与匈奴共攻恭。恭厉士众击走之。后王夫人先世汉人，常私以虏情告恭，又给以粮饷。数月，食尽穷困，乃煮铠弩，食其筋革。恭与士推诚同死生，故皆无二心，而稍稍死亡，余数十人。单于知恭已困，欲必降之。复遣使招恭曰："若降者，当封为白屋王，妻以女子。"恭乃诱其使上城，手击杀之，炙诸城上。虏官属望见，号哭而去。单于大怒，更益兵围恭，不能下。

初，关宠上书求救，时肃宗新即位，乃诏公卿会议。司空第五伦以为不宜救。司徒鲍昱议曰："今使人于危难之地，急而弃之，外则纵蛮夷之暴，内则伤死难之臣。诚令权时后无边事可也，匈奴如复犯塞为寇，陛下将何以使将？又二部兵人裁各数十，匈奴围之，历旬不下，是其寡弱尽力之效也。可令敦煌、酒泉太守各将精骑二千，多其幡帜，倍道兼行，以赴其急。匈奴疲极之兵，必不敢当，四十日间，足还入塞。"帝然之。乃遣征西将军耿秉屯酒泉，行太守事；遣秦彭与谒者王蒙、皇甫援发张掖、酒泉、敦煌三郡及鄯善兵，合七千余人，建初[14]元年正月，会柳中击车师，攻交河城[15]，斩首三千八百级，获生口[16]三千余人，驼驴马牛羊三万七千头。北虏惊走，车师复降。

会关宠已殁，蒙等闻之，便欲引兵还。先是恭遣军吏范羌至敦煌迎兵士寒服，羌因随王蒙军俱出塞。羌固请迎恭，诸将不敢前，乃分兵二千人与羌，从山北迎恭，遇大雪丈余，军仅能至。城中夜闻兵马声，以为虏来，大惊。羌乃遥呼曰："我范羌也。汉遣军迎校尉耳。"城中皆称万岁。开门，共相持涕泣。明日，遂相随俱归。虏兵追之，且战且行。吏士素饥困，发疏勒时尚有二十六人，随路死没，三月至玉门，唯余十三人。衣屦穿决，形容枯槁。中郎将郑众为恭已下洗沐易衣冠。上疏曰："耿恭以单兵固守孤城，当匈奴之冲，对数万之众，连月逾年，心力困尽。凿山为井，煮弩为粮，出于万死无一生之望。前后杀伤丑虏数千百计，卒全忠勇，不为大汉耻。恭之节义，古今未有。宜蒙显爵，以厉将帅。"及恭至洛阳，鲍昱奏恭节过苏武，宜蒙爵赏。于是拜为骑都尉，以恭司马石修为洛阳市丞，张封为雍营司马，军吏范羌为共丞，余九人皆补羽林。

《后汉书·耿弇列传》

注解

①“国弟”句:国,耿国,耿况之子,耿弇之弟。广,耿广。

② 永平:东汉明帝刘庄的年号。

③ 车师:古西域国名。汉宣帝时,分其地为车师前后两部分,后皆属西域都护。车师前部治交河城,后部治务涂谷。

④ 金蒲城:即车师后王所治务涂谷,今新疆镇西县。

⑤ 柳中城:即交河城,在今新疆吐鲁番县和鄯善县境。

⑥ 乌孙:古代西域国名。地在今新疆伊犁河谷。

⑦ 昆弥:亦作“昆莫”。汉时乌孙王的名号,犹匈奴之单于。自西汉宣帝甘露元年起,乌孙有大小二昆弥,均受汉王朝册封。

⑧ 赍(jī):携带。

⑨ 笮(zuó):压出物体内的汁液。后作“榨”。

⑩ 贰师将军:贰师,大宛国城名。汉武帝时派李广利伐大宛,期至贰师城,因名李广利为贰师将军。

⑪“时焉耆”句:焉耆,古西域城国。

⑫ 显宗:汉明帝刘庄。

⑬ 畔:通“叛”。背叛。

⑭ 建初:汉章帝刘炟年号。

⑮ 交河城:汉车师前王国治所,故城在今新疆吐鲁番县西。

⑯ 生口:俘虏。

译文

耿恭字伯宗,耿国弟弟耿广的儿子。少孤。慷慨且有大略,有将帅才。永平十七年冬,骑都尉刘张出击车师,请耿恭为司马,与奉车都尉窦固及耿恭堂弟耿秉一起,攻破车师使其投降。这时始设置西域都护、戊己校尉,就任命耿恭为戊己校尉,驻扎在车师后王治所金蒲城,谒者关宠为戊己校尉,驻扎在车师前王治所柳中城,每部各安置几百人。耿恭到任,传檄文给乌孙国,宣示汉朝威德,乌孙国大昆弥以下都欢喜,派遣使者献名马,以及西汉宣帝时所赐公主的博具,愿送儿子入侍。耿恭就派使者携带金帛,迎接乌孙入侍的儿子。

第二年三月,北单于派左鹿蠡王两万骑兵攻打车师。耿恭派司马领兵三百人救援,路上碰到匈奴大量骑兵,三百人全部被杀死。匈奴就攻破车师,杀了车师后王安得,又进攻

金蒲城。耿恭登城搏战，用毒药箭头，传话匈奴说："汉家箭是神箭，中箭者一定不同。"于是发强弩射匈奴兵。中箭的人，看到伤口都糜烂，大惊。正值暴风雨，耿恭趁雨射箭，杀伤匈奴兵极多。匈奴害怕，互相说："汉兵神，真可怕呀！"于是撤走。耿恭看到疏勒城旁有涧水可以固守，五月，就引兵据守疏勒城。七月，匈奴又来攻打耿恭，耿恭招募几千人直冲敌阵，匈奴骑兵散走。匈奴于是在疏勒城下断绝涧水。耿恭在城中挖井十五丈深还是没有水，官吏兵士口渴疲乏，取马粪汁饮用。耿恭仰天叹道："听说以前贰师将军拔佩刀刺山，飞泉涌出；今汉德神明，难道没有了吗？"就整理衣服，向井再拜，为吏士祷告。一会儿，泉水奔涌，大家都呼万岁。于是令吏士扬水以示匈奴。匈奴出乎意外，以为汉有神明相助，就撤走了。

这时焉耆、龟兹攻杀都护陈睦，北匈奴也把关宠包围在柳中城。恰值明帝去世，救兵不至，车师又背叛，与匈奴一起进攻耿恭。耿恭激励将士赶走敌人。车师后王夫人的祖先是汉人，她常常偷偷地把匈奴和车师的情况告诉耿恭，又供给一些粮食。几个月后，粮食吃完了，陷入困境，就煮铠甲弓弩，吃皮革牛筋。耿恭与吏士们推心置腹，誓同生死，所以都无二心，但不断地有人死去，只剩下几十个人。匈奴单于知耿恭已无路可走，必欲耿恭投降。又派使者招降耿恭说："如果投降，当封你为白屋王，把外孙女儿配给你为妻子。"耿恭欺骗使者上城，亲手把他击杀，切割其肉，在城墙上烤吃。使者官属们望见，号哭而去。单于大怒，再加兵围攻耿恭，但不能攻下。

在这之前，关宠上书朝廷求救，当时肃宗新即位，于是召集公卿商议。司空第五伦认为不宜救援。司徒鲍昱说："派人到危难的地方，危急之时又抛弃他们，外则放纵蛮夷行使暴虐，内则伤害了忠诚死难之臣。假如是一时之计以后没有边患是可行的，但匈奴如果又侵犯边塞为寇，陛下将怎样派遣将士呢？况且关宠耿恭两部兵士各仅数十人，匈奴包围他们，十多天攻不下，这是他们的老弱百姓尽力帮助的原因啊。可令敦煌、酒泉太守各领精锐骑兵二千，多打着旗帜，倍道兼行，以奔赴关宠、耿恭之急。匈奴疲极之兵，必不敢抵挡，四十日之间，足可以还兵入塞。"肃宗采纳了鲍昱的意见。就派遣征西将军耿秉屯兵酒泉，代理太守事务；派遣秦彭与谒者王蒙、皇甫援发动张掖、酒泉、敦煌三郡及鄯善兵，共七千余人，建初元年(公元76年)正月，会集柳中击车师，攻交河城，斩首三千八百级，俘虏三千多人，骆驼驴马牛羊三万七千头。北匈奴见势遁逃，车师国又归降了汉王朝。

这时关宠已死，王蒙等听到消息，便想引兵还。先是耿恭派军吏范羌到敦煌迎取兵士寒衣，范羌于是随王蒙军队一起出塞。范羌坚决请求迎接耿恭，诸将不敢前往，就分兵二千人给范羌，从山北迎接耿恭，军队刚好到达，便遇上丈多深的大雪历尽艰辛才到达疏勒城下。城中夜里听到兵马声，以为匈奴兵来了，大惊。范羌远远地呼叫道："我是范羌，大汉派军队迎接校尉来了。"城中都欢呼万岁。开门,相见扶持涕泣。第二天,就相随一起同归。匈奴兵追来,且战且走。吏士一直饥困,离疏勒城时尚有二十六人,一路上又死去很多,三月到达玉门关时,只剩下十三人。衣服鞋子都穿破了,形容枯槁。中郎将郑众为耿恭以下十三人都洗沐换了衣冠。上疏说:"耿恭以单兵固守孤城;当匈奴的要冲,面对数万敌军,连月逾年,心力交瘁。凿山为井,煮弩为粮,出于万死无一生之望。前后杀伤敌人数千百计,终于忠勇双全,不为大汉耻。耿恭的节义,古今未有。宜赐给显爵,以鼓励将帅。"耿恭到洛阳之后,鲍昱奏耿恭节气超过苏武,宜蒙爵赏。于是肃宗拜耿恭为骑都尉,任耿恭司马石修为洛阳市丞,张封为雍营司马,军吏范羌为共城县丞,其余九人都补官为羽林郎。

虞延执法不避权贵

原文

虞延字子大,陈留东昏[①]人也。延初生,其上有物若一匹练,遂上升天,占者以为吉。及长,长八尺六寸,要[②]带十围,力能扛鼎。少为户牖亭长。时王莽贵人魏氏宾客放从[③],延率吏卒突入其家捕之,以此见怨,故位不升。性敦朴,不拘小节,又无乡曲之誉。王莽末,天下大乱,延常婴甲胄,拥卫亲族,扞御抄盗,赖其全者甚众。延从女弟年在孩乳,其母不能活之,弃于沟中,延闻其号声,哀而收之,养至成人。建武初,仕执金吾府,除细阳令。每至岁时伏腊,辄休遣徒系,各使归家,并感其恩德,应期而还。有囚于家被病,自载诣狱,既至而死,延率掾史,殡于门外,百姓感悦之。……

二十三年,司徒玉况辟焉。时元正朝贺,帝望而识延,遣小黄门驰问之，即日召拜公车令。明年，迁洛阳令。是时阴氏[4]有客马成者，常为奸盗，延收考之。阴氏屡请，获一书辄加笞二百。信阳侯阴就乃诉帝，谮延多所冤枉。帝乃临御道之馆，亲录囚徒[5]。延陈其狱状可论者在东，无理者居西。成乃回欲趋东，延前执之，谓曰："尔人之巨蠹，久依城社，不畏熏烧。今考实未竟，宜当尽法！"成大呼称枉，陛戟郎以戟刺延，叱使置之。帝知延不私，谓成曰："汝犯王法，身自取之！"呵使速去。后数日伏诛。于是外戚敛手，莫敢干法。在县三年，迁南阳太守。

《后汉书·虞延传》

注解

① 陈留东昏：陈留，郡名，在今河南陈留县。东昏，县名，在今河南兰封县东北。
② 要：通"腰"。
③ 从：通"纵"。
④ 阴氏：阴氏家族。时光武帝皇后阴丽华有宠。
⑤ 录囚徒：省察、甄别囚犯。

译文

虞延字子大，陈留郡东昏县人。虞延初生时，身上有物像一匹白绢，慢慢升天而去，占卜的人以为是吉兆。等到长大，身高八尺六寸，腰阔十围，力大能举鼎。年轻时为户牖亭长。当时王莽的贵人魏氏家族中的宾客放纵，虞延率官吏兵士突入其家中捕拿，以此受魏氏怨恨，不能升官。虞延敦厚朴实，不拘小节，又无乡里的美誉。王莽末年，天下大乱，虞延常披挂甲胄拥卫亲族，捍御强盗，依赖他获得安全的人很多。虞延的堂妹婴幼，其母不能养活，把她遗弃在沟中，虞延听到她的哭声，哀怜而收养了她，把她抚养成人。建武初年，虞延供职执金吾府，后任细阳县令。每到岁时伏腊节气，就把囚徒犯人放遣归家，囚犯们都感激他的恩德，如期而还。有一个囚徒在家里染上了病，自己乘着车子返狱，到监狱就死了，虞延率领掾史送殡于门外，百姓感激喜悦。……

建武二十三年(公元47年)。司徒玉况征召虞延。正月初一朝贺,光武帝望见虞延就认出了他,派小黄门跑去询问,当天就召拜他为公车令。第二年,迁洛阳令。这时阴氏家族有宾客马成,常为奸盗,虞延抓住拷问。阴氏家族多次请求宽恕,虞延接到一封求情信就加打二百板子。信阳侯阴就于是上告光武帝,诬蔑虞延多冤枉好人。光武帝就亲自到御道之馆,省察甄别囚犯。虞延陈告说其狱状可以商讨的在东边,无可议论的在西边。马成就回转来想到东边去,虞延往前捉住他,对他说:"你是人中的巨蠹,久居城中土地神社,不怕烟熏火烧。今考实没有完,应当依法处置!"马成大呼冤枉,陛戟郎以戟刺虞延,喝叱虞延放开马成。光武帝知虞延无私,对马成道:"你犯了王法,咎由自取!"呵叱他速去。几天以后马成就正法伏诛了。于是外戚们敛手,没有敢犯法的。在县三年,升任南阳太守。

光武不究通敌者

原文

及更始[1]至洛阳,乃遣光武以破虏将军行[2]大司马事。十月,持节北渡河[3],镇慰州郡。……

进至邯郸,故赵缪王子林说光武曰:"赤眉今在河东,但决水灌之,百万之众可使为鱼。"光武不答,去之真定[4]。林于是乃诈以卜者王郎为成帝子子舆,十二月,立郎为天子,都邯郸,遂遣使者降下郡国。

二年正月,光武以王郎新盛,乃北徇[5]蓟。王郎移檄购光武十万户,而故广阳王子刘接起兵蓟中以应郎,城内扰乱,转相惊恐,言邯郸使者方到,二千石以下皆出迎。于是光武趣驾南辕[6],晨夜不敢入城邑,舍食道傍。至饶阳[7],官属皆乏食。光武乃自称邯郸使者,入传舍[8]。传吏方进食,从者饥,争夺之。传吏疑其伪,乃椎鼓数十通,绐[9]言邯郸将军至,官属皆失色。光武升车欲驰,既而惧不免,徐还坐,曰:"请邯郸将军入。"久乃驾去。传中人遥语门者闭之。门长曰:"天下讵[10]可知,而闭长者乎?"遂得南出。晨夜兼行,蒙犯霜雪,天时寒,面皆破裂。至呼沱河,无船,适遇冰合,得过,未毕数车而陷。进至下博[11]城西,遑惑不知所之。有白衣老父在道旁,指曰:"努

力！信都郡[12]，为长安守，去此八十里。”光武即驰赴之，信都太守任光开门出迎。世祖[13]因发旁县，得四千人，先击堂阳[14]、贳县[15]，皆降之。王莽和成卒正[16]邳彤亦举郡降。又昌城[17]人刘植，宋子[18]人耿纯，各率宗亲子弟，据其县邑，以奉光武。于是北降下曲阳[19]，众稍合，乐附者至有数万人。

……会上谷太守耿况、渔阳太守彭宠各遣其将吴汉、寇恂等将突骑来助击王郎，更始亦遣尚书仆射谢躬讨郎，光武因大飨士卒，遂东围巨鹿[20]。王郎守将王饶坚守，月余不下。郎遣将倪宏、刘奉率数万人救钜鹿，光武逆战于南栾[21]，斩首数千级。四月，进围邯郸，连战破之。五月甲辰，拔其城，诛王郎。收文书，得吏人与郎交关谤毁者数千章[22]。光武不省[23]，会[24]诸将军烧之，曰：“令反侧子[25]自安。”

《后汉书·光武帝纪》

注解

① 更始：刘玄称帝的年号。古代文献中，往往有用年号代指其帝的作法（明清时最为盛行）。此处即指刘玄。

② 行：代理。

③ 河：黄河。

④ 真定：古县名，治所在今河北正定县南。

⑤ 徇：巡行。

⑥ “于是”句：趣，同“促”，急促、急忙。南辕：驾车往南走。

⑦ 饶阳：汉县名。在河北省中部偏南，滹沱河流域。

⑧ 传舍：旅舍。

⑨ 绐（dài）：欺骗；说谎。

⑩ 讵（jù）：岂，反诘语气词。

⑪ 下博:汉县名,治所在今河北深县东南。

⑫ 信都郡:汉郡名,治所在今河北冀县。

⑬ 世祖:即光武帝刘秀。

⑭ 堂阳:汉县名,因在堂水之北而得名。在今河北新河县。

⑮ 贳(shì)县:汉县名,在今河北束鹿县。

⑯ 和成卒正:和成,郡名。王莽时所设。卒正,王莽所置官名,职同太守。

⑰ 昌城:汉县名,故城在今河北冀县西北。

⑱ 宋子:汉县名。故城在今河北赵县北。

⑲ 下曲阳:汉县名。在今河北晋县西。

⑳ 巨鹿:郡名。西汉时辖境在今河北省滹(hū)沱(tuó)河以南,平乡以北,柏乡以东,束鹿新河以西。此处指巨鹿县,治所在今河北平乡西南。

㉑ 南栾(luán):汉县名,在今河北巨鹿北。

㉒ “得吏人”句:交关,交往。章,信件。

㉓ 省(xǐng):察看;检查。

㉔ 会:会合;聚集。

㉕ 反侧子:睡不好觉的人。

译文

及至更始到了洛阳,便任光武为破虏将军代行大司马的职务。十月,光武拿着符节渡黄河北上,安定抚慰州郡官民。……

进至邯郸,已故赵缪王刘元的儿子刘林向光武献策说:“赤眉军现在河东,只要决开黄河淹灌他们,赤眉百万军队即可成为鱼。”光武不答,而去真定。刘林就伪称占卜的王郎是汉成帝的儿子刘子舆,十二月,立王郎为天子,定都邯郸,并派遣使者招降下属郡国。

更始二年(公元24年)正月,光武因为王郎新起势盛,便北上巡视蓟地。王郎发布檄文,许诺对捕杀到光武的人封以十万户的爵位。已故广阳王刘嘉的儿子刘接,起兵蓟中以策应王郎。蓟城城内扰乱,人民相继惊恐起来,并传说邯郸派来的使者刚到,二千石以下的官员都出去欢迎。于是光武急忙驾车南奔,早晨夜晚都不敢进城,就在路旁食宿。到达饶阳,官属都没有吃的了。光武就自称是邯郸派来的使者,进入客栈。客栈的小吏正在用餐,光武的随从饥饿得很,便抢饭吃。客栈的小吏怀疑光武是假冒的,就击鼓数十通,谎称邯郸将军到,官属都吓得变了脸色。光武上车想要奔逃,但转念怕跑不了,便从容坐到原位,说:“请邯郸将军进来。”许久,才驾车离去。客栈的人远远地叫守门者不放行。守门的官长说:“天下大局岂可预知?能阻拦长者吗?”光武才得南行。日夜兼行,蒙霜冒雪,时正天寒,脸面都冻裂了。到了滹沱河,没有船,恰值河面封冻,得以踏冰而过,没有过完几辆车子,冰就塌陷了。到达下博城西,彷徨困惑,不知往哪里走为好。有白衣老头在路旁说:

“赶快走！信都郡的人还在为长安政权坚守着，那儿离这里八十里。”光武马上赶赴信都，太守任光开门迎接。光武便征发周围各县兵马，共得四千人。首先攻打堂阳、贳县，两地都投降了。王莽和成卒正邳彤也领全郡投降。又有昌城人刘植、宋子人耿纯带领宗亲子弟，占领各自所在县城，奉献给光武，于是往北攻下曲阳，部众渐渐地集聚起来，乐意依附光武的达到数万人。

……正好上谷太守耿况、渔阳太守彭宠，各派自己的将领吴汉、寇恂等率领突骑帮助攻打王郎，更始也派尚书仆射讨伐王郎，光武乘机大设酒宴慰劳将士，东进包围巨鹿。王郎守将王饶坚守，一个多月没攻下。王郎派将领倪宏、刘奉领数万人援救巨鹿，光武迎战于南栾，杀数千人。四月，光武进军围攻邯郸，连战连捷。五月甲辰，攻克邯郸，杀王郎。在缴获的文书中，光武发现部下官员和王郎勾结来往毁谤自己的书信有几千份。光武不看，召集将军们当面一把火烧掉，说：“让那些睡不好觉的人安下心来吧！”

吴汉兵讨公孙述

原文

（建武）十一年春，（吴汉）率征南大将军岑彭等伐公孙述。

及彭破荆门[1]，长驱入江关[2]，汉留夷陵，装露桡[3]船，将南阳兵及弛刑[4]募士三万人溯江而上。会岑彭为刺客所杀，汉并将其军。

十二年春，与公孙述将魏党、公孙永战于鱼涪津，大破之，遂围武阳[5]。述遣子婿史兴将五千人救之。汉迎击兴尽殄其众，因入犍为[6]界。诸县皆城守。汉乃进军攻广都[7]，拔之。遣轻骑烧成都市桥，武阳以东诸小城

皆降。

帝戒汉曰："成都十余万众，不可轻也。但坚据广都，待其来攻，勿与争锋。若不敢来，公转营迫之，须其力疲，乃可击也。"汉乘利，遂自将步骑二万余人进逼成都，去城十余里，阻江北为营，作浮桥，使副将武威将军刘尚将万余人屯于江南，相去二十余里。

帝闻大惊，让汉曰："比敕公千条万端，何意临事勃乱！既轻敌深入，又与尚别营，事有缓急，不复相及。贼若出兵缀公，以大众攻尚，尚破，公即败矣。幸无它者，急引兵还广都。"

诏书未到，述果使其将谢丰、袁吉将众十许万，分为二十余营，并出攻汉。使别将将万余人劫刘尚，令不得相救。汉与大战一日，兵败，走入壁，丰因围之。汉乃召诸将厉之曰："吾共诸君逾越险阻，转战千里，所在斩获，遂深入敌地，至其城下。而今与刘尚二处受围，势既不接，其祸难量。欲潜师就尚于江南，并兵御之。若能同心一力，人自为战，大功可立；如其不然，败必无余。成败之机，在此一举。"诸将皆曰："诺。"于是飨士秣马，闭营三日不出，乃多树幡旗，使烟火不绝，夜衔枚引兵与刘尚合军。丰等不觉，明日，乃分兵拒江北，自将攻江南。汉悉兵迎战，自旦至晡，遂大破之，斩谢丰、袁吉，获甲首[8]五千余级。

于是引还广都，留刘尚拒述，具以状上，而深自谴责。帝报曰："公还广都，甚得其宜。述必不敢略尚而击公也。若先攻尚，公从广都五十里悉步骑赴之，适当值其危困，破之必矣。"自是汉与述战于广都、成都之间，八战八克，遂军于其郭中。述自将数万人出城大战，汉使护军高午、唐邯将数万锐卒击之。述兵败走，高午奔陈[9]刺述，杀之。事已见《述传》。

旦日城降，斩述首传送洛阳。明年正月，汉振旅浮江而下。至宛，诏令过家上冢。赐谷二万斛。

《后汉书·吴汉传》

注解

① 荆门：城名。在今湖北宜都县西北长江边。

② 江关：地名。在今四川奉节县东。

③ 桡（ráo）：短桨。

④ 弛刑：解除枷锁的囚徒。

⑤ 武阳：县名。故城在今四川彭山县东。

⑥ 犍为：郡名。在今川西平原西南。

⑦ 广都：县名。故城在今四川华阳县东南。

⑧ 甲首：带甲士兵的首级。

⑨ 陈：通“阵”。

译文

建武十一年（公元35年）春天，吴汉率征南大将军岑彭等征讨公孙述。

岑彭攻破荆门，长驱直入江关，吴汉留在夷陵，建造短桨船只，运载南阳兵及解除枷锁的刑徒、招募的勇士等三万人溯江而上。当时正逢岑彭被刺客所杀，吴汉就兼率其军。

建武十二年春，与公孙述将领魏党、公孙永战于鱼涪津，大破其军，于是围攻武阳。公孙述派女婿史兴带五千兵救援。吴汉迎击史兴，全歼其众，乘胜进入犍为地界。诸县都据城而守。吴汉就进军攻打广都，并攻下了广都城池。派遣轻骑烧掉了成都市桥，武阳以东诸小城都投降了。

光武帝训诫吴汉说：“成都有十几万部队，不可轻视。只要坚守广都，待他们来攻，不要与他们争锋。如果他们不敢来攻，你就移营迫近他们，必须等到他们精疲力竭，才可以发起攻击。”吴汉乘胜亲率步骑两万余人进逼成都，离城十余里，据长江以北险要为营，作浮桥，派副将武威将军刘尚率万余人驻扎江南，两营相隔二十多里。

光武帝得信大惊，责备吴汉说：“近来对你下过许多指令，为什么事到临头又乱套了呢？既轻敌深入，又与刘尚另建营垒，如事情紧急，就来不及了。贼如果出兵牵制你，而用

大兵攻刘尚，刘尚被攻破了，你也就败了。现在还幸亏没有意外，火速引兵回广都。”

诏书未到，公孙述果然使其将谢丰、袁吉领兵十多万，分为二十多营，齐出进攻吴汉。又派别将领万余人拦截刘尚，使其不能相救。吴汉与谢丰等大战一日，兵败回营，谢丰趁势围住。吴汉就召集诸将激励他们说：“我与诸君逾越险阻，转战千里，所到之处斩敌获胜，深入敌境，到其都城之下。如今与刘尚二处受包围，势不能相接，其祸难以估量。我想秘密出兵与刘尚会师江南，协力御敌。如能同心协力，人自为战，大功就可建立；否则失败，全军覆没。成败之机，在此一举。”诸将都说：“好。”于是宴飨兵士，喂饱战马，闭营三日不出，多树立旗幡，使烟火不绝，乘夜衔枚引兵江南与刘尚汇合。谢丰等没有察觉，第二天，就分兵据守江北，自己率军攻江南刘尚军。吴汉率全军迎战，自早晨至下午，大破蜀兵，斩谢丰、袁吉，获甲士首级五千多级。

于是引兵还广都，留刘尚抵挡公孙述，将发生的一切上书报告光武，而且深深进行自我谴责。光武帝回信说：“你回广都，很是适宜，公孙述必不敢绕过刘尚而攻击你了。如果他先攻打刘尚，你从广都五十里率全部步骑兵赴敌，刚好遇到刘尚危困，战胜敌军就必然的了。”自此，关汉与公孙述战于广都、成都之间，八战八胜，于是进军于成都外城。公孙述亲自率数万人出城大战，关汉派护军高午、唐邯率数万名精锐士卒迎击。公孙述军队败走，高午奔向敌阵直刺公孙述，把他杀了。其事已见载于《公孙述传》。

次日清晨成都余部开城投降，斩公孙述首级传送洛阳。第二年正月，吴汉整顿军旅浮江而下。到达宛城，光武诏令吴汉回家乡上家祭祖，赐谷二万斛。

将才虞诩

原文

虞诩字升卿，陈国武平[1]人也。祖父经，为郡县狱吏，案法平允，务存宽恕，每冬月上其状，恒流涕随之。尝称曰：“东海于公高为里门，而其子定国卒至丞相[2]。吾决狱六十年矣，虽不及于公，其庶几乎！子孙何必不为九卿邪?”故字诩曰升卿。

诩年十二，能通《尚书》。早孤，孝养祖母。县举顺孙，国相奇之，欲以为吏。诩辞曰：“祖母九十，非诩不养。”相乃止。后祖母终，服阕，辟太尉李脩府，拜郎中。

永初四年，羌胡反乱，残破并、凉，大将军邓骘以军役方费，事不相赡，欲弃凉州[3]，并力北边，乃会公卿集议。骘曰："譬若衣败，坏一以相补，犹有所完。若不如此，将两无所保。"议者咸同。诩闻之，乃说李脩曰："窃闻公卿定策当弃凉州，求之愚心，未见其便。先帝开拓土宇，劬劳后定，而今惮小费，举而弃之。凉州既弃，即以三辅[4]为塞；三辅为塞，则园陵单外。此不可之甚者也。谚曰：'关西出将，关东出相[5]。'观其习兵壮勇，实过余州。今羌胡所以不敢入据三辅，为心腹之害者，以凉州在后故也。其士人所以推锋执锐，无反顾之心者，为臣属于汉故也。若弃其境域，徙其人庶，安土重迁，必生异志。如使豪雄相聚，席卷而东，虽贲、育[6]为卒，太公为将，犹恐不足当御。议者喻以补衣犹有所完，诩恐其疽食侵淫而无限极。弃之非计。"脩曰："吾意不及此。微[7]子之言，几败国事。然则计当安出？"诩曰："今凉土扰动，人情不安，窃忧卒然有非常之变。诚宜令四府九卿[8]，各辟彼州数人，其牧守令长子弟皆除为冗官[9]，外以劝厉，答其功勤，内以拘致，防其邪计。"脩善其言，更集四府，皆从诩议。于是辟西州[10]豪桀为掾属，拜牧守长吏子弟为郎，以安慰之。

邓骘兄弟以诩异其议，因此不平，欲以吏法中伤诩。后朝歌[11]贼宁季等数千人攻杀长吏，屯聚连年，州郡不能禁，乃以诩为朝歌长。故旧皆吊诩曰："得朝歌何衰！"诩笑曰："志不求易，事不避难，臣之职也。不遇盘根错节，何以别利器乎？"始到，谒河内太守马棱。棱勉之曰："君儒者，当谋谟庙堂[12]，反在朝歌邪？"诩曰："初除之日，士大夫皆见吊勉。以诩诪之，知其无能为也。朝歌者，韩、魏之郊，背太行，临黄河，去敖仓[13]百里，而青、冀之人流亡万数。贼不知开仓招众，劫库兵，守城皋[14]，断天下右臂，此不足忧也。今其众新盛，难与争锋。兵不厌权[15]，愿宽假辔策，勿令有所拘阂[16]而已。"及到官，设令三科以募求壮士，自掾史以下各举所知，其攻劫者为上，伤人偷盗者次之，带丧服而不事家业为下。收得百余人，诩为飨会，悉贯其罪，使入贼中，诱令劫掠，乃伏兵以待之，遂杀贼数百人。又潜遣贫人能缝者，佣作贼衣，以采綖缝其裾为帜[17]，有出市里者，吏辄禽之。贼由是骇散，咸称神明。迁怀[18]令。

后羌寇武都[19]，邓太后以诩有将帅之略，迁武都太守，引见嘉德殿，厚加赏赐。羌乃率众数千，遮诩于陈仓、崤谷[20]，诩即停军不进，而宣言上书请兵，须到当发。羌闻之，乃分抄傍县，诩因其兵散，日夜进道，兼行百余里。令吏士各作两灶，日增倍之，羌不敢逼。或问曰："孙膑减灶而君增之。兵法日行不过三十里，以戒不虞，而今日且二百里。何也？"诩曰："虏众多，吾兵少。徐行则易为所及，速进则彼所不测。虏见吾灶日增，必谓郡兵来迎。众多行速，必惮追我。孙膑见弱，吾今示强，执㉑有不同故也。”

既到郡，兵不满三千，而羌众万余，攻围赤亭㉒数十日。诩乃令军中，使强弩勿发，而潜发小弩。羌以为矢力弱，不能至，并兵急攻。诩于是使二十强弩共射一人，发无不中，羌大震，退。诩因出城奋击，多所伤杀。明日悉陈其兵众，令从东郭门出，北郭门入，贸易衣服，回转数周。羌不知其数，更相恐动。诩计贼当退，乃潜遣五百余人于浅水设伏，候其走路。虏果大奔，因掩击，大破之，斩获甚众，贼由是败散，南入益州。诩乃占相地势，筑营壁百八十所，招还流亡，假赈贫人，郡遂以安。

《后汉书·虞诩传》

注解

① 陈国武平：陈国，古国名。在今河南淮阳县。武平，县名。故城在今河南鹿邑县西北。

② “东海”两句：东海人于公为县狱吏，执法公正。家中闾门坏了，百姓共为他修建，他下令修高大一些，能容纳驷马高车，说自己决狱多阴德，子孙必有做大官的。后儿子于定国果然任宰相。

③ 凉州：汉置，即今甘肃省。

④ 三辅：汉以京兆、左冯翊、右扶风为三辅，即陕西省中部之地。

⑤ “关西”二句：关西，指函谷关以西之地，即今陕西、甘肃两省。关东，函谷关以东，即今河南、山东等地。

⑥ 贲、育：都是古代的勇士。

⑦ 微：如果不是；如果没有。

⑧ 四府九卿：四府指太傅、太尉、司徒、司空之府。九卿谓太常、光禄、卫尉、廷尉、太仆、太鸿胪、宗正、大司农、少府。

⑨ 冗官：散官。即有职无权的官职。

⑩ 西州：即凉州。

⑪ 朝歌：县名，在今河南淇县东北。

⑫ 谋谟庙堂：谟，谋略，计谋。庙堂，朝廷。

⑬ 敖仓：在荥阳，是屯粮之所。

⑭ 城皋：地名。

⑮ 权：权变，灵活。

⑯ 阂：为难的意思。

⑰ “以采綖”句：采綖，绛缕。裾，衣襟。帜、标志。

⑱ 怀：县名，故城在今河南武陟县西南。

⑲ 武都：郡名，即今甘肃武都县。

⑳ “遮诩”句：遮，截击。陈仓，县名，故城在今甘肃宝鸡县东。崤（xiáo）谷，即函谷，大散关。在今甘肃宝鸡县西南。

㉑ 执：同势。

㉒ 赤亭：地名。在今甘肃成县西南。

译文

虞诩字升卿，陈国武平人。祖父虞经，为郡县狱官，办案公正，存心宽厚，推己及人。每逢冬月案件一报，常因之流泪。曾说：“东海于公高筑间门，令容驷马高车，以为子孙必有做大官的，而其子定国终于做了丞相。我决狱六十年了，虽比不上于王公，也许差不多吧，子孙不一定不做九卿呢？”所以给虞诩取字叫升卿。

虞诩年方十二，就能通《尚书》。自幼丧父，孝养祖母。县里推举他为顺孙，国相十分赞赏他，想要他为吏。虞诩辞谢道：“祖母九十岁了，没有我，再无人奉养了。”国相才没有叫他去。后来祖母去世，服丧期满，被征召入太尉李脩府中，任郎中。

永初四年（公元 110 年），羌胡叛乱，蹂躏并州凉州，大将军邓骘认为军役刚刚耗费了巨额开支，无法兼顾，想放弃凉州，集中力量对付北方。于是召集公卿开会，邓骘说：“譬如衣服坏了，以坏的一件补另一件，还可以有一件完好的。否则，将是两无所保。”议论的人都赞同。虞诩听了劝李脩说：“据说公卿决定放弃凉州，在我看来，不太合适。先帝开辟疆土，辛辛苦苦，现在怕费一点点钱，就把它丢弃。凉州既然丢了，那三辅就算边塞了；三辅作了边塞，那祖宗的园陵坟墓，就在界外了，这是万不可取的。俗话说：‘关西出将，关东出相’，凉州习兵练勇，超过他州。如今羌胡所以不敢入侵三辅，因凉州在他的后方，是他的心腹之患啊！凉州老百姓之所以拿起武器，保卫凉州，无反顾之心，是因为他们臣属于汉朝啊！如果放弃凉州，迁走老百姓，人民安于故土，不愿意迁徙，这样，必生发异志。假如英雄豪杰集合起来，乘势东来，虽有贲、育那样的勇士，太公那样的将领，恐怕仍是抵挡不住。说者以补衣还有所完作比方，我看如疽的溃烂，越烂越宽，没有所止。放弃凉州不是计策。”李脩说：“我没有想到这点。不是你说，几乎坏了国家的大事。那么，有什么好计策呢？”虞诩说：“今凉州骚动，人心不安，我担心发生突然事变。应该下令四府九卿，各征召凉州数人，对凉州的太守、县令县长子弟，都授给散官，表面上是奖励他们的功勋，实际上是拘禁这些人，防止他们的捣乱。”李脩认为说得对，再集会四府，都认为虞诩的意见正确。于是征召凉州豪杰为掾属，授牧守长吏子弟为郎，以安慰他们。

邓骘兄弟因虞诩反对了邓骘的意见，心中不平，想利用吏法诬陷虞诩。后来朝歌贼宁季等数千人攻杀长吏，屯聚连年，州郡控制不住，于是以虞诩为朝歌县长，一些老友都不无担心地对虞诩说：“当朝歌县长真倒霉！”虞诩笑着说：“志不求易，事不避难，这是我的本分。不遇盘曲的根，错乱的节，哪能识别利器呢？”始到，去见河内太守马棱，马棱勉励他说：“你是有学问的人，应当在朝廷谋划国家大事，为什么来朝歌呢？”虞诩说：“受命的那天，不少士大夫都来慰问勉励我。我想，贼是不能有所作为的。朝歌在古时韩国、魏国交界之处，背靠太行山，面临黄河，离敖仓百里，青州、冀州流亡到这里的有几万人。贼不知开仓募众，抢劫库藏兵器，守城皋，断天下右臂，这就不足忧了。现在，贼众正盛，不好与之争锋。兵不厌诈，希望多给兵马，不要使我有为难而已。”一上任，就设三科募求壮士，令自掾史以下各自举报所知道的，抢劫的为上，伤人偷盗的次之，有丧服而不事家业的为下。共募得百余人，虞诩设宴招待他们，都免罪过，使他们跑入贼中，引诱他们劫掠，并设伏兵，只等他们到来。于是杀贼数百人。又派遣会缝纫的贫民，为贼作衣，用绛缕缝在衣襟上作标记，贼出入市里的，官兵便加以捕捉，贼众因此惊骇走散。都称道虞诩神明。虞诩升怀县县令。

后来羌入侵武都，邓太后因虞诩有将帅的谋略，升为武都太守。在嘉德殿召见，赏赐很多。羌于是率众数千，于陈仓、崤谷间截击虞诩。虞诩马上停兵不前，扬言上书请兵，等援兵到了再前进。羌知道了，分兵抢劫他县，虞诩趁羌兵分散，日夜进发，加倍前行百余里。使吏士每人各作两灶，一天增加一倍，羌兵不敢追逼。有人问：“孙膑减灶你增灶，兵法日行不过三十里，以防不测，你现在日行二百里，为什么呢？”虞诩说：“虏兵多，我兵少。走慢了，就容易被追上，快走，虏就料不到了。虏看见我的灶天天增加，定说是郡兵来接我了，人多行速，虏不敢追我。孙膑装着自己弱，我今装着自己强，是情势不同的缘故。”

到达郡里，兵不满三千，而羌兵一万多，围攻赤亭数十天。虞诩命令军中，强弩不发，只悄悄发射些小弩。羌以为矢力弱，不能达到，于是集中兵力急攻。虞诩使二十强弩共射一人，射无不中，羌兵大为震惊，撤退。虞诩趁势出城追击，杀伤很多敌人。第二天，率全军从东郭门出，北郭门入，更换衣服，回转几周。羌人不知虞诩有多少兵力，更加恐惧。虞诩算准了羌兵会退，于是暗暗地派五百人于浅水处埋伏，等候羌兵逃走。羌兵真的大奔逃，虞诩趁机袭击，大破之，斩获很多。羌兵因此败散，南入益州。虞诩就观察地势，筑营壁一百八十所，招还流亡百姓，赈济贫民，郡里安宁了。

桥玄惩恶

原文

桥玄字公祖，梁国睢阳[①]人也。七世祖仁，从同郡戴德学，著《礼记章句》四十九篇，号曰“桥君学”。成帝时为大鸿胪[②]。祖父基，广陵太守。父肃，东莱太守。玄少为县功曹。时豫州刺史周景行部到梁国，玄谒景，因伏地言陈相羊昌罪恶，乞为部陈从事[③]，穷案其奸。景壮玄意，署而遣之。玄到，悉收昌宾客，具考臧罪。昌素为大将军梁冀所厚，冀为驰檄救之。景承旨召玄，玄还檄不发，案之益急。昌坐槛车征，玄由是著名。举孝廉，补洛阳左尉。时梁不疑[④]为河南尹，玄以公事当诣府受对，耻为所辱，弃官还乡里。后四迁为齐相，坐事为城旦[⑤]。刑竟，征，再迁上谷太守，又为汉阳太守。时上邽令皇甫祯有臧罪，玄收考髡笞，死于冀市，一境皆震。郡人上邽姜岐，守道隐居，名闻西州[⑥]。玄召以为吏，称疾不就。玄怒，敕督邮尹益逼致之，曰：“岐若不至，趣[⑦]嫁其母。”益固争不能得，遽晓譬岐。岐坚卧不起。郡内士大夫亦竞往谏，玄乃止。时颇以为讥。后谢病免，复公车征为司徒长史，拜将作大匠。

灵帝初，征入为河南尹，转少府、大鸿胪。建宁三年，迁司空，转司徒。素与南阳太守陈球有隙，及在公位，而荐球为廷尉。玄以国家方弱，自度力无所用，乃称疾上疏，引众灾以自劾。遂策罢。岁余，拜尚书令。时太中大夫盖升与帝有旧恩，前为南阳太守，臧数亿以上。玄奏免升禁锢，没入财贿。帝不从，而迁升侍中。玄托病免，拜光禄大夫。光和元年。迁太尉。数月，复以疾罢，拜太中大夫，就医里舍。

玄少子十岁，独游门次，卒有三人持杖劫执之，入舍登楼，就玄求货，玄不与。有顷，司隶校尉阳球率河南尹、洛阳令围守玄家。球等恐并杀其子，未欲迫之。玄瞋目呼曰："奸人无状，玄岂以一子之命而纵国贼乎！"促令兵进。于是攻之，玄子亦死。玄乃诣阙谢罪，乞下天下："凡有劫质，皆并杀之，不得赎以财宝，开张奸路。"诏书下其章。初自安帝以后，法禁稍弛，京师劫质，不避豪贵，自是遂绝。

玄以光和六年卒，时年七十五。玄性刚急无大体。然谦俭下士，子弟亲宗无在大官者。及卒，家无居业，丧无所殡，当时称之。

《后汉书桥玄传》

注解

①梁国睢阳：梁国，汉封国，故治在今河南商丘县南。睢阳，梁国都城。故城在今河南商丘县南。

②大鸿胪(lú)：朝廷掌管礼仪的官名。

③部陈从事：部，总领。从事，属官的统称。

④梁不疑：梁冀的弟弟。

⑤城旦：刑罚名。一种筑城四年的劳役。

⑥西州：汉时泛指凉州为西州。相当于今甘肃中部和西北部一带。

⑦趣：通"促"。赶快，急促。

译文

桥玄字公祖，梁国睢阳人。七世祖桥仁，跟同郡人戴德学习，著《礼记章句》四十九篇，号称"桥君学"。成帝时做了大鸿胪。祖父桥基，做过广陵太守。父亲桥肃，做过东莱的太守。桥玄年轻时做过县功曹。当时豫州刺史周景巡行所属部域，考核政绩，到了梁国，桥玄谒见周景，伏地陈述陈相羊昌的罪恶，请求做总领陈国从事的官，彻底查究羊昌的罪行。周景钦佩他的意志，就任命他担任此职并派遣他去。桥玄到达陈国后，全部抓捕羊昌的宾客，具体拷问贪污罪行。羊昌向来为大将军梁冀所推重，梁冀急发檄文，派人赶赴陈国救羊昌。周景秉承梁冀意旨召桥玄，桥玄退还檄文不动，拷问更急。羊昌坐槛车应召，桥玄从此出了名。桥玄被举为孝廉，补洛阳左尉。这时梁不疑任河南尹，桥玄因公事当到府里受对，不想受梁氏的耻辱，弃官还乡里。后来四次升迁做了齐相，因事犯罪被罚为城旦。

刑期满后，被征召，升为上谷太守。又做了汉阳太守。这时上邽县令皇甫祯有贪污罪，桥玄把他抓起来剃去头发用竹板痛打，皇甫祯死于冀县市肆，一境都被震动。同郡上邽人姜岐，守道隐居，名声传遍西州，桥玄召他为吏，他称病不往。桥玄怒，勒令督邮尹益强迫他，说："姜岐如果不来，赶紧下嫁他的母亲。"尹益坚持求情，桥玄不允。尹益就急忙告诉姜岐，姜岐坚持卧不起床。郡内士大夫也争着劝谏，桥玄才停止了这件事。当时人颇有些讥讽他。桥玄后来谢病免职，又被公车召为司徒长史，拜之为将作大匠。

灵帝初年，桥玄被征召为河南尹，转任少府、大鸿胪。建宁三年（公元170年），升为司空，转任司徒。桥玄素来与南阳太守陈球有矛盾，自己在三公之位后，便推荐陈球做廷尉。桥玄认为国家正弱，自己度量力无所用，就称病上疏，引国家出现的众多灾异自己弹劾自己，于是被策免。一年以后，被拜为尚书令。当时太中大夫盖升与皇帝有旧恩，以前做南阳太守，贪污数亿以上。桥玄奏请免去盖升之职并将他关押起来，没收其财贿。皇帝不同意，反而提拔盖升为侍中。桥玄称病免职，拜为光禄大夫。光和元年（公元178年），升任太尉。几个月后，又以病罢免，拜为太中大夫，回到家中，就医服药。

桥玄的小儿子年十岁，一个人在门边玩耍，忽然有三个人拿着木棍劫持他，跑入桥玄房舍，登楼，向桥玄索取财物，桥玄不给。一会儿，司隶校尉阳球率领河南尹、洛阳令赶来，围守桥玄家。陈球等人担心桥玄的儿子遭到杀害，不想逼迫劫持者。桥玄瞪着眼睛喊叫道："奸人没有王法，桥玄难道因一个儿子的性命而放掉国贼吗？"催促下令兵士前进。兵士们于是进攻，桥玄的儿子也死了。桥玄于是到朝廷谢罪，请求下令天下："凡有劫持人质，都一并杀掉，不得用财宝赎回人质，开启奸贼犯罪之路。"诏书写下这项奏章。自安帝以来，法禁渐渐松弛，京城劫持人质，不避权贵之家，从此就再没有了。

桥玄在光和六年（公元183年）死去，时年七十五岁。桥玄性格刚急不顾大体，然而谦恭俭约，礼贤下士，他的子弟宗亲没有做大官的。桥玄死后，家中没有什么产业，也没有什么东西殡殓，为时人所称誉。

三国志

《三国志》概论

《三国志》为西晋杰出史学家陈寿所撰著，主要记叙魏、蜀、吴三国鼎立时期的历史。该书是继《史记》、《汉书》之后的又一纪传体史学名著，与《史记》、《汉书》以及《后汉书》并称为“前四史”，共同成为我国古代二十五史之翘楚。

陈寿，字承祚，巴西郡安汉县（今四川南充北）人，生于蜀汉后主刘禅建兴十一年（公元233年），卒于西晋惠帝元康七年（公元297年），享年六十五岁。

陈寿平生才学出众，以蜀中文士入仕中期，故后半生仕途极为坎坷，故此《华阳国志·陈寿传》论其人生结局，如是叹曰：“位望不充其才，当时冤之。”

陈寿之世，史学著述颇为繁荣。继两汉传统，其时魏、吴两国均设有专门史官，掌管国家大事、帝王起居的记录。在曹魏，文帝、明帝曾命卫觊、缪袭草创纪传，累载书不得成，后又命韦诞、应璩、王沉、阮籍、傅玄、孙该等共同撰作，最后由王沉独就其业，成就《魏书》四十卷，其书固然毛病不少，如刘知几曾说它“多为时讳，殊非实录”，但其中不乏原始材料。在官修之外，尚有鱼豢私人撰作的《魏略》八十九卷，其书“巨细毕载，芜累甚多”（《史通·题目篇》），但资料甚为丰富。这些都为后来陈寿撰著《魏志》作好了前期的资料准备工作。在孙吴，亦曾谕令韦曜、周昭、薛莹、梁广、华核等人撰作《吴书》，其书由韦曜独终其业，计五十五卷。这自然也成为陈寿撰著《吴志》的主要参考资料。至于蜀汉，虽说“国不置史，注记无官”（《三国志·蜀后主传评》），但私人著述仍然颇多。这些著述也有可为陈寿撰作《蜀志》的材料。当然，《三国志》的成书，主要在于陈寿本人的辛勤收集和刻苦钻研。

《三国志》记叙了自公元184年黄巾起义至公元280年西晋灭吴，近一百年的历史。全书记载的内容，包括魏、蜀、吴三国形成、发展乃至消亡的全部历史过程。

《三国志》是一部纪传体的断代史。从其成书的时间来看，在所有正史中紧承《汉书》之后，所以其创作原则和方法全以《汉书》为楷模，但不同之处在于，《三国志》仅有纪、传而无表、志。由于《三国志》记叙的是魏、蜀、吴三个政权的历史内容，在中国历史发展行程中显示出三驾马车的轨迹，故此在三个国家的形成、发展直至消亡的史实编纂上，陈寿独创一格，分国各自为史，“原始察终”，溯源导流，各自形成一个完整的体系。正因有此，我们从中看到了一种与其他“正史”不同的断限方法。整体来看，《三国志》这部断代史，依据所叙内容，其时间所断之限，前伸东汉后延西晋各有一定的所限，给世人一个十分明白的前因后果，其榫卯构接颇为严合。在《三国志》的创作过程中，陈寿实事求是地依据既成的历史事实，将魏、蜀、吴三个政权作为各自独立的个体看待，将它们各国历史单独成书，以示这三个政权在历史中的合法性——均以正朔承绪刘汉王朝。这就是人们所说的三国体制“正朔有三”。但从整个社会的发展走向来看，这三个政权在上承下启的过程中毕竟有所不同，故而陈寿在运笔时亦随之而予以一定的区别。

《三国志》，合读为一部完整的断代史，分读则为三部正史化的地方史。这一特点在二十五史中是绝无仅有的。三国时期是一个政局动荡不安的时代，是一个乱世。而乱世出英雄，故此三国又是一个人才辈出、英雄并起的时代。陈寿的《三国志》只有纪、传，专重这一时期人物及其活动的记载。全书共记载了四百三十七人的传记。对于这些人物，陈寿以帝王为纲、臣僚为目，以政治人物为先，其他人才为次。与此同时，还照顾到各个人物在历史舞台上出现的时序。因此，整部《三国志》的人物传记的安排，是以类舍传、依时排列。

《三国志》自撰出后，受到历代研习者的赞誉。陈寿之世，当时诸家叙三国史事之书，自《三国志》行世而渐至湮没无闻。陈寿去世后，晋梁州大中正、尚书郎范頵等人，上表向朝廷推荐《三国志》说：“陈寿作《三国志》，辞多劝诫，明乎得失，有益风化，虽文艳不若（司马）相如，而质直过之。”（《晋书·陈寿传》）北魏人崔浩认为陈寿撰作《三国志》，“有古良史之风，其所著述，文义典正，皆扬于王庭之言，微而显，婉而成章。自班（固）、史（迁）以来，无及寿者”（《魏书·毛修之传》）。而南朝梁人刘勰，在其《文心雕龙·史传》篇中则说：“及魏代三雄，记、传互出，《阳秋》《魏略》之属，《江表》、《吴录》之类，或激抗难征，或疏阔寡要，惟陈寿《三国志》，文质辨洽，荀、张比之迁、固，非妄誉也。”南宋“为文藻思英文”的叶适，更进而认为陈寿“笔高处逼司马迁，方之班固，倡少文义缘饰尔，要终胜回也”（叶适《习学纪言序目·蜀志》）。至清代，著名史学家钱大昕则作如是论评：“予性喜史学，司、班而外，即推此书，以为过于范（晔）、欧阳（修）”（《潜研堂集·三国志辨疑序》）。从前人的种种评述中，可见《三国志》的写作成就及其史学价值。

董卓乱天下

原文

董卓之入洛阳，(贾)诩以太尉掾为平津[1]都尉，迁讨虏校尉。卓婿中郎将牛辅屯陕[2]，诩在辅军。卓败，辅又死，众恐惧，校尉李傕、郭汜、张济等欲解散，间行归乡里。诩曰："闻长安中议欲尽诛凉州人，而诸君弃众单行，即一亭长能束君矣。不如率众而西，所在收兵，以攻长安，为董公报仇，幸而事济，奉国家以征天下，若不济，走未后也。"众以为然。傕乃西攻长安。语在卓传。后诩为左冯翊，傕等欲以功侯之，诩曰："此救命之计，何功之有！"固辞不受。……

《三国志·魏书·贾诩传》

注解

① 平津：古津渡名，又名关名。因地处小平县而得名。一名河阳津。故址在今河南巩县西北的黄河上。为古代黄河的重要渡口。

② 陕：县名，汉置，三国魏同。故治在今河南三门峡市西郊附近。

译文

董卓入洛阳，贾诩以太尉属官的身份任平津都尉，后来升任讨虏校尉。董卓的女婿中郎将牛辅驻军陕县，这时贾诩在牛辅的部队里任职。董卓失败，牛辅又死，部队恐惧，校尉李傕、郭汜、张济等人打算把部队解散，走小路回家。贾诩说："听说长安城里有人想杀尽凉州人，而你们丢掉部队单独行动，就是一个亭长也能把你们捆起来啊！不如率领部队往西去，所到之处收集士兵，用他们攻打长安，为董公报仇，如侥幸成功，尊奉朝廷来征服天下；如果不成功，那时逃跑也不晚呢。"大家认为不错。李傕于是向西攻打长安。这件事记载在《董卓传》里。后来贾诩任左冯翊（yì），李傕等人想根据他的功劳封他为侯，贾诩说：“这是一个救命的计策，哪有什么功劳！”坚决推让不接受。……

荀彧论敌我之优劣

原文

自太祖之迎天子也，袁绍内怀不服。绍既并河朔，天下畏其强。太祖方东忧吕布，南拒张绣，而绣败太祖军于宛。绍益骄，与太祖书，其辞悖慢。太祖大怒，出入动静变于常，众皆谓以失利于张绣故也。钟繇以问彧，彧曰：“公之聪明，必不追究往事，殆有他虑。”则见太祖问之，太祖乃以示彧，曰：“今将讨不义，而力不敌，何为？”彧曰：“古之成败者，诚有其才，虽弱必强，苟非其人，虽强易弱，刘、项之存亡，足以观矣。今与公争天下者，唯袁绍耳。绍貌外宽而内忌，任人而疑其心；公明达不拘，唯才所宜，此度胜也。绍迟重少决，失在后机；公能断大事，应变无方，上谋胜也。绍御军宽缓，法令不立，士卒虽众，其实难用；公法令既明，赏罚必行，士卒虽寡，皆争致死，此武胜也。绍凭世资，从容饰智，以收名誉，故士之寡能好问者多归之；公以至仁待人，推诚心不为虚美，行己谨俭，而与有功者无所吝惜[①]。故天下忠正效实之士咸愿为用，此德胜也。夫以四胜辅天子，扶义征伐，谁敢不从？绍之强其何能为！”太祖悦。

《三国志·魏书·荀彧传》

注解

① 吝惜：鄙啬意。今多指吝于用财。

译文

自从太祖迎接汉献帝后，袁绍内心不服。袁绍已经兼并了黄河以北地区，天下的人都惧怕他的强大。太祖东边担心吕布，南边抗拒张绣，又在宛县吃了败仗。袁绍愈加骄傲起来，写信给太祖，措辞傲慢无礼。太祖非常生气，行动举止都与平常不同，大家都认为是被张绣打败的缘故。钟繇为这事问荀彧，荀彧说："曹公是个聪明人，一定不会追悔过去的事，大概有其他不快意的事吧。"荀彧就进见太祖，问他原由。太祖把袁绍的书信给荀彧看，说："现在我想讨伐不义之人，可是力量敌不过他，怎么办？"荀彧说："自古以来，成败不在于一时的强与弱。真正有才能的人，虽然开始弱小，最终一定会变成强大；如果不是这样的人，即使开始强大，也会变得弱小，刘邦与项羽的存亡，就可以看出这个问题。现在与您争天下的，只有袁绍。"袁绍外表宽容，内心猜忌，用人而内心又生疑心；您明智通达，不拘小节，只要有才就用，您的气度胜过袁绍，这是第一。袁绍处事犹豫不决，往往错过事机而失败；您能决断大事，随机应变，不守陈规，您的智谋胜过袁绍，这是第二。袁绍治军松弛，不立法令，兵士虽多，事实上难以使用；您法令严明，赏罚必行，兵士虽然少一点，都争着拼死战斗，您的军队胜过袁绍，这是第三。袁绍凭借他世袭的身份，装得富有智慧，用来沽名钓誉，所以一些没有才能而喜好声誉的人都跑到他那里去了；您真心实意待人，开诚布公，不图虚名，自己谨慎俭朴，而对待有功的人，毫不吝惜，所以天下忠诚正直、注重实际的人都愿为您效力。您的德行胜过袁绍，这是第四。以'四胜'辅佐天子，匡扶正义，讨伐叛逆，哪个敢不服从？袁绍的所谓强大能有什么作为呢？"太祖听后非常高兴。

曹操论事

原文

安定太守毌(guàn)丘兴将之官,公戒之曰:"羌、胡欲与中国通,自当遣人来,慎勿遣人往。善人难得,必将教羌、胡有所请求,因欲以自利;不从,便为失异俗意,从之,则无益事。"兴至,遣校尉范陵至羌中,陵果教羌,使自请为属国都尉。公曰:"吾预知当尔,非圣也,但更①事多耳。"

《三国志·魏书·武帝纪》

注解

① 更:经历。

译文

安定太守毌丘兴将要赴任,曹操告诫他说:"羌人、胡人想和我们来往,自然应该让他们派人来,切记不要派人去。好人难得,不好的人势必教唆羌、胡人提出不合理的要求,以便从中自己谋利。我们不答应,便使他们失望;而如果答应,就对我们不利。"毌丘兴到达安定,派校尉范陵去羌人那里,范陵果然教唆羌人,叫他们请求让他当属国都尉。曹操说:"我预料一定会这样的,我不是圣人,只是经历的事多点罢了。"

王修执法与为人

原文

王修字叔治，北海[①]营陵人也。年七岁丧母。母以社日[②]亡，来岁邻里社，修感念母，哀甚。邻里闻之，为之罢社。年二十，游学南阳，止张奉舍。奉举家得疾病，无相视者，修亲隐[③]恤[④]之，病愈乃去。

初平中，北海孔融召以为主簿[⑤]，守高密[⑥]令。高密孙氏素豪侠，人客数犯法。民有相劫者，贼入孙氏，吏不能执[⑦]。修将吏民围之，孙氏拒守，吏民畏惮不敢近。修令吏民："敢有不攻者与同罪。"孙氏惧，乃出贼。由是豪强慑服。

举孝廉[⑧]，修让邴原，融不听。时天下乱，遂不行。顷之，郡中有反者。修闻融有难，夜往奔融。贼初发，融谓左右曰："能冒难来，唯王修耳！"言终而修至。

复署功曹。时胶东[⑨]多贼寇，复令修守胶东令。胶东人公沙卢宗强[⑩]，自为营堑，不肯应发调。修独将数骑径入其门，斩卢兄弟，公沙氏惊愕莫敢动。修抚慰其余，由是寇少[⑪]止。融每有难，修虽休归在家，无不至。融常赖修以免。

袁谭在青州[⑫]，辟修为治中从事[⑬]，别驾刘献数毁短修。后献以事当死，修理之，得免。时人益以此多焉。……

《三国志·魏书·王修传》

注解

① 北海：郡国名。治所在营陵（今山东省昌乐县东南）。
② 社日：古代祭祀土神的日子。
③ 隐：怜悯。

④ 恤：救助。

⑤ 主簿：官名。汉代中央及郡县官署均置此职，主管文书，办理日常事务。

⑥ 守高密：守，代理官职。高密，县名，在今山东省高密县西南。

⑦ 执：捉拿。

⑧ 孝廉：汉代选举科目之一，孝廉即孝顺廉洁的人。

⑨ 胶东：国名。治所在即墨（今山东省平度县东南）。

⑩ 宗强：宗族豪强。

⑪ 少：稍稍。

⑫ 青州：州名。汉武帝所置十三刺史部之一。治所在临菑（今山东省淄博市临淄北）。

⑬ 治中从事：官名。为州刺史助理。

译文

王修字叔治，北海郡营陵县人。七岁时丧母。是社日那天死的。第二年社日，邻里祭祀土神，王修怀念母亲，十分悲痛。邻里人听到他哀泣之声，便停止了祭祀。王修二十岁时，到南阳游学，在张奉家住。张奉全家得病没有人去看望。王修怜悯他们，侍候他们，等到他们的病好了才离开。

初平年间，北海国孔融征召他担任主簿，代理高密县县长。高密县孙氏向来横行县里，他的族人家客经常犯法。百姓有被抢劫的，盗贼跑到孙氏家中，官吏不敢进入孙家逮捕。王修带了官吏百姓包围了孙家，孙氏抗拒坚守，官吏和百姓害怕，不敢前去。王修命令官吏百姓：“胆敢不攻打的与盗贼同样治罪。”孙氏害怕了，于是交出了盗贼。从此地方上横行霸道的有所畏惧屈服了。

王修被荐举为孝廉，他让给邴原，孔融不同意。这时天下动乱，王修没有到任。不久，郡里有造反的。王修听到孔融有难，连夜奔往孔融。盗贼刚刚发作时，孔融对左右的人说：“能够冒险而来助我的，只有王修。”话刚刚说完，王修就来了。

王修再次代理功曹。当时胶东的盗贼匪徒很多，又命令王修代理胶东县令。胶东人公沙卢宗族强大，自己修建了营垒壕沟，不服从政府的派遣和交纳赋税。王修独自率领几名骑士直入公沙卢家，杀了公沙卢的兄弟，公沙家族的人惊得目瞪口呆，不敢动。王修安抚慰问其余的人，从此盗贼的危害，才稍稍制止。孔融每次遇到祸患，王修即使在家休假，也从没有不去救助他的。孔融常靠王修之力而得以免除祸患。

袁谭在青州时，征召王修为治中从事，别驾刘献多次诋毁贬低王修。后来刘献因事应当判死刑，王修办理这件案子，刘献得以免于死罪。当时的人因此更加称赞王修的为人。……

人能有改乃至于斯

原 文

国中有盗牛者，牛主得之。盗者说："我邂逅迷惑，从今以后将为改过，子既已赦宥，幸无使王烈闻之。"人有以告烈者，烈以布一端[①]遗之。或问："此人既为盗，畏君闻之，反与之布，何也？"烈曰："昔秦穆公[②]，人盗其骏马食之，乃赐之酒。盗者不爱其死，以救穆公之难。今此盗人能悔其过，惧吾闻之，是知耻恶。知耻恶，则善心将生，故与布劝为善也。"间年[③]之中，行路老父担重，人代担行数十里，欲至家，置而去，问姓名，不以告。顷之，老父复行，失剑于路，有人行而遇之，欲置而去。惧后人得之，剑主于是永失；欲取而购募，或恐差错，遂守之。至暮，剑主还见之，前者代担人也。老父揽[④]其袂，问曰："子前者代吾担，不得姓名，今子复守吾剑于路，未有若子之仁，请子告吾姓名，吾将以告王烈。"乃语之而去。老父以告烈，烈曰："世有仁人，吾未之见。"遂使人推之，乃昔时盗牛人也。烈叹曰："韶乐九成，虞宾以和，人能有感，乃至于斯也！"遂使国人表其闾而异之。

《三国志·魏书》裴注引《先贤行状》

注解

① 端：古布帛长度名。绢曰匹，布曰端。古绢以四丈为一匹，布以六丈为一端。唐以四丈为匹，六丈为端。

② 秦穆公：（公元前659—前621年）春秋时秦国之君。嬴姓，名任好。

③ 间年：隔年。

④ 揽（lǎn）：执，举。

译文

国内有个偷牛的，被牛主捕得，偷牛贼说："我一时糊涂，从今以后洗手不干了，您既然原谅了我，请不要让王烈知道。"有人告诉了王烈，王烈拿了六丈布给了偷牛贼。有人问："这个人既然做了贼，怕您知道，您反而给布，为什么呢？"王烈说："从前秦穆公的骏马，被人盗去吃了，秦穆公还赐给盗马的酒喝。后来盗马的不惜拼命救了秦穆公的危难。现在这个偷牛贼，能够悔过，怕我知道，这是晓得做坏事可耻。知可耻，做好事的思想就有了，所以给他布以劝他从善啊。"隔了一年，一个老父挑着重担子走路，有个人代他挑行数十里，快到家了，那人把担子放下就走了，问他的名字，不说。不久，这个老父又在路上走，把剑丢了。有个人看见了，心想不顾而去，但又想，后来的人得了，剑会永远丢失了，拿着剑去找失主，又担心有错领的情况，于是就守在那里。到了夕阳下山的时候，失主返回来见了他，原来是前年代他挑担的那个人。老父扯着那个人的袖子说："你从前代我挑担，不知道你的姓名，现在你又在路上守着我丢失的剑，没有遇到过你这样的好人，请你告诉我你的姓名，我将告诉王烈。"那个人告诉他就走了。老父把这个情况告诉了王烈，王烈说："世界上有这么好的人，我还没有见过面。"于是派人寻访，原来是从前那个偷牛的人呢。王烈叹息说："韶乐九成，虞宾以和，人能有感，竟到了这个地步呀！"就使国人表扬他的乡里，敬重他的善行。

张飞义释严颜

原　文

张飞字益德，涿郡人也，少与关羽俱事先主。羽年长数岁，飞兄事之。先主从曹公破吕布，随还许[1]，曹公拜飞为中郎将。先主背[2]曹公依袁绍、刘表。表卒，曹公入荆州，先主奔江南。曹公追之，一日一夜，及于当阳之长阪。先主闻曹公卒[3]至，弃妻子走，使飞将二十骑拒后。飞据水断桥，瞋目横矛曰："身是张益德也，可来共决死！"敌皆无敢近者，故遂得免。先主既定江南，以飞为宜都[4]太守、征虏将军，封新亭侯，后转在南郡。先主入益州，还攻刘璋，飞与诸葛亮等溯流[5]而上，分定郡县。至江州[6]，破璋将巴郡[7]太守严颜，生获颜。飞喝颜曰："大军至，何以不降而敢拒战？"颜答曰："卿等无状[8]，侵夺我州，我州但有断头将军，无有降将军也。"飞怒，令左右牵去斫头，颜色不变，曰："斫头便斫头，何为怒耶！"飞壮而释之，引为宾客。飞所过战克，与先主会于成都。益州既平，赐诸葛亮、法正、飞及关羽金各五百斤，银千斤，钱五千万，锦千匹，其余颁赐各有差[9]，以飞领巴西[10]太守。

《三国志·蜀书·张飞传》

注解

①许：指许昌。

②背：背弃。

③卒(cù)：通“猝”，突然。

④宜都：郡名，三国时刘备以临江郡改置，治所在今湖北省宜都县。

⑤溯流：逆流。

⑥江州：地名。在今重庆市北嘉陵江北岸。

⑦巴郡：郡名，治所在江州。

⑧无状：无礼。

⑨差：差别。等级。

⑩巴西：郡名，治所在阆中（今四川省阆中县）。

译文

张飞字益德，涿郡人，青年时和关羽一起侍奉刘备。关羽比他年纪大几岁，张飞像对待兄长那样侍奉他。刘备从曹操打败吕布，跟着回到许昌，曹操任命张飞为中郎将。刘备背离曹操投靠袁绍、刘表。刘表死后，曹操攻入荆州，刘备奔往江南。曹操追刘备，一天一夜，在当阳县的长阪追上了。刘备听说曹操突然到来，丢下妻室儿女逃跑，派张飞带领二十几个骑兵断后。张飞据水断桥，瞪着眼睛横着长矛大喊：“我是张益德，你们快来与我决一死战吧！”敌人没有一个敢来的，刘备因此才得以逃脱。刘备平定江南之后，任命张飞为宜都太守、征虏将军，封为新亭侯，后来转南郡。刘备攻入益州后，又回师攻打刘璋，张飞与诸葛亮等逆流而上，分头平定了各郡县。到江州，击败了刘璋的将领巴郡太守严颜，活捉了严颜。张飞呵斥严颜说：“大军到来，为什么不投降却要抵抗？”严颜回答说：“你们无礼，侵占我们的州县。我们州县，只有断头将军，无降将军！”张飞大怒，命令左右的人拉出去砍头。严颜面不变色，说：“砍头就砍头，为什么要发怒呢？”张飞认为严颜是个壮士，释放了他，还把他收为宾客。张飞所到之处都攻克了，与刘备在成都相会。益州平定以后，赐予诸葛亮、法正、张飞和关羽各黄金五百斤，白银一千斤，钱五千万，锦缎一千匹，其余各人都有不同的颁赐，任命张飞为巴西太守。

曹操反间破马超

原文

是时关中诸将疑繇欲自袭，马超遂与韩遂、杨秋、李堪、成宜等叛。遣曹仁讨之。……韩遂请与公相见，公与遂父同岁孝廉[①]，又与遂同时侪辈，于是交马语移时，不及军事，但说京都旧故，拊手欢笑。既罢，超等问遂："公何言？"遂曰："无所言也。"超等疑之。他日，公又与遂书，多所点窜，如遂改定者。超等愈疑遂。公乃与克日会战，先以轻兵挑之，战良久，乃纵虎骑夹击，大破之，斩成宜、李堪等。遂、超等走凉州[②]，杨秋奔安定[③]，关中[④]平。诸将或问公曰："初，贼守潼关，渭北道缺，不从河东击冯翊而反守潼关，引日而后北渡，何也？"公曰："贼守潼关，若吾入河东[⑤]，贼必引守诸津，则西河[⑥]未可渡，吾故盛兵向潼关；贼悉众南守，西河之备虚，故二将得擅取西河；然后引军北渡，贼不能与吾争西河者，以有二将之军也。连车树栅，为甬道而南，既为不可胜，且以示弱。渡渭为坚垒，虏至不出，所以骄之也；故贼不为营垒而求割地。吾顺言许之，所以从其意，使自安而不为备，因蓄士卒之力，一旦击之，所谓疾雷不及掩耳，兵之变化，固非一道也。"始，贼每一部到，公辄有喜色。贼破之后，诸将问其故。公答曰："关中长远，若贼各依险阻，征之，不一二年不可定也。今皆来集，其众虽多，莫相归服，军无適主，一举可灭，为功差易，吾是以喜。"

《三国志·魏书·武帝纪》

注解

① 孝廉：汉代察举官吏的科目名。孝，指孝子；廉，指廉洁的官吏。汉武帝元光元年（公元前134年）初，令郡国举孝廉各一人，后合称孝廉。三国因之。

② 凉州：州名，西汉置。为汉武帝十三刺史部之一。辖境相当今甘肃、宁夏和青海湟

水流域，陕西定边、吴旗、凤县、略阳等县。

③ 安定：郡名。西汉元鼎三年（公元前 114 年）置。治所在今宁夏固原。辖境相当今甘肃泾川、宁县、崇信、平凉、镇原和宁夏泾源、隆德、固原、西吉等县。

④ 关中：地区名。秦都成阳，汉都长安，称函谷关以西为关中。或以为在秦岭以北范围，包括陇西、陕北等地。

⑤ 河东：郡名。黄河在山西地作北南流向，战国、秦、汉时因指今山西西南部为河东；魏晋以后泛指山西全省。

⑥ 西河：地区名。战国魏地。故地在今河南安阳一带。其时黄河流经安阳之东，西河意即河西。

译文

这时关中各将领怀疑钟繇要袭击自己，马超遂与韩遂、杨秋、李堪、成宜等人反叛，曹操派曹仁去讨伐他们。……韩遂要求与曹操见面，曹操与韩遂的父亲是同年孝廉，又与韩遂为同辈人，于是曹操与韩遂并马交谈了很长一段时间，不说军事，只谈论在京都时的一些旧事，说到投机的时候，两人拍手大笑。会见以后，马超等人问韩遂："曹操说了些什么呢？"韩遂说："没说什么。"马超等就怀疑韩遂有不可告人之密。另一天，曹操又给韩遂写信，涂改的地方很多，像是韩遂改定的。马超等人对韩遂更加怀疑。曹操于是与马超约定日子会战，先用轻装步兵挑战，战了很久，才使用勇猛的骑兵夹击，大破敌军，杀了成宜、李堪等人。韩遂、马超跑到凉州，杨秋逃到安定，关中平定了。诸将中有人问曹操："以前，贼守潼关、渭北道缺，不从河东击冯翊而反守潼关，拖延时间而后北渡，这是为什么呢？"曹操说："敌人据守潼关，如果我们进入河东，敌人一定会率领部队把守各个渡口，这样，我们就无法渡过西河了。所以我故意把大军开往潼关，敌人就会使用所有的兵力，把守南面，这样使得西河的防守空虚，这样徐晃、朱灵二将能集中力量夺取西河，然后带领部队北渡黄河，敌人不能与我们争夺西河，就是因为有二将的军队在那里啊。连结车辆，树立栅栏，修筑通道通往南方，这是既作好不可战胜的准备，也显示我军力量的薄弱，给敌人以假象。渡过谓水修筑坚固的壁垒，敌人来了我军不出应战，是为了使他们骄傲；所以敌人不修筑壁垒而要求割地。我顺着他们答应了。所以我顺从是想稳住他们的思想，不作防备。而我们则积蓄力量，突然发起攻击，这就叫做迅雷不及掩耳。用兵的变化无穷，本来就没有一种固定的方法啊。”起先，敌人每有一支部队到来，曹操总是喜形于色。敌人被打败之后，将领们问这是为什么，曹操答道：“关中土地辽阔，如果敌人各自据守险阻，我们征讨他们，没有一二年的时间是不能克敌制胜的。现在他们集聚到一起来，人马虽然多，但是各不相属，又无统一的主帅，一战就能消灭他们，比较容易取胜，他们集中到一起来，‘送货上门’，所以我很高兴。”

晋书

《晋书》概论

《晋书》，唐房玄龄撰，共一百三十卷，计有本纪十卷、志二十卷、列传七十卷、载记三十卷，记载从晋武帝泰始元年至恭帝元熙二年（公元256—420年）一百五十六年的史事，诸志所载典章制度则上承汉末。书中虽多矛盾、疏漏，但仍是研究晋史的主要依据。

《晋书》一百三十卷，始修于唐太宗贞观十八年（公元644年），至二十年修成。按朝代顺序，《晋书》在二十五史中列第五，但从成书年代看，《晋书》成于唐初，在宋、齐、魏乃至隋书之后，距西晋灭亡已有三百多年，距东晋灭亡也有二百多年。

《晋书》以其一百三十卷的巨制，能在短短三年时间内编成，除上面提到的编写人员众多这个因素外，另一个因素则是可供直接参考的资料十分丰富。唐朝官修的《晋书》所利用的史料大致有三个来源：一是两晋南北朝时期各家撰著的有关晋朝历史；一为晋朝各帝的起居注；一为杂史文集等史料。

首先是十八家晋史。晋末距唐初已有二百余年，在这一段时间内，研究晋史的学者很多，据《隋书·经籍志》和《唐书·艺文志》所载，已成书的不下二十家。唐太宗在《修（晋书）诏》中称："前后晋史十有八家"。但究竟是哪十八家，到现在已很难确定，一般通行的意见，是指，晋：陆机的《晋纪》，王隐的《晋书》，谢沈的《晋书》，干宝的《晋纪》，邓粲的《晋纪》，孙盛的《晋阳秋》，虞预的《晋书》，曹嘉之的《晋纪》，何法盛的《晋中兴书》，朱凤的《晋书》；宋：徐广的《晋纪》，檀道鸾的《续晋阳秋》，裴松之的《晋纪》，谢灵运的《晋书》；齐：臧荣绪的《晋书》；梁：萧子云的《晋书》，萧子显的《晋史草》，沈约的《晋书》等十八家。此外还有晋：束皙的《晋书》帝纪十志，荀绰的《晋后书》，习凿齿的《汉晋春秋》；宋：刘谦之的《晋纪》，王韶之的《晋纪》，郭季产的《晋纪》；梁：萧铣的《东晋新书》，郑忠的《晋书》等八家，也在参考之列。

《晋书》系叙述两晋（西晋、东晋）时期一百五十五年（公元265—419年）的历史。总括起来，它有如下特点和价值。

首先，从编辑分工合作情况看，《晋书》是官修史书中组织分工比较合理、能够发挥各家专长的一部史学著作。在《晋书》的修撰过程中，主持监修的房玄龄等人对组织分工作了比较合理的安排，因其所长，分工撰录，便于发挥个人专长，然后集合各人的专长，合成一书。这在官修史书是一个比较突出的特点。后代官修史书在这方面是赶不上《晋书》的。

其次，从编辑体例来说，《晋书》在古代史籍中是体例比较合理并有所创新的一部史学著作。《晋书》的编辑体例，基本上沿袭《史记》《汉书》《宋书》《南齐书》《魏书》的体例并加以发展。有本纪、列传、志书和载记，发挥了纪传体史书固有的特色。本纪中的宣帝、景帝、文帝三纪，追述西晋建立前曹魏后期司马氏专权的历史，说明晋朝帝业的开创始末。这三人虽没有帝号，陈寿《三国志》也未立传。干宝《晋纪》创立三帝纪，唐修《晋书》承袭这种做法，并对以后的《金史》创立《世纪》产生了影响。

《晋书》列传的编次，很是得体。例如陶潜死于刘宋，为了褒奖他心不忘晋，也为他立传；桓温本有争晋的阴谋，所以他的传不列入桓彝之下，而是与王敦、桓玄同入叛逆传中。七十卷列传，共列入七百七十二人。除按时代先后编次外，还有很多合传。其中有按高门士族合为一传的，有的多达十人以上，如桓彝子孙十六人、安平王司马孚子孙十三人、王湛子孙十二人、陶侃子孙十一人，分别合为一传。这种写法反映了当时士族的强盛和时人对门第观念的重视。有的则按传主的共同特点合传，如阮籍、嵇康、向秀、刘伶等人合传，是因为他们都具有"其进也，抚俗同尘；其退也，餐和履顺，以保天真"的特点。比如将徐广、陈寿等十二人合为一传，皇甫谧、束皙等四人合为一传，则是因为他们都是历史学家、考古家。又比如卷五十九的八王合为一传，若以世次论，他们根本不可能合为一传，但因为他们是导致西晋灭亡的"八王之乱"的罪魁，所以也合为一传。

《晋书》中载记的运用是最著特色的体裁。载记是用来记叙新市、平林、公孙述等的割据势力，有些类似于《史记》的世家。《晋书》写的是统一皇朝的历史，对于东晋十六国时期的历史记载，自然贯彻着一种统一的思想。十六国都在中土，又不受晋封，势难以按照《史记》的世家那样处理，因为世家所列诸侯皆由周王室分封而承认周王室为天下共主，这样就只有援引"载记"之例，分国记述前赵、后赵、前燕、前秦、后秦、后蜀、后凉、后燕、西秦、北燕、南凉、南燕、北凉、夏等十四个政权。三十载记，只称"僭伪"，不强调"华夷"，正是唐太宗摒弃华夷之辨的狭隘民族偏向，实行"爱之如一"的民族政策的思想的直接体现。

再次，从史料的角度看，《晋书》取材广泛，内容丰富，叙事详尽，是一部具有较高史料价值的史学著作。这是《晋书》的一大优点。唐代创官家修史，在图书资料的汇集和人力的组织上都要优于私家。前文在叙及《晋书》的史料来源时曾提十八家晋史及其他史著，这在《晋书》中也有反映。比如在《晋书》本纪中，追溯了曹魏末年司马氏专政和代魏的历史，可以弥补《三国志》的不足。在《晋书》列传中，保存的珍贵史料更多，足以反映两晋时期社会矛盾的全貌以及经济文化发展的情况。同时，列传中多载有原始的历史文献，如《禹贡地域图序》（卷三十五）、裴頠的《崇有论》（卷三十五）、刘寔的《崇让论》（卷四十一）

等，对于说明晋代的社会风俗，都是极重要的文献。再比如五胡十六国这段历史，在《晋书》以前虽有《三十国春秋》、《十六国春秋》等著作，但原著久已失传，今天所能看到的，只是后人的辑本，因而研究这一段历史就不能不留意《晋书》三十载记。此外，唐以前虽有为数众多的晋史著作，但《晋书》取代这些著作后，大多都已失传，流传到今的全本几乎没有了，所以在保存史料方面，《晋书》无疑是有很大成就的。

《晋书》尽管有较完备的体例和充实的史料，但也有其不足之处。

首先值得注意的是《晋书》中所表现的孝道伦理和天命论思想。这还得从魏晋以来的政治、文化思想的变化说起。魏晋以来，由于政权更替频繁，儒教的伦理纲常，尤其是忠君思想，已被大大削弱了。孝道被统治者们死死抱住不放，当成维系其统治的重要手段，所以，从南北朝的各史开始，有关"孝义"、"孝行"或"孝友"的类传频频出现。到了唐朝，儒家学说逐渐居于正统思想地位。在总结前王得失与进行伦理说教两者之间，《晋书》的修撰者们更多地从后者着眼。因此，宣扬伦理纲常，用以"敦励风俗"，突出孝道，就成为修撰《晋书》的基本思想。这可以说《晋书》的指导思想有别于唐初所修其他各史的一大变化。在《晋书》中，不仅专门为"孝友"产传，就连其他列传也刻意突出孝道。书中所采的"孝悌名流"，有些被后世奉为"孝"的典范，列入"二十四孝图"，足见其影响之深远。另一方面，为了维系和神化皇权，《晋书》还注入了强烈的天命论思想。监修房玄龄按照唐太宗的旨意，明确肯定"王者，必有天命"的命题。因此书中多采摘一些荒诞的神怪故事，"以广异闻"。如《成恭杜皇后传》写皇后少有姿色，长大了还没有牙齿，"帝采纳之日，一夜齿尽生。"《干宝传》说他父亲的一个婢女，幽闭墓中十多年，后来竟然又复苏、嫁人，并且还生儿育女。这种宣扬鬼神怪异，因果报应的文字，对于讲究客观真实的历史著作来说，是极其有害的。

《晋书》另一个值得注意的问题，是它的前后矛盾、疏漏脱落之处。由于是众手修书，参加的人的水平参差不齐，撰成后又未经精心通纂，因而书中存在一些前后矛盾，互不照应之处。至于书中关于人名、地名、官职、时间、地点的错误及前后不一之处，更是不胜枚举。

尽管有上述不当之处，但《晋书》毕竟是在广泛汲取前人成果和占有材料的基础上撰成的，应该说是成绩多于缺点，在我国古代史籍中是一部具有较高水平的史书。加上修撰者多为文学之士，魏晋以来以至唐初，盛行四六骈体文，修撰诸公辞藻华丽，"竞为绮艳"，这对于专门的史学著作讲究笃实的学风来说，固然是不相宜的，但对于一般读者，通过文白对照的形式，展现其中的部分篇什，不是既可以温习一点两晋史实，又可以欣赏到初唐学子的“绮艳”文风么?!

我们在这里提供一些有关两晋时期的政治、经济、民族、文化的背景知识可能对了解晋史会有一定帮助。政治方面：两晋时期政治的一个突出的特点，就是门阀政治(又称贵族政治)。本来，在西汉时期，由于跟随刘邦起事的多为出身低微之徒，后来当上了高官，形成了所谓的“布衣卿相之局”。东汉时期地方世家大族势力虽有所发展，但由于两汉时期采取由社会基层组织推举的“察举”和“征辟”的途径选拔官吏，一些出身寒门的人如果德才兼备还是可以入仕为官的。东汉末年的社会大动荡，摧毁了社会基层组织，原来的“察举”和“征辟”不能有效地进行，曹魏建立后，就实行“九品官人法”，依据人物的品行定为九等，作为选拔官吏的标准，“盖以论人才优劣，作为吏世高差”。迭至西晋，当权者司马氏本东汉中叶以来的世家大族，西晋政权所依靠的也是一些世家大族。此时虽继续采用“九品官人法”，但掌握评选标准却是世家大族，以致形成“上品无寒门、下品无士族”的局面。东晋偏安江东后，门阀政治更是发展到极致，且出现二大变化。其一是地方握有兵权的大族显要往往左右朝政，晋初的“王与马，共天下”就是很好的说明，其后的桓氏家族也是如此。其二是南北士族的结合。东晋所在的江东本是三国时吴国的地盘，与曹魏打击豪强，任人唯才不同，孙吴政权所依据的却是世家大族的势力，等到晋司马氏带领北方士族进入江东时，那里的士族力量已相当强盛，《晋书王导传》上说：“顾荣、贺循、纪瞻、周殃，皆南土之秀。”正是在南北世家大族的共同扶持下，东晋偏安政权才得以延续。门阀政治终东晋一世，直到刘裕取代东晋建立宋朝，门阀政治才算走到了历史的尽头。

两晋的门阀政治导致了许多社会现象和社会矛盾。首先，是统治阶级的奢侈和对门第观念的重视。门阀政治和门阀制度的形成，使得士族和寒门成为绝对不可逾越的两大阶层，士族子弟无论才智、品质如何，都可以做到高官，特殊的政治制度保证他们有特殊的社会地位，从而也保证他们有优裕的生活。在这种优裕的生活中，统治阶层腐化了。如晋武帝的宫妾、妃子近万人，皇帝不知在哪家过夜为好，他经常乘着羊车，傍晚时分任羊行走，等到哪家门前羊停止不前进了，就在哪儿过夜。于是宫女在门前洒上盐水，逗引羊车在自家门前停留。皇帝如此，世家大族更是竞相淫奢。用人乳喂猪者有之，用麦芽糖洗锅者有之，用蜡烛烧火做饭者有之，真是“奢侈之费，甚于天灾”。

门阀制度保证了统治阶级的优越地位和奢侈生活，他们当然竭尽全力去保护它。于是两晋时期对门第观念尤为强调，不仅一切唯出身论，就连通婚、社会交往也要强调彼此的门第和族望。这也就进一步促进了家族观念和牒谱学的勃兴。在《晋书》中往往同一族的人物合为一传，这也是门阀制度的反映。

其次是门阀政治导致了社会矛盾，这种矛盾在东晋尤为明显。东晋立国之初，有北来士族与当地土著士族的矛盾，而在北来士族之间为了争夺中央统治权，也有种种矛盾斗争，这种矛盾斗争突出地表现在“荆、扬之争”上。东晋时期，以扬州为内户，荆州为外阃，扬州虽然是京畿——政治中枢所在；而长江中游的荆州又因为是防御北方的军事重镇，它的经济和军事力量，又常有控制下游的可能，镇守荆州的将领往往拥兵自重，威胁下游的扬州，企图争取最高统治权。而下游扬州的皇室在自身利益受到世家大族威胁时，也往往借助荆州的军事力量进行“清君侧”。这样，为争夺统治权的世族之间的矛盾又和中央与地方的矛盾交织在一起，因而就有了“王敦之乱”、“苏峻、祖约之乱”和桓温父子的专权，直到东晋灭亡。两晋时期，民族关系是我国历史上少数民族空前活跃，民族矛盾空前激化，民族融合空前剧烈的时期。自秦汉以来，在我国北方就生活着为数众多的游牧民族，他们逐水草而居，行无定所，社会组织还处于原始社会、奴隶社会或由奴隶社会向封建社会的过渡阶段。三国鼎立，魏、蜀二国利用少数民族相互牵制、对抗，加上北方草原的旱灾的影响，北方的匈奴（胡）、羯、鲜卑、氐、羌等民族开始大规模地进入中原，西晋初年，进入内地的少数民族已达八百多万人。少数民族的迁徙又导致内地汉人的大规模的迁移，加上晋朝统治阶级的盘剥，因而形成了所谓“流民起义”，这在《晋书》中有很充分的记载。随着少数民族大规模的移入，力量也日益强大起来，经过“八王之乱”打击后的西晋王朝，经不起匈奴贵族刘曜、石勒等强大的军事势力的冲击，终于灭亡了。东晋时期，黄河流域已基本上控制在少数民族手中，并建立了为数众多的国家，这就是历史上的“十六国”。少数民族的移入，一方面摧毁了北方的经济，但更重要的，是他们在同汉文化的接触过程中，逐渐接受汉文化的熏陶，并逐渐融合在汉文化中。

另一方面，东晋王朝也不断地与北方少数政权发生冲突。在东晋历史上，曾出现多次北伐，著名的如“祖逖北伐”、“庾亮、庾翼北伐”、“桓温北伐”等。这些北伐的军事行动要么是准备不充分，要么是受到东晋统治集团的阻挠，最终没有取得成功，它从一个侧面反映了民族矛盾的激化。在南北军事对峙和军事冲突中，著名的如“淝水之战”，锻炼了一批杰出的军事将领，出现了一些典型战例，在军事史上写下了光辉的篇章。

卫瓘借酒吐真言

原文

惠帝之为太子也，朝臣咸谓纯质，不能亲政事。瓘每欲陈启废之，而未敢发。后会宴陵云台，瓘托[①]醉，因跪帝床前曰："臣欲有所启。"帝曰："公所言何耶?"瓘欲言而止者三，因以手抚床曰："此座可惜!"帝意乃悟，因谬曰："公真大醉耶?"瓘于此不复有言。贾后由是怨瓘。

《晋书·卫瓘传》

注解

① 托：假装。

译文

晋惠帝司马衷做太子时，朝中大臣都认为他老实巴交，恐怕将来不能亲政。卫瓘每次都想在武帝面前开口请求废掉太子，却始终不敢开口。后来有一次武帝宴请朝臣于陵云台，卫瓘假装喝醉了酒，便跪在武帝龙床前说："臣有事想启奏皇上。"武帝便问他道："您有什么事要上奏?"卫瓘欲言又止，如此再三之后用手抚摸着龙床说："此座可惜!"武帝心里明白了卫瓘的意思，却故意说："您真是喝得大醉了啊?"卫瓘自此以后再也不提废太子之事。贾后因此对卫瓘耿耿于怀。

鲜卑主见何龛

原文

慕容廆[1]遣使来降。帝[2]嘉之,拜为鲜卑都督。廆致敬于东夷府,巾衣诣门,抗士大夫之礼。何龛[3]严兵引见,廆乃改服戎衣而入。人问其故,廆曰:"主人不以礼,宾复何为哉?"龛闻而惭之,弥加敬惮。

《晋书·慕容廆载记》

注解

① 慕容廆(guī):十六国时辽东地方首领,昌黎棘城(今辽宁义县)人,鲜卑族。晋武帝时,被部众推为首领。西晋末年,招流亡晋人,任用汉族裴嶷等,在辽东建立地方政权。

② 帝:即晋武帝司马炎。

③ 何龛(kān):西晋官员。

译文

慕容廆派遣使者到晋朝来请降,晋武帝很赞赏,拜慕容廆为鲜卑都督。慕容廆到晋朝的东夷府去致敬谢之意,他戴着头巾,穿着礼服来到东夷府的门口,打算行士大夫之礼。这时,东夷校尉何龛大列兵卒,以引见慕容廆。慕容廆于是换穿了一套军装,进到府中。有人问他缘故,慕容廆说:"主人不是以礼相迎,客人又何必讲究礼仪呢?"何龛听后,很是惭愧,对慕容廆更加敬畏了。

陆云巧断命案

原文

陆云[1]出补浚仪[2]令。县居都会之要，名为难理。云到官肃然，下不能欺，市无二价。人有见杀者，主名不立，云录其妻，而无所问。十许日遣出，密令人随后，谓曰："其去不出十里，当有男子候之与语，便缚来。"既而果然。问之具服。云："与此妻通，共杀其夫，闻妻得出，欲与语，惮近县，故远相要候。"于是一县称其神明。

《晋书·陆云传》

注解

① 陆云：西晋文学家，字士龙，曾任清河内史等职。

② 浚(xùn)仪：县名，在今河南省开封市。

译文

陆云离京出任浚仪县令。浚仪县地处通往京城的要道上，都说不易治理。陆云上任后，全县安定，下边的人骗不了他，市场上物价统一。一次，有人被谋杀，凶手没有抓到，陆云就拘捕了被害人的妻子，但没有审讯她。过了十天，陆云释放了她，并暗中派人跟踪。陆云对去跟踪的人说："这女人离去不超过十里地，就会有一个男人等候她，并与她说话，你就把这个男人抓来。"后来事情果然如此。一审问，那男人便认罪，说："我与此女通奸，一同杀害了她的丈夫。听说她被释放出来，我想与她说话，又不敢在离县城近的地方见她，便在远处迎候她。"于是，全县的人都称赞陆云断案如神。

荀晞执法无私

原文

晞[1]练于官事，文簿盈积，断决如流，人不敢欺。其从母[2]依之，奉养甚厚。

从母子求为将，晞距之曰：“吾不以王法贷人，将无后悔邪?”固欲之，晞乃以为督护[3]。

后犯法，晞杖节斩之，从母叩头请救，不听。既而素服哭之，流涕曰：“杀卿者兖州刺史，哭弟者荀道将。”其杖法如此。

《晋书·荀晞传》

注解

① 晞(xī)：即荀晞，字道将，西晋末年曾任兖州刺史等职。

② 从母：姨母。

③ 督护：武官名。

译文

荀晞善于处理公务，成堆的公文簿册，他批阅起来如同流水，没有谁敢蒙哄他。他的姨妈来投靠他，他对她厚相供养。

姨妈的儿子请求当一名武将，荀晞拒绝说：“我不会拿国法来做人情，(你将来做官犯法落在我手中)，不会后悔吗?”姨妈之子还是坚决要求做一名武官，荀晞就让他担任了督护。

后来，姨妈之子犯了法，荀晞依照法律要杀掉他，姨妈向荀晞叩头，请求饶恕她儿子，荀晞不听。杀了姨妈之子后，荀晞身穿白色丧服祭悼他，还流着眼泪说："杀你的人是兖州刺史，哭弟弟的人是荀道将。"荀晞执法就是像这样严明。

姚泓兵败

原文

刘裕[1]进据郑城。泓[2]使姚裕、尚书庞统屯兵宫中，……姚丕守渭桥，胡翼度屯石积，姚赞屯霸东，泓军于逍遥园[3]。镇恶[4]夹渭进兵，破姚丕于渭桥。

泓自逍遥园赴之，逼水地狭，因丕之败，遂相践而退。姚谌及前军姚烈、左卫姚宝安、散骑王帛、建武姚进、扬威姚蚝、尚书右丞孙玄皆死于阵，泓单马还宫。

镇恶入自平朔门，泓与姚裕等数百骑出奔于石桥。

赞闻泓之败也，召将士告之，众皆以刀击地，攘袂大泣。胡翼度先与刘裕阴通，是日弃众奔裕。

赞夜率诸军，将会泓于石桥，王师已固诸门，赞军不得入，众皆惊散。

泓计无所出，谋欲降于裕。其子佛念，年十一，谓泓曰："晋人将逞其欲，终必不全，愿自裁决。"泓怃然不答。

佛念遂登宫墙自投而死。泓将妻子诣垒门而降。赞率宗室子弟百余人亦降于裕，裕尽杀之，余宗迁于江南。送泓于建康市斩之，时年三十，在位二年。……

姚苌以孝武太元九年僭立，至泓三世，以安帝义熙十三年而灭，凡三十二年。

《晋书·姚泓载记》

注解

① 刘裕:字德舆,小字寄奴,自幼贫穷,后为北府兵将领,曾从刘牢之镇压孙恩起义,后出兵灭南燕、后秦,元熙二年(公元420年)代晋称帝,国号宋。公元422年卒。

② 泓(hóng):即姚泓,字元子,十六国时后秦姚兴长子,是后秦的末代皇帝,他在位前后,国势迅速衰微,公元417年9月。刘裕率晋军攻入长安,姚泓出降,后被刘裕斩首于建康。

③ 逍遥园:地名,在当时长安城东部。

④ 镇恶:即王镇恶,刘裕部将,时任龙骧(xiāng)将军。

译文

刘裕进据郑城。姚泓派姚裕、尚书庞统屯兵长安宫中,……又遣姚丕守渭桥、胡翼度驻石积,姚赞进驻霸东,姚泓亲率兵把守逍遥园。王镇恶从两侧率兵强渡渭水,大破姚丕于渭桥。

姚泓急忙从逍遥园发兵支援,因临近水边,地方狭小,加上姚丕兵败,人马互相践踏,不战而败。姚谌及前军将军姚烈、左卫将军姚宝安、散骑常侍王帛、建武将军姚进、扬威将军姚蚝、尚书右丞孙玄都战死阵前,只有姚泓单人独骑返回宫殿。

王镇恶率晋兵从长安北门平朔门攻入长安城,姚泓与事先奉命率兵戍守宫阙的姚裕带兵数百出逃到长安宫城北面的石桥。

姚赞听说姚泓兵败,就把将士召集到一起,告诉他们这一不幸的消息,将士们听说以后,全都悲痛得以刀戳地,捋起袖子放声大哭。姚泓部将胡翼度事先就与刘裕相勾结,这一天便脱离自己的军队投降了刘裕。

姚赞便在夜间统帅诸路人马,准备在石桥与姚泓会合,可晋军已将长安外城各城门死死封住,姚赞军队无法进入,后秦兵士全都成了惊弓之鸟,四散奔逃。

姚泓此时已是黔驴技穷,打算向刘裕投降。他的儿子佛念,当时只有十一岁,便对姚泓说道:"晋军进城后必定会肆行其欲望,我们还是不能保全自己,不如自杀了好。"姚泓怃然不答。

于是，佛念登上宫墙，然后跳了下去，自杀而死。姚泓带领妻子儿女到城门外投降刘裕。姚赞率领宗室其他子弟一百多人也向刘裕投降，刘裕将他们全都杀掉，将其他的宗室迁往长江以南。将姚泓押送到建康斩首，当时年仅三十岁，在位只有两年。……

姚苌于孝武帝太元九年自立为帝，至姚泓已传三世，后秦最终于安帝义熙十三年被刘裕灭亡，总共三十二年。

草木皆兵

原文

梁成[1]与其扬州刺史王显、弋阳太守王咏等率众五万，屯于洛涧[2]……晋龙骧将军刘牢之率劲卒五千，夜袭梁成垒，克之，斩成及王显、王咏等十将，士卒死者万五千。谢石[3]等以既败梁成，水陆继进。坚与苻融[4]登城而望王师，见部阵齐整，将士精锐，又北望八公山[5]上草木，皆类人形，顾谓融曰："此亦勍[6]敌也。何谓少乎！"怃然有惧色。

《晋书·苻坚载记》

注解

① 梁成：十六国时前秦将领。

② 洛涧：淮河支流，在今安徽省寿县东。

③ 谢石：东晋将领，字石奴，东晋名臣谢安之弟。

④ 坚与苻融：坚，指苻坚（公元 338—385 年），十六国时前秦皇帝。苻融（？—383 年），十六国时前秦将领，字博休，时任征南大将军。

⑤ 八公山：在今安徽省寿县西北。

⑥ 勍（qíng）：强劲有力。

译文

梁成与前秦扬州刺史王显、弋阳太守王咏等人率领五万人的军队，驻扎在洛涧。……东晋龙骧将军刘牢之率领五千名强健的士兵，夜袭梁成的营垒，将其攻克，斩杀了梁成及王显、王咏等十名将领，前秦的士兵死了一万五千人。谢石等人趁打败梁成之机，从水陆两路分兵随后进击。苻坚和苻融登上城楼瞭望晋军，看见晋军兵阵整齐，将帅与士兵都很强悍，又从北面望见八公山上的草木都很像人的形状，苻坚于是回过头来对苻融说："这些敌人都很强大啊！怎么能说晋军没有人马呢？"苻坚的神情茫然而恐惧。

风声鹤唳

原文

（晋秦）决战肥水[①]南，坚[②]中流矢，临阵斩融[③]。坚众奔溃，自相蹈藉投水死者不可胜计，肥水为之不流。余众弃甲宵遁，闻风声鹤唳，皆以为王师已至。草行露宿，重以饥冻，死者十七八。

《晋书·谢玄传》

注解

① 肥水：亦作“淝水”，水名，源出安徽合肥西北。近人调查证实，东晋太元八年（公元383年）谢玄等败前秦苻坚于肥水，所指即今安徽寿县城附近东肥河段。

② 坚：即苻坚（公元338—385年），十六国时前秦皇帝。

③ 融：即苻融，十六国时前秦将领，字博休，时任征南大将军。

译文

东晋和前秦的军队在淝水的南面展开决战。苻坚身中流箭，苻融被杀。苻坚的军队溃败逃命，自相践踏与落水而死的人不计其数，淝水也因死者堵塞而断流。残余的人都丢弃兵甲，连夜逃跑，听到刮风的声音和鹤的鸣叫声，都以为是晋军追了来，他们在草丛中奔走，在野外歇息，加上又饿又冻，有十分之七八的人死了。

宋书

《宋书》概论

《宋书》，南朝沈约撰，共一百卷，其中本纪十卷、列传六十卷、志三十卷，叙事自宋武帝永初元年，至宋顺帝升明三年（公元420—427年），记刘宋六十年史事，成书草率，叙事又多忌讳，但保存史料较多，八志内容上溯三代秦汉，尤详于魏晋，可补《三国志》之缺。

《宋书》是记载南朝刘宋王朝八帝统治五十九年（公元420—479年）的史书。《宋书》中的帝纪十卷用编年方法记述武帝、少帝、文帝、孝武帝、前废帝、明帝、后废帝、顺帝等皇帝时的大事，从武帝刘裕创业建立刘宋王朝开始，中经"元嘉之治"、宋魏和战直到萧道成代宋，可以说是刘宋一代兴亡的政治史。

《宋书》体裁包括帝纪、列传和志，没有"表"。南北朝各代正史都是沿用纪传体。当时人修史比较注意议论，因而志、表等形式运用得较少，只有《宋书》《南齐书》和《魏书》有志。沈约自谓"修史之难，莫出于志"，对于志书的修撰，他是颇花费一番工夫的。早于他的何承天又精通天文、历法，沈约精于音律，《宋书》八志为人称道，也在情理之中。《宋书》中的列传，主要是当时历史人物的传记，共有六十卷。其中的《恩幸传》和《索虏传》是以前没有的。所谓"恩幸"，据作者自己解释，是合《汉书》的《恩泽侯表》和《佞幸传》二者为一的。实际上，《宋书》的《恩幸传》与《汉书》并不相同。沈约所谓的恩幸，是当时的寒门。南朝重视门阀，以高门上品而居高位；出身寒微而为吏者，则入恩幸传。这是门阀制度由盛而衰的反映。《恩幸传》记载法兴、单尚之、戴明宝、徐爰等十五人的传略。《索虏传》创自《晋书》，用以记叙北魏事迹。北朝人多辫发，南朝人骂他们是索头虏，因而称其传为《索虏传》，含有轻蔑的意思。魏收出使江南，看到《宋书》有《索虏传》，于是在他所著的《魏书》中，把记南朝史事的篇目称为《岛夷传》。南北互相诋毁。这对于真实地反映历史情况，有害无益。由于南北分裂，双方对峙，《宋书·索虏传》的材料不够丰富，内容也有失实之处。关于北魏史事的详细记载可以参看《魏书》。

《宋书》中的八志是最富特色的，共三十卷，以卷数论，它不及列传的二分之一；以分量论，则几乎与纪传相等，占到全书的二分之一。自从班固《汉书》、司马彪《续汉书志》之后，今存史籍，惟《宋书》诸志资格最老。宋志不仅记刘宋一代制度，同时还上溯到曹魏时期，包括晋代。所以后来著名史家刘知几讥讽它"失于断限"。但宋志上括曹魏，使魏晋典章制度源流分明，对于保存史料，研究刘宋一代制度，有益无损。《宋书》志目有八，在八志之前，有《志序》一篇，是诸志的总序。因其篇幅短小，未能独立成卷，置于《律历志》之前，因而有人将其误认为是《律历志》的序。《志序》首先概述了源流，再次阐述《宋书》八志的缘起。沈约一生为官，熟悉各种典章制度。志，是《宋书》的精华所在。《宋书》的帝纪和列传中，记载了当时阶级矛盾和社会矛盾的史实。如在《少帝纪》和《褚叔度传》中记载了富阳人孙洁光领导的农民起义；《文帝纪》和《蛮夷传》、《沈庆之传》、《张邵传》中记载了荆州、雍州、豫州地区的"蛮族"骚动等。另外，在帝纪和诸王列传中还揭示了刘宋统治集团的政治斗争，如"徐（羡之）、傅（亮）废位"，"太子劭弑逆"，"南郡王之反"，"竞陵王之叛"，"桂阳王之叛"等。

《武帝纪》、《文帝纪》记载了宋初的改革和"元嘉之治"；《前废帝纪》和《后废帝纪》记载了宋末政治腐败的情况。《百官志》记载了晋宋时代特别是刘宋时期的政治制度。《州郡志》不仅记载了刘宋时代的地方行政机构的建置，同时还追溯了自魏晋以来南方地区州郡设置的变迁情况以及东晋刘宋时期南方侨置州郡的分布情况，对于研究这一时期的历史地理具有较大的史料价值。《宋书》虽然没有专门记载社会经济情况的《食货志》，但在一些列传中还是保存了一部分反映当时社会经济发展情况的史料。如在《羊玄保传》中提到"富强者兼岭而占，贫弱者樵苏无托"。可以窥见当时土地兼并的情况。《孔琳之传》、《范泰传》以及《何尚之传》中记载了关于改铸钱币的争议，从中可以了解到南朝初年货币铸造及货币经济的发展情况。《谢灵运传》和《孔秀恭传》记载了当时士族庄园别业，可以了解庄园经济的形态，等等。《宋书》列传和志书记载了不少有关当时科技发展的情况，如《何承天传》记载了天文家何承天在天文方面的成就，《律历志》记载了杨伟的《景初历》、何承天的《元嘉历》和祖冲之的《大明历》。《五行志》记载了日、月食，地震，水、旱灾情况。这些都是了解研究当时科技发展的重要史料。沈约在《谢灵运传》后所作的"论"，从屈原、宋玉讲起，一直叙述到魏晋以来文学的发展和演变，是文学批评史方面的重要文章。《蛮夷传》不仅记载了东晋和南朝南方各少数民族的生产、生活方式情况和诸少数民族与汉民族融合的过程，还在《索虏传》和《吐谷浑传》中叙述了北魏和吐谷浑的建国源流，可以补《魏书》的不足。此外，它还叙述了亚洲各国如天竺（印度、巴基斯坦）、扶南（柬埔寨）、师子国（斯里兰卡）、倭国（日本）、高丽、百济（朝鲜）等国与刘宋王朝的交通贸易和使节往来，是研究刘宋时期中外经济文化交流历史的珍贵史料。

《宋书》列传中的一大长处是运用了带叙手法以及生动的文笔。《宋书》列传目录有姓名者，共二百三十余人。但《宋书》有带叙法，一人传中可带叙同时有关的其他人，即所谓："其人不必立值得注意的是，《宋书》在隋、唐时期流传不广，到宋朝始有刻本。历经传抄，已有脱误和缺佚。"今本《宋书》已非原貌，既有残缺，也有后人补入之文字，请阅读时加以留意。

宋武帝刘裕

原文

上[1]清简寡欲，严整有法度，未尝视珠玉舆[2]马之饰，后庭无纨绮[3]丝竹之音。宁州尝献虎魄[4]枕，光色甚丽。时将北征，以虎魄治金创[5]，上大悦，命捣碎分付诸将。平关中，得姚兴从女[6]，有盛宠，以之废事。谢晦[7]谏，即时遣出。财帛皆在外府[8]，内无私藏。宋台[9]既建，有司奏东西堂施局脚床[10]、银涂钉，上不许，使用直脚床、钉用铁。诸主出适[11]，遣送不过二十万，无锦绣金玉。内外奉禁，莫不节俭。性尤简易，常著连齿

木屐[12]，好出神虎门[13]逍遥，左右从者不过十余人。时徐羡之[14]住西州[15]，尝

幸[16]羡之，便步出西掖门，羽仪[17]络绎追随，已出西明门矣。诸子旦问起居，入皞[18]脱公服，止著裙帽，如家人之礼。孝武大明[19]中，坏上所居阴室[20]，于其处起玉烛殿，与群臣观之。床头有土鄣，壁上挂葛灯笼、麻绳拂。侍中[21]袁顗盛称上俭素之德。孝武不答，独曰："田舍公[22]得此，以为过矣"。故能光有天下，克成大业者焉。

《宋书·武帝本纪下》

注解

① 上：皇上，此指宋武帝刘裕（公元356—422年），东晋末为北府兵将领，后掌握政权，公元420年代晋，成为南朝宋的开国皇帝。

② 舆：车。

③ 纨绮：丝绸，亦转义为身着丽服的歌儿舞女。

④ 虎魄：亦作"琥珀"，可作装饰品。

⑤ 金创：指刀枪等物所造成的外伤。

⑥ 姚兴从女：姚兴，后秦国君。从女，侄女。

⑦ 谢晦：宋代大臣，深受刘裕信任，文帝时谋反，被诛。

⑧ 外府：指国库，区别于少府或中府（皇帝的私府）。

⑨ 宋台：指刘裕封宋王，遂有王府。

⑩ "有司"句：有司，有主管部门或官员。施，放。局，弯曲，通"跼"。

⑪ 诸主出适：诸主，各位公主。出适，出嫁。

⑫ 木屐：木拖鞋。

⑬ 神虎门：和下文的西掖门、西明门均为当时建康城门。

⑭ 徐羡之：宋初重臣。

⑮ 西州：地名，晋宋间扬州刺史治所，在今江苏南京。

⑯ 幸：帝王所至临。

⑰ 羽仪：指皇帝出行的仪仗。

⑱ 皞：门房小门。

⑲ 孝武大明：宋孝武帝大明（公元457—464年）年间。孝武帝刘骏是刘裕之孙。

⑳ 阴室：指皇帝生前所居殿室，其死后作为遗物收藏之处。

㉑ 侍中：官名。

㉒ 田舍公：乡下人。

译文

宋武帝刘裕清心寡欲，注重法度，不讲究装饰排场，后宫也不设歌舞之类。宁州曾经贡献虎魄枕，非常好看，当时将要北伐，因为虎魄可以治疗刀枪之伤，皇上得了此枕非常高兴。令人把它捣碎分给将领们。平定关中时，俘获了姚兴的侄女，非常宠爱她，因此而影响了军政大事。谢晦提出批评，皇上马上就放她出宫。财物都在国库，而没有什么私藏。宋王府建完之后，办事部门奏请在东西堂放置式样比较好看的曲脚床，钉子涂银，皇上不准，结果使用直脚床，用铁钉。公主出嫁，嫁妆费不超过二十万，没有锦绣金玉。里里外外，都遵守规定，节俭从事。皇上生性喜欢随便，常穿着木拖鞋，喜欢去神虎门外转悠，随从不过十来个人。当时徐羡之住在西州，皇上常去他那儿，走出西掖门，仪仗队在后面紧追，可他早已走出西明门了。儿子们早上起来请安，进门都穿便服，行家人礼，很平常。孝武帝大明年间，把皇上生前住的殿室拆了，盖玉烛殿。孝武帝和群臣参观皇上生前居室，只见床头有土垒的小墙，墙上挂着葛布灯笼、麻绳拂子。侍中袁顗一个劲儿地称赞皇上的俭素之德。孝武帝不置可否，过一会儿，才自言自语地说："乡下人若能这样，那就很不错了。"所以皇上能拥有天下，终于成就宏大的事业。

恭帝之死

原文

淡之兄弟[①]并尽忠事高祖[②]，恭帝[③]每生男，辄令方便杀焉，或诱赂内人[④]，或密加毒害，前后非一。及恭帝逊位[⑤]，居秣陵宫，常惧见祸，与褚后[⑥]共止[⑦]一室，虑有鸩毒，自煮食于床前。高祖将杀之，不欲遣人入内，令淡之兄弟视褚后，褚后出别室相见，兵人乃逾垣[⑧]而入，进药于恭帝。帝不肯饮，曰："佛教自杀者不得复人身。"乃以被掩杀之。

《宋书·褚叔度传》

注解

① 淡之兄弟：指褚秀之、褚淡之兄弟（俱为褚叔度兄）。

② 高祖：此指宋武帝刘裕。

③ 恭帝：恭帝司马德文，东晋末代皇帝。公元 420 年为刘裕所废，不久被杀。

④ 内人：宫女。

⑤ 逊位：退位。

⑥ 褚后：恭帝皇后，为褚秀之之妹。

⑦ 止：居住。

⑧ 逾（yú）垣（yuán）：翻墙。

译文

褚淡之兄弟几个都尽其忠诚，效力于高祖刘裕，只要晋恭帝生了男孩子，就下令设法杀掉，或者买通宫人，或者暗中下毒，前后害死不止一人。等到恭帝退位后，住在秣陵宫，整天提心吊胆过日子，与褚皇后住在一起，特别怕中了食物中的毒，所以两口子在床前自己动手做饭吃。高祖要对恭帝下手加害了，不想正儿八经地派人入宫，而是令淡之兄弟去看褚后，把褚后喊出到另一房间相见，兵士再翻墙而入，强迫恭帝服药，恭帝死不肯喝，说："佛不让自杀而亡的人再变人身。"士兵就用被子把他闷死了。

宋武帝用人良苦

原文

先是，庐陵王义真①为扬州刺史，太后谓上②曰："道怜③汝布衣兄弟，故宜为扬州。"上曰："寄奴④于道怜岂有所惜。扬州根本所寄，事务至多，非道怜所了。"太后曰："道怜年出五十，岂当不如汝十岁儿邪？"上曰："车

士[5]虽为刺史，事无大小，悉由寄奴。道怜年长，不亲其事，于听望不足。”太后乃无言。

《宋书·长沙景王道怜传》

注解

① 庐陵王义真：宋武帝刘裕之子，封庐陵王。

② 太后谓上：太后，皇帝之母。上，此指宋武帝。

③ 道怜：刘裕之弟，封长沙王。

④ 寄奴：刘裕小字。

⑤ 车士：义真小字。

译文

此前，庐陵王义真担任扬州刺史，太后对皇上说：“道怜是你一起从平民百姓过来的兄弟，应让他当扬州刺史。”皇上说：“我对道怜还会有什么舍不得给的吗？扬州这个地方关系重大，事务繁杂，不是道怜所能胜任的。”太后说：“道怜已经五十出头了，难道还不如你那十岁的儿子吗？”皇上答道：“车士虽是刺史，但事无大小，都由我做主。而道怜就不同了，他年岁大，要是不亲自操持，就会影响声望。”太后就不再说什么了。

刘穆之受任

原文

初，穆之[1]尝梦与高祖[2]俱泛海，忽值大风，惊惧。俯视船下，见有二白龙夹舫。既而至一山，峰崿耸秀，林树繁密，意甚悦之。及高祖克京城[3]，问何无忌[4]曰：“急须一府主簿，何由得之？”无忌曰：“无过刘道民。”高祖曰：

“吾亦识之。”即驰信[⑤]召焉。时穆之闻京城有叫噪之声，晨起出陌头[⑥]，属[⑦]与信会。穆之直视不言者久之。既而反室，坏布裳为绔[⑧]，往见高祖。高祖谓之曰：“我始举大义，方造[⑨]艰难，须一军吏甚急，卿谓谁堪其选？”穆之曰：“贵府始建，军吏实须其才，仓卒之际，当略无见逾者。”高祖笑曰：“卿能自屈，吾事济[⑩]矣。”即于坐受署[⑪]。

《宋书·刘穆之传》

注解

① 穆之：刘穆之，字道和，小字道民，东晋末人。

② 高祖：此指宋武帝刘裕。

③ 京城：东晋都建康（今江苏南京）。刘裕于义熙元年（公元405年）击败桓玄，攻克建康。

④ 何无忌：刘裕的亲信。

⑤ 信：使者。

⑥ 陌头：路旁。

⑦ 属：恰好。

⑧ 坏布裳为绔（kù）：裳，古时称裙为裳，男女均服。绔，同“裤”，裤子。

⑨ 造：创建，创始。

⑩ 济：解决。

⑪ 受署：受命任职。

译文

先前，刘穆之曾梦见与高祖渡海，突遇大风，不免惊恐，俯视船下，见有两条白龙，夹船而行。不久到了一山，尖峰耸秀，树木繁茂，心情很舒畅。待到高祖攻入京城建康，对何无忌说：“我们急需总管一府上下的主簿，上哪儿去找合适的人？”何无忌说：“最合适的人是刘道民。”高祖说：“我也知道他。”于是就派使者去召请。那时刘穆之听到京城（方向）有嘈杂之声，早起到大路旁，正好与使者相遇，他直直地看着使者，良久，一句话也没说。之后，他返回家中，把布裙改为裤子，穿上就去见高祖。高祖对他说：“我刚开始举大义，创建艰难的事业，急需一位（主管）军吏，您认为由谁来担任最合适？”刘穆之答道：“贵府初建，军吏必须高才，仓促之中，恐怕没有比我更能胜任的了。”高祖笑着说：“您若肯屈尊担任，我的事情有把握了。”刘穆之于是当即受任就职。

南齐书

《南齐书》概论

南朝宋、齐、梁、陈四代，齐历时最短，从公元479年齐高帝立国至502年齐和帝被废，仅二十三载。有如昙花一现的齐代，是处于南北朝时期大分裂局面下偏安一隅的小国，它的历史命运，注定了记载齐代历史的专门史书——《南齐书》不可能有壮观之貌。然而，这并不能丝毫降低《南齐书》的价值，相反在专门记载齐史的著作舍此无存的情况下，它成了治南北朝史，尤其是齐史的必备书了。

《南齐书》的作者萧子显（公元489—537年），字景阳，南兰陵郡南兰陵县（今江苏常州市）人。出身于南齐贵族，是齐高帝萧道成之孙。萧子显一生著述宏富，据史书记载，有《后汉书》一百卷，《齐书》六十卷，《普通北伐记》五卷，《贵俭集》三十卷，《文集》二十卷。另有诗赋《鸿序赋》一首，“体兼众制，齐备多方，颇为好事者所传，故虚易远”。可惜这些著作除《齐书》外均已失传。

《南齐书》原名《齐书》，后世为了与《北齐书》区别，才加了一个“南”字而成今名。《南齐书》原书六十卷，《隋书·经籍志》《旧唐书·艺文志》均载六十卷，曾巩的《录》始称“《南齐书》五十九卷”，前人史家推断，“盖子显欲仿沈约作自序一卷，附于后，未成就，或成而未列入耶。”（《二十二史劄记》）又据《南史萧子显传》“自序二百余字”的记载，进而推论，“岂即其附《齐书》后之作，而延寿撮其略，入于本传者耶？”（同上）

《南齐书》继承前代纪传体史书的传统，有纪八卷、志十一卷、列传四十卷。纪的部分，主要记载齐代七帝史事，与往代正史相比，体例上没有多大变化。志的部分，略异于它史，《艺文》《沟劣》《食货》《刑法》等重要志缺无，并《郊祀》《舆服》二志入《礼志》。历代史家多认为《南齐书》中的《百官》《州郡》二志传述详实，最具参考价值一列传部分，其写法仿

于《宋书》,而类传较有特色,并在名目上作了更动。如改《宋书》之《良吏》为《良政》、《隐逸》为《高逸》、《恩幸》为《幸臣》、《索虏》为《魏虏》,专立《文学》,等等。

《南齐书》主要优点在于:第一,它记录的内容较为真实。萧子显身为南齐贵族,较早参与政治,南齐发生的许多事情,他都亲历目睹,这使得《南齐书》的很多材料都直接采用了第一手资料。《南齐书》成于梁代,而齐、梁又同为萧氏朝代,梁代齐后,完整地保存了齐代的档案文献,作者利用皇族身份之便,查阅了大量齐代原始材料,从而保证了《南齐书》材料的真实性。第二,保存了一些重要的资料,对研究科技史、文化史有重要的参考价值。《南齐书》在“文学”列传中写进了祖冲之,并全文引用了祖冲之所上“大明历”表。另外,还记录了他创造指南车、千里船、水推磨的过程和机械特点。这些都是研究齐代科技史的珍贵资料。第三,志中的《百官》《州郡》二志,史料价值较高。《百官志》记载“侍中”,谓“汉世为亲近之职。魏晋选用,稍增华重,而大意不异。宋文帝元嘉中,王华、王昙首、殷景仁等,并在侍中,情在亲密,与帝接膝共语,貂拂帝手,拔貂置案上,语毕复手插之。孝武时,侍中何偃南郊陪乘,銮辂过白门阙,偃将匐,帝乃接之曰:‘朕乃陪卿。’齐世朝会,多以美姿容者兼官。永元三年,东昏南郊,不欲亲朝士,以主玺陪乘,前代未尝有也。侍中呼为门下,亦置令史……”如《州郡志》载:“巴州,三峡险隘,山蛮寇贼,宋太始三年,议立三巴校尉等镇之。后省。升明二年,复置。建元二年,分荆州巴乐、建平,益州巴郡为州,立刺史,而领巴东太守,又割涪陵郡属,永明元年省,各还本属焉。”这些重要的记载,详实地反映了当时职官、州郡的设置与变迁,为研究当时的政治、文化和地理沿革有重要参考价值。第四,文字精炼,合传较多,并采用了类叙方法。文字精炼,是《南齐书》作者用笔的一大特点。这主要表现在列传上,他以合传的方法,对人物的共同之处不重复用墨,避免了词句的重复。其合传分为两种,一是同类合传,一是同姓合传。同类合传有“皇后”“文学”“良政”“高逸”“孝义”“幸臣”“魏虏”等,同姓合传主要是王子列传。合传便于查找资料,使用时根据以“以类相求”的原则,很容易找到所欲求的史料。

清官刘怀慰

原文

怀慰①至郡②，修治城郭③，安集居民，垦废田二百顷，决沈湖灌溉。不受礼谒④，民有饷⑤其新米一斛者，怀慰出所食麦饭示之，曰："且食有馀，幸不烦此。"因著《廉吏论》以达其意。

《南齐书·刘怀慰传》

注解

① 怀慰：刘怀慰，南朝宋齐时人。

② 至郡：指刘怀慰，齐高帝时被任命为齐郡太守，到郡上任。齐郡，此指齐所置，治所在瓜步（今江苏六合）。

③ 城郭：古时指内城与外城为城郭。亦泛称城邑。

④ 礼谒：礼节性拜见。

⑤ 饷（xiǎng）：赠送。

译文

刘怀慰到了齐郡任上，修治内城池，安定百姓，开垦荒田二百顷，开通沈湖，用以灌溉。他不受别人的礼节性拜访，百姓有送给他一斛新米的，他就拿出自己所吃的麦饭给人看，说："我每天除了吃的仍有剩余，不必麻烦给我送这送那。"他还专门写了《廉吏论》以表达自己的清廉之意。

巴陵王之死

原文

延兴元年，遣中书舍人茹法亮[1]杀子伦[2]，子伦正衣冠出受诏，曰："鸟之将死，其鸣也哀；人之将死，其言也善。先朝昔灭刘氏[3]，今日之事，理数固然。君是身家旧人[4]，今衔[5]此使，当由事不获已。"法亮不敢答而退。年十六。

《南齐书·巴陵王子伦传》

注解

① 中书舍人茹法亮：中书舍人，官名，在皇帝身边起草诏令，参与机密。茹法亮，小吏出身，入齐，历高帝、武帝、郁林王、海陵王，明帝、东昏侯六朝，长期在权力中枢。

② 子伦：巴陵王萧子伦，齐武帝第十三子。延兴元年十月，海陵王杀子伦等。

③ 先朝昔灭刘氏：先朝，指已去世的齐高帝萧道成，他取刘宋而代之。

④ 身家旧人：身家，家业。“身家旧人”，言茹法亮是齐朝老臣。

⑤ 衔：领受（使命）。

译文

南朝廷兴元年，派中书舍人茹法亮杀子伦。子伦整理好衣冠，出来接受诏书，说：“鸟之将死，其鸣也哀；人之将死，其言也善，今天悲剧轮到我头上，也是理所当然。您是齐朝老臣，如今是受命而来，也是身不由己的事。”茹法亮不敢答应，退了下去。（子伦终于被害）这年他仅十六岁。

张敬儿求官

原文

太祖[①]以敬儿[②]人位既轻，不欲便使为襄阳重镇，敬儿求之不已，乃微动[③]太祖曰：“沈攸之在荆州，公知其欲何所作？不出敬儿以防之，恐非公之利也。”太祖笑而无言。乃以敬儿为持节[④]，督雍梁二州郢司二郡军事[⑤]、雍州刺史，将军如故[⑥]，封襄阳县侯，二千户[⑦]。部伍泊沔[⑧]口，敬儿乘舴艋[⑨]过江[⑩]，诣晋熙王燮[⑪]。中江遇风船覆，左右丁壮者各泅走，余二小吏没舱[⑫]下，叫呼“官”[⑬]，敬儿两掖挟之，随船覆仰，常得在水上，如此翻覆行数十里，方得迎接。失所持节，更给之。

《南齐书·张敬儿传》

注解

① 太祖：此指南朝齐高帝萧道成。

② 敬儿：张敬儿，本名狗儿，出身将家，武艺高强，宋末追随齐高帝。

③ 微动：以言语打动。

④ 持节：官名，刺史而总军务者所任。

⑤ “督雍梁二州”句：雍州，治所在寰阳。梁州，治所在南郑（今陕西汉中）。郢（yǐng）州，治所在汝南（治夏口城，今湖北武汉市武昌）。司州，治所在平阳（今河南信阳）。郢、司二郡，为何二郡，不详。

⑥ 将军如故：张敬儿先已为宁朔将军、辅国将军。

⑦ 二千户：食封两千户。

⑧ 沔（miǎn）口：今称汉口，在湖北武汉。

⑨ 舴艋：小船。

⑩ 江：特指长江。

⑪ 诣晋熙王燮（xiè）：诣，到，往见。晋熙王燮，宋朝宗室刘燮，时任郢州刺史。

⑫ 舱：一种船的名称。

⑬ 叫呼“官”：南朝时臣下对皇帝，百姓对官吏都可称“官”。

译文

太祖因为张敬儿资历尚浅，不想就让他担当襄阳重任，敬儿则一再请求，他用以打动太祖的理由是：“沈攸之在荆州，您会料到他能干出什么事来？您要是不派敬儿去（襄阳）防止他，恐怕不利于您呀。”太祖笑而不说什么。于是，以张敬儿为持节、都督雍梁二州郢司二郡军事、雍州刺史，他所担任的将军之职如故，封他为襄阳县侯，两千户。他所率部队驻于沔口，自己乘着舴猛过江，去会见晋熙王燮。在大江中遇到风浪船翻了，左右身强力壮者都游泳逃生，剩两个小吏，在波涛中叫呼“官”，敬儿一臂挟一个，随船起伏，常在水面之上，如此漂流数十里，才得到援救。皇上给他的节也丢失了，又重新颁发。

傅琰断案

原文

太祖[1]辅政，以山阴[2]狱讼烦积，复以琰[3]为山阴令。卖针卖糖老姥[4]争团丝，来诣[5]琰，琰不辨核[6]，缚[7]团丝于柱鞭之，密视有铁屑，乃罚卖糖者。二野父[8]争鸡，琰各问“何以食[9]鸡”，一人云“粟[10]”，一人云“豆”，乃破鸡得粟，罪言豆者。县内称神明，无敢复为偷盗。琰父子并著奇绩，江左[11]鲜有。世云“诸傅有《治县谱》，子孙相传，不以示人。”

《南齐书·傅琰传》

注解

① 太祖：此指齐高帝萧道成。
② 山阴：在今浙江绍兴。

③ 琰(yǎn):傅琰,南朝宋、齐时良吏,曾两任山阴令,皆有政绩。
④ 姥:老年妇女。
⑤ 诣:往见。
⑥ 核:查验;核实。
⑦ 缚:卷;绕。
⑧ 野父:农夫。
⑨ 食(sì):喂鸡。
⑩ 粟:古时经常作为谷类的总称。
⑪ 江左:长江下游东部地区。

译文

太祖辅政,因为山阴打官司的多,案子难办,让傅琰再次担任山阴县令。有两个老妇,一卖针,一卖糖,争一团丝,前来找傅琰解决,傅琰并不勘问、查验,而是把团丝缠在柱上,以鞭抽之,而仔细一看,丝上有铁屑,于是就清楚了,罚卖糖的那人。两个农夫争一只鸡,傅琰各问他们"是拿什么喂鸡的",一人说是"粟",一人说是"豆",就杀了鸡,结果证明鸡吃的是粟,于是就定说给鸡喂豆的那人的罪。一县之内,都称道县令的神明,无人再敢偷盗。傅琰父了俩都治绩出色,在江左地区是罕见的。世间广泛流传说"姓傅这家人有一本《治县谱》,子孙相传,不向外人宣示。"

梁书

《梁书》概论

《梁书》是我国古代一部重要的纪传体断代史书，共五十六卷，包括本纪六卷，列传五十卷。主要记述南朝时期萧梁王朝自公元502年建立到557年灭亡计五十六年的历史。

《梁书》是由姚思廉与其父姚察合写而成。姚察（公元533—606年），字伯审，祖籍吴兴武康（今浙江德清县西）。陈朝灭亡后迁往关中，定居万年（今陕西西安）。一生历仕梁、陈、隋三朝。梁朝灭亡时，姚察才二十二岁；陈朝建立后他任秘书监、领大著作、吏部尚书等职。开始修撰《梁书》，书未成，陈亡。

公元589年，隋文帝统一中国，结束了长达三百余年的大分裂局面，使我国封建社会政治、经济、文化得到了一定的发展。公元593年，隋文帝禁止民间私修国史，自西汉以来私人自发修史的工作便变成了由朝廷组织的事业，开我国设史馆专修国史之先风。唐朝开国之君也极为重视史学，并希望藉此以达长治久安、永保皇业的目的。李世民认为“览前王之得失，为在身之龟鉴”，加上中国自古有盛世修史的传统，故设史馆修史，李世民（唐太宗）曾亲领修撰《晋书》，魏征、房玄龄、褚（chǔ）遂良、令狐德棻（fēn）等大臣皆兼领史职，所选史官多为一时名家，被列为正史的二十五史有三分之一是在这一时期修成的，《梁书》即是其中之一。

隋朝建立之后，姚察已定居关中，任隋朝秘书丞。开皇九年（公元589年），姚察奉命撰修梁、陈二史，书未成便于大业二年（公元606年）去世。临死前嘱咐儿子思廉一定要完成他的未竟之业。

在编纂体例上，《梁书》只有本纪和列传两大部分，主要记述帝王纪年与大事以及历史人物、少数民族等，缺少综系年代、世系和人物的《表》，以及记载当朝典章制度的“志”，好在《隋志》实际上包括了梁、陈、北齐、北周、隋五个朝代，共分为礼仪、音乐、律历、天文、五行、食货、刑法、百官、地理、经籍等十个篇目，在这个意义上讲，《梁书》并非无“志”，只是归在《隋书》之中，有关内容要到《隋书》中去查，这是读《梁书》要特别注意的地方。

太子赈贫

原文

普通[1]中，大军北讨，京师谷贵，太子[2]因命菲衣减膳，改常馔为小食。每霖雨积雪，遣腹心左右，周行闾巷[3]，视贫困家，有流离道路，密加振[4]赐。又出主衣[5]绵帛，多作襦袴[6]，冬月以施贫冻。若死亡无可以敛者，为备棺槥[7]。每闻远近百姓赋役勤苦，辄敛容色。常以户口未实，重于劳扰。

《梁书·昭明太子传》

注解

① 普通：南朝梁武帝萧衍年号，公元520—527年。

② 太子：昭明太子萧统，梁武帝长子。

③ 闾巷：普通百姓住的地方。

④ 振：同“赈”。

⑤ 主衣：主衣库，储藏皇帝服饰用品的专用仓库。

⑥ 襦（rú）袴：上下衣服。袴，通“裤”。

⑦ 槥（huì）：小棺材。

译文

普通年间，朝廷出兵北伐，京城谷价昂贵，昭明太子就命令手下的人为他准备差的衣服，降低膳食标准，把每天的正餐改为小吃。每当下雨飘雪，就派身边的人出去穿街走巷，看望贫困人家，如果有流离失所的，就亲切地加以周济。又拿出主衣库的丝绵绢帛，作了许多衣裤，冬天施舍给贫困挨冻者。如遇到有死亡而没有收埋的，就为之备给棺材。他每每听说远近百姓赋税徭役繁重而勤苦，就会在脸色上表现出来。他常认为户口统计不实，所以百姓负担沉重。

王志德政　滋润黎民

原文

（王志）寻除宣城内史①，清谨有恩惠。郡民张倪吴庆争田，经年不决。志到官，父老乃相谓曰："王府君②有德政，吾曹③乡里乃④有此争。"倪、庆因相携请罪，所讼⑤地遂为闲田。

《梁书·王志传》

注解

① 寻除宣城内史：寻，随后不久。除，受任，拜官。宣城，郡名，治所在宛陵（今安徽宣城）。内史，相当于太守。

② 府君：对郡太守的尊称。

③ 吾曹：我们。

④ 乃：竟，还。

⑤ 讼：打官司相争。

译文

王志不久被任命为宣城内史，清廉勤勉，很有德政。郡中有百姓名张倪、吴庆，因为土地而发生纠纷，一年多了都得不到解决。王志到任后，地方上的父老相互感叹说："王府君当官有德政，而我们这里却还有这样不光彩的争端。"张倪、吴庆听说后手拉手到王志那里请罪，两人都宣布撤诉，那块争执已久的土地就成了无主闲田。

梁武帝“射钩斩祛”

原文

义师①起，四方多响应，高祖使仙琕故人姚仲宾说之②，仙琕于军斩仲宾以徇③。义师至新林④，仙琕犹持兵于江西⑤，日钞运漕⑥。建康⑦城陷，仙琕号哭经宿，乃解兵归罪。高祖劳之曰：“射钩斩祛⑧，昔人弗忌。卿⑨勿以戮使断运，苟自嫌绝也。”仙琕谢曰：“小人如失主犬，后主饲之，便复为用。”高祖笑而美之。俄而仙琕母卒，高祖知其贫，赙给⑩甚厚。仙琕号泣，谓弟仲艾曰：“蒙大造之恩⑪，未获上报。今复荷殊泽，当与尔以心力自效耳。”

《梁书·马仙琕传》

注解

① 义师：指萧衍乘齐内乱起兵。

② “高祖”句：高祖，此指梁武帝萧衍。仙琕，马仙琕，原为南齐将领。故人，老相识。说（shuì），劝说，此指诱降。

③ 徇：示众。

④ 新林：地名，在今江苏江宁县。

⑤ 江西：此指今安徽境内长江以北地带。

⑥ 日钞运漕：不断袭扰水上补给。

⑦ 建康:今江苏南京,齐、梁均都于此。

⑧ 射钩斩祛:常用典故。春秋时管仲曾射中齐公子小白带钩(古人束腰革带上的金属钩),小白继位(即齐桓公)后仍予重用。晋文公重耳也曾在危难中被寺人(阉人)披斩及袖口,即位后也不予追究。

⑨ 卿:古时对人的尊称。

⑩ 赙(fù)给:助人料理丧事的钱物。

⑪ 大造之恩:再造之恩。

译文

高祖起兵后,四方广泛响应,高祖让马仙琕的老相识姚仲宾去劝降,仙琕不但不听,还将仲宾斩首示众。高祖的军队到了新林,仙琕所率军队仍在江西,频繁袭扰江上交通补给。建康城易主,仙琕痛哭了一宿,终于投降。高祖安慰他说:“射钩斩祛,古人尚不以为嫌。你不必为杀使者断运漕这些事而有顾虑。”仙琕表示:“小人如同失主之犬,现在有了新主人,就为新主所用。”高祖笑着给予肯定。不久仙琕母亲去世,高祖知道他贫困,于是给予优厚的丧葬补助。仙琕因此大哭,对弟弟仲艾说:“多蒙主上再生之恩,还没未能报答,如今又受厚恩,我要和你尽心尽力地效劳啊。”

韦叡作战临危不乱

原文

初,肥水堰[1]立,使军主[2]王怀静筑城于岸守之,魏[3]攻陷怀静城,千余人皆没[4]。魏人乘胜至睿[5]堤下,其势甚盛,军监[6]潘灵祐劝睿退还巢湖[7],诸将又请走保三叉[8]。睿怒曰:“宁有此耶!将军死绥[9],有前无却。”因令

取缬扇麾幢[10]，树之堤下，示无动志。睿素羸，每战未尝骑马，以板舆[11]自载，督厉众军。魏兵来凿堤，睿亲与争之，魏军少却，因筑垒[12]于堤以自固。睿起斗舰，高与合肥城等，四面临之，魏人计穷，相与悲哭。睿攻具既成，堰水又满，魏救兵无所用。魏守将杜元伦登城督战，中弩死，城遂溃。俘获万余级，牛马万数，绢满十间屋，悉充军赏。睿每昼接客旅，夜算军书，三更起张灯达曙，抚循其众，常如不及，故投募之士争归之。

《梁书·韦叡传》

注解

① 肥水堰：在肥水上筑起的临时堤坝。肥水，又作"淝水"，淮河支流，在今安徽。

② 军主：一军主将。

③ 魏：此指与南朝相对峙的北魏。

④ 没：通"殁"，死。

⑤ 叡(hú)：韦叡：南朝梁著名将领，曾大败魏军，魏人畏惧，称为"韦虎"。

⑥ 军监：监军。

⑦ 巢湖：我国南方大淡水湖，在今安徽。

⑧ 三叉：三叉路口，或为地名。

⑨ 将军死绥(suí)：退军为绥，军败而退，将军当死，称为"死绥"。

⑩ 缬(qīng)扇麾幢：缬，"伞"的本字。麾(huī)，旌旗之类。幢(zhuàng)，古时作仪仗用的以羽毛为饰的一种旗帜。缬扇麾幢，是主将所在的标志。

⑪ 板舆：以人抬的一种代步工具。

⑫ 垒：防守工事。

译文

肥水堰筑成时，让军主王怀静在水边筑城防守，魏军攻陷了王怀静之城，千余人战亡。魏人因此乘胜来到韦叡驻守的堤下，其势正盛，军监潘灵祐劝韦叡撤退到巢湖去，将领们又请求转移保三叉。韦叡听后怒道："怎么能这样呢！将军退兵就应死，有进无退。"于是下令把伞扇麾幢这些指挥部标志都在堤下树起来，以示决不撤兵。韦叡的身体向来很弱，每次打仗都不曾骑马，而是坐在板舆上指挥。魏兵前来破坏堤坝，韦叡亲自与之争夺，结果魏军稍退，于是利用这机会在堤周围修筑工事，加强防守。韦叡又造起战舰，和合肥城一样高，可以观察、打击四面。魏人没法，只好在一起悲哭。韦叡进攻之具已造好，堰水也正满，魏军救兵无济于事。魏军守将杜元伦登上城头督战，被弩射死，城防溃败。此战俘虏敌人万余，得牛马万数，绢有数十间屋那么多，都用来作奖赏将士之用。韦叡又每天日间接待各方来客，夜间看兵书谋算，三更天就起床张灯工作，直到曙光透现，善待部下，常怕做得不够，所以很多人争着投奔他。

司州陷落

原文

三年，魏①围司州②，时城中众不满五千人，食裁③支半岁，魏军攻之，昼夜不息，道恭④随方抗御，皆应手摧却。魏乃作大车载土，四面俱前，欲以填堑⑤，道恭辄于堑内列艨冲斗舰以待之，魏人不得进。又潜作伏道以决堑水，道恭载土䡔⑥塞之。相持百余日，前后斩获不可胜计。魏大造梯冲⑦，攻围日急，道恭于城内作土山，厚二十余丈；多作大槊⑧，长二丈五尺，施长刃，使壮士刺魏人登城者。魏人甚惮之，将退。会道恭疾笃⑨，乃呼兄子僧勰、从弟⑩灵恩及诸将帅谓曰："吾受国厚恩，不能破灭寇贼，今所苦转笃，势不

支久，汝等当以死固节，无令吾没[11]有遗恨。”……其年五月卒。魏知道恭死，攻之转急。……至八月，城内粮尽，乃陷。

《梁书·蔡道恭传》

注解

① 魏：当时据中原与梁朝对峙的北魏政权。

② 司州：治所在平阳（今河南信阳）。

③ 裁：通“才”。

④ 道恭：蔡道恭，当时任司州刺史。

⑤ 堑：壕沟，护城河。

⑥ 土㹠：装满土的草袋。㹠（tán），小猪。

⑦ 梯冲：云梯，冲车，都是古时攻城战具。

⑧ 槊（shuò）：古代兵器，即长矛。

⑨ 疾笃：病势危重。

⑩ 从（cóng）弟：堂弟。

⑪ 没：通“歿”，死。

译文

天监三年，北魏围攻司州，当时城中不到五千人，粮食只能支持半年，魏军攻得急切，昼夜不停，蔡道恭灵活机动地抗御，一次次地打退了敌人的进攻。魏军又作大车运土，四面齐进，企图把护城河填没。蔡道恭则于护城河内列战舰以待，使魏军无法前进。魏军又挖暗道，想让护城河决口，蔡道恭又运载土㹠加以堵塞。与魏军相持了百余日，前后杀敌俘敌不可计数。魏又大造攻城的云梯、冲车，攻打更急。蔡道恭于城内堆起土山，厚达二十余丈；又作了许多长矛，长二丈五尺，置长刃，让壮士刺魏军登城士兵。魏人很害怕，有了撤军的打算。恰在此时，蔡道恭病重，他把侄儿僧勰、堂弟灵恩及诸将帅叫来，对他们说：“我受国家厚恩，不能破敌灭贼，现在我的病转重，难以久支，你们应当以死战来固守你们的志节，不要让我死后有遗恨。”……这年五月，蔡道恭病逝。魏人知道后，又加强了攻势。……到了八月，城内粮尽，司州陷落。

陈 书

《陈书》概论

《陈书》是二十五史中在唐初撰成的八部官修史书之一，记载了南北朝时期封建割据政权——陈朝（公元557—589年）兴国、发展、覆亡的历史。

《陈书》成于姚思廉之手，实际上是姚察、姚思廉父子两代撰成。《陈书》的编撰，始于陈代，姚察即参与其事。姚察以史职参与，由于陈亡之故，《陈书》未成而辍。隋代，姚察又受命撰修梁、陈二史，未成而卒。唐兴，天下初定，令狐德棻倡议修前朝史，唐高祖遂于武德四年十一月诏修魏、周、隋、齐、梁、陈六朝史时，受命撰修陈史的有窦进、欧阳询、姚思廉。由于种种原因，数年而不就。至贞观三年（公元629年），唐太宗重诏修撰，姚思廉奉敕撰梁、陈二史。贞观九年，成《陈书》。

《陈书》虽成于姚氏父子，但前人之功不可没。刘师知《史通》云："陈史初有吴郡顾野王、北地付肄各为撰史学士，其武、文二帝纪即为顾、付所修。太建初（宣帝），中书郎陆琼续撰诸篇，事伤烦杂，姚察就加删改，粗有条贯，及江东不守，持以入关，隋文帝尝索梁、陈事迹，察具以所成，每编续奏，而依违荏苒，竟未绝笔。皇家贞观初，其子思廉为著作郎，奉诏撰成二史。于是赁藉旧稿，加以新录，弥历九载，方始毕功。"可见，《陈书》的修撰，除了姚氏父子付出了艰辛的劳动外，也有他人之功。

《陈书》共三十六卷，其中本纪六卷，分别记载高祖（陈霸先）、世祖（陈蒨）、废帝（陈伯宗）、宣帝（陈顼）、后主（陈叔宝）五皇史实；列传三十卷，大致按皇后、武将、文臣、宗室、儒林、文学、孝行、侍臣、逆臣之类。较为全面地反映了陈朝的历史。

《陈书》的价值之一在于，它成于姚氏父子之手，姚氏父子曾仕于陈，对陈朝之事亲身经历，虽成于唐，但可以说是当世人写当世事，是现存比较好的原始记载。其二，纪传中大段甚至全文保留诏令、奏疏，保留了陈代的不少作品，对于窥视陈代文风及典章制度，有较大参考价值。其三，《陈书》以及《梁书》的行文风格，是对六朝文风的变革。散文或古文的倡导与重振，以唐中叶和北宋时期为主，姚氏父子在陈末唐初已开其先河，在古代文学史上的地位不可忽视。

徐陵不辱使命

原文

太清二年，(徐陵)兼通直散骑常侍。使魏，魏人授馆宴宾。是日甚热，其主客魏收[1]嘲陵曰："今日之热，当由徐常侍[2]来。"陵即答曰："昔王肃[3]至此，为魏始制礼仪；今我来聘，使卿复知寒暑。"收大惭。

《陈书·徐陵传》

注解

① 魏收(公元 506—572 年)：北朝北齐史学家，撰有《魏书》。

② 徐常侍：指徐陵，南朝陈文学家，今山东郯城人，陈时官至尚书左仆射，中书监。

③ 王肃：北魏大臣，原仕东晋，归北魏后，深受魏高祖礼遇，负责制订礼仪。

译文

太清二年(公元 548 年)，(徐陵)兼任通直散骑常侍。他出使东魏，东魏替他安排馆舍，设宴招待。这一天，天气非常炎热，宴会主持人魏收嘲笑徐陵说："今日天气炎热，该是由您徐常侍带来的。"徐陵立即回答说："先前王肃到北魏后，替北魏最早制订了礼仪；现在，我来访问您们东魏，使您又知道了寒暑冷热。"魏收听后，感到很惭愧。

后主以淫侈亡国

原文

后主生深宫之中，长妇人之手，既属邦国殄瘁[①]，不知稼穑艰难。初惧阽危[②]，屡有哀矜之诏，后稍安集，复扇淫侈之风。宾礼诸公[③]，唯寄情于文酒，昵近群小，皆委之以衡轴[④]。谋谟所及，遂无骨鲠[⑤]之臣，权要所在，莫匪侵渔之吏。政刑日紊，尸素[⑥]盈朝，躭荒为长夜之饮，嬖宠同艳妻之孽，危亡弗恤，上下相蒙，众叛亲离，临机不寤，自投于井，冀以苟生，视其以此求全，抑亦民斯下矣。

《陈书·后主传》

注解

① 殄(tiǎn)瘁：困苦，因病。

② 阽危：面临危险。

③ 诸公：指与后主一道游玩的所谓"狎客"。

④ 衡轴：本指观测天体仪器上可以旋转的横管，此比喻中枢要职。

⑤ 骨鲠：原意指鱼骨、鱼刺，比喻正直。谟：计谋。

⑥ 尸素："尸位素餐"，居住食禄而不理事。

译文

陈后主生在深宫之中，长在都是妇人的环境当中，当上皇帝之时，恰逢国家衰弱不堪，而他不知稼穑之艰难。起初，他还害怕遭受灭亡的危险，所以常常发布同情百姓疾苦的诏书，然而，局势逐渐安稳一些以后，他又煽动起荒淫、奢侈的风气。对江总、陈暄、孔范等人，他待以宾客之礼，只知道陶醉在文章美酒之中，亲近小人，委以要职。这样，出谋划策者没有一个是正直之臣，执掌权要者没有一个不是贪婪之人。因而，政务刑罚日渐混乱，无所事事之辈充斥朝廷。通宵达旦地吃喝玩乐，沉溺于荒淫之中，宠幸张贵妃、孔贵人，荒废政事，身处危亡之境，却高枕无忧。上下蒙骗，众叛亲离，外敌压境之时，仍未醒悟过来，反而自投枯井，企图苟且偷生。像他这样求生，就算是老百姓也会是荒唐可笑的吧。

侯安都居功自傲

原文

部下将帅，多不遵法度，检问收摄，则奔归安都[1]。世祖性严察，深衔之。安都弗之改，日益骄横。每有表启，封讫，有事未尽，乃开封自书之，云又启某事。及侍宴酒酣，或箕踞[2]倾倚。尝陪乐游禊[3]饮，乃白帝曰："何如作临川王时？"帝不应。安都再三言之，帝曰："此虽天命，抑亦明公之力。"宴讫，又启便借供帐水饰[4]，将载妻妾于御堂欢会。世祖虽许其请，甚不怿。明日，安都坐于御坐，宾客居群臣位，称觞上寿。初，重云殿灾，安都率将士带甲入殿，帝甚恶之。自是阴为之备。

《陈书·侯安都传》

注解

① 安都:指侯安都,南朝陈始兴曲江(今广东韶关)人,建国元勋,官至司空、侍中,食邑五千户,后被文帝赐死。

② 箕踞:坐时随意伸开两腿,像个簸箕,是种不合礼节的坐法。

③ 禊(xì):祓(fú)祭,古人消除不祥的一种祭祀,常在春秋两季于水滨举行。

④ 供帐:供设帷帐。水饰:供游玩用的船只上的装饰,代指船只。

译文

侯安都的部下将帅大多不遵守法规,在外胡作非为,有关人员要检查、盘问、收捕他们,他们就逃回侯安都处。世祖陈茜生性严厉,对侯安都很是不满。侯安都不但不改正,反而日益骄横无礼。呈交皇上的文书封好之后,一旦想起还有什么没有说完的事情,就拆开文书,另行添加所谓还需陈述给皇上的事情。在宫廷宴会上酒兴正浓的时候,他就忘乎所以,甚至随意伸开两腿,像个簸箕,歪歪斜斜地靠在椅子上。有一次,举行祓祭,侯安都陪从陈文帝饮酒,大家玩得很痛快,侯安都问陈文帝:"您现在作皇帝,与你作临川王时相比,怎么样?"陈文帝没有回答。侯安都执意要他回答,文帝就说:"我能当皇帝,虽然是天命的安排,但您也出力不少。"宴会之后,他又请求文帝立即借给他船只,他要把妻妾家人们接来宫廷欢聚,文帝虽然同意了他的请求,但很不高兴。第二天,侯安都坐在皇帝宝座上,宾客们坐在臣子的座位上,斟酒为他祝寿。当初,重云殿发生火灾,侯安都率领将士,带着武器上殿,文帝就很憎恨他。这次以后,陈文帝就暗中对他防备起来。

姚察拒馈赠

原文

察[1]自居显要，甚励清洁[2]，且廪锡[3]之外，一不交通[4]。尝有私门生[5]不敢厚饷[6]，止送南布一端[7]，花练[8]一匹[9]。察谓之曰："吾所衣著[10]，止是麻布蒲练[11]，此物于我无用。既欲相毂接[12]，幸不烦尔。"此人逊请，犹冀受纳，察历色驱出，因此伏事[13]者莫敢馈遗[14]。

《陈书·姚察传》

注解

① 察：姚察，在南朝陈任吏部尚书，入隋撰梁、陈二史未成而逝，其子姚思廉成功其事。

② 清洁：清正廉洁。

③ 廪锡：廪，官府供给的粮食。锡，赐给。

④ 交通：交往，在交往中受礼。

⑤ 私门生：南朝时期对贵族、官僚等的依附者。

⑥ 饷：赠送。

⑦ 止送南布一端：止，通"只"。南布，当指木棉布。端，古以六丈为一端。

⑧ 花练：粗丝织的花布。

⑨ 匹：古以四丈为一匹。

⑩ 衣著：著，同"着"。

⑪ 麻布蒲练：粗陋之衣。

⑫ 毂接：毂，通"款"，毂接意为交好。

⑬ 伏事：服侍。

⑭ 馈遗：赠送。

译文

姚察身居要职以后，非常注意保持清廉，除了自公家所得的粮米和赏赐，不收受任何人的礼品。他曾经的一个门生，还不敢送太重的礼，只送了南布一端，花布一匹。姚察对他说：“我所穿的衣服，只不过是麻布蒲练这样的粗品，这些东西对我来说是用处不大。既然想和我交好，也用不着费心。”这人仍然请求，希望他能接受，姚察生起气来，板着面孔把他赶了出去，因此想巴结他的人都不敢赠送东西给他。

不苟且偷生

原文

文庆等因共谮縡受高骊使金[1]，后主收縡下狱。縡素刚，因愤恚，乃于狱中上书。……书奏，后主大怒。顷之，意稍解，遣使谓縡曰：“我欲赦卿，卿能改过不？”縡对曰：“臣心如面，臣面可改，则臣心可改。”后主于是益怒，令宦者李善庆穷治其事，遂赐死狱中，时年五十五。

《陈书·傅縡传》

注解

① 谮(zèn)縡受高骊使金：谮縡，指傅縡，南朝陈北地灵州(今宁夏灵武)人，文学家，官至右卫将军。高骊，朝鲜古国之一。谮：诬陷。

译文

施文庆等人一起诬陷傅縡收取了高骊使者的金子，陈后主因而收捕傅縡，把他关押在狱中。傅縡素来刚直，因而愤愤不平，就从狱中上书给后主。……后主看后大怒，过了一会儿，怒气稍稍缓和了一些，派人对傅縡说："我想赦免你，你能改正错误吗？"傅縡回答说："我心如面，我面能改，则我心也能改。"陈后主于是更怒，叫宦官李善庆彻底追查他的事情，终于把他赐死在狱中，当年五十五岁。

将军章昭达

原文

昭达[1]性严刻，每奉命出征，必昼夜倍道。然有所克捷，必推功将帅，厨膳饮食，并同于群下，将士亦以此附之。每饮会，必盛设女伎杂乐[2]，备尽羌胡之声[3]，音律姿容，并一时之妙，虽临对寇敌，旗鼓相望，弗之废也。

《陈书·章昭达传》

注解

① 昭达：章昭达，南朝陈将领。

② 女伎杂乐：女伎，指善于歌舞的女子。杂乐，种类很多，除歌舞外，很可能还有一些军事体育活动。

③ 羌胡之声：羌，我国古代西方少数民族。胡，古代对西、北方少数民族的通称。“羌胡之声”，慷慨激越，有利于鼓舞斗志。

译文

章昭达严厉刻急，每当出征，必定昼夜兼程，但打了胜仗，必定归功于（他手下的）将帅，他在饮食方面，也和部下一样，将士因此乐于追随他。每有饮宴之会，一定要盛设女伎和杂乐，表演羌胡之声，淋漓尽致，而那些女艺人的艺技和姿容也极绝佳，即使是面对敌寇，看得见敌军的旗帜，听得到敌人的鼓声，他还是照常不误。

虎将程文季

原文

文季[①]临事谨急，御下严整，前后所克城垒，率皆迮[②]水为堰，土木之工，动逾数万。每置阵役人，文季必先诸将，夜则早起，迄暮不休，军中莫不服其勤干。每战恒为前锋，齐[③]军深惮之，谓为“程兽”[④]。

《陈书·程灵洗传》

注解

① 文季：程文季，南朝陈将领。

② 迮：狭窄，使变狭。此言堵截。

③ 齐：此指北齐，曾一度与陈对峙。

④ 程兽：应为“程虎”，《陈书》作者姚思廉出于避讳的考虑，改为“程兽”，《南史》则作“程彪”。

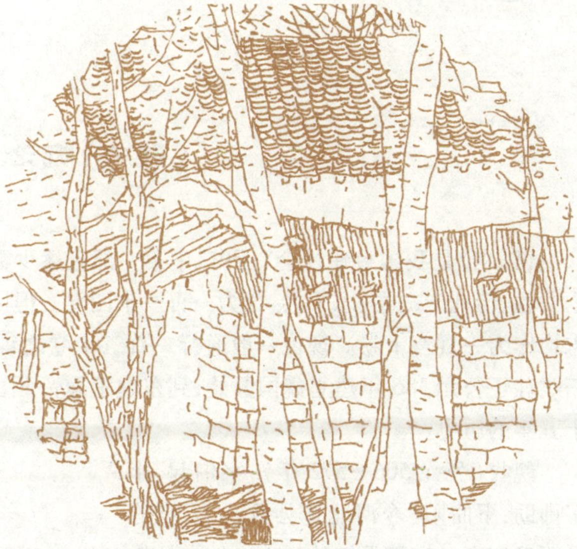

译文

程文季遇事严谨性急，督责部下十分严格，先后攻克的城垒，都截水为堰，土木用工，动不动就超过数万。每有战事，他便早早起床，到天黑也还不休息，比将领们都要忙碌，全军上下都叹服他的勤奋干练。每次打仗，他常常当前锋，北齐人很怕他，把他称为“程兽”。

魏 书

《魏书》概论

《魏书》是我国封建社会“历史”中第一部记述少数民族政权史事的著作，原编排本纪十二卷、传九十二卷、志十卷，合为一百一十四卷。但因其有一卷再分为几卷的，故隋唐史志均作为一百三十卷。现也一般通行一百三十卷之说。《魏书》作者魏收，记述了道武帝拓跋珪于公元386年建立魏国开始，到东魏孝静帝元善见于公元550年灭亡止，共一百六十五年的历史。

魏收（公元506—572年），字伯起，小字佛助，下曲阳（今河北晋县西）人。自称是西汉初高良侯魏无知的后人。他自幼机警，勤奋苦读，学问与日俱增。二十五岁，魏收升任散骑侍郎，掌起居注兼修国史，不久兼中书侍郎，和温子升、邢邵齐名，被誉为北朝三才。

北魏末年，社会混乱，政治腐败，统治阶级内部矛盾错综复杂。魏收浮沉于宦海，经历了多次挫折。北魏分裂后，高欢把持东魏朝政，魏收被召赴晋阳（今山西太原），任中外府主簿，后来转为高欢丞相府属。这时尽管有位司马子如向高欢推荐魏收，说他是“一国大才”，然而由于魏收曾为北魏孝武帝所信任，又得罪过高欢的亲信，因而不被重用。魏收感到单凭文才已难以通达，便转而请求修史。经过崔暹的推荐，高欢的长子高澄“乃启收兼散侍常侍，修国史”。

公元550年4月，高欢次子高萍以齐代魏，建元天保。由于魏收直接参与了这次政变，凡“神代诏册诸文”，都由魏收一手策划，因此在事变当年，他就被高萍授予中书令兼著作郎的职务。公元551年，文宣帝高萍诏命魏收撰写魏史，这样才把魏史的撰写工作真正提到了日程上。高萍还鼓励魏收大胆直书许诺不诛史官，不废史官。这样，魏收在四十五岁时开始撰写《魏书》，用近四年时间终于写出了反映北魏一百六十多年的历史。历来史学家也不把《魏书》作为官修史书，而是当作魏收个人著作。

魏收修定《魏书》后更加被重用。和他齐名的温子升、邢邵被皇帝疏远和处死后，北齐遇如有大事和发诏命，以及军国文辞，都由魏收一人执笔。他升任尚书右仆射，并在玄州苑阁上画了魏收像，极受朝野尊崇。公元572年，魏收死去。魏收一生历经北魏、东魏、北齐三个皇朝，历事魏孝明帝到北齐后主九个君主，到北齐后主时，“掌诏诰，除尚书右仆射，总议监五礼事，位特进”。宦途达到了顶点。

魏收正式开始编修《魏书》在天保二年，到天保五年完工奏上，前后经过不到四年时间。如从天保四年魏收专在阁修史算起，则仅有一年时间。因为魏收利用了当时许多关于北魏的史料，所以能迅速完成一部多达一百三十卷的史书。

在二十五史中，《魏书》有一个很特殊的情况，就是完成全书后，又被迫作过多次修改，后来还有多人重撰魏史。

《魏书》一出，在统治集团内部就引起了轩然大波，众口沸腾，称其为“秽史”，致使其书一直未能面世。为什么会出现这种情况呢？

《魏书》原编排本纪十二卷，志十卷，合为一百一十四卷，后分为一百三十卷。其具体篇目内容如下：

第一，帝纪十四卷。是北魏帝王的编年大事记。其中包括：

《序纪》卷，记拓跋珪以前二十七人。

《道武帝纪》一卷　《明元帝纪》一卷

《太武帝纪》二卷　《文成帝纪》一卷

《献文帝纪》一卷　《孝文帝纪》二卷

《宣武帝纪》一卷　《孝明帝纪》一卷

《孝庄帝纪》一卷

《前废帝纪、后废帝纪、出帝纪》一卷

《孝静帝纪》一卷

第二，列传九十六卷，其中：

《皇后列传》一卷，记后妃二十八人。

《王子列传》十二卷　《大臣列传》六十卷

《外戚列传》二卷　《儒林列传》一卷

《文苑列传》一卷　《孝感列传》一卷

《节义列传》一卷　《良吏列传》一卷

《酷吏列传》一卷　《逸士列传》一卷

《术艺列传》一卷　《列女列传》一卷

《恩幸列传》一卷　《阉官列传》一卷

《匈奴》等列传九卷(包括十六国、东晋、宋、南齐、梁、高句丽、西域、蠕蠕等)

《序传》一卷(记魏收的家世、本人经历、修撰《魏书》的情况)

第三,《志》二十卷:

《天象志》四卷,记载当时天文学成就和观测星象的各项记录;《地形志》三卷,记载北魏、东魏时期州、郡、县的建置,并附有地理沿革和户口数目;《律历志》二卷,记载当时通行的历法及修订的情况;《礼志》四卷,记载当时祭祀天地、祭祀宗庙和婚、丧、冠等礼节的仪式;《乐志》一卷,记载与当时祭祀等礼节仪式相配合的音律和乐章;《食货志》一卷,记载当时农业、工业、商业以及货币的发展情况;《刑罚志》一卷,记载当时刑法的制订和变异情况;《官氏志》二卷,记载各级文武官吏的设置状况和鲜卑贵族的姓氏变化;《灵征志》二卷,记载地震、大水等灾异和神龟、白雀之类的祥瑞;《释老志》一卷;记载当时佛教和道教的传播,发展及其与北魏统治者的关系。

《魏书》在整个二十五史中,虽不算十分突出,但简单地把它斥为“秽史”也是站不住脚的。它编撰体例合理,文笔流畅生动。它能给后人提供有关北魏一朝的各种研究参考。

笔公古弼

原 文

上谷[1]民上书,言苑囿过度,民无田业,乞减太半,以赐贫人。弼[2]览见之,入欲陈奏,遇世祖[3]与给事中刘树基[4],志不听事。弼侍坐良久,不获申闻。乃起,于世祖前捽[5]树头,掣[6]下床,以手搏其耳,以拳殴其背曰:“朝廷不治,实尔之罪!”世祖失容放棋曰:“不听奏事,实在朕躬,树何罪?置之!”弼具状以闻。世祖奇弼公直,皆可其所奏,以丐[7]百姓。……

世祖大阅[8],将校猎于河西。弼留守,诏以肥马给骑人,弼命给弱马。世祖大怒曰:“尖头奴,敢裁量[9]朕也!朕还台[10],先斩此奴。”弼头尖,世祖常名之曰“笔头”,是以时人呼为“笔公”。弼属官惶怖惧诛,弼告之曰:“吾以为事君使畋猎不适盘游[11],其罪小也。不备不虞[12],使戎寇恣逸,其罪大也。今北狄孔炽,南虏未灭,狡焉之志,窥伺边境,是吾忧也。故选肥马备军实,为不虞之远虑。苟使国家有利,吾何避死乎?明主可以理干,此自吾

罪，非卿等之咎。”世祖闻而叹曰：“有臣如此，国之宝也！”赐衣一袭[13]、马二匹、鹿十头。后车驾[14]畋于山北，大获麋鹿数千头，诏尚书发车牛五百乘以运之。世祖寻谓从者曰：“笔公必不与我，汝辈不如马运之速。”遂还。行百余里而弼表至，曰：“今秋谷悬黄，麻菽布野，猪鹿窃食，鸟雁侵费，风波所耗，朝夕参[15]倍，乞赐矜缓，使得收载。”世祖谓左右曰：“笔公果如朕所卜，可谓社稷之臣。”

《魏书·古弼传》

注解

① 上谷：郡名，辖境在今河北张家口，小五台山以东，赤城、北京市延庆县以西，及内长城和昌平县以北的地方。

② 弼：即古弼，北魏大臣，官至尚书令、司徒，忠谨好学，善骑射，好直谏，后遭诬告被杀。

③ 世祖：即太武帝拓跋焘。

④ 棊：“棋”字的异体字。

⑤ 捽：揪。

⑥ 掣：拉。

⑦ 丐：给予。

⑧ 大阅：对军队的大检阅。

⑨ 裁量：这里是戏耍、戏弄的意思。

⑩ 台：南北朝时期称朝廷禁省为台，称禁城为台城。

⑪ 盘游：游乐。

⑫ 不虞：意料不到的突发情况。

⑬ 一袭：衣服一套为一袭。

⑭ 车驾：用作帝王的代称。

⑮ 参(sān)：同“叁”。

译文

上谷地区的老百姓上书太武帝，言说皇家花园苗圃占田过多，使得百姓无田可种，请求减半，以便赏赐给贫苦之家耕种。古弼看了奏章以后，入宫准备奏明皇上，正碰上世祖正在与刘树下棋，根本没有听奏章的意思。

古弼在旁边坐等了好久，世祖也不问他有何事，于是古弼站起身来，当着世祖的面，揪住刘树的头发，将他从椅子上拉下来，然后一只手拽住刘树的耳朵，一只手攥成拳头殴打他的脊背，斥责刘树说：“皇上不理朝政，都是你这个佞臣的罪过。”世祖立刻变了脸色，放下手中的棋子，大声说：“没听你的奏章，这错全在我，刘树有什么罪呢？还不快松手？”古弼就把他闻听到的一五一十地告诉世祖。世祖对古弼的正直大为惊叹，并答应了他的奏请，把一半土地赐给贫贱之家耕种。……

又一次，世祖检阅三军，然后大小将校准备会猎于黄河西部。当时古弼留守在家，世祖下诏古弼送一批健壮的马匹以供游猎之用，古弼却送去一些瘦劣之马。世祖非常生气，大怒道：“尖头奴才，竟敢对我的旨令不听话，等我回到宫中，一定要砍下你的狗头。”古弼脑袋尖削，世祖常喊他“笔头”，所以当时人们便称他为“笔公”。古弼的下级僚属非常担心，害怕杀头，古弼对他们说：“我认为侍奉国君田猎而不能使他尽兴游乐，这一罪责不是太大。如果我们不提高警惕，防备不测，一旦敌人大举进攻，这才是最大的罪责啊！目前北方敌军气焰嚣张，南方也是强敌压境，敌人正虎视眈眈，暗中观望我方动静，等待下手的机会，这才是我所忧虑的啊。之所以挑选健壮的马匹留给军队，就是从以防不测这一角度来考虑的。只要对国家有利，我就不怕杀头。皇上英明睿智，是会理解我的良苦用心的。这是我的罪过，不是你们的过错。”世祖听后，深有感触地说：“有这样的忠直之臣，真是国家的宝啊。”便赐给古弼一套礼服、两匹马、十只鹿。后来又有一次世祖在山北打猎，捕获麋鹿几千只，世祖下诏尚书派牛车五百辆来拖运。过了一会儿，世祖又对手下人说：“笔公一定不会给我派这些牛车，还不如早点用马将这些猎物运走。”说罢就回宫，刚走了一百来里便接到古弼的奏表说：“今年的谷穗已经下垂变黄，桑麻大豆也布满田野，山猪野鹿经常偷吃，飞鸟大雁也来啄食，再加上风吹雨打，损失很大。早收与晚收要相差三倍。请皇上恩准暂缓拉运麋鹿，以使车辆集中运输已收入的秋谷与杂粮。”世祖看完奏表后说：“果然像我说的那样，笔公真可谓是国家的栋梁啊。”

奚康生之死

原文

康生性粗武，……义[1]稍惮之，……正光二年三月，肃宗[2]朝灵太后于西林园，文武侍坐，酒酣迭舞。次至康生，康生乃为力士舞，及于折旋，每顾视太后，举手、蹈足、瞋目、颔首为杀缚之势。太后解其意而不敢言。日暮，太后欲携肃宗宿宣光殿。侯刚[3]曰："至尊[4]已朝讫，嫔御在南，何劳留宿?"康生曰："至尊，陛下儿，随陛下将东西，更复访问谁?"群臣莫敢应。灵太后自起援肃宗臂下堂而去。康生大呼唱万岁于后，近侍皆唱万岁。肃宗引前入阁，左右竞相排，阁不得闭。康生夺其子难千牛刀[5]，斫直后[6]元思辅，乃得定。肃宗既上殿，康生时有酒势，将出处分，遂为义所执，锁于门下。至晓，义不出，令侍中、黄门、仆射、尚书等十余人就康生所讯其事，处康生斩刑，难处绞刑。义与刚并在内矫诏决之。康生如奏，难恕死从流。难哭拜辞父，康生忻子免死，又亦慷慨，了不悲泣。语其子云："我不及死，汝何为哭也?"有司驱逼，奔走赴市。时已昏暗，行刑人注刀数下不死，于地刻截。

《魏书 · 奚康生传》

注解

① 义：即元义，北魏宗室。孝明帝时任宰相，为相不务政事，专事酒色，致使天下渐乱。后失宠于灵太后，被解兵权，孝明帝孝昌元年(公元 525 年)削职为民，旋即以谋反罪被诛。

② 肃宗：即北魏孝明帝元诩(公元 510—528 年)。

③ 侯刚：字乾之，河南洛阳人，历中散、尝食典御、侍中、左卫将军等职，与元义狼狈为奸，败坏朝纲。

④ 至尊:皇上。

⑤ 千牛刀:《庄子·养生主》记载:庖丁宰牛十九年,解牛数千头,所用刀刃仍像在磨刀石上新磨过一样锋利。后世因称锋利的刀为千牛刀,禁卫官叫千牛备身。奚康生与奚难此时已被元义封为千牛奋身。

⑥ 直后:官名。

译文

奚康生性格粗鲁武断,……元义也有点惧怕他,……北魏正光二年三月,肃宗去西林园朝觐灵太后,文武官吏陪同宴饮,酒喝得正畅快时便轮流跳舞助兴。轮到奚康生时,他便跳了一曲力士舞,每次转身,总是拿眼睛盯着灵太后,举手、投足、怒目、点头都流露出杀机。灵太后明白了他的意思却不敢作声。天近黄昏,太后想拉肃宗歇宿于宣光殿。侯刚说:“皇上朝觐太后已毕,后宫、宫女都在南殿,何劳太后留宿?”奚康生说:“皇上,是太后的亲生儿子,随同太后去取东西,难道还要请示谁?”群臣都不敢应声。灵太后站起身来拉着肃宗的手离开殿堂。奚康生在后面高呼万岁,宫中侍卫也高呼着万岁。肃宗在前向侧门走去,侍卫们争着往前挤,使得侧门难以关闭。奚康生夺过儿子奚难身上的千牛刀,向直后元思辅砍去,混乱局面才安定下来。肃宗上殿以后,奚康生借着酒力,准备出来再作安排,于是被元义捉住,锁进房中。到了第二天,元义没有出面,而是让侍中、黄门、仆射、尚书等十多人到锁住康生的房中对他进行审讯,判处奚康生斩刑,判处奚难绞刑。这些都是元义与侯刚一起在密室中以皇上的名义作出的判决。奚康生上奏朝廷,赦免奚难死刑而流放他方。奚难哭泣着向父亲辞决,奚康生很高兴儿子免除死罪,此时情绪激昂,没有流下一滴悲伤的泪水。他对儿子说:“我并不是因谋反而被处死,你为何哭得这般伤心呢?”行刑的狱吏连赶带逼,拉起奚康生到大街之上斩首。当时天色昏暗,刽子手砍了几刀还没死,倒在地上立刻断成几截。

高允直谏

原文

恭宗季年[1]，颇亲近左右，营立田园，以取其利。允谏曰："天地无私，故能覆载；王者无私，故能包养。昔之明王，以至公宰物，故藏金于山，藏珠于渊，示天下以无私，训天下以至俭。故美声盈溢，千载不衰。今殿下国之储贰[2]，四海属心[3]，言行举动，万方所则[4]，而营立私田，畜养鸡犬，乃至贩酤市廛[5]，与民争利，议声流布，不可追掩。夫天下者，殿下之天下，富有四海，何求而不获，何欲而弗从，而与贩夫贩妇竞此尺寸。昔虢[6]之将亡，神乃下降，赐之土田，卒丧其国。汉之灵帝，不修人君之重，好与宫人列肆贩卖[7]，私立府藏[8]，以营小利，卒有颠覆倾乱之祸，前鉴若此，甚可畏惧。夫为人君者，必审于择人。……。故愿殿下少察愚言，斥出佞邪，亲近忠良，所在田园，分给贫下，畜产贩卖，以时收散。如此则休[9]声日至，谤议可除。"

……给事中[10]郭善明，性多机巧，欲逞其能，劝高宗大起宫室。允谏曰："臣闻太祖道武皇帝既定天下，始建都邑。其所营立，非因农隙，不有所兴。今建国已久，宫室已备，永安前殿足以朝会万国，西堂温室[11]足以安御圣躬，紫楼临望可以观望远近。若广修壮丽为异观者，宜渐致之，不可仓卒。计斫(挖)[12]材运土及诸杂役须二万人，丁夫充作，老小供饷，合四万人，半年可讫。古人有言：一夫不耕，或受其饥；一妇不织，或受其寒。况数万之众，其所损废，亦以多矣。推之于古，验之于今，必然之效也。诚圣主所宜思量。"高宗纳之。

《魏书·高允传》

注解

① "恭宗"句:恭宗,北魏文成帝拓跋浚,太武帝拓跋焘的嫡孙。季年,末年。

② 储贰:皇位继承人。

③ 属心:归心;心悦诚服地归附。

④ 则:表率;效法。

⑤ 市廛:集市。廛,公家所建供商人存储货物的房舍。

⑥ 虢(guó):周代诸侯国名。

⑦ 列肆贩卖:摆摊贩卖。

⑧ 府藏:仓库。

⑨ 休:美好。

⑩ 给事中:官名,备顾问应对,讨论政事。

⑪ 温室:汉之宫殿名,此指暖室。

⑫ 斫:砍。

译文

恭宗晚年,一味亲近左右奸佞小人,广占田地,大兴园田,从中获利。高允进谏说:"天地之所以能承载万物是因他没有私心;帝王之所以能领有百姓也因没有私心。过去的圣君明主,以最公平的心主宰事物,所以把金子藏在山中,把宝珠藏在深渊,以此向天下人显示无私,用俭朴教训天下人。所以他们的美名流传,千年不衰。如今殿下是国家皇位继承人,四海归附,言行举动,被万方效法,而营建私田,畜养鸡犬,甚至在市场上卖酒,与百姓争利,人们议论纷纷,却与贩卖东西的小贩争夺这些小利。过去虢国行将灭亡的时候,天神曾经降临人间,赐给它土地,可最后还是丧失了那个国家。东汉的灵帝,不尽做皇帝的责任,喜欢与宫人设店铺做买卖,私设仓库,以谋取小利,终于有颠覆丧难的祸患。过去的教训如此,非常值得畏惧。作君主的人,对选择人才必须谨慎。……。所以希望殿下体察我的话,斥退奸佞小人,亲近忠良之士,把各地的田园,分给贫穷的人,畜产和贩卖的东西,及时收回散发出去。如果这样,颂扬之声就会一天天传来,非议之论也可以消除。"

……给事中郭善明,生性机变乖巧,想炫耀自己的才能,劝高宗大兴宫室。高允劝谏说："我听说太祖拓跋珪平安天下以后，才开始修建都市，他建筑这些城邑，施工一定要利用农闲季节，否则不予动工。现在我们立国的时间已久，官室已经齐备，永安前殿足够朝会万国，西堂暖室足够皇上宴请歇息，站在紫楼之上足可以登高远眺。如果要广修壮丽的宫室作为奇观，也应该逐渐进行，不可仓猝从事。预计砍伐木材、运输土方及各种杂活需得两万人，成年男子干活，老年儿童供给粮饷，合计起来共四万人，半年内才能完工。古人说过：一个男子不耕种，就有人受饥饿；一个女子不纺织，就有人受冻寒。何况动用几万民工，他们所损失和耗费的东西也太多了啊。考究古代，验证当今，这是必然的结果。这确实是圣明的帝王不得不思量的。"高宗听从了他的建议。

鹿悆入虎穴得虎子

原文

庄帝为御史中尉，悆兼殿中侍御史，监临淮王彧①军。时萧衍遣其豫章王综据徐州②，综密信通彧，云欲归款③。综时为萧衍爱子，众议咸谓不然。彧募人入报，验其虚实，悆遂请行，曰："若综有诚心，与之盟约；如其诈也，岂惜一人命也。"时徐州始陷，边方骚扰，综部将成景俊、胡龙牙并总强兵，内外严固。悆遂单马间出④，径趣彭城⑤。未至之间，为综军主程兵润所止，问其来状。悆答曰："……我为临淮王所使，须有交易⑥。"兵润遂先遣人白龙牙等。综……闻悆被执，语景俊等曰："我每疑元略规欲叛城⑦，将验其虚实，且遣左右为元略使入魏军中，唤彼一人，其使果至。可令人诈作略身，在一深室，诡为患状，呼使户外，令人传语。"时略始被衍追还。综又遣腹心梁话迎愈，密语意状，令善酬答，引念入城，诣龙牙所。

时日已暮，龙牙列仗举火引愈曰："元中山甚欲相见，故令唤卿。"又曰："安丰、临淮[8]将少弱卒，规复此城，容可得乎！"愈曰："彭城魏之东鄙，势在必争，得否在天，非人所测。"龙牙曰："当如卿言。"复诣景俊住所，停愈在外门，久而未入。时夜已久，星月甚明。……引入见景俊，景俊曰："元中山虽曰相唤，不惧而来何也？"答曰："昔楚伐吴，吴遣蹶由劳师，今者此行，略同于彼。"……为设饭食杂果，愈强饮多食，向[9]敌数人，微自夸矜。诸人相谓说："壮士哉！"乃引向元略所，一人引入户内，指床[10]令坐。一人别在室中，出谓愈曰："中山有教，与君相闻。"愈遂起立。使人谓愈曰："君但坐。"愈曰："家国王子，岂有坐听教命。"使人曰："……我昔有以向南，且遣相唤，欲闻乡事。晚来患动，不获相见。"愈曰："旦奉音旨[11]，冒险祗[12]赴，不得瞻见，内怀反侧[13]。"遂辞而退。

须臾天晓，综军主范勖、景俊、司马杨瞟等竞问北朝士马多少。愈云："秦陇既平，三方静晏[14]，今有高车、白眼、羌、蜀[15]五十万，齐王、李陈留、崔延伯、李叔仁等分为三道，径趣江西；安乐王鉴、李神领冀、相、齐、济、青、光羽林[16]十万，直向琅邪南出。"诸人相谓曰："讵非华辞[17]也？"愈曰："可验崇朝[18]，何华之有！"日晏[19]令还。景俊送愈上戏马台，北望城垒，曰："何此城之固，良非彼军士所能图拟[20]，卿可语二王，回师改计。"愈曰："金墉汤池[21]，……贵守以人，何论险害[22]。"还军，于路与梁话誓盟。……未旬，综果降。

《魏书 · 鹿愈传》

注解

① 彧：元彧，字文若，北魏太武帝拓跋焘孙。

② "时萧"句：萧衍（公元 464—549 年），南朝梁武帝，公元 502—549 年在位，后城陷饥饿而亡。综，萧宝卷的遗腹子。萧衍收复建业后，纳其母吴氏，后生综，萧衍视如己出，甚宠爱之，长大后，知己身世，遂叛衍降魏，在梁时，曾封豫章王。

③ 归款：归顺；归服。

④ 间出：乘隙私出。

⑤ 径趣彭城：直接奔赴彭城。趣，同"趋"，趋向。彭城，地名，在今江苏铜山县，时梁豫章王萧综镇守彭城。

⑥ 交易：犹往来。

⑦ “我每”句：每，常常。元略，字俊兴，北魏景穆皇帝的曾孙。

⑧ 安丰、临淮：指元延明和元彧。

⑨ 向：接近。

⑩ 床：一种坐具。

⑪ 音旨：谓言谈意旨。

⑫ 祇：“只”的繁体字。“只”是单身一人的意思。

⑬ 反侧：这里指内心难受。

⑭ “三方”句：此时南方有萧梁政权，故言“三方静晏”。

⑮ 高车、白眼、羌、蜀：为我国古代少数民族。

⑯ 羽林：禁卫军。这里当指精兵锐卒。

⑰ 华辞：浮夸、不实之词。

⑱ 崇朝：从天亮到早饭之间。这里比喻时间短促。

⑲ 日晏：指太阳偏西。

⑳ 图拟：图谋夺取。

㉑ 金墉汤池：比喻防守坚固的城池。墉，高墙称墉。

㉒ 险害：险要。

译文

庄帝曾为御史中尉，鹿悆任殿中侍御史，到临淮王元彧军中作监军。当时萧衍派豫章王萧综据守徐州，萧综私下给元彧传话说想归顺北魏。由于他当时最受萧衍宠爱，所以大家普遍认为他可能是诈降。元彧便召人赴萧综营中接洽，探明其虚实，鹿悆便请求前往，他说：“如果萧综真心降魏，我便与他缔结盟约；如果是诈降，我又岂能顾惜我这条命呢？”当时徐州刚刚陷于敌手，边境上的小股战斗不断，萧综的部将成景俊、胡龙牙统领精兵强将，内内外外防守得相当坚固。鹿悆便单人独骑出城，直接奔赴彭城。还未进城，便被萧综的军主程兵润缉拿，盘问目的。鹿悆回答说：“……我受临淮王的派遣，与贵方有事相商。”程兵润便先派人通报胡龙牙等人。萧综……听说鹿悆被捉，便对成景俊等人说：“我常怀疑元略准备叛逆，想打探他的虚实，并且还派手下打扮成元略的使者进入魏军营中，要求对方派一人过来，这一人果然到了。我们可令人假扮元略本人，在一座幽深的房间里面假装生病的样子，叫使者在门外，让一个人在他们双方间传话。”此时元略已被萧衍追回。萧综又派心腹梁话迎接鹿悆，应接时哪些该这样哪些该那样，萧综都一一替他作了安

排,命他好生应酬,梁话便带领鹿悆入城,来到胡龙牙的军营之中。

这时天色已晚,胡龙牙列队掌灯迎接鹿悆,并且说:“元中山很想见你,所以就派人叫你来这儿。”接着又说:“安丰王和临淮王将少兵弱,他们想收复此城,行吗?”鹿悆回答说:“彭城是北魏东边的城邑,势在必夺,能否夺取就得看天意了,不是人所能预测得到的。”胡龙牙赶忙说:“确实如此。”接着一行人又来到成景俊的军营,让鹿悆等在门外,好久也没让他进去。此时夜已很深,星星和月亮都很明亮。……鹿悆被迎进帐中与成景俊见面,成景俊问道:“元中山虽然说是请你来,你就一点不害怕就这样来了吗?”鹿悆回答说:“从前楚国攻打吴国,吴国便派遣蹶由去慰劳楚国军队,我今天来这儿,与那时的情形有些相似。”……又为鹿悆端上饭菜和杂果,鹿悆暴饮暴食,一个人吃掉的饭食相当于几个人的,夸口说还能吃。陪同的人惊叹说:“他真是一个壮士啊!”接着又把他领到元略的住处,一个人把他引到屋内,指着凳子让他坐。另有一个人在房间里面,出来对鹿悆说:“元中山有话,要说给你听。”鹿悆便站起身来。元略传话说:“你先坐下没有什么关系。”鹿悆回答说:“你是南安王的后人,贵为王子,我岂敢坐着聆听你的教诲呢。”元略传话说:“……我南投萧梁已有一段时日了,早上派人请你来,想向你打听一下家乡里的情况,一到夜晚我的病就又犯了,所以不能与你见面。”鹿悆说:“早上得到你的旨意,便冒着生命危险单身一人赶来与你相见,不能见上你一面,我内心很难受。”说完起身告辞。

片刻之后天已破晓,萧综营中的军主范勖、成景俊、司马杨瞟等人争先恐后地来打听北魏兵马的多少。鹿悆回答说:“秦陇一带平复以后,北魏西、北、东三方宁静,现今有高车、白眼、羌、蜀士兵五十万,齐王、李崇、崔延伯、李叔仁等人兵分三路,直赴长江以西;安乐王元鉴、李神率领冀州、相州、齐州、济州、青州、光州的精兵锐卒,赶赴琅邪以南。”一行人听后对鹿悆说:“你这恐怕是夸张之辞吧?”鹿悆说:“顷刻之间就能验证,哪里是夸张之辞呢?”太阳已经偏西了,萧综便打发他返回。成景俊一直把他送到戏马台,向北望着彭城营垒,对鹿悆说:“彭城防守坚固,绝非贵方兵士所能图谋攻取的,你回去以后可以告诉安丰、临淮二王,让他们赶快撤军,另图良策。”鹿悆回答说:“金城汤池,……重在人们怎样去防守,光地势险要有什么用呢。”于是鹿悆便返回营中,在回营途中与梁话订立了盟约。……不出十天,萧综果然降魏。

成裴舌辩

原文

太和中，文明太后崩，萧赜[①]遣其散骑常侍裴昭明、散骑侍郎谢竣等来吊，欲以朝服行事。主客执之，云："吊有常式，何得以朱衣入山庭！"昭明等言："本奉朝命，不容改易。"如此者数四，执志不移。高祖敕尚书李冲，令选一学识者更与论执，冲奏遣淹。

昭明言："未解魏朝不听朝服行礼，义出何典？"淹言："吉凶不同，礼有成数，玄冠不吊，童孺共闻。……卿远自江南奉慰，不能式遵成事，方谓义出何典，行人得失，何其异哉！"昭明言："……齐高帝[②]崩，魏遣李彪通吊，于时初不素服，齐朝亦不以为疑，那得苦见要逼。"淹言："彪通吊之日，朝命以吊服自随，……彪行吊之时，齐之君臣皆已鸣玉盈庭，貂珰曜日，百僚内外，朱服焕然，彪行人……复何容独以素服间衣冠之中？……我皇帝仁孝之性，侔于有虞，处谅闇[③]以来，百官听于冢宰，卿岂得以此方彼也。"昭明乃摇膝而言："三皇不同礼，亦安知得失所归。"淹言："若如来谈，卿以虞舜、高宗为非也？"昭明遂相顾而笑曰："……希主人裁以吊服，使人唯赍裤褶，……不可以吊，幸借缁衣帢，以申国命。今为魏朝所逼，违负指授，还南之日，必得罪本朝。"淹言："彼有君子也，卿将命折中，还南之日，应有高赏；若无君子也，但令有光国之誉，虽复非理见罪，亦复何嫌。南史、董狐，自当直笔。"高祖……仍敕送衣巾给昭明等，……明旦引昭明等入，皆令文武尽哀。

《魏书·成淹传》

注解

① 萧赜(zé):南齐高帝萧道成子。

② 齐高帝:即萧道成(公元427—482年),南朝齐建立者。

③ 谅闇:指帝王居丧。

译文

北魏太和年间,冯太后逝去,南齐高帝萧赜派散骑常侍裴昭明、散骑侍郎谢竣为特使前往北魏吊丧,打算身穿南齐官服进灵堂。北魏的司礼官员拦住他们说:“吊丧有通行的规则,怎么能够穿着大红的官服进入灵堂呢?”裴昭明等人说:“我等奉诏前来,改换服装恐怕不行。”双方各不相让。高祖下令尚书李冲,命令他选一学识渊博的人与裴昭明等人论理,李冲奏请派遣成淹前去。裴昭明对成淹说:“贵国不让我等穿官服吊丧,我等大惑不解,这道理不知出自哪部经典?”成淹回答说:“吉凶不同,礼仪便有所差异,戴着黑帽子不能吊丧,小孩也懂得这个道理。……您等大老远从江南奉命赶来吊丧,却不能遵循现成的规则,反而问我们不让你们吊丧道理何在,多叫人惊讶!”裴昭明又问:“……齐高帝去世,贵国派李彪前来吊丧,当初也不曾穿丧服,我朝也没有表示不满,哪能苦苦相逼?”成淹回答说:“李彪前来吊丧的那一天,我朝已命他随身携带丧服,……李彪进吊之时,发现贵朝君臣都佩带鸣玉,官帽上的貂珰熠熠生辉,有如日光,朝野内外公卿百官穿红戴绿,光彩异常,李彪只不过是一个使者……怎能独自穿着丧服在你们那些衣冠楚楚的君臣中出现呢?……我朝皇帝天性仁厚孝义比同虞舜,居丧以来,朝中百官听命于宰相,您岂能以此来指责我们呢?”裴昭明摆动着双腿说:“三皇礼仪不同,你们北方人又懂得什么礼节呢?”成淹回答说:“这么说来,你认为虞舜、高宗都错了?”裴昭明看了看成淹,笑着说:“……希望主人替我等裁制丧服,我等来时只带了夹衣套裤,……既然穿这些衣服不能吊丧,希望贵国借给我们丧服丧帽,以便完成我们的使命。今日被贵国所逼,有负君命,我等南还复命之日,一定会遭到我主的责罚。”成淹说:“贵国朝中定有正派君子,你们折中行事,南还复命之日,一定能够得到你们君主的重赏。即使朝中没有正派晓事之人,只要你等所作所为有利于国家的声誉,即使得罪了朝廷,又有何怕呢?将来的史官一定会像南史、董狐那样给你们在史书上写上一笔。”……高祖……下令送给裴昭明等人丧服丧帽,……第二天一早便带领裴昭明等人进入灵堂,与文武大臣一起哀悼冯太后的亡魂。

李惠断狱精明

原文

惠长于思察。雍州厅事①,有燕争巢,斗已累日。惠令人掩②获,试命纲纪③断之,并辞曰:"此乃上智所测,非下愚所知。"惠乃使卒以弱竹④弹两燕,既而一去一留。惠笑谓吏属曰:"此留者自计为巢功重,彼去者既经楚痛,理无留心。"群下伏⑤其聪察。人有负盐负薪⑥者,同释重担,息于树阴。二人将行。争一羊皮,各言藉⑦背之物。惠遣争者出,顾谓州纲纪曰:"此羊皮可拷知主乎?"群下以为戏言,咸无答者。惠令人置羊皮席上,以杖击之,见少盐屑,曰:"得其实矣。"使争者视之,负薪者乃伏而就罪。

《魏书·李惠传》

注解

① 厅事:官府治理政事的大堂。

② 掩:乘人或禽兽不备时加以逮捕。

③ 纲纪:管理一家事务的仆人。这里指其属吏。

④ 弱竹:细小而修长的竹竿。

⑤ 伏:同"服"。

⑥ 薪:柴禾。

⑦ 藉:垫;衬。

译文

李惠长于观察思考。雍州州治大厅之上，有两只燕子为一巢发生争执，你啄我叨，争斗了好几天也未分出个胜负。李惠命人将两只燕子捉住，为了检察手下人的能力，李惠便命他们替这两只燕子断狱，手下人推辞说“这件事只有大智之人才能判断得出，不是我们这些极其愚笨的人所能知道的。”李惠便让士卒用细长的竹竿击打两只燕子，一只马上飞走而另一只留下。李惠笑着对手下人说：“这只留下来的燕子考虑到筑巢所费功夫不少，所以任你怎么打它也不飞走，而那只飞走的燕子，没出过什么力气，竹竿打在身上疼痛难忍，所以对这巢毫不留恋。”手下人都惊服他的聪明善断。有两个人：一个是背盐的，一个是挑柴的，他俩一同来到一棵大树底下歇肩儿，二人起身离去时为一张羊皮发生争执，在衙门中两人都说这羊皮是自己垫肩的东西。李惠让这两人出去，转身对手下人说：“拷打这张羊皮就知道它的主人是谁吗？”手下人都觉得他的话好笑，但谁也没一人吱声。李惠便命人将羊皮放在席子上，然后用棍子抽打，只见从羊毛里掉下一些盐渣，李惠指着盐渣说：“这样问题就清楚了。”便传告状的二人上堂，李惠让这两人去看从羊皮上掉下来的盐渣，那个挑柴人见此情景，立刻跪下，不住声地请罪。

孝文帝大义灭亲

原文

恂[1]不好书学，体貌肥大，深忌河洛[2]暑热，意每追乐北方。中庶子[3]高道悦数苦言致谏，恂甚衔之。高祖幸嵩岳[4]，恂留守金墉[5]，于西掖门内与左右谋，欲召牧马轻骑奔代[6]，手刃道悦于禁中。领军[7]元俨勒门防遏，夜得宁静。厥明，尚书陆琇驰启高祖于南，高祖闻之骇惋，外寝[8]其事，仍至汴口而还。引恂数罪，与咸阳王禧等亲杖恂，又令禧等更代，百余下，扶曳出

外，不起者月余。拘于城西别馆。引见群臣于清徽堂，议废之。司空、太子太傅穆亮，尚书仆射、少保李冲，并免冠稽首而谢。高祖曰："卿所谢者私也，我所议者国也。古人有言，大义灭亲。……此小儿今日不灭，乃是国家之大祸，脱待我无后，恐有永嘉之乱⑨。"乃废为庶人，置之河阳⑩，以兵守之，服食所供，粗免饥寒而已。……

中尉李彪承间密表，告恂复与左右谋逆。高祖在长安，使中书侍郎邢峦与咸阳王禧，奉诏赍椒酒⑪诣河阳。赐恂死，时年十五。

《魏书·废太子传》

注解

① 恂：即元恂，字元道。北魏孝文帝长子，太和十七年（公元 493 年）七月立为皇太子，后废。

② 河洛：指黄河洛水两条河流之间的地区。

③ 中庶子：官名，太子属官。

④ 嵩岳：即嵩山，在河南登封县。

⑤ 金墉：古城名，即金墉城，是当时洛阳城（今河南洛阳市东）西北角上一小城。

⑥ 代：即北魏王朝的发祥之地，包括今山西代县在内的部分地区。

⑦ 领军：官名，与中护军同掌中央军队，是重要军事长官之一。

⑧ 寝：（消息等）扣住不发。

⑨ 永嘉之乱：永兴元年（公元 304 年）匈奴贵族刘渊利用东晋"八王之乱"和各族人民起义的时机，起兵离石，国号汉，次年其子刘聪歼灭晋军十余万人，并在同年遣刘曜率兵破洛阳，俘怀帝，纵兵烧掠，杀王公士民三万余人，史称这一时期为"永嘉之乱"。

⑩ 河阳：古县名，在今河南孟县。

⑪ 椒酒：用椒实浸制的酒。

译文

元恂不爱读书学习，身体肥胖，惧怕洛阳地区暑热的天气，心里常常思念南迁洛阳之前北方的快乐情景。中庶子高道悦多次苦言劝谏，元恂因此对他十分不满。高祖驾幸嵩山，留元恂镇守金墉城。元恂就在西掖门与心腹谋议，准备轻快的马匹驰回到南迁之前的代国所在地，便在皇宫内亲手杀掉高道悦。领军元俨严守宫门，预防哗变，当天夜里才没出什么意外，和先前一样宁静。第二天天一亮，尚书陆琇骑着快马向南奏明高祖，高祖闻报后惊骇不已，但并未向外透露此事，仍然到汴口巡游一番才返回洛阳。回来后列举元恂几条罪状，与咸阳王元禧等人一起亲自杖罚元恂，并不时令元禧等人代他杖罚，打了一百多下，被人搀扶着拖了出去，一个多月不能起床。接着又将元恂拘禁在城西客馆中。太祖在清徽堂召见群臣，商议废黜太子一事。司空、太子太傅穆亮，尚书仆射、少保李冲都摘下乌纱帽为元恂谢罪求情。高祖说：“你们谢罪求情只是出于个人利益，而我提议废掉太子却事关社稷命运，古人说过大义灭亲这句话。……今日如果不废黜他，便为我元魏江山留下一个大祸根，等到我死之后，永嘉之乱的惨剧恐怕会再度重演。”于是废元恂为庶人，把他安置在河阳，派兵防守，所供应的饭食衣服，也只是刚够免除饥寒而已。……

后来中尉李彪密呈奏表，告发元恂与手下人意欲谋反。高祖当时正在长安，便派中书侍郎邢峦与咸阳王元禧，奉诏携带椒酒赴河阳，诏赐元恂自尽，当时年仅十五岁。

北齐书

《北齐书》概论

《北齐书》是唐李百药编撰，共五十卷。李百药(公元565—648年)，唐初史学家，字重规，定州安平(今河北深县)人。隋开皇初年，李百药仕于隋，为东宫通事舍人，不久升为太子舍人，兼东宫学士，由于遭受毁谤，以病辞去。至开皇十九年(公元599年)隋文帝又令他袭其父德林的安平公爵位，出仕为礼部员外郎。皇太子杨勇又将他召为东宫学士。文帝下诏令他撰修五礼，制定律令，撰写《阴阳书》。在朝中深得隋文帝信用。

唐太宗即位后，重其才名，起用李百药为中书舍人，赐爵安平县男，受诏参加制定《五礼》及律令。贞观二年(公元628年)即为礼部侍郎。十二月，唐太宗要大臣就是否行“封建”进行辩论。以尚书右仆射萧王瑀为首的一批人，力主“分封”，李百药坚决反对，写了一篇《封建论》奏上，揭露分封制的弊害，认为郡县制不能更变。唐太宗赞成李百药等人的意见，“竟从其议”。贞观三年(公元629年)，唐太宗下诏修前朝史书，李百药奉敕修《齐史》，贞观十年(公元636年)，李百药完成《齐史》。加封为散骑常侍，赐彩物四百段。十一年(公元637年)因撰成《五礼》及律令，进爵为子，这时，他已七十三岁，于是，以年老体衰，请求退休，退出了政治舞台。《齐志》“长于叙事”，“多记当时鄙言”，即口语，能秉笔直书。《史通》于王劭称评如此，然《齐志》竟不传世，很为可惜。李百药在修《齐书》时，吸收了前人修史的成果，特别是其父李德林的《齐史》。李德林历经北齐、北周、隋三朝，十五岁时已为魏收所赏识，在各朝一直担任诏令和其他重要文件的起草工作。齐武平三年(公元572年)，除中书侍郎，参加了国史即齐史的编写，撰有纪传二十四卷。隋开皇初年，奉诏续撰，增至三十八卷，可以说北齐史已粗具规模，但全书未成而卒。李百药承其家学，在其父《齐史》的基础上参考他书，至贞观十年(公元636年)写成《齐史》。宋代以后，为区别于萧子显的《南齐书》，于是称《北齐书》。

《北齐书》的编写体例，大致模仿《后汉书》，卷末各加论赞。体例上没有创新，列传名目全同前史，无表、志。但与同时修的《梁书》《陈书》《周书》等诸书比较，在叙述前王之失的方面，则又要深刻得多，体现了借鉴于一代之失的思想。李百药本人既作过隋朝的官吏，又曾有过参加农民起义的一段历史。他的阅历，使他对农民起义和隋的灭亡，都有较深的认识。因此，在修《北齐书》时，以“前王”败事为后来统治者戒，就比较明确。叙述前代兴亡的史实就很自然。《北齐书》对当时封建统治者残暴荒淫的卑鄙肮脏的丑事记载较多。李百药在这方面的记载是有用意的，要借鉴于北齐政权之失，就必须着力披露统治者的过失，对昏君和暴政必须有较多的暴露。李百药在纪、传中对高齐政权暴政的叙述和史论中的评论，起到了远鉴前王败事，借鉴于一代之失的作用。

当然，由于时代和阶级的局限，《北齐书》与当时修撰的其他各史书基本一样，为统治者隐讳文饰，其中掩盖鲜卑旧俗一点，就是显著一例。另外，对于统治者常常记载一些捏造的神奇事迹，以示其异于平常的人。如《高祖神武皇帝本纪》称，高欢未生之时，其居处即“数有赤光紫色之异”。这都是很明显的虚妄之文。尽管如此，本书仍不失为这一段历史时期集中而系统的记载，文笔也比较简洁。故本书一出，其他北齐史逐渐湮没无闻，因而在旧史中本书有一定的地位。

北齐文宣帝高洋

原文

帝[1]少有大度，志识沉敏，外柔内刚，果敢能断。雅好吏事，测始知终，理剧处繁，终日不倦。初践[2]大位，留心政术，以法驭下，公道为先。或有违犯宪章，虽密戚旧勋，必无容舍，内外清靖[3]，莫不祗肃[4]。至于军国几策，独决怀抱，规模宏远，有人君大略。又以三方鼎跱[5]，诸夷未宾，修缮甲兵，简练士卒，左右宿卫置百保军士。每临行阵，亲当矢石，锋刃交接，唯恐前敌之不多，屡犯艰危，常致克捷。尝于东山游宴[6]，以关陇[7]未平，投杯震怒，召魏收[8]于御前，立为诏书，宣示远近，将事西伐。

《北齐书·文宣纪》

注解

① 帝:即北齐文宣帝高洋(公元529—559年),高欢次子,东魏时封齐王;公元550年代魏称帝,建北齐。用汉士人杨愔改定律令,出击柔然、匈奴,修筑长城。后昏狂淫乱,暴死于晋阳(今山西太原)。

② 践:踩,踏。本处谓登上皇位。

③ 清靖:安定。

④ 祇肃:恭敬。"祇"是助词,在句中无意义。

⑤ 鼎跱:鼎立。跱:同"峙",立。

⑥ "尝于"句:东山,地名。游宴,游乐。

⑦ 关陇:地名,本处特指与其对立的政权北周。

⑧ 魏收:生于公元506年,卒于572年,北齐史学家。字伯起,小字佛助。下曲阳(今河北晋阳县西)人,善诗文。北魏时,编修国史。北齐时,任中书令兼著作郎,奉诏编撰《魏书》,后官至尚书右仆射,监修国史。身为北齐臣,所撰《魏书》。多为北齐回护,人称之为"秽史"。

译文

文宣帝高洋自幼就有大的气度,善于记识而沉着,动作敏捷,外柔内刚,行事果断。爱好官吏之事,观察事物知道开始就能预测结果,处理繁杂事情而整日不知道疲倦。刚即帝位时,对统治之术十分留心,用法律来驾驭臣下,以公道为处事之本。若有谁违犯法律,即使是与他亲密的皇亲国戚和元老勋臣,都一定不容逃过制裁。因此,朝廷内外,一片清静、安定,没有不恭敬的。至于策划军国大事,他单独决定,规模宏伟而深远,是人间君主的大谋略。又因为三方鼎立(南朝、北周和北齐),许多民族尚未臣服,他便修整兵甲,操练士卒,在左右宿卫基础上设置百保军士。每次作战,他都亲临前线,亲自背负武器弹药,两军交锋,唯一让他担忧的是前方的敌人不多。每次遇到危险的形势,他都能化险为夷,常常取得战争的胜利。文宣帝曾经在东山游玩,因为关陇地区没有收复而大怒,将酒杯扔在地上,把魏收喊到自己的面前,立即发诏,向远近的国家和人民宣告,北齐将派兵西伐。

高洋下诏兴政

原文

(天保八年)八月,诏郡国修立黉序①,广延髦俊②,敦述儒风。其国子学生亦仰依旧铨补,服膺③师说,研习《礼经》。往者文襄皇帝所运蔡邕④石经五十二枚,即宜移置学馆,依次修立。又诏曰:“有能直言正谏,不避罪辜⑤,謇謇若朱云⑥,谔谔若周舍⑦,开朕意,沃朕心,弼⑧于一人,利兼百姓者,必当宠以荣禄,待以不次。”又曰:“诸牧民之官,仰专意农桑,勤心劝课,广收天地之利,以备水旱之灾。”庚寅,诏曰:“朕以虚寡,嗣弘王业,思所以赞扬盛绩,播之万古。虽史官执笔,有闻无坠,犹恐绪言遗美,时或未书。在位王公文武大小,降及民庶,爰至僧徒,或亲奉音旨,或承传旁说,凡可载之文籍,悉宜条录封上。”甲午,诏曰:“魏世议定《麟趾格》⑨,遂为通制,官司施用,犹未尽善。可令群官更加论究。适治之方,先尽要切,引纲理目,必使无遗。”

《北齐书·文宣纪》

注解

① 黉(hóng)序:学校。黉,学校。序,古代地方学校,周代称校为序。

② 髦俊:才俊有为的人。

③ 服膺:服从;接受。

④ “往者”句:文襄皇帝,即高洋兄高澄,高洋称帝后追封其为文襄帝。蔡邕(公元132—192年),东汉文学家、书法家,善辞章,解音律,通天文、数术、经史,善书,尤以隶书见长,曾校书东观,奏定六经文字,书《熹平石经》。

⑤ 罪辜:有罪。

⑥ “謇謇”句:謇謇,忠诚、正直。朱云,人名。

⑦“谔谔”句：谔谔，言语正直。周舍，人名。

⑧弼：辅佐。

⑨“魏世”句：魏世，指北魏。《麟趾格》，书名。

译文

天保八年八月，高洋颁布诏书，命令地方郡国修建学校，广纳才俊之士，大力弘扬儒家的传统。国子学的学生愈发地依从旧的注说，信服和接受经师的观点，研习《礼经》。以前文襄皇帝高澄从洛阳运来的东汉经师蔡邕所刻的五十二块石经，也应移置学馆，按照原来的次序树立起来。高洋又下诏说：“有能够直言正谏、不怕获罪的，像朱云那样忠诚、像周舍那样正直，开启我的思维、丰富我的心灵，辅助我一个人而能使天下百姓都能受益的人，我一定给以荣誉和俸禄来表达我对他的宠爱，给他非同寻常的官职。”又说：“那些统治人民的官吏一心一意去发展农业，勤心劝课，广泛地利用天地之利发展生产，以防备水旱灾害。”庚寅日，又下诏说：“我以少求寡欲去继承和弘扬先王的大业，我想赞扬自己的宏伟大业，以传万古。即使是史官执笔，听说没有亡失，但恐怕仍遗漏许多业绩，有的偶然没有被记下。上起在职的王公和大小文官武将，下到普通百姓，直至僧徒，或者亲自奉上可据的典籍，或承转道听途说，凡是可记载的文字典章，都应该用封条封好送上。”甲午日，又下诏说：“魏朝议定《麟趾格》，于是成为不变的制度，有关官府实施运用，还未达到尽善尽美。可命百官再进一步讨论和研究。”适用于统治的方法，先要说清关键，引用纲要和清理条目，一定要做到没有遗漏。

孙搴之事

原文

会高祖①西讨，登风陵，命中外府司马李义深、相府城局李士略共作檄文②，二人皆辞，请以（孙）搴自代。高祖引搴入帐，自为吹火③，催促之。搴援笔④立成，其文甚美。高祖大悦，即署⑤相府主簿，专典⑥文笔。又能通鲜

卑语，兼宣传号令，当烦剧之任，大见赏重。赐妻韦氏，既士人子女，又兼色貌，时人荣之。寻除[7]左光禄大夫，常领主簿。世宗初欲之邺[8]，总知朝政，高祖以其年少，未许。搴为致言[9]，乃果行。恃此自乞特进，世宗但加散骑常侍。时又大括[10]燕、恒、云、朔、显、蔚、二夏州、高平、平凉之民以为军士，逃隐者身及主人、三长、守令罪以大辟[11]，没入其家。于是所获甚众，搴之计也。搴学浅而行薄，邢邵尝谓之曰："更须读书。"搴曰："我精骑三千，足敌君羸卒[12]数万"。尝服棘刺丸，李谐等调之曰："卿棘刺应自足，何假外求。"坐者皆笑。司马子如与高季式召搴饮酒，醉甚而卒，时年五十二。高祖亲临之。子如叩头请罪。高祖曰："折我右臂，仰觅[13]好替还我。"子如举魏收、季式举陈元康，以继搴焉。

《北齐书·孙搴传》

注解

①高祖：即高欢（？—547年），魏权臣。先后归杜洛周、葛荣起义军，后叛降尔朱荣。荣死后，称大丞相，逼北魏孝武帝西奔长安投宇文泰，立孝静帝，魏分为二。执东魏权柄迭16年。死后，其子高洋代魏称帝，追尊其为高祖神武帝。

②檄文：古代官府用以征召、晓谕或声讨用的文书。

③吹火：点火。

④援笔：执笔。

⑤署：代理；暂任。

⑥典：主管；主事。

⑦除：升迁。

⑧"世宗"句：世宗，即高澄，高欢长子。高洋称帝后，追尊他为世宗文襄皇帝。邺，地名，今河北临漳西南。

⑨致言：向皇帝进以言语，即替世宗在高祖面前讲情。

⑩大括：大肆搜寻。

⑪ 大辟：即处以砍头的死刑。

⑫ 羸卒：瘦弱的士卒。

⑬ 仰觅：希望好好地查找。仰，旧时公文用语，下行文中表示命令，有“切望”的意思。

译文

正值高祖高欢率军向西讨伐，登上风陵，命令中外府司马李义深、相府局李士略一同为他起草征讨檄文，二人都推辞，并推荐孙搴来代替他们。高祖把孙搴带进军营中，亲自为他点火，催促他赶快动笔。孙搴提起笔，一气呵成，檄文行文优美。高祖十分高兴，当即命孙搴代理相府主簿，专门负责管理文书之类的事情。孙搴又能通晓鲜卑语，还兼管宣传和发布命令的事情，身兼大小事务，很被高祖看重。高欢还把韦氏之女赐给孙搴为妻，她出身于士族之家，且长得如花似玉，当时的人们都把这当成一种荣幸的事情。不久，孙搴又升为光禄大夫，常领主簿。世宗高澄一开始想到邺城，以了解朝政之事。高祖认为他年纪尚轻，就没有允许。孙搴替世宗在高祖面前求情，世宗终于如愿以偿到邺城。孙搴以此为资本，要求世宗对他进行超迁，而世宗仅仅给他加了个散骑常侍。那时，国家大肆搜求燕、恒、云、朔、显、蔚、二夏州、高平、平凉等地的老百姓为士兵，逃亡和隐藏者本人和主人、三长、守令等处以死刑，他的全家被收为奴婢。因此，召集了众多的士兵，这也是孙搴所献的计策。孙搴学识浅薄而行为轻浮，邢邵曾对他说：“你还需要多看些书。”孙搴回答说：“我三千精锐的骑兵，足够应付你数万名瘦弱的士卒。”曾经口服棘刺丸，李谐等调笑他说：“你自己的棘刺应该够多了，没必要再从外面求购。”在座的人都大笑。司马子如与高季式邀请孙搴喝酒，结果孙搴大醉而死。这年，他五十二岁。高欢亲临察看，司马子如下跪，磕头谢罪。高祖说：“折断我的右臂，希望你们能寻找一个更好的还给我。”于是，司马子如推荐了魏收，高季式推举了陈元康来继代孙搴。

陈元康为舆论所讥

原文

高祖经纶大业，军务烦广，(陈)元康承受意旨，甚济[①]速用。性又柔谨，通解世事。高祖尝怒世宗，于内亲加殴蹋，极口骂之，出以告元康。元康谏曰："王教训世子，自有礼法，仪刑式瞻[②]，岂宜至是。"言辞恳恳，至于流涕。高祖从此为之惩忿。时或恚挞[③]，辄曰："勿使元康知之。"其敬惮如此。高仲密之叛，高祖知其由崔暹故也，将杀暹。世宗匿而为之谏请。高祖曰："我为舍其命，须与苦手。"世宗乃出暹而谓元康曰："卿若使崔得杖，无相见也。"暹在廷，解衣将受罚。元康趋入，历阶而升，且言曰："王方以天下付大将军，有一崔暹不能容忍耶?"高祖从而宥焉。世宗入辅京室，崔暹、崔季舒、崔昂等并被任使，张亮、张徽纂并高祖所待遇，然委任皆出元康之下。时人语曰："三崔二张，不如一康。"魏尚书仆射范阳卢道虞女为右卫将军郭琼子妇，琼以死罪没官，高祖启以赐元康为妻，元康乃弃故妇李氏，识者非之。元康便辟[④]，善事人，希颜候意[⑤]，多有进举，而不能平心[⑥]处物，溺于财利。受纳金帛，不可胜纪，放责交易，遍于州郡，为清论所讥。

《北齐书·陈元康传》

注解

① 济：帮助。

② 式瞻：许多制度可供借鉴。式，制度。瞻，视、望，引申为借鉴。

③ 恚挞：愤怒之极而用鞭打。

④ 便辟：同"便嬖"，逢迎谄媚、深得君主宠信的臣子。

⑤ 希颜候意：察言观色。希，观望。候，观察。

⑥ 平心：心地公平。

译文

高欢每日处理国家大事，军务繁多，陈元康接受旨意，帮助高欢处理事务，办起事来速度极快。陈元康性格温柔而做事谨慎，对人世间的一切极为通晓。高欢曾对世宗高澄发怒，在宫内亲自对高澄大肆殴打，破口大骂。从宫中出来后，高欢把这事告诉了陈元康。陈元康上谏高欢说："君王教训子女，自古就有一定的礼法，在仪礼和刑法上都可供借鉴，怎么能像这样教训子女呢！"他的话语十分恳切，以至于流泪。从此，高欢发怒时就小心谨慎。有时愤怒至极而用鞭、棍殴打高澄时，就说："不要让陈元康知道这件事。"高欢对陈元康的敬重和害怕竟到如此地步。高仲密叛乱，高欢知道是由于崔暹的缘故，所以要杀崔暹。高澄把崔暹藏了起来，并请求高欢饶恕崔暹。高欢说："今天我饶了他的性命，但皮肉之苦仍免不了。"高澄就交出崔暹而对陈元康说："要是崔暹遭受了杖刑，你就不要和我相见。"崔暹在朝廷上已脱了衣服，正准备受刑。陈元康赶快到达朝廷，拾阶而上，并且说："君王刚把天下交付给大将军，连一个崔暹都不能容忍吗？"高欢听后而将崔暹释放。高澄继高欢之后辅佐魏帝，崔暹、崔季舒、崔昂等都被一起使用，张亮、张徽纂都是高欢待之深厚的大臣。然而，这些被重任的人都在陈元康的位置之下。当时的人们说："三崔二张，不如一康。"北魏尚书仆射、范阳卢道虞的女儿是右卫将军郭琼儿子的妻子，郭琼因死罪，其子妻被没官，高欢就把她赐给了陈元康为妇。于是，陈元康就抛弃了自己的结发妻子李氏，认识陈元康的人都觉得陈元康是不对的。陈元康喜欢谄媚，善于事奉别人，善于察言观色，多次被提升，但他却不能静心处物，沉湎于财物和取利，收受的贿赂的金银和丝帛，难以计数，进行放债的交易，遍及州郡，舆论对他大加讥讽。

高湝捕盗

原文

（高）湝纤介[①]知人间事。有湿沃县主簿张达尝诣州[②]，夜投[③]人舍，食鸡羹[④]，湝察知之。守令毕集，湝对众曰："食鸡羹何不还价值也?"达即伏罪。合境号为神明。又有一人从幽州[⑤]来，驴驮鹿脯[⑥]。至沧州界，脚痛行迟，偶会一人为伴，遂盗驴及脯去。明旦，告州。湝乃令左右及府僚吏分市鹿脯，不限其价。其主见脯识之，推获盗者。转都督、定州[⑦]刺史。时有人被盗黑牛，背上有白毛。长史韦道建谓中从事魏道胜曰："使君在沧州日，擒奸如神，若捉得此贼，定神矣。"湝乃诈为上府市牛皮，倍酬价值。使牛主认之，因获其盗。建等叹服。又有老母姓王，孤独，种菜三亩，数被偷。湝乃令人密往书菜叶为字，明日市中看菜叶有字，获贼。尔后境内无盗，政化为当时第一。

《北史·高湝传》

注解

① 纤介：细微。也作"纤芥"。

② "有湿"句：主簿，官名。汉代中央及郡县官署均置此官，以典领文书，办理事务。魏晋以后，渐为统兵开府的大臣幕僚中重要僚属，参与机要，总领府事。州，指沧州，北魏时其治所在饶安（今河北盐山县西南）。

③ 投：投宿。

④ 羹：带汤汁的肉。

⑤ 幽州：州名，治所在今北京市西南。

⑥ 脯：干肉。

⑦ 定州：州名。北齐时其治所在安喜（今河北定县）。

译文

高湝对人民的事情知道得非常详细。湿沃县主簿张达曾经来到沧州，夜里宿在一个百姓的家里，吃了这家人的鸡肉。高湝经过察访而知道了这件事情。命令所有的官员集合，官员们到齐后，高湝对众人说：“吃了别人的鸡，为什么不给钱？”张达当场认罪而被处罚。全沧州境内的人都称赞高湝神明。又有一个人从幽州来沧州，用驴子驮了些鹿肉。到沧州边界时，他因脚疼痛走得很慢以致天晚，偶尔遇到一个人和他结伴而行。于是，这个人就盗走了幽州来人的驴和鹿肉。第二天，幽州来人将这件事情上告到沧州府。高湝就命令自己左右的人和府里的各级官吏分头到街上买鹿肉，不论价格的高低。鹿肉的主人认出了自己的鹿肉，根据推究而抓住了盗贼。迁升都督、定州刺史后，有人的一条黑牛被偷，牛的背上有白毛。长史韦道建对州从事魏道胜说：“高湝在沧州时，抓奸贼就像神了似的。如果他能抓到偷牛的这个人，他肯定是神。”于是，高湝声称自己是为上府来买牛皮的，凡卖牛皮的人，都给一倍的价格收购。让牛的主人认查牛皮，这样就抓住了偷牛的人。韦道建等人不禁心悦诚服。又有王老太太，无子无女，生活无所依靠，靠种三亩菜度日，但菜屡次被偷。高湝便派人暗地里到菜园，在菜叶上写了字。第二天早晨，到街上查看卖菜的人的菜叶上是否有字，最终抓获了盗贼。此后，他所辖治的范围内再也没有偷盗的事发生，社会政治、风教为全国第一。

周书

《周书》概论

《周书》,唐令狐德棻撰,共五十卷。包括本纪八卷,列传四十二卷,记录了北魏大统元年(公元535年),东西魏分裂至隋开皇元年(公元581年)隋代北周间的四十八年史事,其中西魏二十三年,北周二十五年。作者仿《尚书》文体写成,语虽典雅,却难免失实,所载有关均田制、府兵制的史料较为重要。原书残缺今本多取《北史》补入。

令狐德棻是唐初第一个向最高统治者提出修撰前朝诸史的史学家。武德四年(公元621年)十一月,令狐德棻在向唐高祖的上书中,从历史角度,提出了修撰近代"正史"的重要性;从政治的角度,提出了修撰近代诸史的可能性。他的建议,有理有据,因此,唐高祖采纳了令狐德棻的建议,并在武德五年(公元622年)十二月特地下达了《命萧偻等修六代史诏》。诏书指出了史职的重要和修史的目的,提出了修撰前代历史的内容和要求,对修撰前代各史的作者作了任命,令狐德棻与侍中陈叔达、太史令庾俭修周史。但是,这次修史工作,经过几年的时间,竟不就而罢。

唐太宗继位后,于贞观三年(公元629年)复下诏撰述北魏、北齐、北周、隋、梁、陈"六代史"。史臣商量后,认为北魏史已有北齐魏收所撰《魏书》和隋代魏澹所撰《魏书》,史事详备,不必再修。唐太宗表示同意,并派令狐德棻修北周史,李百药修北齐史,姚思廉修梁、陈史,魏征修隋史,由令狐德棻具体指导和协调诸史撰述工作。贞观六年(公元632年)令狐德棻迁任礼部侍郎,兼修国史。四年后,五史俱成,令狐德棻以修周史而受到皇帝奖励。

贞观二十年(公元646年)唐太宗下诏重修《晋书》后,六十四岁的令狐德棻在房玄龄的推荐下,再次发挥他的史学才能。在修撰《晋书》工作中,令狐德棻所发挥的作用是很关键的。参加修撰的十八个人,共推他为首,对于制定《晋书》的体制和类例,他负有主要责任。两年以后,《晋书》修成,令狐德棻因此而被任命为秘书少监。

令狐德棻是一位有漫长著作生涯的历史学家,他对唐初史学的杰出贡献,不仅表现在他的思想远见和史学才能方面，而且还突出表现在他的大量的著述工作方面。他一生致力于皇家撰述工作(主要是历史撰述工作)，在任四十余年，可以这样说，凡唐初的重大历史著述活动，都饱含着令狐德棻的心血。另外，尤其难能可贵的是，他曾热情地支持和具体地帮助了李延寿个人撰著《南史》《北史》的工作，书成之后，令狐德棻予以检阅、详和推荐，使李大师、延寿父子的愿望和心血才没有付之东流。《南史》《北史》的修成并成为封建社会"正史"而流传至今，是有令狐德棻的一份功劳的。

令狐德棻主编《周书》，经历了两次才得以完成。一次是在武德五年(公元622年)，与陈叔达、庾俭共修，未成。贞观三年(公元629年)唐太宗又命令狐德棻和岑文本同修周史。令狐德棻又上奏请求崔仁师为助手，贞观十年(公元636年)成书，共五十卷，帝纪八卷，列传四十二卷。

《周书》很值得注意的一个问题是断限。唐初，关于叙述北朝史事的著作，已有北齐魏收的《魏书》、隋魏澹的《魏书》，前者以东魏为正统、西魏为僭伪，后者则相反。令狐德棻考虑到魏澹的《魏书》记西魏事不尽满意，而北周上承于西魏、隋上承于北周、唐又上承于隋，有必要强调这个"正统"关系，因而在《周书·文帝纪》里，详细地记述了西魏时期的政治、军事大事。所以，从《周书》断限来看，它实际是包揽了西魏、北周二朝史事。这在当时，特别是魏澹《魏书》还存在的情况下，似乎没有什么特别重要的意义。但到北宋，魏澹《魏书》已佚，只剩帝纪一卷。这样，《周书》所述西魏史事乃成为后人了解西魏一朝历史的第一手材料了。

《周书》在民族史和民族关系史上的价值，是尤其值得重视的。北魏、西魏、东魏是鲜卑族拓跋部建立的政权，北周是鲜卑族宇文部建立的政权，北齐则是鲜卑化的汉人建立的政权。《魏书》《周书》《北齐书》比较集中地记述了这五个皇朝的兴衰史。如果我们把《魏书》、《周书》、《北齐书》中记述的鲜卑族在政治、经济、文化、习俗等方面的种种变化，跟《三国志》《后汉书》里所记鲜卑族史事加以比较的话，我们就会看到：在这二、三百年中，鲜卑族的历史取得了何等伟大的进步！其实，这又不只是鲜卑族的进步。自东汉末年以后，匈奴、鲜卑、羯、氐、羌等族同汉族不断走向融合、不断加深了封建化。《周书》正是这个历史过程的真实记录之一。

令狐德棻修史的目的，不仅是要阐明唐王朝统治的正统性，而且还要给诸多大族功臣

的先辈树碑立传，因此，《周书》难免在写法上存在回护、阙书、蛇足等不足之处。后人指其内容多脱离实际是不过分的。

北周的历史很短（公元557—581年），仅二十五年，加上它的前身西魏（公元535—556年），也只有四十八年，相对而言，在中国历史上的地位也不十分重要。一般的读者对之并不十分了解，有必要根据《周书》的纪传，尤其是本纪加以介绍。

《周书》本纪七卷，其中《文帝纪》上下二卷，《明帝纪》一卷，《武帝纪》上下二卷，《宣帝纪》一卷，《静帝纪》一卷，共记录了宇文氏五传的历史情况。

《周书》列传四十二卷，所记人物近三百人之多，基本上网罗了当时政治、文化等方面的主要人物。

通过阅读这些列传，我们可以更全面地了解到北周（包括西魏）的政治、经济、军事文学情况，从而对北周社会有一个大体印象。

乐运方直不媚于人

原文

运字承业，……性方直，未尝求媚于人。天和[①]初，起家夏州总管府仓曹参军[②]，……前后犯颜屡谏高祖[③]，多被纳用。建德[④]二年，除万年县丞。抑挫豪右，号称强直，高祖嘉之，特许通籍[⑤]，事有不便于时者，令巨细奏闻。高祖尝幸同州[⑥]，召运赴行在所。既至，高祖谓运曰："卿来日见太子不？"运曰："臣来日奉辞。"高祖曰："卿言太子何如人？"运曰："中人也。"时齐王宪[⑦]以下，并在帝侧。高祖顾谓宪等曰："百官佞我，皆云太子聪明睿知[⑧]，唯运独云中人，方验运之忠直耳。"于是因问运中人之状。运对曰："班固以

齐桓公为中人，管仲相之则霸，竖貂⑨辅之则乱。谓可与为善，亦可与为恶也。”高祖曰：“我知之矣。”遂妙选⑩宫官，以匡弼之。……

《周书·颜之仪传》

注解

①天和：周武帝宇文邕的年号，共六年（公元566—572年）。

②“起家”句：起家，自家中征召出来，授以官职。夏州，州名，北魏太和十一年（公元487年）改统万镇置，在今陕西靖边县境内。仓曹参军，官名，主管仓谷事务。

③高祖：即北周武帝宇文邕，其庙号为高祖。

④建德：周武帝宇文邕的年号，（公元572—578年）。

⑤通籍：籍是二尺长的竹片，上写姓名、年龄、身份等，挂在宫门外，以备出入时查对。“通籍”谓记名于门籍，可以进出宫门。

⑥同州：州、府名。西魏废帝三年（公元554年），改华州置同州。在今陕西大荔及其附近地区。

⑦宪：即宇文宪（公元544—578年），北周武帝时宰相，曾任益州总管等职，封齐国公，后又进爵为齐王。宣帝宣政元年（公元578年），宣帝恐其有变而诛之，终年35岁。

⑧“皆云”句：太子，当指周宣帝宇文赟，武帝宇文邕之长子，其时已立为太子。知，同“智”。

⑨竖貂：亦作竖刁或竖刀，春秋时齐桓公的近臣，桓公时官为寺人。管仲死后，他与易牙、开方专权。桓公死，诸子争立，他与易牙等滥杀群吏，立公子元亏。齐国从此内乱不已。

⑩妙选：精心挑选。

译文

乐运字承业，……端方正直，从不向人阿谀逢迎。武帝天和初年，被朝廷征拜为夏州总管府仓曹参军，……前后多次犯上威严直言劝谏高祖宇文邕，他的建议多被高祖采纳。

武帝建德二年，授以京兆郡万年县县丞的官职。任职期间，打击豪门大族，以坚毅正直著称。高祖宇文邕非常欣赏他，特批他记名于门籍，自由进入宫殿，凡有不利于政局的事，武帝就命令他详细呈奏上来。高祖有一次曾经驾临同州，召请乐运前往到各处视察。回来后，高祖问乐运说："您回来那天见到太子了吗？"乐运回答说："臣回来那天亲聆太子教诲。"高祖又问："您说太子这人怎样？"乐运回答说："一个中等才能的人。"当时齐王宇文宪等人全都在武帝身边。高祖转过身来对宇文宪等人说："公卿百官讨好巴结我，都在我面前说太子聪明睿智，只有乐运一人说，他是一个中等才能之人，表现出乐运忠诚正直。"于是高祖又接着询问中等才能之人的特征。乐运回答说："班固认为齐桓公才能中等，管仲辅佐他便能成就霸业，竖貂辅佐他却内乱不已。就是说他可以成为善的化身，也可以成为恶的化身。"高祖说："我知道该怎样去做了。"于是精心挑选宫官，来辅助太子。……

王思政忠政效国

原文

王思政字思政，太原祁人。容貌魁伟，有筹策。……

大统[1]之后，思政虽被任委，自以非相府之旧，每不自安。太祖曾在同州[2]，与群公宴集，出锦罽[3]及杂绫绢数段，命诸将樗蒲[4]取之。物既尽，太祖又解所服金带，令诸人遍掷，曰："先得卢[5]者，即与之。"群公将遍，莫有得者。次至思政，乃敛容跪坐而自誓曰："王思政……蒙宰相国士之遇[6]，方愿尽心效命，上报知己。若此诚有实，……愿掷即为卢；若内怀不尽，……使不作也，便当杀身以谢所奉。"辞气慷慨，一坐尽惊。即拔所佩刀，横于膝上，揽樗蒲，拊髀[7]掷之。比太祖止之，已掷为卢矣。……及河桥之战，思政下马，用长矛左右横击，一击踣[8]数人。时陷阵既深，从者死尽，思政被重创闷绝[9]。会日暮，敌将收军。思政久经军旅，每战唯著破弊甲，敌人疑非将帅，故免。有账下督[10]雷五安于战处哭求思政，会其已苏，遂相得。乃割衣裹创，扶思政上马，夜久方得还。……

十二年，加特进[11]、荆州刺史。州境卑湿[12]，城堑多坏。思政方命都督[13]蔺小欢督工匠缮治之。掘得黄金三十斤，夜中密送之。至旦，思政召佐吏以金示之，曰："人臣不宜有私"，悉封金送上。……

东魏太尉高岳、行台慕容绍宗、仪同刘丰生等[14]，率步骑十万来攻颍川[15]。城内卧鼓偃旗，若无人者。岳恃其众，谓一战可屠，乃四面鼓噪[16]而上。思政选城中骁勇，开门出突。岳众不敢当，引军乱退。岳知不可卒攻，乃多修营垒。又随地势高处，筑土山以临城中。飞梯火车，昼夜攻之。思政亦作火攒[17]，因迅风便投之土山，又以火箭射之，烧其攻具。仍募勇士，缒而出战。岳众披靡，其守土山人亦弃山而走。齐文襄[18]更益岳兵，堰洧水以灌城。……慕容绍宗、刘丰生及其将慕容永珍共乘楼船以望城内，令善射者俯射城中。俄而大风暴起，船乃飘至城下。城上人以长钩牵船，弓弩乱发。绍宗穷急，投水而死。丰生浮向土山，复中矢而毙。生擒永珍。……

齐文襄闻之，乃率步骑十一万来攻。自至堰下，督励士卒。水壮，城北面遂崩。水便满溢，无措足之地。思政知事不济，率左右据土山，谓之曰："吾受国重任，本望平难立功。……今力屈道穷，计无所出。唯当效死，以谢朝恩。"因仰天大哭。左右皆号恸。思政西向再拜，便欲自刎。……

思政初入颍川，士卒八千人，城既无外援，亦无叛者。思政常以勤王为务，不营资产。尝被赐园地，思政出征后，家人种桑果。及还，见而怒曰："匈奴未灭，去病辞家，况大贼未平，何事产业！"命左右拔而弃之。故身陷之后，家无畜积。

《周书·王思政传》

注解

①大统：北朝西魏文帝元宝炬（公元535—551年）的年号。

②"太祖"句：太祖，即宇文泰。同州，在今陕西大荔县及其附近地区。

③锦罽：一种丝织品。

④樗（chū）蒲：古代博戏，以掷骰决胜负，得彩有卢、雉、犊、白等。

⑤卢：古代樗蒲戏中五子全黑为卢，为最胜彩。

⑥"蒙宰相"句：宰相，指宇文泰，曾任西魏文帝、废帝、恭帝三朝宰相。国士，国中杰出人物。

⑦拊髀：手拍大腿，表示内心激动。

⑧踣：仆倒。

⑨闷绝：因透不过气来而休克。

⑩账下督：账，古作帐。军中官佐，因行军多居帐中。

⑪ 特进:官名,南北朝时为加官,无实职。

⑫ 卑湿:因地势低洼而潮湿。

⑬ 都督:官名,西魏、北周时,府兵制的各军府中,以大都督、帅都督、都督分别为团、旅、队的长官。

⑭ “东魏”句:此句中的太尉、行台、仪同均为官名,职掌全国及地方军政。

⑮ 颍川:今河南许昌市。

⑯ 鼓噪:擂鼓呐喊。

⑰ 火攒:火坨子。

⑱ 齐文襄:指高澄,曾官大将军、领中书监,公元 549 年 7 月被杀,谥号文襄王。

译文

王思政字思政,太原府祁县人。身材魁梧,也很有谋略。……

西魏大统之后几年,王思政虽然被委以重任,但觉得自己不是相府中的旧交,心里常为此而不安。太祖宇文泰曾在同州与当时的部下聚会,拿出锦罽和几匹杂色绫绢,命令诸将玩博戏,赢者可将这些东西拿走。东西都拿完了以后,太祖又解下身上所系的金带,令大家一个一个地掷骰子,并且说:“谁先掷得最胜彩,金带就归谁。”部下们都掷遍了,没有人能掷得最胜彩。轮到王思政之时,只见他神情严峻,两膝着席,臀部压在脚后跟上并发誓道:“王思政……承蒙丞相待我如国士,正想尽心效力,以报答丞相知遇之恩。如果我心诚的话,……希望骰子掷出去即是最胜彩;若内心不诚,……就掷不出最胜彩,我便杀身以报答丞相。”这番话语气慷慨,在座的人都惊异不已。王思政便拔出身上的佩刀,横在膝盖上,抓过骰子,拍了拍大腿,便将骰子掷出去。等到太祖制止他时,他已将骰子掷为最上彩了。……河桥之战时,王思政翻身下马,用长矛左右横扫,每扫一下就会倒下几个敌兵。当时他已陷入敌阵,身边的人都已死光,他自己也身受重伤,呼吸困难以致休克。好在当时太阳已落山,敌将鸣锣收兵。王思政久经沙场,每次出战只穿着破旧的铠甲,敌人认为他不是将帅,所以多次幸免于难。这一次帐下督雷五安在战场上哭泣不已寻找王思政的尸首,刚好他苏醒过来,才找到他。雷五安便割下一块衣裳裹住王思政的伤口,把他扶上战马,夜深之后才回到营中。……

西魏大统十二年(公元 546 年),朝廷加封王思政特进荆州刺史。当时荆州地势低凹,气候潮湿,护城的壕沟大多因此而受损坏。王思政就命令都督蔺小欢监督工匠修整。挖得三十斤黄金,蔺小欢便在半夜三更偷偷送给王思政。次日天亮,王思政就召集部下,把金子拿给他们看,并且说:“作臣子的不应该私聚财产”,将金子全部封起交上去。

东魏太尉高岳、行台慕容绍宗、仪同刘丰生等人,带领步兵和骑兵十万人来攻打颍川。

颍川城内偃旗息鼓，像无人把守。高岳自恃人多势众，以为一次战役就能将对方赶尽杀绝，便四面擂鼓呐喊，逐渐地逼近颍川城。王思政便选择城内骁勇之士，打开城门突袭敌军。高岳的军队竟不敢抵挡，领军溃退。高岳此时知道颍川城一下子难以攻克，就大修营垒。又在地势最高的地方，筑座土山来观望城内的动静。并采用飞梯火车战术，昼夜攻城。王思政便命人做火炬子，借助强风投向土山。又把带火的箭射向敌方营地，烧毁它的攻城器具。还招募勇士，用绳子掉出城外与敌军作战。高岳军队溃散逃窜，那些把守土山的士兵也弃山而逃。齐文襄王高澄又给高岳发来援兵，并拦住洧河之水来淹灌颍川城。……慕容绍宗、刘丰生及其部将慕容永珍共乘楼船观望城内动静，并命箭法好的人俯身向城内射箭。不一会儿突然刮起了大风，楼船飘到城下。城内之人用长钩拉住楼船，弓箭手向船上乱射。慕容绍宗投水而死。刘丰生飘流到土山之上，中箭身亡。活捉了慕容永珍。……

齐文襄王高澄闻奏之后，便率领步兵骑兵十一万人来攻打颍川城。并亲自来到堰水之上，督促兵士，鼓励士气。由于水势迅猛，颍川城北面城墙坍塌，堰水便漫进城内，连放脚的地方也没有。王思政知道不妙，于是率领手下人占据土山，并对他们说："我身负朝廷重任，本想平定内乱、建功立业。……现在我等劲也用完了，办法也用尽了，已没有回天之力了。只好以死来报答朝廷对我们的恩典。"便仰天大哭。身边的人也都痛哭不已。王思政接着向西面方向拜了两拜，便准备拔剑自杀。……

王思政初入颍川城时，只有八千士卒，尽管城内没有外援，却没有一个人叛变。他常以效忠皇上为自任，小营谋家产。朝廷曾赐给他一块果园，他领兵出征之后，家里人已在果园里种上了桑树和果树。回来后，他见此大为光火，激动地说："匈奴还未铲除，所以霍去病便辞家赴边，更何况今日大敌当前，为什么还要置办家产呢？"命身边的人拔去树苗。所以身陷之后，家里并没有什么积蓄。

宇文宪十六岁任刺史

原文

初，平蜀之后，太祖以其形胜之地，不欲使宿将居之。诸子之中，欲有推择。遍问高祖已下，谁能此行。并未及对，而宪先请。太祖曰："刺史当抚众治民，非尔所及。以年授者，当归尔兄。"宪曰："才用有殊，不关大小。试而无效，甘受面欺。"太祖大悦，以宪年尚幼，未之遣也。世宗追遵先旨，故有此授。宪时年十六，善于抚绥，留心政术，辞讼辐凑①，听受不疲。蜀人怀之，共立碑颂德。

《周书·齐炀王宪传》

注解

① 辐凑：车辐集中于轴心。比喻人或物聚集到一处。

译文

起初，平定蜀地之后，太祖宇文泰因为那里地势便利，不想让老将占据那里，而想在儿子们之中推举选择。问遍宇文邕以下的人，谁能去那里，还没等人回答，宇文宪抢先请求去。宇文泰说："刺史应当抚慰、管理民众，这不是你能干的。以年龄授官，应当归你的哥哥。"宇文宪说："才能各有不同，不与年龄大小有关系，我去尝试如果不成功，甘愿当面受你们的欺辱。"太祖宇文泰非常高兴，只是因为宇文宪的年龄还小，才没有派遣他。周世宗追思心遵照先王的旨意，特意授官给宇文宪。宇文宪当时十六岁，善于抚慰民众，留心吏治，虽然诉讼的文书堆集了许多，也不知疲倦地听取办理。蜀人怀念宇文宪，共同立碑歌颂他的功德。

西魏颁行新制

原文

十年，……秋七月，魏帝以太祖前后所上二十四条及十二条新制，方为中兴永式，乃命尚书苏绰更损益之，总为五卷，班行天下。于是搜简贤才，以为牧守令长，皆依新制而遣焉。

《周书·文帝纪下》

译文

大统十年(公元544年)，……秋七月，西魏皇帝将宇文泰前后奏上的二十四条及十二条新制，定为振兴西魏的永久规定，于是命令尚书苏绰进一步修改，总共五卷，向全国颁布推行。于是搜寻选拔有才能的人，任命他们为牧守令长，都按照新制派遣他们。

柳庆断案二三例

原文

广陵王元欣，魏之懿亲[①]。其甥孟氏，屡为凶横。或有告其盗牛。庆[②]捕推得实，趣[③]令就禁。孟氏殊无惧容，乃谓庆曰："今若加以桎梏[④]，后复何以脱之?"欣亦遣使辩其无罪。孟氏由此益骄。庆于是大集僚吏，盛言

孟氏依倚权戚，侵虐之状。言毕，便令笞杀之。此后贵戚敛手，不敢侵暴。

有贾人持金二十斤，诣京师交易[5]，寄人停止[6]。每欲出行，常自执管钥[7]。无何，缄闭不异而失之。谓主人所窃，郡县讯问，主人遂自诬服。庆闻而叹之，乃召问贾人曰："卿钥恒置何处？"对曰："恒自带之。"庆曰："颇与人同宿乎？"曰："无。""与人同饮乎？"曰："日者曾与一沙门[8]再度酣宴，醉而昼寝。"庆曰："主人特以痛自诬，非盗也。彼沙门及真盗耳。"即遣吏逮捕沙门，乃怀金逃匿。后捕得，尽获所失之金。……

有胡家被劫，郡县按察[9]，莫知贼所，邻近被囚系者甚多。庆以贼徒既众，似是乌合[10]，既非旧交，必相疑阻[11]，可以诈求之。乃作匿名书多掾[12]官门曰："我等共劫胡家，徒侣混杂，终恐泄露。今欲首，惧不免诛。若听[13]先首免罪，便欲来告。"庆乃复施免罪之牓。居二日，广陵王欣家奴面缚[14]自告榜下，因此推穷，尽获党与。……

太祖[15]尝怒安定国臣王茂，将杀之，而非其罪。朝臣咸知，而莫敢谏。庆乃进曰："王茂无罪，奈何杀之？"太祖愈怒，声色甚厉，谓庆曰："王茂当死，卿若明其无罪，亦须坐之。"乃执庆于前。庆辞气不挠，抗声曰："窃闻君有不达者为不明，臣有不争[16]者为不忠。庆谨竭愚诚，实不敢爱死，但惧公为不明之君耳。愿深察之。"太祖乃悟而赦茂，已不及矣。太祖默然。明日，谓庆曰："吾不用卿言，遂令王茂冤死。可赐茂家钱帛，以旌吾过。"

《周书·柳庆传》

注解

① 懿亲：至亲，古时特指皇室的宗亲。

② 庆：即柳庆，字更兴，历仕元魏和北周，为官清廉，政声颇佳，天和元年（公元556年）十二月卒。

③ 趣：急、速。

④ 桎梏：刑具，指脚镣手铐。

⑤ 交易：做生意；做买卖。

⑥ 停止：停留止歇。

⑦ 管钥：钥匙。

⑧ 沙门：即和尚。

⑨ 按察：立案侦查。

⑩ 乌合：像乌鸦一样聚集。这里指临时拼凑起来的抢劫团伙。

⑪ 疑阻：相互猜忌。

⑫ 掾：同“榜”，张贴告示。

⑬ 听：判决。

⑭ 面缚：即指两手反绑。

⑮ 太祖：即北周太祖文皇帝宇文泰（公元507—556年），字黑獭，北朝西魏大臣，总揽西魏朝政。他死后，子宇文觉代西魏，国号周，追尊为文皇帝，庙号曰太祖。

⑯ 争：同“诤”，诤谏。

译文

广陵王元欣，是元魏皇室宗亲。他的外甥孟某，多次行凶专横，恃势妄为。有人状告他偷盗耕牛。柳庆便将他逮捕审讯，获取证据，马上下令打入监牢。孟某却全无惧怕，反而对柳庆说：“你今天如果把我铐起来的话，日后我看你又怎样替我打开？”元欣也派人前来申辩。孟某更加不可一世。柳庆于是将所属官吏全部召集起来，义正辞严地列举孟某依恃权贵，侵扰滋事的不法行为。说完之后，便令人用乱棍将孟某打死。自此权贵的亲属和亲戚大为收敛，不敢侵扰滋事了。

有位商人携带二十斤黄金，准备到京城去做生意，寄住在一户人家里，歇息好有个落脚点。每次要出门，总是把钥匙带在身上。可是过了没多久，装钱的匣子尽管没有打开，可里面的黄金却不知去向。商人便说是主人偷了他的钱，郡县便捉拿这家主人审问，这家主人不堪毒打违心招认。柳庆听后为之叹息，便召来商人，问他说：“你的钥匙经常放在什么地方？”商人说：“经常放在自己身上。”柳庆又问：“可曾与人同宿？”商人回答说：“没有。”“可曾与人一同饮酒？”商人回答说：“曾与一个和尚两次饮酒，醉了后便在当天白天睡着了。”柳庆说：“主人只是因为打得身上疼痛难忍才谎称是他偷了你的金子，他并不是盗贼，那个和尚才是真正的盗贼。”当即派遣衙役将和尚捉拿归案，和尚却拿着金子逃走躲藏起来了。后来捉住了这个和尚，偷去的金子全部缴获。……

一胡姓之家被人抢劫，郡县都已立案侦查，但谁也不知贼人在哪里，受牵连而被囚禁的邻居很多。柳庆认为劫贼既然很多，似应是临时拼凑起来的抢劫团伙；既然以往又不很熟，彼此之间必然相互猜忌，可以用诳骗的办法来破此案。于是写了多封匿名信贴在官府门口，上面说：“我们几人一同抢劫胡家，同伙成分混杂，始终担心有人泄露此事。现在想自首，又担心不能免罪而被诛杀。如果判决最先自首的人可以免罪的话，便前来官府自首。”于是柳庆又发布免罪的榜文。过了两天，广陵王元欣的家奴两手反绑着来到榜文处自首。柳庆便升堂审问，将其他党羽一网打尽。……

太祖曾对安定国臣子王茂很为不满，准备将他杀掉，而王茂并没有罪。朝中大臣们也都知道王茂是清白的，但没有一人敢上前劝谏太祖。柳庆却走上前说：“王茂既然无罪，为什么还要杀他呢?”太祖更加气恼,声色俱厉,对柳庆说:“王茂该死,你如果知道他没有罪的话,也得陪他一起死。”便叫卫士上前捉住柳庆。柳庆疾言厉色、毫不屈服,大声说:“我听说不能通达事理的国君是不明之君,不能直言极谏的臣子是不忠之臣。我柳庆尽心竭力以效愚忠,本不是贪生怕死之辈,只是担心陛下成为不明之君啊!希望陛下好好考虑考虑我这一番话。”太祖幡然醒悟,下令赦免王茂,可已经来不及了。太祖沉默不语。第二天,对柳庆说:“我没听从你的劝谏,致使王茂冤屈而死。我已下令赐给王茂家钱币和布帛,以标明我的过失。”

西魏创建府兵制

原文

初,魏孝庄帝以尔朱荣[1]有翊戴之功,拜荣柱国大将军,位在丞相上。荣败后,此官遂废。大统三年,魏文帝复以太祖建中兴之业,始命为之。其后功参佐命[2],望实俱重者,亦居此职。自大统十六年以前,任者凡有八人。太祖位总百揆,督中外军。魏广陵王欣,元氏懿戚,从容禁闱而已。此外六人。各督二大将军,分掌禁旅,当爪牙御侮之寄。当时荣盛,莫与为比,故今之称门阀者,咸推八柱国家云。今并十二大将军录之于左。……右十二大将军,又各统开府二人。每一开府领一军兵,是为二十四军。

《周书·侯莫陈崇传》

注解

① 尔朱荣:北魏执政大臣。武泰元年(公元528年),他乘孝明帝被胡太后毒死之机,举兵入洛阳。并拥立孝庄帝,掌握了朝政大权。因骄暴自恣,永安三年(公元503年),为孝庄帝所杀。

② 佐命:古代帝王建立王朝,自谓承天受命,故称辅佐之臣为佐命。

译文

起初，魏孝庄帝因为尔朱荣有辅佐、拥戴的功劳，授他为柱国大将军，地位在丞相之上。尔朱荣失败后，这个官职便取消了。大统三年（公元537年），魏文帝元宝炬让宇文泰创建中兴之业，又命令他担任此职。后来因功参与辅佐帝王、有名望而且大有功勋的人，也担任这个职务。自大统十六年（公元550年）以前，任此职的共有八人，宇文泰的职位总管百官，监督内外军队。魏广陵王元欣，是元氏的至亲，只在宫内悠容闲在而已。另外六人，每人督管两位大将军，分别掌管禁军，充当党羽武臣的寄托。当时荣华盛贵，没有人能与之相比。所以现在称为门阀的，都推八柱国的家族。现在将十二大将军记录在左边。……右边十二大将军，每人又各统领二个开府，每个开府统领一军的士兵，共二十四个军。

于谨建议占领关右

原文

太祖临夏州，以谨为防城大都督，兼夏州长史。……谨乃言于太祖曰："魏祚陵迟，权臣擅命，群盗蜂起，黔首嗷然。明公仗超世之姿，怀济时之略，四方远近，咸所归心。愿早建良图，以副众望。"太祖曰："何以言之？"谨对曰："关右，秦汉旧都，古称天府，将士骁勇，厥壤膏腴，西有巴蜀之饶，北有羊马之利。今若据其要害，招集英雄，养卒劝农，足观时变。且天子在洛，逼迫群凶，若陈明公之恳诚，算时事之利害，请都关右，帝必嘉而西迁。

然后挟天子而令诸侯，奉王命以讨暴乱，桓、文之业，千载一时也!”太祖大悦。

《周书·于谨传》

注解

（略）

译文

太祖宇文泰到达夏州（今陕西横山西），任命于谨为防城大都督，兼夏州长史。……于谨于是对宇文泰说：“魏朝的国运衰落，权臣擅自把持朝政，群盗蜂起，百姓哀怨。您凭借超世的英姿，胸怀济世的韬略，四方远近的人，都归心于您。希望您早日创立大业，不辜负民众的希望。”宇文泰说：“为什么这样说呢?”于谨答道：“关右（今陕西西安地区）是秦汉的旧都，古称天府，将士骁健勇敢，那里的土壤肥沃，西面有巴蜀的富饶，北面有羊马之利。现在如果占据那里的要害地区，招集天下的英雄，训练士兵，鼓励耕作，足以观察天下形势的变化。而且皇帝在洛阳，正被一群恶人逼迫，如果您向皇帝陈述诚恳之心，分析形势的利害关系，请皇帝在关右建都，皇帝一定称赞并且西迁。然后，您挟天子以令诸侯，奉王命以讨暴乱，就可以成就齐桓公、晋文公那样的事业，这真是千载一时呀!”宇文泰非常高兴。

沙苑之战

原文

冬十月壬辰，至沙苑，距齐神武军六十余里。齐神武闻太祖至，引军来会。癸巳旦，候骑告齐神武军且至。太祖召诸将谋之。李弼曰：“彼众我寡，不可平地置阵。此东十里有渭曲①，可先据以待之。”遂进军至渭曲，背水东西为阵。李弼为右拒，赵贵为左拒。命将士皆偃戈于葭芦②中，闻鼓声而起。申时，齐神武至，望太祖军少，竞驰而进，不为行列，总萃于左军。兵

将交，太祖鸣鼓，士皆奋起。于谨等六军与之合战，李弼等率铁骑横击之，绝其军为二队，大破之，斩六千余级，临阵降者二万余人。齐神武夜遁，追至河上，复大克获。前后虏其卒七万。留其甲士二万，余悉纵归。收其辎重兵甲，献俘[3]长安。

《周书·文帝纪下》

注解

① 渭曲：渭水的弯曲处。

② 葭芦：芦苇。

③ 献俘：古时军礼之一，打仗凯旋则献俘太庙以告成功。

译文

（公元537年）冬十月壬辰日，西魏军队到达沙苑（今陕西大荔），距东魏高欢的军队六十多里，高欢听说宇文泰到达，便率领军队前来迎战。癸巳日早晨，侦察骑兵向宇文泰报告高欢的军队就要到了。宇文泰召集诸将商量对策。李弼说："彼众我寡，不能在平地布置战阵，距此地东十里有渭水的弯曲处，可以先去占领，在那里等待他们。"于是进军到渭曲，背靠渭水，排成东西战阵。李弼在右方抵御，赵贵在左方抵御，命令将士全部隐藏在芦苇中，听到鼓声便发起冲击。申时，高欢的军队到达，看到宇文泰的军队少，便争相飞驰进军，已不成队列了，都聚集在左军。战斗一触即发，宇文泰鸣起了鼓，战士们勇敢地发起冲锋，于谨等六支军队与他们一起作战，李弼率领铁骑从横向攻击，将高欢的军队分割为两部分，大败高欢军队。六千多人被斩首，二万多人在战场上投降。高欢趁夜逃走，被追到黄河边，又获大胜。沙苑之战共俘虏东魏军队七万人，将其中的二万甲士扣留，其余的全部放回。还收缴东魏的军事物资，献俘于长安。

南史

《南史》概论

《南史》，唐初史学家李延寿撰，共八十卷，包括本纪十卷，列传七十卷。起宋武帝永初元年（公元420年），迄陈后主祯明二年（公元589年），记南朝宋、齐、梁、陈四代一百七十年的史事。

《南史》是李大师、李延寿父子两代，用了十多年的功夫，参阅了大量资料，进行严格增删修正而成的。编成后，又经著名史学家令狐德棻亲自修改，质量是相当高的，是一部有价值的史书。

《南史》的篇幅比起南朝四部正史来要少得多。将《南史》与“四书”相对照，我们发现他删去了《宋书》中大量的夹叙文字，同时也删去了本纪中的诏册、让表等官样文章，每篇只留下一至二篇。对其他诏书、令制，也多作删削。在列传中，多删去词章作品、奏议文章，但意义较大的名篇，又全文照录。如《南史·陈伯之传》全文录载丘迟《与陈伯之书》《任防传》全文录载刘孝标《广绝交论》，等等。

《南史》根据旧史改编而成，但它对旧史的错误或曲笔多有更正。南北朝以来的史学著作不同程度地存在着曲意为某朝统治者或为当朝统治者回护的弊病，特别是《宋书》《齐书》《梁书》《陈书》等，淹没和歪曲了一些历史事实，李延寿都据事直书，加以订正。

《南史》文笔简练，行文流畅，并强劲有力，这是历代史学家所公认的。《南史》有本纪十卷，分为《宋本纪》《齐本纪》《梁本纪》《陈本纪》。宋自永初元年（公元420年）刘裕称帝建国至升明三年（公元479年）宋顺帝被废黜，齐代宋为止，历八代皇帝，共五十九年，史称刘宋。齐，历史上又称南齐，自建元元年（公元479年）萧道成废宋建国至中兴二年（公元502年）齐和帝被废，梁取代齐为止，历七代皇帝，共二十三年。梁自天监元年（公元502年）萧衍代齐至太平二年（公元557年）梁敬帝被废，陈代梁为止，历三代皇帝，五十六年。

陈自永定元年（公元557年）陈霸先称帝建国至祯明三年（公元589年）隋大军南渡长江。攻下建康，陈后主被俘，陈朝灭亡为止，历五代皇帝，共三十二年。《宋本纪》《齐本纪》《梁本纪》《陈本纪》分别以各朝的每代皇帝为中心，概括地叙述了每朝代各个时期的大事。

通过这些本纪的阅读，我们可以大致了解南朝时期的政治演变的大致梗概。

齐（公元479—502年）的开国皇帝是萧道成，梁（公元502—557年）的建立者是武帝萧衍，他们统治的后期，政治极端腐败，最终导致了侯景之乱，北强南弱的形势已不可逆转。

陈的创立者是灭掉侯景的陈霸先。他于公元557年废掉萧方智，自立为帝。从上述本纪反映的南朝政权的演变情况，我们可以看到南朝时的政治极不稳定，政权更迭频繁；就军事国力而言，是北方强于南方，所以最终由隋统一了全国。

王景文受赐赴死

原文

上[1]既有疾，而诸弟并已见杀；唯桂阳王休范[2]人才本劣，不见疑，出为江州刺史。虑一旦晏驾[3]，皇后临朝，则景文[4]自然成宰相，门族强盛，藉元舅[5]之重，岁暮不为纯臣。泰豫元年春，上疾笃[6]，遣使送药赐景文死，使谓曰："朕不谓卿有罪，然吾不能独死，请子先之。"因手诏曰："与卿周旋，欲全卿门户，故有此处分。"敕至之夜，景文政[7]与客棋，扣函看，复还封置局下，神色怡然不变。方与客棋思行争劫竟，敛子内奁[8]毕，徐谓客曰："奉敕见赐以死。"方以敕示客。酒至未饮。门客焦度在侧，愤然发酒覆地曰："大丈夫安能坐受死。州[9]中文武可数百人，足以一奋。"景文曰："知卿至心，若见念者，为我百口计。"乃墨启答敕，并谢赠诏。酌谓客曰："此酒不可相劝。"自仰而饮之。时年六十。

《南史·王彧传》

注解

① 上：皇上，此指南朝宋明帝刘彧。

② 桂阳王休范：宋明帝弟刘休范，封桂阳王，“谨涩无才能”，故而才在宗室骨肉相残中保全性命。后来在后废帝时，还是举兵反叛，兵败被杀。

③ 晏驾：指皇帝之死。

④ 景文：王景文，名彧，其妹王贞凤时为宋明帝皇后，他也身任要职。

⑤ 元舅：国舅。

⑥ 疾笃：病情危重。

⑦ 政：通“正”。

⑧ 敛子内奁（lián）：敛，收。内，通“纳”，装进。奁，此指装棋子的盒子。

⑨ 州：此指扬州，当时王彧职务之一是扬州刺史。扬州是南朝最重要的政区，治所在首都建康（今江苏南京）。

译文

皇上已患病，而弟弟们都已被杀。唯一所剩的，就是桂阳王刘休范，因为最无才能，所以不曾遭受猜疑，出京任江州刺史。皇上担心自己一旦升天，皇后临朝，到那时王景文就自然成为宰相，他的家族势力很强，又凭借国舅地位之重，恐怕到晚年不安本分。泰豫元年春天，皇上的病势加重，派使者给王景文送药，赐他死，使者传达皇上的圣意：“朕并非认为你有罪，但不能我死而让你活着，你先走一步。”同时还有写好的诏书说：“与卿交往，想要保全你的一家，所以才这样做。”皇上命令下达之夜，王景文正与门客下棋，打开封套看了诏书，又把它装起来放在棋盘底下，神色安然不变，待到认真地把一盘棋下完，又把棋子收拾好，装进棋盒内，这一切都做完了，才慢慢地对门客们说：“收到敕令，皇上赐我以死。”这时，把敕令给大家看。毒酒放在一边，还没有喝，门客焦度在旁边，很气愤地把酒打开，洒在地上说：“大丈夫怎能就这样坐着等死。我们州中有文武数百人，还可以抵抗一阵。”景文说：“我知道你的好意，如果真的顾念我，那就为我家中百口人考虑吧。”于是就运笔回答敕书，并且感谢皇上的诏书。最后，他斟了酒，对门客们说：“这酒不能敬你们了。”然后就喝了下去。这年他六十岁。

衡阳王受训

原文

义季[①]尝大搜[②]于郢[③]，有野老[④]带苫[⑤]而耕，命左右斥之。老人拥耒[⑥]对曰："昔楚子[⑦]盘游，受讥令尹[⑧]，今阳和扇气，播厥[⑨]之始。一日不作，人失其时。大王驰骋为乐，驱斥老夫，非劝农之意。"义季止马曰："此贤者也。"命赐之食。老人曰："吁！愿大王均其赐也。苟不夺人时，则一时则享王赐，老人不偏其私矣。斯饭也弗敢当。"问其名，不言而退。

《南史·衡阳文王义秀传》

注解

① 义季：刘义季，南朝宋武帝刘裕子，封衡阳王，宋文帝时病死。

② 大搜：围猎。

③ 郢(yǐng)：古地名，在今湖北荆沙。

④ 野老：老农。

⑤ 苫：用茅草编成的覆盖物。

⑥ 耒：原始的翻土农具，类似木叉。

⑦ 楚子：楚王。周代封国中，楚原封子爵，故对楚君称楚子，但很早就自称楚王。

⑧ 令尹：春秋、战国时期楚国最高官职。拥耒老人在这里所说的"楚子"大概是指楚庄王，楚庄即住之初"不出号令、日夜为乐"，谏劝过他的有多人。

⑨ 播厥，播种。语出《诗·周颂·载芟》。

译文

刘义季曾大规模围猎于郢，见有老农披着蓑衣在田野间耕作，便命左右过去呵斥。老人手拿着耒回答说："从前楚子沉湎游乐，受到令尹的讥笑，如今阳光和煦，春意盎然，正是播种之始。农夫一日不耕作，就是失去了宝贵的时机。大王随意驰骋为乐，驱斥老夫，不是鼓励农作的表示啊！”义季勒住马缰，说：“这是贤者啊。”命令赏赐给他吃的东西。老人说：“唉！愿大王让人们都能受赐。如果不妨碍农时，那么将来的收成就是我们享受的大王的恩赐。老汉我不想单独受赐，这饭食也就不敢当了。”刘义季问他的名字，他没有告诉就避开了。

殷氏刑前遗言

原文

劭[1]妻殷氏赐死于廷尉，临刑谓狱丞江恪曰：“汝家骨肉相残[2]，何以枉杀天下无罪人？”恪曰：“受拜皇后[3]，非罪而何？”殷氏曰：“此权时[4]耳，当以鹦鹉[5]为后也。”

《南史·刘劭传》

注解

① 劭：刘劭，南朝宋文帝长子，拜为太子，却发动宫廷政变，杀死文帝，自立为帝，旋即遭到其弟刘骏等的声讨，不久即兵败被杀。《宋史》称之为“元凶”，与其同伙刘浚一起列为“二凶”。

② 汝家骨肉相残：殷氏所谓“汝家”是指刘家。

③ 受拜皇后：刘劭拜殷氏为后。

④ 权时：临时；暂时。

⑤ 鹦鹉：姓王，原为刘劭姊东阳公主家婢女，后与刘劭狼狈为奸。刘劭败后，亦被杀。

译文

刘劭的妻子殷氏被赐死于廷尉，临刑前，她对狱官江恪说："你们刘家骨肉相残，为什么要冤杀天下无罪之人？"江恪回答说："你受拜当了皇后，怎么还说无罪呢？"殷氏说："这只不过是暂时的，以后是要让鹦鹉当皇后的。"

宋季雅买邻而居

原文

初，宋季雅罢[①]南康郡，市宅居僧珍[②]宅侧，僧珍问宅价，曰："一千一百万。"怪其贵，季雅曰："一百万买宅，千万买邻。"及僧珍生子，季雅往贺，署函[③]曰："钱一千。"阍人[④]少之，弗为通，强之乃进。僧珍疑其故，亲自发，乃金钱也。遂言于帝，陈其才能，以为壮武将军、衡州刺史。将行，谓所亲曰："不可以负吕公。"在州大有政绩。

《南史·吕僧珍传》

注解

① 罢：被免去。

② 僧珍：吕僧珍，南朝齐、梁间人，得梁武帝信用。

③ 署函：署，书写。函，盒子、封套。

④ 阍人：守门人。

译文

起先，宋季雅被免去南康郡的职务，在吕僧珍家的旁边买了住宅，吕僧珍问他价格，回答是“一千一百万”。僧珍对这么昂贵的价格感到奇怪，季雅说：“我花一百万买房，一千万买邻居。”待到僧珍生子，季雅前往祝贺，送了一个盒子，上面写着：“钱一千。”守门人觉得这份礼太轻，不给他通报，他硬要进去，才放他进。僧珍怀疑这里有什么名堂，亲自打开，原来是金子铸的钱。于是，吕僧珍向皇帝推荐宋季雅，说他很有才干，宋被起用为壮武将军、衡州刺史。在启程赴任时，宋对他的所亲信的人说：“不可以辜负了吕公啊！”到了衡州后，他大有政绩。

何、颜辨图官

原文

有人尝求为吏部郎，尚之[1]叹曰：“此败风俗也。官当图[2]人，人安得图官。”延之[3]大笑曰：“我闻古者官人以才，今官人以势，彼势之所求，子何疑焉？”所与延之议论往反，并传于世。

《南史·何尚之传》

注解

① 尚之：何尚之，南朝宋大臣。

② 图：谋取。

③ 延之：颜延之，南朝宋人，文章冠绝当时，与谢灵运齐名，又和何尚之有深交。

译文

有人曾提出要当吏部郎的官，何尚之叹息道："这真是败坏风俗。应该是官职取人，人又怎么能去谋官职。"颜延之大笑说："我听说古时凭才能任人为官，而今却是论势力授人官职，他凭势力求官，你又有什么令人不解呢？"他和颜延之在一起议论和互相答往的，都传播开去了。

兄弟争死

原文

孙棘，彭城[1]人也。宋大明五年[2]，发三五丁[3]，弟萨应充行，坐[4]违期不至。棘诣[5]郡辞列[6]："棘为家长，令弟不行，罪应百死，乞以身代萨。"萨又辞列自引。太守张岱疑其不实，以棘、萨各置一处，报云："听其相代。"颜色并悦，甘心赴死。棘妻许又寄语属[7]棘："君当门户，岂可委罪小郎？且大家临亡，以小郎属君。竟未取妻，家道不立。君已有二儿，死复何恨？"岱依事表上，孝武[8]特诏[9]原罪。州加辟命[10]，并赐帛二十匹。

《南史·孙棘传》

注解

① 彭城：即今江苏徐州。

② 宋大明五年：公元461年。大明，南朝宋孝武帝年号。

③ 发三五丁：指征发年满 15 岁的人服役。

④ 坐：犯……罪因而要受惩。

⑤ 诣：到；往。

⑥ 辞列：陈词说明。

⑦ 属（zhǔ）：同“嘱”，下一个“属”亦为嘱托之意。

⑧ 孝武：宋孝武帝刘骏。

⑨ 诏：皇帝的命令。

⑩ 辟命：征召。

译文

孙棘，彭城人氏。宋大明五年，征发十五岁的男子，弟弟孙萨是征发对象，可他没有按期报到，要被论罪。孙棘到郡府去陈词说明：“我自为家长，是我叫弟弟不去应征的，罪该百死，请求允许我代弟当罪。”而弟弟孙萨却又说全是他的责任。郡太守张岱怀疑他们说的都不是真心话，就把孙棘、孙萨两人分开，对他们各自说：“允许你们相代。”两人分别听了这个决定，都显得十分满意，情愿去死。孙棘的妻子许氏又托人带话嘱咐丈夫：“夫君是当家的，怎能把罪过推在叔叔身上，再说婆婆临终把叔叔嘱托给你，他到如今还未娶妻，还未成家。你已经有了两个孩子，死又何恨。”张岱太守把这件事向上报告，孝武帝特别下了诏书不追究孙氏兄弟的罪责。州一级的官府征召他们为吏，并奖给绢帛二十匹。

吕僧珍公私分明

原文

僧珍[1]去[2]家久，表求拜墓，武帝[3]欲荣以本州，乃拜南兖州[4]刺史。僧珍在任，见士大夫迎送过礼，平心率下，不私亲戚。兄弟皆在外堂，并不得坐。指客位谓曰：“此兖州刺史坐，非吕僧珍床。”及别室促膝如故。从父[5]兄子先以贩葱为业，僧珍至，乃弃业求州官。僧珍曰：“吾荷[6]国重恩，

无以报效，汝等自以常分，岂可妄求叨越⑦。当速反葱肆⑧耳。”僧珍旧宅在市北，前有督邮廨⑨，乡人咸劝徙廨以益其宅。僧珍怒曰：“岂可徙官廨以益吾私宅乎?”姊适于氏⑩，住市西小屋临路，与列肆杂。僧珍常导从卤簿⑪到其宅，不以为耻。

《南史·吕僧珍传》

注解

①僧珍：吕僧珍，南朝齐、梁间人，得梁武帝信重。

②去：离。

③武帝：南朝梁武帝萧衍。

④南兖州：治所在广陵（今江苏扬州）。吕僧珍家“世居广陵”。

⑤从父：伯父、叔父。

⑥荷：承受。

⑦叨越：非分占有。

⑧肆：经商之店铺或摊位。

⑨督邮廨（xiè）：督邮，官名，负责郡内监察。廨，官舍。

⑩姊适于氏：姊：姐姐。适，嫁。

⑪卤簿：官员出行随从的仪仗。

译文

吕僧珍离家日久，上表请求拜祭祖墓，梁武帝有意让他荣耀于本州，于是就任命他为南兖州刺史。吕僧珍在任职期间，对于士大夫的接待有过于礼，以公平之心对待下属，不特别照顾亲戚。兄弟都在外堂站着，不给坐，指着留给客人的座位说：“这是兖州刺史支配的座位，不是吕僧珍的床。”等到了内室，则又促膝交谈，亲密如故。他伯叔父兄弟的儿子原先以卖葱为生，僧珍到任后，就不干卖葱的活了，要当官。僧珍说："我承受国家重恩，没法报答，你们各有本分，怎么可以有非分的要求，你还是赶快回到卖葱的地方去吧。"僧珍家的老屋在市场之北，前有督邮官署，家乡人都劝他把官署挪走，扩展住房。僧珍闻说发怒道："怎么可以移走官署来拓展我的私宅呢？"他的姐姐嫁给姓于的人家，住在市场西靠路边的小屋，和店铺混杂。而他常指引随从的仪仗和官员到姐姐家去，不以为这有什么丢面子。

王僧辩驭下无法

原文

景[①]自出战于石头城北，僧辩[②]等大破之。庐晖略[③]闻景战败，以石头城降。僧辩引军入据之。景走朱方[④]，僧辩命众将入据台城。其夜军人失火烧太极殿及东西堂。僧辩虽有灭贼之功，而驭下无法，军人卤掠[⑤]，驱逼居人[⑥]。都下百姓父子兄弟相哭，自石头至于东城[⑦]，被执缚者，男女裸露，袒衣[⑧]不免。缘淮号叫，翻思景焉。

《南史·王僧辩传》

注解

① 景：侯景，原为东魏大将，后降梁，不久发动叛乱，给江南地区造成巨大破坏，公元552年，兵败被杀。

② 僧辩：王僧辩，梁大将，与陈霸先合力击败侯景，收复建康。后为陈霸先所杀。

③ 庐晖略：侯景手下重要将领。

④ 朱方：古地名，在今江苏丹徒境。

⑤ 卤掠：同"虏掠"，抢夺人和财物。

⑥ 居人：居民。

⑦ 东城：疑为建康的东府城。

⑧ 袒衣：贴身内衣。

译文

侯景亲自战于石头城北，王僧辩等大破之。庐晖略听说侯景战败，交出石头城投降。王僧辩带领军队入城，占据了石头城。侯景逃向朱方，僧辩命令众将领入据台城。当夜，军人失火烧太极殿和东西堂。王僧辩虽然有灭贼之功，但没有控驭部下，军人抢掠人财，驱逼居民，首都地区的百姓父子兄弟相哭，自石头城到东府城，被抓被缚的，男女都没有衣穿，连贴身衣服都被剥夺。沿着秦淮河，一片号叫声，百姓反而开始思念侯景。

薛安都勇刺“万人敌”

原文

孝建元年①，除左军将军②。及鲁爽③反叛，遣安都④及沈庆之⑤济江⑥。安都望见爽，便跃马大呼，直往刺之，应声倒。左右范双斩爽首。爽也枭猛，咸云万人敌，安都单骑直入斩之而反，时人皆云关羽斩颜良不是过也。

《南史·薛安都传》

注解

① 孝建元年：公元454年。孝建，南朝宋孝武帝年号。

② 除左军将军：指薛安都被任命为左军将军。除：拜授官职。

③ 鲁爽：晋宋间人，追随宋武帝刘裕，历任要职，是宋初重要将领，后谋反，被杀。

④ 安都，薛安都，南朝宋重要将领，后投北魏。

⑤ 沈庆之：南朝宋将领，后被前废帝所杀。

⑥ 江：此指长江。

译文

孝建元年，薛安都被任命为左军将军。后来鲁爽反叛，派遣安都及沈庆之渡江。薛安都望见鲁爽，就跃马大呼，直刺鲁爽，鲁爽应声而倒了。身边的范双把鲁爽的头砍了下来。鲁爽是当世有名的猛将，都把他称为“万人敌”，薛安都单骑直入而把他杀了，当时人们都认为关羽斩颜良也不比这精彩。

北　史

《北史》概论

《北史》，唐初史学家李延寿撰，共一百卷，包括本纪十二卷，列传八十八卷，起北魏道武帝登国元年（公元 386 年），迄隋恭帝义宁二年（公元 618 年），记北朝魏、齐（包括东魏）、周（包括西魏）、隋四代二百三十三年史事，主要删节《魏书》、《北齐书》、《周书》、《隋书》而成，但也有新增史料，且有校勘、补正北朝史书的价值。

李延寿是唐初一位很有作为的史学家。李延寿生长在一个富有藏书的家庭，父亲又是一个熟悉历史、了解当世人物的学者，这使他从小受到很好的家学熏陶，史学修养较高，成年后，便有志于史学著述。

在这三十多年的政治生涯中，李延寿主要是在从事历史撰述中度过的。这期间，正是唐初历史撰述工作开展得有声有色并取得突出成就的时期。其间，不少历史撰述都凝聚着李延寿的一份辛苦和才学。李延寿编修《南史》《北史》的过程相当艰苦。他的父亲李大师在世时，父子间时常讲论，使他增加了不少知识。贞观三年进史馆，受命至秘书内省佐颜师古、孔颖达二人撰修。唐朝内省图籍，经武德初年令狐德棻建议以重金购求天下遗书，并“置吏补寻，不数年，图典略备”。李延寿正欲继承完成其父未终之业，而苦于图书资料缺乏，现遇内省丰富的图籍，正可弥补其不足，于是利用编辑之暇，昼夜抄录北齐、梁、陈、周、隋五代昔所未见之书。在具体撰述《北史》时，李延寿是将正史中的《魏书》《北齐书》《周书》《隋书》，加以连缀改订。除其冗长，取其菁华，对这四史以外的资料，则聚其遗逸，以广异闻，时四史中谬误之处，则加以订正。简言之，《北史》是对上述四史作删繁、增补、订正的基础上成撰的。在编纂上有如下的特点：

首先，在著述思想上，《北史》倾向统一的思想非常突出。倾向统一的历史思想是李大师、李延寿父子撰述南北朝史的指导思想，他们一反南北朝时的旧有传统，于北魏、北齐、北周历史立“本纪”。于宋、齐、梁各朝历史亦立“本纪”，而一概取消了《岛夷传》和《索虏传》的篇目，这种在历史撰述上不再强调南、北对立和华夷界限的认识和做法，反映了全国统一、天下一家的政治局面，反映了民族融合的伟大成果。自《南史》《北史》问世以来，一千多年来受到历代史学家和其他学者的重视，以及对它们进行研究和评论之多，在《史记》《汉书》以外，于“正史”中是很突出的，而绝大多数研究者和评论者虽然差不多都指出《南史》《北史》存在着这样、那样的缺点和不足之处，但是，他们也都充分肯定《南史》《北史》的成功之处，充分肯定它们对于研究南北朝时期的历史、研究中国史学史的重要价值。

从我们今天的眼光来看，在历史思想上，应当肯定《南史》《北史》注重南北统一的著述宗旨。南北朝产生的《宋书》《南齐书》《魏书》是分裂时代产生的历史著作，由于传统观念的影响和一家一姓的皇朝史格局的束缚，即使唐初修撰的梁、陈、齐、周、隋“五代史”，除《隋书》而外，其他各史都或多或少地带有消极的历史影响。在新的统一的历史条件下，用“天下一家”的思想重新撰述分裂时期的历史，这不仅是当时政治上的需要，而且对整个国家和民族在精神财富的建设与积累方面具有重要意义。

从历史编纂上看，《南史》《北史》继承了《史记》所开创的中国史学史上的通史家风，也效法班固、范晔和陈寿，他把南朝宋、齐、梁、陈及北朝之魏、齐、周、隋八国的历史发展，从头到尾作纵的叙述，成为通史一段，深得司马迁《史记》的遗规，又把分立的南北各国分别叙述，但又互相照应，极纵横离合之妙，符合陈寿《三国志》的体裁，合国别史和通史为一门。我们肯定《南史》《北史》的历史地位，也不是说可以用“二史”代替“八书”。“二史”和“八书”在反映南北朝时期历史面貌和传播这一时期的历史知识方面，各自都有贡献，都有受到重视的理由和根据，只能互相补充，而不能偏废其一。当然，《南史》《北史》也存在着一些明显的缺点。

太武帝拓跋焘

原文

（拓跋焘）[1]性清俭率素，服御饮善，取给而已，不好珍丽，食不二味，所幸昭仪、贵人，衣无兼彩。群臣白帝，更峻京邑城隍以从《周易》设险之义，又陈萧何壮丽之说。帝曰：“古人有言，在德不在险。屈丐蒸土筑城，而朕灭之，岂在城也？今天下未平，方须人力，土功之事，朕所未为。萧何之对，

非雅言也。”每以财者军国之本，无所轻费。至于赏赐，皆是勋绩之家，亲戚爱宠，未尝横[2]有所及。

临敌，常与士卒同在矢石间，左右死伤者相继，而帝神色自若，是以人思效命，所向无前。命将出师，指授节度，从命者无不制胜，违爽[3]者率多财失。性又知人，拔士于卒伍之中，唯其才效所长，不论本末。兼甚严断，明于刑赏，功者赏不遗贱，罪者刑不避亲，虽宠爱之，终不亏法。常曰：“法者，朕与天下共之，何敢轻也。”故大臣犯法，无所宽假。

《北史·太武帝纪》

注解

① 拓（tuò）跋（bá）焘（tāo）：北魏太武帝。

② 横：不由正道，不循正理。

③ 违爽：违反，违背。爽，违背、过失。

译文

拓跋焘禀性清静、率直朴素，衣食住行，只要够用就行了，不喜欢珍奇丽品，吃的食物花样不多，他所宠幸的昭仪、贵人穿的衣服都没有任何的色彩。群臣禀告他，请他按《周易》设险之义来重新修筑京师城墙，又陈说了萧何当年有关大修宫室的言论。太武帝说：“古人说，在于道德而不在于险固。屈丐用土高筑城墙，而我却消灭了他，难道这是城的原因吗？现在天下未定，正是需要人力的时候，大兴土木的事情，我不去做。萧何的建议，不是好话。”常常认为财钱是军国的根本，而不轻易加以浪费。至于赏赐，都是些有卓越贡献的勋臣，他的亲戚和所宠爱的人，没有一个不循正理而受到奖赏。

和敌人作战时，他常和战士们一起在箭镞中，左右死伤的人不断，而太武帝神色自若，所以人人都愿为他效力，所向披靡。命令将领率军出征，指挥调度。听从他的命令的，没有一个取得不了胜利，违背命令的多以失败告终。拓跋焘天性又了解人，从卒伍中选拔士人，只要有专长，不论他出身何种家庭。他执法严明而又果断，明于刑赏，有功的人尽管出身低微，他都要予以奖赏；有过失的人尽管是贵戚，他也要加以惩罚，即使是他所宠爱的人，他也决不会姑息。拓跋焘常说："法律，是我和天下人的法律，怎么敢轻视它。"所以大臣们犯法，也决不会受到宽恕。

北魏孝文帝纪

原文

帝[①]幼有至性。年四岁时，献文患痈[②]，帝亲自吮脓。五岁受禅，悲泣不自胜。献文问其故，对曰："代亲之感，内切于心。"献文甚叹异之。文明太后以帝聪圣，后或不利冯氏，将谋废帝，乃于寒月，单衣闭室，绝食三朝，召咸阳王禧将立之。元丕、穆泰、李冲固谏乃止。帝初不有憾，唯深德丕等。抚念诸弟，始终曾无纤介。惇[③]睦九族，礼敬俱深。虽于大臣，持法不纵。然性宽慈，进食者曾以热羹覆帝手，又曾于食中得虫秽物，并笑而恕之。宦者先有谮帝于太后，太后杖帝数十，帝默受，不自申明。太后崩后，亦不以介意。

听览政事，从善如流。哀矜百姓，恒思所以济益。天地、五郊、宗庙、二分之礼，常必躬亲，不以寒暑为倦。尚书奏案，多自寻省；百官大小，无不留心。务于周洽，每言，凡为人君，患于不均，不能推诚遇物。苟能均诚，胡越之人，亦可亲如兄弟。常从容谓史官曰："直书时事，无讳国恶。人君威福自己，史复不书，将何所惧！"南北征巡，有司奏请修道。帝曰："粗修桥梁，通舆马便止，不须去草铲令平也。"凡所修造，不得已而为之，不为不急之事，重损人力。巡幸淮南，如在内地。军事须伐人树者，必留绢以酬其直。人苗稼无所伤践。诸有禁忌禳厌[④]之方非典籍所载者，一皆除罢。

雅好读书，手不释卷。《五经》之义，览之便讲。学不师受，探其精奥，史传百家，无不该涉。善谈庄、老，尤精释义[⑤]。才藻富赡，好为文章，诗赋铭颂[⑥]，在兴而作。有大文笔，马上口授，及其成也，不改一字。自太和十年已后，诏册皆帝文也。自余文章，百有余篇。

爱奇好士，情如饥渴。待纳朝贤，随才轻重。常寄以布素[7]之意，悠然玄迈，不以世务婴心。又少善射，有膂力，年十余，能以指弹碎羊髆骨[8]，射禽兽，莫不随行所至而毙之。至十五，便不复杀生，射猎之事悉止。性俭素，常服浣濯之衣，鞍勒铁木而已。帝之雅志，皆此类也。

《北史·孝文帝纪》

注解

① 帝：即北魏孝文帝拓跋宏（元宏）。生于公元 467 年，卒于公元 499 年。公元 471—499 年在位。即位时年仅五岁，由太皇太后（即文明太后）冯氏当国。公元 490 年，冯氏死，他才亲政。公元 493 年，从平城（今山西大同）迁都于洛阳。然后实行一系列汉化改革措施，加强了民族大融合。

② “献文”句：献文，北魏帝拓跋宏的年号（466—471 年在位），孝文帝元宏之父。痈，毒疮名。

③ 惇：敦厚。

④ 禳（ráng）厌：消除。禳，祭祷清除灾殃。

⑤ 释义：佛教经籍的意义。释，人们对佛祖释迦牟尼的简称，后指佛教。

⑥ 诗赋铭颂：均为文学之体裁。

⑦ 布素：形容衣着俭朴。布指质地，素指颜色。

⑧ 髆骨：肩胛骨。髆，同“膊”。

译文

孝文帝自幼就有至好的天性。四岁时，其父献文帝长毒疮，他亲自用嘴吸脓。五岁受禅即帝位，悲痛哭泣而不能自制。献文帝问他原因，他回答说：“代替亲人的位置，内心感到特别难受。”献文帝大为感叹而认为他与众不同。文明太后认为孝文帝聪明、圣达，以后恐怕对冯氏不利，就预谋废黜孝文帝。于是，就在冬天里身穿单衣，闭门不出，绝食三天，召回咸阳王拓跋禧并准备立他为帝。由于元丕、穆泰、李冲等人竭力谏止才罢休。孝文帝当初对此一点也不感到仇恨，只是在内心里感激元丕等。对诸兄弟的抚爱，始终没有什么区别。对九族之亲，敦厚和睦，礼貌更深。即使对大臣，执法一点也不放纵任为。他天性宽厚仁慈，进奉御食的人曾将热汤泼在孝文帝的手上，又曾在饭食中发现了虫子等秽物，孝文帝都笑着宽恕了他们。以前有宦官在太后面前诬陷了孝文帝，冯太后打了他数十棒，孝文帝默然承受而不加以申辩。太后死后，他也不介意此事。

听省政事，从善如流。同情和哀怜百姓，常想对他们加以赈济。对天地、五郊、宗庙、二分等祭祀礼节，常是亲自参加，并不因为寒暑而感到厌倦。尚书所奏的案牍，他多数能亲自看审；对大小百官，无不留心注意。对于一些事情，力求周到完备。他常说，凡是作为君主的，担忧的是不均和不能够平心接人待物。如果能做到均平和真诚，胡越等少数民族都可亲如兄弟。他常常从容地对史官们说："直写史事，不要忌讳国家的隐恶。人君作威作福，史书不加记录，他们还有什么可以害怕的！"南北方征讨和巡防，有司奏请修建道路。

孝文帝说："简单地修建桥梁，能通车马就可以了，不需要去割草平地去修路。"凡是所加以修建的工程，都是在万不得已的情况下去从事的，不干不急需的事情，以节省人力。巡视到淮河以南的地区，如同在内地一样，军事上需砍伐百姓的树木时，一定要留下丝绢来作为树木的酬金。对百姓的庄稼没有丝毫的损害。对那些有关禁忌和消灾的方术，凡是史书典籍没有记载的，命令全部加以罢除。

孝文帝平素喜欢读书，常是手不释卷。《五经》的含义，一看便能讲解。学习不需求师，就能探求其精深和玄奥，对史传百家的典籍，无不广泛涉及。喜欢谈论老子和庄子之学，尤其是精通佛教。富有文才和辞藻，好写文章，诗赋铭颂，即兴而作。如有好的感想，立即口授，等到文章作成时，不改一个字。太和十年以后的诏书简册，都是孝文帝亲自书写而成。其他的文章，还有一百多篇。

孝文帝喜欢奇人异士，其情如饥似渴。以才能的大小来接待和招纳朝廷中的贤人。常寄托自己朴素的愿望，悠然自得，不因事务众多而缠心。在小的时候，孝文帝长于射箭，有体力，十多岁时，就能用手指弹碎羊的肩胛骨，射猎禽兽，无不箭到而死。到十五岁的时候，就不再杀生，射猎之事也就停止了。孝文帝生性喜欢俭朴，常穿洗濯的衣服，马鞍只是用普通的铁木制成而已。孝文帝的闲情雅志，都是这类的事情。

孝文帝观尚立嗣

原文

（宣武）帝幼有大度，喜怒不形于色，雅性俭素。初，孝文[①]欲观诸子志尚，大陈宝物，任其所取。京兆王愉等皆竞取珍玩，帝唯取骨如意[②]而已。孝文大奇之。及庶人恂[③]失德，孝文谓彭城王勰曰：“吾固疑此儿有非常志相，今果然矣。”乃见立为储贰[④]。

《北史·宣武帝纪》

注解

① 孝文：即北魏帝拓跋宏（元宏）的庙号，公元471—499年在位。在位间曾进行了政治、经济、文化和风化等方面一系列的改革，加速了鲜卑汉化和中原与北方少数民族融合的过程。

② 骨如意：器物名。用骨（或玉、竹）制成，头作灵芝或云叶状，柄微曲。供指划或赏玩之用。

③ 恂：即拓跋恂，为孝文贞皇后林氏生。林氏因容貌美丽，得幸于孝文，恂因此被立为太子，后来皇后死，太子恂因罪赐死，林氏由贞皇后被废为庶人，故文中言“庶人恂”。

④ 储贰：太子。

译文

宣武帝自幼就有大的度量，喜怒哀乐不形之于色，向来是性情雅致俭朴。当初，孝文帝元宏想观察诸子的志向和爱好，陈列许多宝物任他们拿取。京兆王元愉等人，都竞相抢取珍宝玩物，而宣武帝只拿骨如意而已。孝文帝对此非常惊奇。等到庶人拓跋恂丧失德义，孝文帝对彭城王元勰说："我本来就认为这个孩子有志向不同一般，今天看确实是这样啊！"于是元恪被立为皇太子。

宋翻威名震京师

原文

初，(宋)翻为河阴[1]令，顺阳公主家奴为劫，摄而不送，翻将兵围主宅，执主婿冯穆，步驱向县。时正炎暑，立之日中，流汗沾地。县旧有大枷，时人号曰弥尾青。及翻为县，主吏请焚之。翻曰："置南墙下，以待豪右。"未几，有内监杨小驹诣县请事，辞色不逊，翻命取尾青以锁之。小驹既免，入诉于宣武[2]。宣武大怒，敕河南尹推之，翻具自陈状。诏曰："卿故违朝法，岂不欲作威以买名？"翻对曰："造者非臣，买名者亦宜非臣。所以留者，非敢施于百姓，欲待凶暴之徒如驹者耳。"于是威振京师。

《北史·宋翻传》

注解

① 河阴：县名，今河南孟津东北。

② 宣武：北魏帝元恪的庙号（公元500—515年在位）。

译文

当初，宋翻当河阴县令的时候，顺阳公主家的奴仆抢劫，被公主保护而不送官府，宋翻就率领士兵围住顺阳公主家的住宅，抓获顺阳公主的女婿冯穆，把他押到县府。当时正是酷夏炎暑，站在太阳下，流汗把地面都浸湿了。河阴县原来有大的枷锁，被人们称为为弥尾青。等宋翻为河阴县令时，主吏请求把它烧了。宋翻说："把它放在南墙下，用它来对付豪门大族。"不久，太监杨小驹到河阴县来办事，他言辞礼貌不周，宋翻命令取来弥尾青枷把杨小驹锁了起来。杨小驹被释放后，回到朝中把这事向宣武帝元恪诉说。宣武帝大怒，下诏给河南尹追查这事，宋翻具体地陈述了此事。诏书说："你故意违反朝廷的法律，难道不是想树立威望以获得赞誉吗？"宋翻回答说："制造大枷锁的不是我，以此获得好名声的也应该不是我。我之所以把它保存下来，不敢对老百姓施行大枷，只是想用它来对付像杨小驹这样凶暴的人。"从此，宋翻的威名大震京师。

薛慎移风易俗

原文

保定[1]初，（薛慎）出为湖州刺史。界既杂蛮夷，恒以劫掠为务。慎乃集诸豪帅，具宣朝旨，仍令首领每月一参，或须言事者，不限时节。慎每见，必殷勤劝诫，及赐酒食。一年之间，翕然[2]从化。诸蛮乃相谓曰："今日始知刺史真人父母也。"莫不欣悦。自是襁负而至者千余户。蛮俗，婚娶之后，父母虽在，即与别居。慎谓守令曰："牧守令长是化人者也，岂有其子娶妻，便与父母离析？非唯萌俗[3]之失，亦是牧守之罪。"慎乃亲自诱导，示以孝慈，并遣守令，各喻所部。有数户蛮，别居数年，遂还侍养，及行得果膳，归奉父母。慎以其从善之速，具以状闻，有诏蠲其赋役。于是风化大行，有同华俗。

《北史·薛慎传》

注解

① 保定：北周武帝宇文邕的年号（公元561—565年）。

② 翕（xī）然：一致的样子。

③ 萌俗：民间风俗。萌，通"氓"，民众。

译文

保定初年,薛慎出任湖州刺史。湖州境内各族杂居,常以抢劫和掠夺为生。薛慎召集各部落的首领,详细地宣布了朝廷的诏旨,并令各部首领每月到州里参见一次,如有事要谈,没有时间限制。薛慎每次召见各部首领,总是热切劝导和告诫,并赐进酒食。一年之内,蛮夷的以抢掠为务的风俗很快就改变了。众多的蛮族人便相互间说:"今天才知道刺史是真正的父母官。"无不欣喜高兴。从此,背负婴儿来湖州居住的人有一千多户。蛮夷的风俗是儿女婚娶之后,父母即使健在,也要与儿女分开居住。薛慎对当地的守令们说:"牧守令长是教化人的,哪有儿子娶了妻子之后便与父母分开居住的风俗呢?这不仅是民间风俗的失误,也是牧守的罪过。"薛慎亲自加以诱导,让他们懂得孝慈,并派遣守令到各自所统治的地方说明。有数户蛮夷,与父母分开居住有多年,便返回家中居住,侍养父母,每当他们有了瓜果和饭食,便敬奉父母。薛慎把蛮夷风俗改变得如此之快的情况具体上奏到朝廷,朝廷下诏免去他们的赋役。从此,蛮夷便和华夏的风俗一致而大为推行。

长孙俭以身肃群下

原文

(长孙俭)所部郑县令泉璨为百姓所讼,推按获实。俭即大集僚属,遂于厅事[1]前引己过,肉袒自罚,舍璨不问。于是属城肃励,莫敢犯法。魏文帝玺书劳之。周文[2]又与俭书曰:"近闻公部内县令有罪,遂自杖三十,用肃群下,闻之嘉叹良久不可言。"俭清正率下,兼怀仁恕,有窃盗者,原情得实,诲而放之。荆蛮[3]旧俗,少不敬长。俭殷勤劝导,风俗大革。务广耕桑,兼习武事,故边境无虞,人安其业。吏人表请为俭构清德楼,树碑刻颂,朝议许之。吏人又以俭秩满,恐有代至,诣阙[4]乞留俭,朝廷嘉而许之,在州遂历七载。

《北史·长孙俭传》

注解

① 厅事:厅堂。同“听事”,

② 周文:即宇文泰(公元 507—556 年),西魏大臣,文帝即是其立,掌西魏柄权。死后,其子宇文党称周帝,先后追尊其为文王、文帝。

③ 荆蛮:即楚,周人敌视楚的称呼。本处指荆、襄地区。

④ 阙:皇宫门前两边的楼。两楼之间是道路,有空阙,故名阙或双阙。后作为皇宫或宫门的代称。

译文

长孙俭所辖的郑县县令泉璨被百姓控告,经查情况属实。长孙俭就召集所属的全部官吏,在厅堂前自述己过,肉袒自行处罚,而不对泉璨治罪。从此,他所统治地区的人们严肃自励,不敢违犯法律。魏文帝下诏书慰劳他。周文王宇文泰也写信给长孙俭说:“最近听说你统治范围内有县令犯罪,于是你就自责三十棒,以肃清吏治。我感叹良久而说不出话来!”长孙俭自己清正廉洁为部下做榜样,并怀有仁慈、宽恕之心。有偷盗的人被抓获后,他查明情况,进行教诲,然后放其回家。荆襄地区的旧俗是年少的不尊敬年长的人。长孙俭殷勤劝导,风俗大为改变。长孙俭务求农耕,兼及习武,所以他统治的边防没有什么危险,人民安居乐业。所属的吏人们上奏,请求为长孙俭建筑一座清德楼,树碑立传加以颂扬。朝廷经过议论后同意。吏人们又因长孙俭的官任期限满而怕代替他的人来到,就去朝廷请求长孙俭留任,朝廷对长孙俭予以嘉奖并准许留任。长孙俭在荆襄地区任刺史达七年。

隋书

《隋书》概论

《隋书》八十五卷，其中本纪五卷，唐初魏征主修，众多史臣参加修撰，记录了隋代三十七年的史事。《隋书》是唐初所修八史中最杰出的一部，它最能体现和反映以唐太宗为首的贞观君臣的史学观点和这一时代的史学特色，历来受到学者的重视。

魏征，字玄成，巨鹿曲阳人，是贞观时期一位有作为的地主阶级政治家，对于贞观时期的一些稳定地主阶级统治和繁荣经济的措施，多所建树，他以“谏诤”的方式，前后共提出二百多项建议，大部分被唐太宗所接受。谏诤的内容涉及政治、经济、文化、法制和礼仪等各个方面，这些大体上构成了贞观时期的主要施政蓝图。魏征刚直不阿，敢于向皇帝进谏的政治品质，已成为封建时代谏臣的一个典型形象。贞观之治局面的形成，与魏征的谏诤有很大的关系，唐太宗不只一次地这样对他的大臣说：“魏征精晓仁、义、礼、智，辅佐我处理政务，治理国家，其政绩即使是文武双全的诸葛亮也无法与他相抗衡。”作为一个政治家，魏征对唐初社会历史的发展，起过进步作用，作为一代杰出的史官，对我国史学的发展，同样作出了重要贡献。贞观三年（公元 629 年），魏征被委任为《隋书》的主编。他在从事国家政务处理的同时，仍勤于著作。他作为政治家、政论家，有《十渐不克终疏》等两百篇左右的政治文献，作为史学家，他又有大量的学术和史学著作问世。如《次礼记》二十卷，《自古诸侯王善恶录》二卷，《列女传略》七卷，《群书治要》五十卷，《大唐礼仪》一百卷，《时务策》五卷等。在他的史学生涯中，影响最大、流传广泛的是由他监修的《五代史》，尤其是贯穿了他史学思想的《隋书》。《隋书》是唐初修成于众史官的第二部史书。贞观三年（公元 629 年）开设史馆，由魏征主修，颜师古、孔颖达等协助之，书中的序论多出于魏征之手。他们依据的史料有隋朝旧有的史书，如王劭撰、以缡录诏敕等文为主的《隋书》八十卷，隋史官

修撰的《开皇起居注》六十卷等。再，唐初去隋世最近，直接史料保存尚多，魏征等屡访之。至贞观十年，撰成《隋书》五十五卷，其中帝纪五卷，列传五十卷，上起隋文帝开皇元年（公元581年），下至隋恭帝义宁二年（公元618年），记载了隋朝三十八年的历史。当时此书与《梁书》《陈书》《北齐书》《周书》并行于世，合称为《五代史》。这五部史书都是只有本纪和列传，没有表和志。原来的修撰计划是编写十篇共同的志，而不作表。当时，众史官只完成了他们分别负责的纪、传，没有完成共同负责的志。贞观十五年（公元641

年），唐太宗因命左仆射于志宁、太史令李淳风、著作郎韦安仁、符玺郎李延寿等共同修撰志书，以记述梁、陈、北齐、北周和隋朝的典章制度，先后由令狐德棻、长孙无忌监修，历时十五年，至唐高宗时方始成书，共有十志，计三十卷，高宗显庆元年（公元650年），由监修人长孙无忌领衔奏上。其篇目和卷数如下：

《礼仪》七卷，《音乐》三卷，《律历》三卷，《天文》三卷，《五行》二卷，《食货》一卷，《刑法》一卷，《百官》三卷，《地理》三卷，《经籍》四卷。这十篇志编成时，五部史书流行已久，所以志书也单行，称为《五代史志》，在与五部史书合编时，附在《隋书》之后，故亦称《隋志》，而《隋书》也因之成为八十五卷。《隋志》叙述的范围包括梁、陈、齐、周、隋五个朝代，修撰者多有学术专长，因而其成就较高。《经籍志》为东汉至唐初古籍流传的总结性著作，在古代学术史和图书分类著录方面，其地位可与《汉书·艺文志》相比。《地理志》以隋炀帝大业五年（公元609年）的地理状况为准，记载了全国郡县户口山川形势、建置沿革及风俗物产，对隋以前的地理情况，该志只是略有附注、顺便涉及。《食货志》、《刑法志》大体相近。《音乐志》很详细，特别是关于外国音乐传入中国的经过这部分，可供研究中外文化交流史的参考。《天文志》和《律历志》到今天还算是研究天文气象学的有价值的参考资料。

但凡文笔简练，难免要遗漏重大史事。杜宝撰《大业杂记》十卷、刘仁轨撰《行在河洛记》十卷就是为了弥补《隋书》记隋末事迹遗缺而作。另外，书中为隋统治者回护和为唐初当权者夸张的曲笔，与其他各史书无异。例如炀帝派张衡杀害其父，其事不见于二帝本纪和《张衡传》（卷五十六），而隐约地附叙于《陈宣华夫人传》（卷三十六）中。又如房彦谦本无重大事迹可记，因其子房玄龄为唐初丞相，《隋书》中便有他的专传（卷六十六），这都是明显的例证。

刘行本谏君

原文

上[1]尝怒一郎[2]，于殿前笞之。行本[3]进曰："此人素清，其过又小，愿陛下少[4]宽假之。"上不顾。行本于是正当[5]上前曰："陛下不以臣不肖，置臣左右。臣言若是，陛下安得不听？臣言若非，当致之于理[6]，以明国法，岂得轻臣而不顾也！臣所言非私。"因置笏于地而退，上敛容谢[7]之，遂原[8]所笞者。

《隋书·刘行本传》

注解

① 上：指隋文帝杨坚。

② 郎：帝王侍从官的通称。

③ 行本：即刘行本，隋沛县人，曾为掌朝、太守等职，为官正直，不阿权贵。

④ 少：通"稍"。

⑤ 当：挡，挡住。

⑥ 理：狱官。

⑦ 谢：道歉。

⑧ 原：赦免，原谅。

译文

隋文帝杨坚曾经对一个侍从官吏大为恼怒，叫人在御殿前鞭打他。刘行本进谏说："他一贯清正，过失又很小，希望陛下稍微宽免他。"隋文帝不答理。刘行本于是走过去挡在隋文帝面前说："陛下认为我不是不肖之人，把我安置在身边。我的话如果是正确的，陛下怎能不听从？我的话如果不对，当把我交给狱官治处，以严明国法，怎能这样轻视我，而置我不理呢？我所说的话并不是出于私情。"说完把手里的笏板往地上一丢便走，隋文帝见此而脸容严肃起来，并向刘行本道歉，于是原谅了所鞭打的侍从官。

杨坚为政

原文

（高祖）[1]乘舆四出，路逢上表者，则驻马亲自临问。或潜遣行人采听风俗，吏治得失，人间疾苦，无不留意。尝遇关中[2]饥，遣左右视百姓所食。有得豆屑杂糠而奏之者，上流涕以示群臣，深自咎责，为之撤膳不御酒肉者殆将一朞[3]。及东拜太山，关中户口就食洛阳者，道路相属。上劢[4]斥候，不得辄有驱逼。男女参厕于仗卫之间。逢扶老携幼者，辄引马避之，慰勉而去。至艰险之处，见负担者，遽令左右扶助之。其有将士战没，必加优赏，仍令使者就家劳问。自强不息，朝夕孜孜，人庶殷繁，帑藏充实。虽未能臻于至治，亦足称近代之良王。

《隋书·高祖纪》

注解

① 高祖：即隋文帝（公元 541—604 年），名杨坚，北周隋王，后废北周静帝而自立，建立隋朝。

② 关中：地名，即今陕西省。

③ 綦（qí）：通“期”，满一个月。

④ 劢（mài）：通“敕”，皇帝的命令或诏书。

译文

隋高祖乘车四出访问，在路上遇到上奏之人，总是停下车马来询问情况。有时还暗自派人去探听各地风俗人情，官吏政治的得失，人间生活的疾苦，没有不留意的。曾经遇上关中地区闹饥荒，派身边官员去察看老百姓的食物情况。有人探取到老百姓吃的豆屑和糠食报告给朝廷，高祖流着眼泪拿给众大臣看，并痛责自己，为此还废除平时的丰盛御膳，没有喝酒吃肉达一个月之久。他去祭拜东岳泰山时，发现关中地区到洛阳去寻讨食物的百姓，一路络绎不绝，到处都是。高祖命令担任侦察任务的官吏，不准斥逐驱赶百姓，以至男女百姓参差错乱地走在他的仗卫队之间。遇到扶老携幼的百姓，立即牵着马避开，并慰劳一番才离去。走到艰险的地方，看到背荷肩挑的百姓，立即叫身边的官吏去扶持帮助。将士战斗阵亡的，一定加以优厚的抚恤和赏赐，还叫使者到将士的家里进行慰劳。他总是自强不息，早晚勤勉，从不懈怠，因此国家治理得人口繁庶，府库充实。虽没有能达到最好的境界，高祖也足以称得上是近代的贤良君主。

突厥称臣于隋

原文

高祖[1]报书曰：“大隋天子贻书大突厥伊利俱卢设莫何沙钵略可汗[2]：得书，知大有好心向此也。既是沙钵略妇翁[3]，今日看沙钵略共儿子不异。既以亲旧厚意，常使之外，今特别遣大臣虞庆则[4]往彼看女，复看沙钵略也。”

沙钵略陈兵，列其宝物，坐见庆则，称病不能起，且曰：“我父伯以来，不向人拜。”庆则责而喻之。千金公主[5]私谓庆则曰：“可汗豺狼性，过与争，将啮人。”长孙晟[6]说谕之，摄图[7]辞屈，乃顿颡跪受玺书，以戴于首。既而大惭，其群下因相聚恸哭。庆则又遣称臣，沙钵略谓其属曰：“何名为臣？”报曰：“隋国称臣，犹此称奴耳。”沙钵略曰：“得作大隋天子奴，虞仆射之力也。”赠庆则马千匹，并以从妹妻之。

《隋书·突厥传》

注解

①高祖：隋文帝杨坚。

②突厥伊利俱卢设莫何沙钵略可汗：突厥，对古代阿尔泰山一带游牧民族的称呼。伊利俱卢设莫何沙钵略，突厥可汗的姓名。可汗，古代突厥、鲜卑等少数民族的君王称为可汗。

③“既是”句：意为隋文帝杨坚可称为沙钵略的妻子的父亲。沙钵略的妻子千金公主是隋朝人，所以如此称谓。

④虞庆则：隋大臣，多次出使突厥，颇有功绩。

⑤千金公主：本为隋臣宇文化及之女，嫁沙钵略可汗为妻，以利于通好。

⑥长孙晟：隋大臣。

⑦摄图：即沙钵略可汗的另名。

译文

隋文帝回信说：“大隋朝天子回信大突厥伊利俱卢设莫何沙钵略可汗，收到你们的信，知道你们有意归向我大隋朝。我既然是沙钵略妻子千金公主的父亲，今天看望沙钵略与看望儿子一样。我们既已有亲朋旧友的亲厚情谊，除常派使者探访外，现在我特意派遣大臣虞庆则去你那里看望女儿，又看望沙钵略可汗。”

沙钵略陈列兵卫，摆出金宝珠物，坐着接见虞庆则，称说有病不能站立起来，并且说：“从我父亲伯父辈以来，从不向人下拜。”

虞庆则责让他并且把道理讲给他听。沙钵略的妻子千金公主私下对虞庆则说：“沙钵略可汗是豺狼性子，过分与他争较，他会吃人。”隋臣长孙晟说明白道理，沙钵略理屈词穷，于是沙钵略下座，用额头顶地跪着接受隋文帝的书信，把信顶在头上。他立刻就感到非常羞愧，群臣部下便相聚一起大声哭起来。虞庆则又叫沙钵略向隋朝称臣，沙钵略对他部属说:“臣是什么名字?”部属回答说:“隋朝叫臣子,像我们这里叫奴儿一样。”沙本略说:“我能作大隋朝天子的奴儿,是虞庆则仆射的功劳呀。”沙钵略于是赠送虞庆则上千匹马,并把自己的从妹嫁给虞庆则为妻。

文帝不记旧怨

原文

建绪与高祖有旧,及为丞相,加位开府,拜息州刺史[1]。将之官,时高祖阴有禅代之计,因谓建绪曰:“且踌躇,当共取富贵。”建绪自以周[2]之大夫,因义形于色曰:“明公此旨,非仆所闻。”高祖不悦。建绪遂行。开皇[3]初来朝,上[4]谓之曰:“卿亦悔不?”建绪稽首曰:“臣位非徐广,情类杨彪[5]。”上笑曰:“朕虽不解书语,亦知卿此言不逊也。”历始[6]、洪[7]二州刺史,俱有能名。

《隋书·荣建绪传》

注解

①“建绪”句:建绪,即荣建绪,隋大臣,初仕北周,后仕隋文帝,为刺史等职。高祖,隋文帝杨坚。开府,官名,即隋散官仪同三司。息州。今河南信阳市息县。

② 周:指南北朝时后周。

③ 开皇:隋文帝杨坚年号(公元581—600年)。

④ 上:隋文帝杨坚。

⑤“臣位”句:徐广,晋朝大臣,家世好学,博通经史,为秘书监。后刘裕篡晋建宋为帝,徐广哀痛哭泣,不愿仕刘裕,乞请归家。杨彪,后汉人,为汉献帝的太尉重臣。当时董卓专权,欲迁都避诸侯兵,他力争,被董卓免官。董卓后死,又为太尉。郭汜(sì)、李傕之乱时,他尽力侍卫王室,曹操忌之,几以免职。后魏文帝立,想拜他为太尉,他力辞。魏文帝赐以几杖,待以上宾之礼。

⑥ 始:今四川剑阁一带。

⑦ 洪：今江西南昌。

译文

荣建绪与隋文帝杨坚交情很好，杨坚当丞相时，给荣建绪进位开府之职，并任他为息州刺史。荣建绪准备上位任官，这时杨坚心里暗有代周自立的意图，于是对荣建绪说："将来得志，我与你共享富贵。"荣建绪觉得自己是后周的大夫，就正义之气形于脸色，说："我不愿听到你这种打算。"杨坚不高兴。荣建绪于是行路赴任去了。隋开皇初年，荣建绪来到朝廷，杨坚对他说："你后悔不？"荣建绪顿首跪地说："我职位不比徐广，情义却与杨彪相同。"杨坚笑着说："我虽然不懂你引的书中言语，也知道这话并不谦逊。"荣建绪相继任始州、洪州两地刺史，都以有才能著称。

崔彭计捕陈王

原文

及高祖为丞相，周陈王纯镇齐州①，高祖恐纯为变，遣彭②以两骑征纯入朝。彭未至齐州三十里，因诈病，止传舍③，遣人谓纯曰："天子有诏书至王所，彭苦疾，不能强步，愿王降临之。"纯疑有变，多将从骑至彭所。彭出传舍迎之，察纯有疑色，恐不就征，因诈纯曰："王可避人，将密有所道。"纯麾④从骑，彭又曰："将宣诏，王可下马。"纯遽下，彭顾其骑士曰："陈王不从诏征，可执也。"骑士因执而锁之。彭乃大言曰："陈王有罪，诏征入朝，左右不得辄动。"其从者愕然而去。

《隋书·崔彭传》

注解

① 齐州：今山东济南。

② 彭：指崔彭，字子彭，隋大臣。性武毅，有武略，为政勤勉。曾为监门持郎、左领军大将军等职。

③ 传舍：古时供来往行人休息住宿的处所。

④ 麾（huī）：指挥；挥手。

译文

隋文帝杨坚当北周丞相时，北周陈王宇文纯坐镇齐州，文帝怕他有变，派崔彭带领两个随从骑兵去召宇文纯到朝廷来。崔彭来到离齐州三十里远的地方，假装生病，在传舍停住下来，派人对宇文纯说："天子有诏书交到陈王住所，崔彭苦于疾病，不能强为步行，愿陈王亲自到传舍来。"宇文纯怀疑事情有变故，多带从骑来到崔彭的住处。崔彭走出传舍迎接，观察到宇文纯心中有疑，担心他不听从征召，于是骗宇文纯说："陈王可以避开众人，我有些机密话要说。"宇文纯挥手叫从骑走开，崔彭又说："将要宣读诏令了，陈王该下马聆听。"宇文纯急忙下马，崔彭回头对自己的两位从骑说："陈王不听从皇上征召，可把他抓起来。"两骑士于是抓着宇文纯，并把他锁起来。崔彭于是大声说："陈王有罪，皇上征召入朝，手下人不准乱动。"陈王的从骑惊愕着离去了。

贺若弼论大将

原文

炀帝之在东宫，尝谓弼[1]曰："杨素[2]、韩擒[3]、史万岁[4]三人，俱称良将，优劣如何？"弼曰："杨素是猛将，非谋将；韩擒是斗将，非领将；史万岁是骑

将，非大将。”太子曰：“然则大将谁也？”弼拜曰：“唯殿下所择。”弼意自许为大将。

《隋书·贺若弼传》

注解

①弼：贺若弼，字辅伯，隋洛阳人。少慷慨有志，骁武英勇，又善属文。隋文帝以他有文武才，在伐陈之际用为行军总管，颇有战功。封为上柱国、宋国公。然性耿介，敢直言，后被隋炀帝杨广忌杀。

②杨素：字处道，隋华阴人，兼文武，有奇略，先仕后周，后从隋文帝杨坚定天下，功名最著，为丞相，执掌朝政，贵幸无比。然性奸诈，品行陋劣。

③韩擒：即韩擒虎，字子通。慷慨有胆略，有文武才，隋文帝杨坚伐陈，以他为先锋，直取陈都城金陵，执陈后主，功劳最高。

④史万岁：隋大将，少英武，善骑射，又好读兵书，曾从窦荣定等出击突厥，勇敢善战，名震敌胆。善治兵，权变有方，当时号为良将。后被杨素谮死。

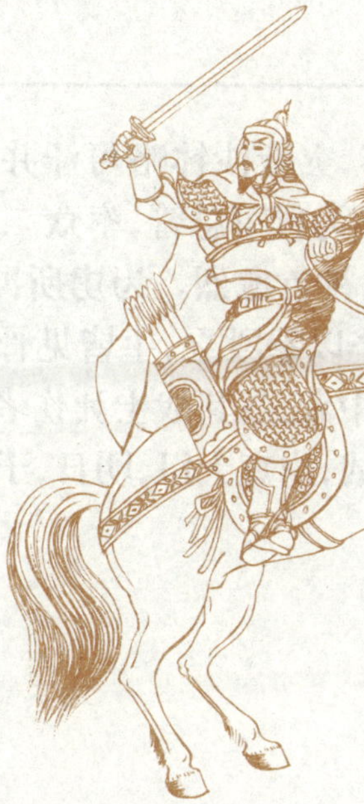

译文

隋炀帝在东宫做太子时，曾对贺若弼说：“杨素、韩擒虎、史万岁三人，都称为良将，他们的优劣究竟怎样？”贺若弼说：“杨素是猛将，不是谋略之将；韩擒虎是格斗之将，不是善于领兵的将军；史万岁是擅长弓马的骑射之将，称不上大将。”杨广说：“然而可称为大将的是谁呢？”贺若弼说：“只凭陛下您选择罢了。”贺若弼的意思是认为自己为大将。

以寡敌众　苦战突厥

原文

开皇二年，突厥沙钵略可汗并弟叶护及潘那可汗众十馀万[①]，寇掠而南，诏从长儒[②]为行军总管，率众二千击之。遇于周槃[③]，众寡不敌，军中大惧，长儒慷慨，神色愈烈。为虏所冲突，散而复聚，且战且行，转斗三日，五兵[④]咸尽，士卒以拳殴之，手皆见骨，杀伤万计，虏气稍夺，于是解去。长儒身被五创，通中者二；其战士死伤者十八九。突厥本欲大掠秦[⑤]、陇[⑥]，既逢长儒，兵皆力战，虏意大沮，明日，于战处焚尸恸哭而去。

《隋书·达奚长儒传》

注解

①“突厥”句：突厥，指古代阿尔泰山一带游牧民族。沙钵略可汗、叶护、潘拉可汗，均为突厥人名。可汗，突厥族部落首领的称呼。

②长儒：即达奚长儒，字富仁，隋大臣。勇武善战，多次进击突厥，数有战功，封上柱国、大将军及荆州总管等职。

③周槃：地名，可能在我国西北某地。

④五兵：各种武器。兵，兵器。

⑤秦：地名，约相当于今陕西省。

⑥陇：地名，约相当于今甘肃省。

译文

隋文帝开皇二年，突厥族的沙钵可汗和弟弟叶护以及潘那可汗率军十余万，向南进犯而来，隋文帝诏令达奚长儒为行军总管，带兵两千抗击。两军在周槃相遇，随军因寡不敌众，军士非常惧怕，达奚长儒却高亢激昂，神色坚毅刚烈。随军为敌人冲击，冲散后又聚拢起来，边战边走，辗转作战整三天，各种兵器都用完了，士兵们用拳头殴击敌人，手都打得露出了骨头，杀伤了上万的敌人，敌人的锐气逐渐消失，于是解围而离开了。达奚长儒身上五处受伤，有两个地方被刺穿了；士兵们也死伤十分之八九。突厥军本来想大肆掠侵秦、陇等地，因遇到达奚长儒军队，他的军士都拼死苦战，突厥军士气大为受挫，第二天，在战斗处焚烧尸首，痛哭着撤回去了。

旧唐书

《旧唐书》概论

《旧唐书》是五代时期官修的一部纪传体唐史。该书完成于五代后晋开运二年(公元945年)至宋代欧阳修、宋祁等新撰的《唐书》问世,为了区别两者,故称此书为《旧唐书》,而称新撰的《唐书》为《新唐书》。

《旧唐书》编纂于五代时期的后梁、后唐、后晋三朝。其编纂历程大致经历了史料的搜集和史书的纂修两大阶段。

早在后梁末帝朱瑱龙德元年(公元921年),史馆宰臣即奏请末帝下制正式搜集唐代史料。两年后(即公元923年),后梁亡国,但史料搜求征集工作在后唐时期并未中断。

后唐明宗天成元年(公元926年),都宫郎中庾传美被任命为三川搜访图籍使,专程前往蜀地收集到自唐高祖至代宗九代皇帝的实录及杂书千多卷。这九帝实录对当时后唐史馆"煨烬无几"的唐代史料来说,"甚济其阙"。明宗长兴二年(公元931年),崔木兑核奏请"特命购求"唐宣宗以下数朝野史,得到了明宗的准可。第二年五月,史馆又奏请加紧收集"四朝"史料,并特地要求对两浙、福建、湖广等地颁行诏旨,加紧"采访宣宗、懿宗、僖宗、昭宗以上四朝野史",以及"运朝日历、除目、银台事宜、内外制词、百司沿革、簿籍"等史料。与之同时,史馆工作官吏也在准备着纂修工作。但一年后,明宗去世,越两年,后唐亡国。

现行《旧唐书》为二百卷,其中本纪二十卷、志三十卷、列传一百五十卷。由于资料来源等因素的影响,该书从整体上看,是前详后略、前密后疏。概而观之,代宗以前有韦述等《唐书》一百三十卷为基础,记叙比较详细有条理;德宗至武宗只有实录作为主要资料来源,记叙则剪裁不够;宣宗之后因无实录可依,仅靠搜访遗文和耆旧传言,故抵牾、遗漏、谬误之处甚多。这种状况,本纪、志、列传都有不同程度的反映。

《旧唐书》的本纪部分，计二十卷约三十万字。其中高祖至代宗本纪，基本抄录于吴兢、韦述等《唐书》的本纪部分。值得注意的是，他们为中国历史上唯一的女皇帝武则天同样作了本纪。德宗至文宗本纪，根据相关实录增削而成，且哪位皇帝的实录卷数多，则其本纪篇幅也相应较大，反之则较小。武宗以下诸帝本纪，大体采用贾纬的《唐年补遗录》，其中宣、懿、僖三宗本纪因史料不足故甚为粗疏，而昭宗与哀帝本纪因五代距其时甚为密切，资料采集较多，故记叙稍详。在本纪分卷方面，《旧唐书》并无统一标准，或则独自为篇，各为一卷，如高祖、武后、肃宗、代宗、穆宗；或则同一皇帝本纪分为上、下两篇，如太宗、高宗、玄宗、德宗；或则两人合篇为一卷，如中宗与睿宗；或则将同一人分作上、下两篇，但又将其拆开分卷，如宪宗本纪为上、下篇，上篇与顺宗合为一卷，下篇又单独成卷。文宗亦为上、下篇，上篇与敬宗合为卷十七上，下篇独自为卷十七下；或则各自为篇但又合而为卷。如武宗以下各帝即是。这种情况在列传中也有反映，故此人们在统计《旧唐书》的卷数、篇目时，往往出现歧误。

《旧唐书》成书以后，计为十一志，共三十卷。其中：《礼乐志》七卷，其内容记高祖至玄宗之礼仪甚详，肃宗、代宗时近二十事，德宗、顺宗、宪宗、穆宗、敬宗、文宗及武宗七代礼仪约五十事，宣帝以降五帝礼仪仅五事。《音乐志》四卷，同样以玄宗以前为详，肃、代以后渐至减少，自穆宗以降，有的仅存乐名，有的连乐名也不见载。《历志》三卷，主要记录高祖时的《戊寅历》、高宗时的《麟德历》和玄宗时的《大衍历》，对玄宗以后的《至德历》（肃宗朝）、《五纪历》（代宗朝）、《正元历》（德宗朝）、《观象历》（宪宗朝）等虽然提及，但都“略而不载”。《天文志》二卷，有的只记玄宗以前的内容，如“黄道游仪”制度等，有的则记至武宗时为止，如“灾异编年”，宣宗以后的内容，该志没有多少反映。《五行志》一卷，所记事例分别断至武宗“会昌”年间、宣宗“大中”年间和昭宗“大顺”年间。《地理志》四卷，所叙内容，宪宗元和年间之后大多“莫可详知”，间或有叙述至宣宗时期的文字。《职官志》三卷，以《唐六典》为基础，依据代宗永泰二年官品为基准，叙述职官沿革，代宗以后，以德宗一朝的变革补入较多，宣宗以后，有关职官略有记录。《舆服志》一卷，基本上以玄宗时期为下限。《经籍志》四卷，仅收开元（玄宗年号）时期，即“据开元经籍为之志”，天宝（亦为玄宗年号）以后的撰著，虽说时人“多有撰述”，但“以后出之书”，故编纂者“不欲杂其本部”，“此并不录”，一概归附各人本传之中。《食货志》二卷，与其他各志“前详后略”的特点有所不同，除了田制、租庸调制，其他的内容反倒以代宗至宣宗时期详于玄宗及其以往。《刑法志》一卷，基本上表现为一部唐代修定刑律的编年记录，武宗以前于修定律令格式外，尚涉及到刑狱的具体内容，而叙及宣宗，仅记大中年间所修刑法书名，其内容则不著一字。总体来看，“志”这一部分，突破了赵莹等人最初拟定的框架，尤其《食货志》对后世修史影响较大。《食货志》的序文与正文之间的照应史的撰写提供了样板。虽则如此，“志”这一部分除《食货志》外，依然表现出前详后略的特征。

《旧唐书》的“列传”，除去重复人物外，包括附传人物共计列传一千八百二十多人，此外尚为周边政权四十五人作传。这众多人物列传，一是主要取材于吴兢、韦述的《唐书》。凡《唐书》有传者，《旧唐书》即以其为基础，或直接抄录，或略加删改。故此人们从《旧唐书》的列传中，常见有“史臣韦述曰”的字样。二是韦述《唐书》之后的人物，大多根据实录的内容来剪裁编排，有的则整个人物传记照实录全文移至《旧唐书》，或补充《旧唐书》。三是《唐书》与实录均无记述的人物，全靠编纂者们对史料的搜集功夫了。其材料来源之途径颇为繁杂，诸如家史、家谱、杂史、小说、文集、口传等。整体而论，《旧唐书》列传这一部分，所收人物极为广泛，且对一些人物（包括“本纪”中的人物）的论、赞，颇有“极佳者”（李慈铭《越缦堂读书记·旧唐书》）。在人物取材方面，从吴兢、韦述《唐书》中所得材料甚多，故此后人在刊行《旧唐书》时特地强调了吴兢、韦述、令狐垣三人在“作唐史”方面的历史功绩（参见杨循吉《重刻〈旧唐书〉序》）。

对于《旧唐书》，史家屡屡指出其史料之价值。该书编成后不及两年，后晋亡国，所以它在对唐代史料的汇集和保存方面，具有重要的意义。司马光在编修《资治通鉴》时，即看到了它的史料价值，对唐代史事的叙述即取材此书而不用《新唐书》。然而，这本史学著作问世后，受到了长期冷遇。

早在宋代，人们就批评《旧唐书》的纂修“纪次无法”，认为此书“不可以垂劝戒、示久远”，故此宋代又重新编写了一部唐史（即《新唐书》）。宋人所编的《新唐书》问世后，《旧唐书》渐至被世人束之高阁而几不问津。

到了清朝初年，人们开始重新认识和评价《旧唐书》。顾炎武对此书曾作过客观的评价，认为此书的缺点是“颇涉繁芜”，长处是“事迹明白，首尾该瞻”，不用《新唐书》“亦自可观”。到乾隆四年（公元1739年），《旧唐书》终于被列为“正史”中，并以闻人诠刻本为底本重刊于武英殿，是为“殿本”。至咸丰、同治、光绪时，又相继屡有刻本。现行的《旧唐书》（中华书局点校本），即参校了前人的诸种刻本，以及前人对该书的考订成果，并作了标点工作，成为目前最为通行的版本。

苏世长谏高祖

原文

又尝引之于披香殿，世长[①]酒酣，奏曰：“此殿隋炀帝所作耶，是何雕丽之若此也？”高祖曰：“卿好谏似直，其心实诈。岂不知此殿是吾所造，何须设诡疑而言炀帝乎？”对曰：“臣实不知。但见倾宫、鹿台[②]琉璃之瓦，并非受命帝王爱民节用之所为也。若是陛下作此，诚非所宜。臣昔在武功[③]，幸常陪侍，见陛下宅宇，才蔽风霜，当此之时，亦以为足。今因隋之侈，民不堪

命，数归有道，而陛下得之，实谓惩其奢淫，不忘俭约。今初有天下，而于隋宫之内，又加雕饰，欲拨其乱，宁可得乎？”高祖深然之。

《旧唐书·苏世长传》

注解

① 世长：即苏世长，隋末事王世充，归唐官谏议大夫等。

② “但见”句：倾宫，高大的宫殿。鹿台，古台名，相传为殷纣王所造，广三里，高千尺，故址在今河南汤阴朝歌镇南。

③ 武功：县名，在今陕西省。

译文

唐高祖曾领苏世长到披香殿宴饮，苏世长酒兴正浓，上奏道：“这个宫殿是隋炀帝建造的吧，为什么这样华丽呢？”唐高祖说：“你进谏看似坦直，内心却很狡诈。你难道不知道这个宫殿是我建造的吗？何必用这种诡诈之道说隋炀帝建造的呢？”苏世长答道：“我实在不知道，只是看到像倾宫、鹿台那样华丽的琉璃瓦，并不是承受着天命的帝王爱民节用之所为啊。如果是陛下建造了这座宫殿，实在是不应该的。我过去在武功，有幸时常陪侍在您的身边，看到陛下的住宅，也只能遮蔽风霜。当时，陛下也感到满足了。如今由于隋朝的奢侈，使人民负担沉重，痛苦不堪，天命归于有道的明君。而陛下夺取了江山，的确应该戒除隋朝的奢侈荒淫，不要忘记勤俭节约。现在刚刚得取天下，却在隋朝的宫殿里又加以修饰，想澄清混乱的局面，难道能办得到吗？”唐高祖非常赞同他的话。

魏征谏正国法

原文

十二年，礼部尚书王珪奏言："三品以上遇亲王于涂[①]，皆降乘，违法申敬，有乖仪准[②]。"太宗曰："卿辈皆自崇贵，卑我儿子乎?"征[③]进曰："自古迄兹，亲王班次三公[④]之下。今三品皆曰天子列卿及八座[⑤]之长，为王降乘，非王所宜当也。求诸故事，则无可凭；行之于今，又乖国宪[⑥]。"太宗曰："国家所以立太子者，拟以为君也。然则人之修短，不在老少，设无太子，则母弟次立。以此而言，安得轻我子耶?"征曰："殷家尚质，有兄终弟及之义；自周以降，立嫡必长，所以绝庶孽之窥觎[⑦]，塞祸乱之源本，有国家者之所深慎。"于是遂可珪奏。会皇孙诞育，召公卿赐宴，太宗谓侍臣曰："贞观以前，从我平定天下，周旋艰险，玄龄之功，无所与让。贞观之后，尽心于我，献纳忠说[⑧]，安国利民，犯颜正谏，匡朕之违者，唯魏征而已。古之名臣，何以加也。"

《旧唐书·魏征传》

注解

① 涂：通"途"。

② 仪准：礼法规矩。

③ 征：即魏征（公元 580—643 年），历官太子洗马，詹事主簿，谏议大夫，秘书监。

④ 三公：辅佐国君掌握军政大权的最高官员。

⑤ 八座：封建王朝的高级官员。隋唐以六尚书、左右仆射及令为八座。
⑥ 国宪：国家的法制刑律。
⑦ "所以"句：庶(shù)孽(niè)，妾生之子。窥觎：暗中希求。
⑧ 忠说：忠诚正直之言。

译文

贞观十二年，礼部尚书王珪上奏道："三品以上的官员路遇亲王，都要下马而拜，以表示尊敬，这与礼法规矩是相违背的。"唐太宗说："难道你们这些人只顾自己的尊贵，而轻视我的儿子吗？"魏征进谏道："古往今来，亲王的品位列于三公之下，如今三品官员都说位列九卿八座的高官，为亲王下马礼拜，这不是亲王所适宜承受的。考究古代史实，找不出凭证；而今实行这种礼法，又违背国家宪法。"太宗说："国家之所以册立太子，是准备让他继承君位。所以人的地位高低，并不在于年老年少，假使没有太子，那么同母的弟弟就会依次而立为太子，这样看来，怎么能轻视我的儿子呢？"魏征说："殷商时崇尚忠信，有兄长去世弟弟继位的礼义；从周代之后，必定立嫡亲长子为太子，因此杜绝了庶族对王位的不良用心，堵塞了祸乱的本源，为君者务必多加谨慎。"于是太宗准奏。适逢皇孙出生，唐太宗召集公卿宴庆，对他的侍臣说："贞观之前，跟随我平定天下，辗转奔波于艰难险阻之中，房玄龄的功劳，是无人能比的。贞观以后，对我尽心效力，进献忠诚正直的谏言，安国利民，不怕触犯我的威严而正直进谏，纠正我的偏差，只有魏征了。古代名臣的忠信刚直，与魏征比，也无以复加啊。"

太宗三镜

原文

及病笃，舆驾再幸其第，抚之流涕，问所欲言，征[1]曰："嫠不恤纬[2]，而忧宗周[3]之亡。"后数日，太宗夜梦征若平生，及旦而奏征薨，时年六十四。太宗亲临恸哭，废朝五日，……陪葬昭陵。及将祖载[4]，征妻裴氏曰："征平生俭素，今以一品礼葬，羽仪甚盛，非亡者之志。"悉辞不受，竟以布车载柩，无文彩之饰。太宗登苑西楼，望丧而哭，诏百官送出郊外。帝亲制碑文，并为书石。其后追思不已，赐其实封[5]九百户。尝临朝谓侍臣曰："夫以铜为镜，可以正衣冠；以古为镜，可以知兴替；以人为镜，可以明得失。朕常保此三镜，以防己过。今烈征殂逝，遂亡一镜矣！征亡后，朕遣人至宅，就其书函得表一纸，始立表草，字皆难识，唯前有数行，稍可分辩，云：'天下之事，有善有恶，任善人则国安，用恶人则国乱。公卿之内，情有爱憎，憎者唯见其恶，爱者唯见其善。爱憎之间，所宜详慎，若爱而知其恶，憎而知其善，去邪勿疑，任贤勿贰[6]，可以兴矣，其遗表如此，然在朕思之，恐不免斯事。公卿侍臣，可书之于笏[7]，知而必谏也。"

《旧唐书·魏征传》

注解

① 征：即魏征（公元580—643年），唐曲城人（后徙家相州内黄），字玄成，遇事敢谏，前后陈谏二百余事，太宗很敬畏他。

② "嫠(lí)不恤纬"句：寡妇不忧其纬之少，而怕国家灭亡。以言亡私忧国的殷切。语出《左传》。嫠，寡妇。恤，忧虑。纬，丝织物。

③ 宗周，周王朝的宗庙社稷，指国家。

④ 祖载：将葬之际。举柩升车上，行祖祭礼，谓之祖载。

⑤ 实封：唐代封公侯伯子男等爵，都无官土；其实际给予封户以食租税的，谓之加实封；按所封的户数，分由诸郡取其租调。

⑥ 贰：怀疑，不信任。

⑦ 笏：古代君臣在朝廷上相见时手中所拿的狭长板子，用玉、象牙或竹制成，上面可以记事，以备遗忘。

译文

等到魏征病重，唐太宗乘坐御车再次到魏征府上探望，抚着魏征的手潸然泪下，问他有什么话要说，魏征说："寡妇不担心织物少，而担忧国家灭亡。"过了几天，唐太宗夜里梦见魏征像平常一样，到早上就有人来奏魏征去世了，享年六十四岁。唐太宗亲自到魏征府上痛哭不已，罢朝五天，……魏征陪葬昭陵。等到将下葬时，魏征的妻子裴氏说："魏征平日节俭朴素，如今按一品官的厚礼下葬，羽毛装饰成的仪仗特别多，这不是他想要的。"所有赠物都推辞不接受，最终以布车装载灵柩，没有华美艳丽的饰物。唐太宗登上御苑西楼，遥望灵车哭悼，诏令文武百官将魏征灵柩送出郊外。唐太宗亲自撰写碑文，并书丹上石，尔后追念不已，赐魏征实封食邑九百户。唐太宗曾经在朝廷上对他的近臣说："用铜作镜子，可以端正衣冠；用古代的历史作镜子，可以知道国家兴衰更替的道理；用人作镜子，可以明白自己的得失。我经常保持着这三面镜子，以防自己犯错误。如今魏征去世了，我失去一面镜子了！魏征去世后，我派人到他家中，从他书箱里找到一页奏疏，刚刚写成草稿，字迹难以辨认，只有开头几行可以看得清楚，这几行写道：'天下的事物有善有恶。任用善人国家就得以安宁，任用恶人，国家就会发生动乱。朝廷大臣中，君主对他们的感情有爱有憎，对憎恶的人往往只看到他的缺点，而对喜爱的人往往只看到他的长处，爱憎之间，是应该仔细谨慎的。如果喜爱一个人能看到他的缺点，而憎恨一个人又能看到他的长处，斥退邪恶的小人大胆果敢，任用贤良之人不怀猜疑，那么，国家就可以兴盛发达。他留下的奏章就是这样写的，而在我看来，恐怕难免犯这样的错误，公卿近臣们可以将他的话写在笏板上，知道我的过失就一定要规谏啊。"

殷侑不辱使命

原文

元和[①]中，累为太常博士[②]，时回纥请和亲，朝廷计费五百万缗[③]。朝廷方用兵伐叛，费用百端，欲缓其期，乃命宗正少卿李孝诚奉使宣谕，以侑[④]为副。侑谨重，有节概，临事俊辩。既至虏庭，可汗初待汉使，盛陈兵甲，欲臣汉使而不答拜。侑坚立不动，宣谕毕，可汗责其倨[⑤]，宣言欲留而不遣。行者皆惧，侑谓虏使曰："可汗是汉家子婿，欲坐受使臣拜，是可汗失礼，非使臣之倨也。"可汗惮其言，卒不敢逼。使还，拜虞部员外郎。

《旧唐书·殷侑传》

注解

① 元和：唐宪宗李纯年号(公元806—820年)。

② 太常博士：官名，掌礼乐、郊庙、社稷事宜。

③ 缗(mín)：量词，用于成串的铜钱，每串1000文。

④ 侑(yòu)：殷侑，唐宪宗时为太常博士，后拜虞部员外郎。

⑤ 倨(jù)：倨傲；傲慢。

译文

元和年间，殷侑官累太常博士，当时回纥族请求和亲，朝廷总计将耗费五百万缗。当时朝廷正集中兵力讨平藩镇叛乱，开支庞大，唐宪宗想延缓和亲日期，于是决定派宗正少卿李孝诚奉命宣谕回纥，以殷侑作为他的副手。殷侑谨慎稳重，有气节，遇事沉着善辩。已到回纥，可汗起初接待唐朝使臣，大陈兵甲，企图使唐朝使臣臣服，因而拒不行答拜之礼。殷侑站立不动，宣读完宪宗的诏书，可汗指责殷侑傲慢无礼，并扬言要把唐使留在回纥不让返回。同行的使臣都感到害怕，殷侑对回纥使者说："回纥可汗是唐朝天子的女婿，想坐着接受唐朝使臣的拜见，这是回纥可汗失礼，并不是唐朝使臣的高傲无礼。”殷侑这番话使回纥可汗深感畏惧，终究不敢再逼迫。殷侑出使回纥还朝，拜为虞部员外郎。

狄仁杰苦谏高宗

原文

仁杰，仪凤中为大理丞[①]，周岁断滞狱一万七千人，无冤诉者。时武卫大将军权善才坐误斫昭陵柏树[②]，仁杰奏罪当免职。高宗令即诛之，仁杰又奏罪不当死。帝作色曰：“善才斫陵上树，是使我不孝，必须杀之。”左右嘱仁杰令出，仁杰曰：“臣闻逆龙鳞[③]，忤人主，自古以为难，臣愚以为不然。居桀、纣[④]时则难，尧、舜[⑤]时则易。臣今幸逢尧、舜，不惧比干[⑥]之诛。昔汉文时有盗高庙玉环[⑦]，张释之[⑧]廷诤，罪止弃市。魏文[⑨]将徙其人，辛毗[⑩]引裾而谏，亦见纳用。且明主可以理夺，忠臣不可以威惧。今陛下不纳臣言，瞑目之后，羞见释之、辛毗于地下。陛下作法，悬之象魏[⑪]，徒流死罪，俱有等差。岂有犯非极刑，即令赐死？法既无常，则百姓何所措其手足！”陛下必欲变法，请从今日为始。古人云：‘假使盗长陵[⑫]一抔土，陛下何以加之？’今陛下以昭陵一株柏杀一将军，千载之后，谓陛下为何主？此臣所以不敢奉制杀善才，陷陛下于不道。帝意稍解，善才因而免死。

《旧唐书·狄仁杰传》

注解

①“仪凤”句：仪凤，唐高宗李治年号（公元676—678年）。大理丞，官名，掌刑狱。

②“时武卫”句：坐，获罪。昭陵，唐太宗李世民墓，在今陕西省醴泉县东北九峻山。

③龙麟：比喻皇帝的威严。

④桀（jié）、纣：古代暴君。桀，夏朝末代皇帝。纣，商纣王。

⑤尧、舜：上古的两位贤明君主。

⑥比干：商代贤臣。纣王淫乱，比干犯颜直谏，被剖心而死。

⑦“昔汉文”句：汉文，即汉文帝刘恒，汉高祖子，在位23年，颇多政绩。高庙，汉高祖庙。

⑧张释之：汉南阳人，以赀为骑郎，后为公车令。景帝时，出为淮南相。

⑨魏文：即魏文帝曹丕，曹操子。

⑩辛毗：三国魏阳翟人。初从袁绍，曹操表为议郎，迁丞相长史。文帝时迁侍中，好直谏。文帝欲徙冀州士家十万户实河南，毗谏不听，帝起入内，毗随而引其裾帝遂徙其半。明帝时封颖乡侯，出为卫尉。

⑪象魏：宫廷外面的阙门，古代悬法于上。

⑫长陵：陵名。汉高祖葬地，在渭水北，故址在今陕西咸阳市东北。

译文

狄仁杰，仪凤年间担任大理丞，一年之内审理判决了积压案件达七千人，没有上诉冤屈的。当时武卫大将军权善才因不慎砍伐了昭陵的柏树而获罪，狄仁杰上奏，认为他的罪过应当免去其官职。唐高宗诏令立即处死他，狄仁杰上奏说他的罪过不当处死。唐高宗气得变了脸色，说：“权善才砍了昭陵的柏树，是让我背上不孝的罪名，必须予以处死。”左右群臣都示意狄仁杰退出宫廷，狄仁杰说：“我听说冒犯龙颜，违抗君王，自古以来都认为是很难的事，我认为并非如此，如果处在桀、纣时代，的确很难办；但如果处在尧、舜时代，就容易做到了。我有幸遇到了尧、舜一样的贤君，所以不怕像比干那样被杀掉。过去汉文帝时，有人盗走了高祖庙里的玉环，张释之在朝廷上向汉文帝进谏，论罪时并没有将盗贼于闹市中砍头示众。魏文帝准备迁徙冀人往河南，辛毗拉着文帝的衣摆而劝谏，也被文帝采纳。况且，对贤明的君主可以用道理来劝他改正错误，而对于忠臣却不能用权势所恐吓。如今陛下不采纳我的进言，我死后，无颜去见张释之、辛毗于地下。陛下制定了法律，悬挂在象魏之上，流放、处死等刑罚，都有其等级次序，难道犯下的罪过不应该处以极刑，却能下令杀死他吗？法律既然没有准则，那老百姓该怎么办呢？陛下如果一定要改变法律，请从今天开始吧。古人说：'如果盗取长陵一捧泥土，陛下如何治他的罪？'如今陛下因为昭陵的一株柏树而杀死一个将军，千载之后，人们会说陛下是什么样的君王？所以臣不敢奉命处死权善才，使陛下陷于无道之名中。"唐高宗的怒气于是稍微有所消解，权善才因而免于一死。

平阳公主

原文

平阳公主，高祖第三女也，太穆皇后[①]所生。义兵将起，公主与绍[②]并在长安，遣使密召之。绍谓公主曰："尊公将扫清多难，绍欲迎接义旗，同去则不可，独行恐罹后患，为计若何？"公主曰："君宜速去。我一妇人，临时易可藏隐，当别自为计矣。"绍即间行赴太原。公主乃归鄠县[③]庄所，遂散家资，招引山中亡命，得数百人，起兵以应高祖。……

公主掠地至盩厔[④]、武功[⑤]、始平[⑥]，皆下之。每申明法令，禁兵士无得侵掠，故远近奔赴者甚众，得兵七万人。公主令间使以闻，高祖大悦。及义军渡河[⑦]，遣绍将数百骑趋华阴[⑧]，傍南山[⑨]以迎公主。时公主引精兵万馀与太宗[⑩]会于渭北[⑪]，与绍各置幕府[⑫]，俱围京城，营中号曰"娘子军"。京城平，封为平阳公主，以独有军功，每赏赐异于他主。

《旧唐书·柴绍传附》

注解

① 太穆皇后：唐高祖皇后，窦氏，唐京北始平人，隋定州总管、神武公毅之女。

② 绍：即柴绍，唐，临汾人，字嗣昌，平阳公主之夫，累官右骁卫大将军。贞观中为华州刺史，卒赠荆州都督。

③ 鄠（hù）县：在陕西，今作户县。

④ 盩厔：县名，在陕西，今已改作周至。

⑤ 武功：县名，在陕西省。

⑥ 始平：县名，故城在今陕西咸阳县西北。

⑦ 河：此处指黄河。

⑧ 华阴：县名，属陕西省，以在太华山之北，故名。故城在今县东南。

⑨ 南山：终南山。属秦岭山脉，在今陕西西安市南。

⑩ 太宗：即唐太宗李世民（公元 599—649 年）。唐高祖李渊次子。隋末劝李渊起兵，征讨四方，封秦王。武德九年，发动“玄武门兵变”，立为太子。即位后，政绩裴然，国殷民富，天下大治，四方来朝，威施海外，史称“贞观之治”。在位 23 年崩。庙号太宗，年号贞观。

⑪ 渭北，渭水以北。渭水，黄河主要支流之一，源出甘肃渭源县西北鸟鼠山，东南流至清水县，入陕西省境，横贯渭河平原，东流至潼关，入黄河。

⑫ 幕府：将帅在处的营帐。军旅无固定住所，以幕帐为府署，故名。

译文

平阳公主，是唐高祖的第三女，太穆皇后所生。李渊起义时，平阳公主与柴绍同在长安，李渊派使者秘密召唤他们。柴绍对平阳公主说：“尊公将扫清乱世，我准备迎接起义之师，可是让你同去只恐不便，让你留下又怕你遭害，不知怎样才是？”平阳公主说：“夫君应当速去，我一个妇道人家，遇到特殊情况便于隐藏，我自有打算。”柴绍便秘密地奔赴太原。平阳公主便回到鄠县的庄园，散尽家财、招募逃亡到山中的反隋义士，得数百人，起兵以响应高祖。……

平阳公主攻打到盩厔县、武功县、始平县，全部攻下。每到一地，申明法令，严禁士兵侵扰百姓掠夺财物，所以远近之人闻知奔赴投军的很多，兵力发展到七万人。平阳公主派人将情形密告李渊，李渊大喜。等到义军渡过黄河，李渊派柴绍率领数百骑趋驰到华阴县，在南山脚下迎接平阳公主。这时，平阳公主带领一万多精兵与唐太宗会师于渭水以北，并与柴绍分别设置幕府，同时包围京城，军营中称为“娘子军”。城平定后，被封为平阳公主，因为她独自立下战功，高祖每次赏赐都和其他公主有所区别。

李渊起兵

原文

十三年，为太原留守，郡丞王威、武牙郎将高君雅为副[1]。群贼蜂起，江都[2]阻绝，太宗与晋阳令刘文静首谋[3]，劝举义兵。俄而马邑校尉刘武周据汾阳宫举兵反[4]，太宗与王威、高君雅将集兵讨之。高祖乃命太宗与刘文静及门下客长孙顺德、刘弘基各募兵[5]，旬日间众且一万，密遣使召世子建成及元吉于河东[6]。威、君雅见兵大集，恐高祖为变，相与疑惧，请高祖祈雨于晋祠[7]，将为不利。晋阳乡长刘世龙[8]知之，以告高祖，高祖阴为之备。五月甲子，高祖与威、君雅视事，太宗密严兵于外，以备非常。遣开阳府[9]司马刘政会告威等谋反，即斩之以徇[10]，遂起义兵。

《旧唐书·高祖本纪》

注解

① “郡丞”句：郡丞，官名，为郡守属官，辅佐郡守。武牙郎将，武官名。

② 江都：郡名，在今江苏扬州市，隋炀帝曾建行都于此。

③ “太宗”句：太宗，即唐太宗李世民（公元599—649年），唐高祖李渊次子，在位23年。晋阳，地名，故城在今山西太原市。刘文静，唐武功人，字肇仁，隋末为晋阳令，与太宗友善，共定计起兵。高祖即位，擢纳言，授民部尚书。

④“俄而”句：马邑，地名，今山西朔县。校尉，武官名。刘武周，唐景城人，隋大业末斩鹰扬太守仁恭，自为太守，后归突厥，唐武德年间突厥杀之。汾阳宫，隋炀帝建。在今山西静乐县东北160里的管涔山上。

⑤“高祖”句：高祖，唐高祖李渊（公元566—635年），唐王朝的建立者，在位9年。长孙顺德，长孙无忌族叔，李世民妻堂兄，初仕隋，素为高祖所亲厚。太宗起兵，从征累有功，进左骁卫大将军，封薛国公，贞观中召为泽州刺史，为政以德，以严明称，遂为良吏。刘弘基，唐池阳人。从高祖举兵太原，有军功，累封夔国公，卒谥襄。

⑥“密遣使”句：建成，即李建成，唐高祖长子，小字毗沙门，荒色嗜酒，畋猎无度。高祖即位，立为皇太子，“玄武门兵变”为李世民所杀，谥隐。元吉，即李元吉，唐高祖四子，小字三胡，封齐王，“玄武门兵变”为李世民所射杀，贞观中追封巢王，谥刺。河东，山西省境内黄河以东地区。

⑦晋祠：在今山西太原市西南悬瓮山麓，为周初唐叔虞始封地，原有祠。北齐天统年间改为大崇皇寺，后复原名。贞观十二年（公元638年）李世民御制晋祠之铭，立碑于祠。

⑧刘世龙：隋大业末为晋阳乡长。

⑨开阳府：在今山西省临沂县北。

⑩徇：向众宣示。

译文

隋大业十三年（公元617年），（李渊）为太原留守，郡丞王威、武牙郎将高君雅为副留守。（这时），群贼蜂拥而出，江都阻绝不通，唐太宗与晋阳县令刘文静谋划，劝（李渊）发动起义之兵。不久，马邑县校尉占据汾阳宫起兵谋反，唐太宗与王威、高君雅准备集结军队前往征讨。唐高祖命令唐太宗与刘文静及门客长孙顺德、刘弘基分头招募兵士，十天之内募兵近一万，（随后）秘密派遣使者招回镇守河东的世子李建成、李元吉。王威、高君雅看到兵众结集完毕，恐怕高祖生变，互相猜疑、惧怕，于是请高祖在晋祠祈雨，准备刺杀高祖。晋阳乡长刘世龙得知后，将（王威、高君雅的计划）密告高祖，高祖秘密作好了应变准备。五月甲子日，高祖与王威、高君雅商讨政事，太宗秘密伏兵在外面，以防备突发变故，又派开阳府司马刘政会告发王威等谋反，随即斩王威、高君雅示众，于是便发动义兵。

新唐书

《新唐书》概论

《新唐书》是又一部系统记录唐朝历史的纪传体史书，亦被列入正史之列。该书撰于北宋仁宗嘉祐年间，比《旧唐书》晚出世一个多世纪。该书全面继承了《史记》、《汉书》的编纂体例，使纪传体史书体例自《三国志》以后再度完备起来，故该书在正史中有着相当重要的地位。

从《新唐书》可以看出，编纂者们的真实指导思想是要在总结唐代历史的过程中，既要扬其善以垂劝戒，又要暴其恶动人耳目，而这一指导思想反映在文字形式上即崇尚"《春秋》笔法"，弘扬所谓的"道统"，使其书真正收取到"垂劝戒，示久远"的功效。

首先，在扬善以垂劝戒方面，如前所述，《新唐书》在类传分目时，将"忠义列传"的位置提前，并创立"卓行列传"，再继以"孝友列传"，向人们展示出处世根本原则，即为臣者要尽忠，为子者须尽孝，处世必得有节有义，忠、孝、节、义四者排列成序，其封建伦常道德也就"正统"得可以了。不仅如此，更重要的是在列传的内容里比起《旧唐书》有了更大的改动。《旧唐书》的"忠义列传"只是记叙其人"杀身成仁，临难不苟"，而于其他的事迹上强调若遇"明主"，"一心可事百君"，而不必愚忠于一朝。对此《新唐书》在"忠义列传"的序文中针锋相对地指出，为臣者必须"终始一操"。再如在"孝友列传"上面，《旧唐书》写孝友，是"善父母"、"善兄弟"者可以"移于君"、"施于有政"，强调为君者的自身修养，而《新唐书》则突出地说明"父父也，子子也，兄兄也，弟弟也，推而之国，国而之天下，建一善而百行从，其失则以法绳之"，强调的是"以其教孝而求忠"的原则。总之，《新唐书》旨在通过对唐代历史的总结，告喻封建王朝最高统治者们要高举封建伦理的大旗，劝奖忠孝节义的人与事，以此来维护既有的封建统治秩序。

其次，在暴恶动人耳目方面，为了达到这一目的，《新唐书》编纂时新增立藩镇、奸臣、叛臣、逆臣四个类传。并在排目时将外戚、宦官、酷吏与藩镇等四类传放在一起，又将奸臣、叛臣、逆臣三类传放在全书最末的位置上，意在让这些"产乱取亡"的"祸根"得到充分的暴露，以此来"动"世人之"耳目"。在《新唐书》编纂者看来，唐代的外戚、宦官对于天下的治理都起过极为恶劣的坏作用，是唐代"产乱取亡"的"祸根"之一，故此必须予以暴露。这种"暴恶"应该说还是取得了一定的社会成效的，终宋一代，就没有发生过外戚、宦官干乱朝政的事件。至于藩镇，在唐代中后期分地割据，胡作非为，"护养孽萌，以成祸根"。《旧唐书》对此则分散于诸臣列传之中，人们不易看清藩镇发展的脉络和对唐代统治的危害作用,《新唐书》将他们集中一起进行历史大曝光,其借镜作用十分明显。对于奸臣、叛臣和逆臣,《新唐书》不仅单独列传,将这些他们认为的“丑类”逐一排队,而且其内容的篇幅甚大,这三类传共为三卷七篇,所记人物达三十余人之多。将这些造成唐代灭亡的“罪首”放在最为显著的位置上——全书之末,确实能够“动人耳目”。为了让后世犯上作乱者有所“惧”,《新唐书》全书贯彻着“《春秋》笔法”。不仅“本纪法严而词约,多取《春秋》遗意”,而且在列传中也严格地“遵守古训”,“不敢妄作聪明”。为了宣扬“道统”,坚持儒家封建伦常的“正宗”,《新唐书》在编纂过程中还在“明王道”的同时力排佛、老之学及提倡佛、老的人物。如在《太宗皇帝本纪》中,就在肯定李世民的文治武功的同时,批评他“牵于多爱,变立浮屠”。再如对《旧唐书》所立的玄奘、神秀、慧能、僧一行等佛教徒的传记,全都删而不录。同理,对于土生土长的道教,《新唐书》同样持批判态度,如指责毁佛信道的唐武宗是“庸夫”。《新唐书》撰成于北宋嘉祐年间,修成上奏后很快就刊印,这就是后世所称的“嘉祐本”(又称“十四行本”)。后来北宋时期又有过多次刊刻,如“十六行本”等。其时统称《唐书》,无新、旧之分。至南宋时期,又有“十行本”与闽刻“十行本”等行世。元代刊印“十七史”时,《新唐书》亦在其中。明代有三种刻本,一是成化年间南京国子监刻本(南监本),一是万历年间北京国子监刻本(北监本),再是毛晋汲古阁刻本。上述刻本,仍然沿用《唐书》之名,而未冠以“新”。至清代乾隆四年(公元739年)武英殿翻刻“廿四史”时,为了区分两部《唐书》,才正式将宋祁、欧阳修等编纂的《唐书》定名为《新唐书》,而将刘昫的《唐书》命名为《旧唐书》,自此而降,其书名沿称至今。武英殿刻本通常称为“殿本”。这种版本附有宋人董冲的《唐书释音》二十五卷及考证。后来此版本多有影刻、翻刻、排印、缩印。民国时期,商务印书馆汇集了流传的宋刻本,包括影印北宋嘉祐十四行本,残阙之处则以北宋十六行本、南宋十行本相关内容补入,刊印成“百衲本”。1975年2月,以“百衲本”为基础,参校北宋闽刻十六行本、南宋闽刻十行本、毛晋汲古阁本、清武英殿本及浙江书局本等,中华书局印行了校点本《新唐书》,这就是目前见到的有标点的《新唐书》。

在深入研究唐代历史时,必须了解前人对《新唐书》不足之处的批评和考证。在此尤其要注意宋哲宗时期订正的《(新唐书)纠谬》。《(新唐书)纠谬》二十卷,分为二十目,分门别类地就《新唐书》中一些问题,进行了“质正”,所论内容计达四百余事。这是第一部考订研究《新唐书》的重要参考书。刻书只是就《新唐书》自身“自相质正”,而未以他书“考证”,故在参考时亦加留心用意。全书所质正内容为:以无为有、似实而虚、书事失实、自相违舛、年月时世差互、官爵姓名谬误、世系乡里无法、尊敬君亲不严,纪志表传不符、一事两见而异同不完、载述脱误、事状丛复、官削而反存、当书而反阙、义例不明、先后失序、编次未当、与夺不常、事有可疑、字书非是等二十门类。正如前述,《新唐书》两位“刊修”直至书成并未见一面,如此情况,自然使该书存在种种不足,诸如重复、繁赘、阙遗、矛盾等等在所难免。

崔衍减租

原文

历苏、虢二州,虢居陕、华①间,而赋数倍入,衍②白太重。裴延龄领度支,方聚敛,私谓衍:“前刺史无发明,公当止。”衍不听,复奏:“州部多岩田,又邮传③剧道,属岁无秋,民举流亡,不蠲减租额,人无生理。臣见长吏之患,在因循不以闻,不患陛下不忧恤也;患申请不实,不患朝廷不矜贷④也。陛下拔臣大州,宁欲视民困而顾望不言哉?”德宗公其言,为诏度支减赋。

《新唐书·崔衍传》

注解

① 陕、华:陕、陕州,在今河南三门峡。华,华州,属陕西省。

② 衍(yǎn):崔衍,唐天宝末擢明经,历苏、虢(guó)二州刺史,迁宣歙(shè)池观察使。

③ 邮传:传送文书的驿站。

④ 贷:宽免。

译文

(崔衍)历任苏、虢二州刺史,虢州处于陕西、华山之间,赋税却要加倍上交,崔衍说赋税太重。裴延龄主掌度支,正聚敛财物,私下对崔衍说:“前任刺史头脑僵化,你不要像他那样。”崔衍不听,又上奏道:“虢州境内岩田很多,加上邮驿占道,终年不收,人民都流亡了,如果不减免租赋数额,人民就没有生路了。我以为官吏的忧虑,在于因循守旧,不了解民情,而不是担心陛下不抚恤民众;担心申报的情况不切实质,而不是担心朝廷不怜悯民众以免除他们的租赋。陛下交给臣一个大州，难道看到民众困顿而袖手不管吗?”唐德宗因为他是出于公心，于是下诏让度支减免虢州赋税。

段秀实除恶

原文

时郭子仪以副元帅居蒲①，子晞②以检校尚书领行营节度使，屯邠州③，士放纵不法，邠人之嗜恶者，纳贿窜名伍中，因肆志④，吏不得问。白昼群行丐颉⑤于市，有不嗛⑥，辄击伤市人，椎釜鬲瓮盎⑦盈道，至撞害孕妇。孝德⑧不敢劾，秀实⑨自州以状白府，愿计事，至则曰:“天子以生人付公治，公见人被暴害，恬然，且大乱，若何?”孝德曰:“愿奉教。”因请曰:“秀实不忍人无寇暴死，乱天下边事。公诚以为都虞候⑩，能为公已乱。”孝德即檄署付军。俄而晞士十七人入市取酒，刺酒翁，坏酿器，秀实列卒取之，断首置槊⑪上，植市门外。一营大噪，尽甲，孝德恐，召秀实曰:“奈何?”秀实曰:“请辞于军。”乃解佩刀，选老躄⑫一人持马，至晞门下。甲者出，秀实笑且入，曰:“杀一老卒，何甲也！吾戴头来矣。”甲为愕眙⑬。因晓之曰:“尚书固负若属⑭邪，副元帅固负若属邪？奈何欲以乱败郭氏!”晞出，秀实曰:“副元帅功塞天地，当务始终。今尚书恣卒为暴，使乱天子边，欲谁归罪？罪且及副元帅。今邠恶子弟以贷窜名军籍中，杀害人，藉藉⑮如是，几日不大乱？乱由尚书出。人皆曰:尚书以副元帅故不戢士⑯，然则郭氏功名，其与存者有几!”晞再拜曰:“公幸教晞，愿奉军以从。”即叱左右皆解甲，令曰:“敢喧⑰者死!”秀实曰:“吾未晡食⑱，请设具。”已食，曰:“吾疾作，愿宿门下。”遂卧军中。晞大骇，戒候卒击柝⑲卫之。旦，与俱至孝德所，谢不能，邠由是安。

《新唐书·段秀实传》

注解

①“时郭子仪”句：郭子仪，唐华州人，曾官朔方节度使，平安史之乱功居第一，德宗朝进太尉中书令，以身系天下安危者20年。蒲，地名，即今河北省长垣县治。

②晞：即郭子仪三子郭晞，累官御史中丞、太子宾客。

③邠州：即今陕西郴县。

④肆志：纵情，快意。

⑤丐颉：强取。

⑥不嗛：不满。

⑦“椎釜”句：椎，同“捶”“槌”。釜，锅。鬲，古炊具，形类鼎，中空。瓮，盛东西的陶器。盎，古代一种腹大口小的器皿。

⑧孝德：即白孝德，唐安西人，后封昌化郡王，官至太子少傅。

⑨秀实：即段秀实，唐阳人，历官泾原郑颍节度使，司农卿，赠太尉，后为朱泚害。

⑩都虞候：官名，镇守藩镇。

⑪槊：古兵器，杆长的矛。

⑫躄：跛。

⑬愕(è)眙(yí)：惊视。

⑭若属：汝辈；你们。

⑮藉藉：交横离乱貌。

⑯戢士：使士卒收敛。

⑰喧：喧哗。

⑱晡食：吃晚饭。晡：泛指晚上。

⑲击柝：打更。柝，打更用的梆子。

译文

当时郭子仪以副元帅驻守于蒲，他的儿子郭晞以检校尚书领行营节度使屯兵邠州。郭晞的士兵行为放纵，不守法度，邠州的贪恶之徒，通过贿赂混入军中，因而极为放荡，一般的官吏不敢过问，大白天在市中强取豪夺，稍有不满，便打伤市民，遗弃的椎釜鬲瓮盎等器物充塞在街道上，以致撞伤孕妇，白孝德不敢弹劾这类事，段秀实从邠州赶来状诉于白府，愿意商讨处理这类事。到了白府，段秀实说：“当今皇上将黎民百姓交给您治理，您见人受到残暴，却无动于衷，如果发生大乱，该怎么办呢？”白孝德说：“愿听从指教。”段秀实于是诚恳地说："我不忍心看到人们没有敌寇侵掠而残暴至死，扰乱国家的边庭安宁。您既然作为边郡的长官，就能够制止这种骚扰。"白孝德马上发布文告传付军中。不久，郭晞的十七名士卒，到市中夺酒，刺伤卖酒老翁，损坏酿酒器物，段秀实陈兵将他们抓获问斩，将他们的首级挂在槊上，树立在市门之外。整个军营为之哗然，全部披盔带甲，白孝德感到很恐慌，召来段秀实，对他说："这该怎么办？"段秀实说："我请求去军中处理此事。"于是解下佩刀，挑选一名又老又跛的士卒牵着马，到郭晞的军门下马。带兵器的守卫出来，段秀实笑着说："杀这么一个老兵，哪里用得着兵刃，我不怕杀头。"守卫目瞪口呆。段秀实于是告喻他说："尚书难道对不起你们吗？副元帅难道对不起你们吗？怎么要以扰乱边庭来败坏郭家的声誉呢？"郭晞走了出来，段秀实说："副元帅功高盖世，肩负重托，始终如一。如今你却纵容士卒残害百姓，以至边庭动乱，罪责应该归咎于谁？罪责将延及副元帅。现在邻州的恶人以纳赂而混进军中，杀人夺物，横蛮骚扰到这种地步，还有几天不大乱？乱出自你身上。人们都说，因为副元帅的缘故，不约束士兵，那么郭家的功名，保留下来的还有多少啊！"郭晞再次叩拜，说："幸亏有您教导我，我愿遵循您的教导，从严治军。"随即呵斥左右全部解除兵器，命令道："谁敢违抗立即处死！"段秀实说："我还没吃晚饭，请安排饭吧。"吃完，说道："我的病犯了，想在你军中留宿。"于是留宿军中，郭晞不敢怠慢，命令夜间守卫轮流护卫。第二天早晨，郭晞与段秀实一同到白孝德府邸，悔过，邠州自此安宁。

哥舒翰不恤士卒

原文

翰[①]为人严，少恩。军行未尝恤士饥寒，有啗民椹[②]者，痛笞辱之。监军李大宜在军中，不治事，与将士樗蒱[③]，饮酒、弹箜篌[④]琵琶为乐，而士米粃[⑤]不厌。帝令中人袁思艺劳师[⑥]，士皆诉衣服穿空，帝即斥御服余者，制袍十万以赐其军，翰藏库中，及败，封鐍如故。

《新唐书·哥舒翰传》

注解

①翰：哥舒翰，唐玄宗时官西平郡王、左仆射平章事。安禄山反，出战不利，降贼被杀。
②椹：桑葚，桑树结的果实，可食。
③樗(chū)蒱：一种类似于掷骰子的游戏。
④箜篌：古弦乐器，弦数因乐器大小而异，
⑤籺：米麦的碎屑。
⑥"帝令"句：帝，唐玄宗李隆基。中人，宦官、太监。

译文

哥舒翰为人严厉，无德行。军旅中未能体恤士卒饥寒，有人摘吃百姓桑葚，用鞭子痛打一顿。监军李大宜在军中不过问军事，和将士们一起掷骰子、饮酒、弹箜篌琵琶取乐，而士兵连碎米饭都吃不饱。唐玄宗命令太监袁思艺去慰问军队，士兵诉说衣服穿破了，唐玄宗立即拿出剩余的御服，制成十万件袍子分赐军中，哥舒翰将这些袍子收藏在军府中，等到他兵败，这些衣服原封不动地锁着。

郭子仪收复两京

原文

至德二载，攻贼崔乾祐于潼关，乾祐败，退保蒲津[①]。会永乐尉赵复、河东司户参军韩旻、司士徐景及宗室子锋在城中，谋为内应，子仪[②]攻蒲，复等斩陴者，披阖内军。乾祐走安邑，[③]安邑伪纳之，兵半入，县门发，乾祐得脱身走。贼安守忠壁永丰仓，子仪遣子旰与战，多杀至万级，旰死于阵。进收仓。于是关、陕始通。……率师趋长安，次潏水[④]上。贼守忠等军清渠左。大战，王师不利，委[⑤]仗奔。子仪收溃卒保武功，……。俄从元帅广平王[⑥]率蕃、汉兵十五万收长安。李嗣业[⑦]为前军，元帅为中军[⑧]，子仪副之，王思礼[9]为后军，阵香积寺[10]之北，距沣水[11]，临大川，弥亘一舍。贼李归仁领劲骑薄战，官军嚣，嗣业以长刀突出，斩贼数十骑，乃定。回纥[12]以奇兵缭贼背，夹攻之，斩首六万级，生禽二万，贼帅张通儒夜亡陕郡[13]。翌日，王入京师，老幼夹道呼曰："不图今日复见官军！"王休士三日，遂东。

安庆绪[14]闻王师至，遣严庄悉众十万屯陕，助通儒，旌帜钲鼓径百馀里。师至新店[15]，贼已阵，出轻骑，子仪遣二队逐之，又至，倍以往，皆不及贼营辄反。最后，贼以二百骑掩军，未战走，子仪悉军追，横贯其营。贼张两翼包之，官军却。嗣业率回纥从后击，尘且坌[16]，飞矢射贼，贼惊曰："回纥至矣！"遂大败，僵尸相属于道。严庄等走洛阳，挟庆绪度河保相州[17]，遂收东都。于是河东、河西、河南州县悉平。……帝[18]遣具军容迎灞[19]上，劳之曰："国家再造，卿力也。"

《新唐书·郭子仪传》

注解

①蒲津：地名，在陕西朝义县东。

②子仪：郭子仪，唐华州人。玄宗时为朔方节度使，平安史乱，功居第一。后以一身系时局安危者20年，累官至太尉、中书令。

③安邑：县名，属山西省。

④潏水：水名，关中八川之一，源于秦岭。

⑤委：丢弃。

⑥广平王：即李俶。

⑦李嗣业：唐高陵人，唐玄宗时著名战将，官拜卫尉卿。

⑧中军：古代行军作战分左、中、右（或上、中、下）三军，由主将所处的中军发号施令。

⑨王思礼：唐高丽人，唐玄宗时为关西兵马使。肃宗时为兵部尚书，河东节度副使。

⑩香积寺：在陕西长安县南神禾原上，唐始建。

⑪沣水：水名。位今陕西。

⑫回纥：我国古代少数民族，主要分布在今鄂尔浑河流域。

⑬陕郡：地名，属河南省。

⑭安庆绪：唐叛将安禄山子，先杀父，后为史思明杀。

⑮新店：地名，在河南。

⑯ 坌(bèn):尘埃聚集。
⑰ 相州:地名,在今河南安阳。
⑱ “帝遣”句:帝,唐肃宗李亨,唐玄宗第三子,在位7年。
⑲ 灞(bà)上:灞,灞桥。在长安东。

译文

唐至德二年,郭子仪率兵在潼关攻打叛贼崔乾祐,崔乾祐大败,退守蒲津。正逢永乐县尉赵复、河东司户参军韩旻、司士徐景以及宗室子弟李锋在蒲津城中,打算作为内应,郭子仪攻打蒲津,赵复等杀死守城士卒、瓦解亲军,崔乾祐败走安邑,安邑将士假装接纳他。等到崔乾祐的军队一半进入城内,县门打开了,崔乾祐得以脱身逃走。叛将安守忠驻军永丰仓,郭子仪派他的儿子郭旰迎战,斩杀叛军多达万人,郭旰战死阵中。郭子仪带兵收复永丰仓,这样关中、陕州的道路打通了。……郭子仪率军直逼长安,驻扎在潏水上。叛军安守忠等驻军清渠左岸。两军大战,朝廷军队失利,扔掉兵器逃走。郭子仪聚集残部坚守武功,……。不久跟随元帅广平王李俶率领蕃兵、唐兵一十五万收复长安。李嗣业为前军,元帅为中军,郭子仪为副元帅,王思礼为后军,在香积寺以北布阵迎敌,依据沣水,濒临大川,互为犄角,互为一体。贼将李归仁带领精锐骑兵挑战,官军大嚣,李嗣业手持长刀,挺身而出,斩杀叛军数十名骑兵,才得以安定。回纥以奇兵在叛军背后迂回出击,与唐军两军夹攻,斩敌首六万级,生擒二万,叛军主帅张通儒夜间逃到陕郡。第二天,朝廷军队开进京都,京都百姓夹道欢呼,说:“没想到今日能再见官军!”广平王命令士卒休息三天,继续东进。

安庆绪听说朝廷的军队来了,派严庄带兵十万镇守陕州,以救援通儒,旗帜军鼓绵延百余里。唐军到达新店,叛军已布好阵势派出轻骑,郭子仪派两队赶走敌兵,再来,加倍地增兵,都不到叛敌军营就回来了。最后,叛军用二百名骑兵掩护大军,还没有交战就逃走了,郭子仪带领全部人马追赶,横贯敌营。叛军张开两翼包围唐军,唐军退却。李嗣业带领回纥兵从背后攻击叛军，尘土弥漫，飞箭射向叛军，叛军惊叫道："回纥兵来了！"于是叛军大败，僵尸相连于道。严庄等败走洛阳，挟持安庆绪坚守相州，于是收复东都。至此，河东、河西、河南州县都已经平定。……唐肃宗派人身着戎装迎接郭子仪于灞桥上，亲自慰劳说："国家再次缔造，是卿的功劳啊。"

王忠嗣镇守边庭

原文

忠嗣[1]本负勇敢，及为将，乃能持重[2]安边，不生事，尝曰："平世为将，抚众而已，吾不欲竭中国力以幸功名。"故训练士马，随缺缮补。有漆弓百五十斤，每韬[3]之，示无所用。军中士气盛，日夜思战，忠嗣纵诡间，伺虏隙，时时出奇兵袭敌，所向无不克，故士亦乐为用。军每出，召属长付以兵，使授士卒，虽弓矢亦志姓名其上。军还，遗弦亡镞[4]，皆按名第罪。以是部下人自劝，器甲充牣[5]。自朔方至云中袤数千里[6]，据要险筑城堡，斥地甚远。

《新唐书·王忠嗣传》

注解

① 忠嗣：王忠嗣，唐玄宗时为官累河西陇右节度使，权朔方河东节度，佩四将印。后为李林甫所诬，贬汉阳太守。

② 持重：掌握重权。

③ 韬(tāo)：掩藏。

④ 镞(zú)：箭头。

⑤ 充牣(rèn)：同"充仞"。仞，满。

⑥ "自朔方"句：朔方，在今甘肃灵武县西南。云中，地名，今山西大同。

译文

王忠嗣本来极为勇敢，等到他作了将军，便能手握重兵安定边庭，不使战事发生，他曾经说：“我平生为将，抚恤士卒而已，我不愿利用将士的功劳为自己博取功名。”所以训练士卒兵马，发现缺漏立即修缮增补。军中有漆弓一百五十斤，常将它收藏起来，表示没有什么用处。王忠嗣军队中士气旺盛，士兵们日夜想打仗，王忠嗣运用计谋，乘敌人松懈，常常带领奇兵袭击敌人，所向披靡，无往不胜，因此士卒乐于为他效命。军队每次出发，王忠嗣命有关官吏发给士卒兵器，即使弓箭也在上面标上姓名。军队回来时，丢失了弓弦和箭头的，都依照上面的名字论罪。因此部下兵士各自谨慎，军中器甲充足。从朔方到云中广袤数千里，王忠嗣在险要处构筑城堡，可瞭望侦探到很远的地方。

旧五代史

《旧五代史》概论

《旧五代史》，原称《梁唐晋汉周书》或《五代史》、《五代书》。由北宋薛居正于宋太祖开宝六年（公元973年）四月至七年闰十月奉旨监修，卢多逊、张澹、李昉等同修。后欧阳修撰成《五代史记》，称为《新五代史》，遂称薛史为《旧五代史》。原书已经佚失，现行本为清代乾隆四十年时的辑本。全书一百五十卷，记叙公元907年至959年共五十三年间中原地区后梁、后唐、后晋、后汉、后周五个王朝以及南北方的吴、南唐、吴越、楚、闽、南汉、前蜀、后蜀、南平、北汉等十个割据政权的史实，是记载五代十国各民族历史的一部重要的官修正史。

薛居正，字子平，开封浚仪（今河南开封市）人。生于后梁乾化三年（公元912年），卒于北宋太平兴国六年（公元981年）。后唐清泰初年进士及第。后晋由华州署府从事累迁至开封府判官。后周迁比部员外郎，十国的领三司推官，累官至刑部侍郎。入宋后历任户部侍郎、兵部侍郎、吏部侍郎，兼判门下侍郎事，后官至门下侍郎平章事（宰相）。北宋开宝六年（公元973年）四月，以副相身份受诏监修《五代史》。

《旧五代史》计本纪六十一卷，列传七十一卷，志十二卷。编撰方法是以占据中原的梁、唐、晋、汉、周五个王朝为主体断代为书，包括《梁书》二十四卷、《唐书》五十卷、《晋书》二十四卷、《汉书》十一卷、《周书》二十二卷。各书均分本纪和列传两种，列传又按后妃、宗室、诸臣次第排列。五书后以杂传七卷为附体，记叙南北十个割据政权和周边其他民族国家的历史。其中以《世袭列传》二卷记载荆南、楚、吴越三个独立成国但仍向中原王朝纳贡称臣的割据政权。以《僭伪列传》三卷记载吴、南唐、闽、南汉、北汉、前蜀、后蜀七个不奉中原正朔的割据政权。以《外国列传》记载契丹、吐蕃、高丽等国内外十二个民族国家的历史。杂传后有志十二卷,分为天文、历法、五行等十目,综述五代时期的典章制度。面对五代十国这一大的分裂割据局面,作者采用以中原王朝的兴废为主线,兴替和四夷的起落为副线这样一种断代分国的叙述方法,条理清楚,内容连贯,彼此呼应,较好地体现了这段历史的全貌。

北宋开宝六年(公元973年)四月,宋太祖诏令薛居正监修梁、唐、晋、汉、周五代史,至次年闰十月编修完成。历时仅一年零六个月,成书之速仅次于历时六个月的《元史》。这种罕见的修史速度是由内因、外因两方面原因促成的。

首先,从外因方面看,五代十国是由唐末藩镇割据演变成的分裂混战时代。五代的开国君主,均为前朝重臣镇将,他们都是依靠手中兵权凭武力推翻前朝的。五代各朝立国短促,后梁十七年,后唐十三年,后晋十年,后汉三年,后周十年。军阀混战不息,朝代更易无常。宋太祖赵匡胤原为后周殿前都点检兼宋州归德军节度使,也是靠在陈桥驿发动兵变而夺得皇位的。赵匡胤在夺得皇位后,为防止擅权篡位故事的重演,保证赵宋政权享运长久,其要务之一就是总结历史的经验教训,深究五代王朝"其兴也勃,其灭也忽"的根本原因。赵宋开国仅十三年就诏修《五代史》;《五代史》撰成后第二天赵匡胤即展卷阅读并对宰相说:"昨观新史,见梁太祖暴乱丑秽之迹,乃至如此,宜其旋被贼虐也。"可见其急欲"以史为鉴"的用心。同时,五代君臣失道,朝纲隳堕,礼崩乐坏。宋初帝王继乱世之后痛定思痛,急欲偃武修文,网罗文士,复振朝纲,重修礼乐。

其次,从内因来看,《旧五代史》成书之速,除了修撰者大为五代遗老旧臣、著名史官,熟谙史料外,还有一个更重要的原因,即有丰富的五代史料可资凭借。五代王朝更替频繁,但史馆史官未废,各朝实录得以及时修成。丰富的现成史料为修撰五代史打下了基础。薛史采据历朝实录,参考《五代通录》,简节改编,故能很快成为一节。正因为《旧五代史》大多取材于历朝实录,而实录的编撰者多历前朝或任职该朝,这样很容易造成笔削回护之处、粉饰附会之言。同时在取材范围上,由于实录基本上只记叙各朝的朝政纲略。对中原以外各地区以及民间社会生活的叙述就过于简略单薄。此外,由于《旧五代史》脱胎于历朝实录,在编撰上就带有较浓厚的"实录"痕迹,即在六十一卷本纪中对于所叙帝王的起居行止的记载过于琐细,文字繁猥,文体平弱,质胜于文,在问世不久就受到批评。这就为以后该书的行之不远以至最后失传埋下了病根。

《五代史》成书后约八十年，北宋名臣欧阳修私撰成《五代史记》七十四卷藏于家。宋神宗熙宁五年（公元1072年），诏取欧阳修《五代史记》付国子监刊行，由此新、旧二史并行于世，遂称薛史为《旧五代史》，欧史为《新五代史》。南宋时《旧五代史》已不甚流行。《旧五代史》在七百年后再行于世并重新进入正史行列。原本是否尚存人间，至今仍是疑案。

现今《旧五代史》版本毕竟还是辑本，有些纪传零落残缺，内容不相连贯。所辑十志亦多不全。现在通行的《旧五代史》是中华书局1976年出版的校点本。该本以民国十年（公元1921年）丰城熊氏影印南昌彭氏之藏本为底本，同时参校其他各本，适当吸收了邵晋涵等的批注校勘，对辑本有错漏处尽可能予以改正增补，所以校勘最精，又加以新式标点，是目前最完善的一个本子。

就《旧五代史》与《新五代史》的比较而言，旧史叙事烦冗，文体平弱，较多曲笔。但取材广泛，叙事详尽，材料翔实可信，保存了许多原始资料，有较高史学价值。

国之存亡不专在行赏①

原 文

臣以为国之存亡，不专在行赏，须刑政立于上，耻格②行于下，赏当功，罚当罪，则近于理道也。若陛下不改覆车之辙③，以赏无赖之军，徒困蒸民，存亡未可知也。

《旧五代史·晋书·李专美传》

注解

① 这是唐末帝即位后，怒国库空虚，不能兑现厚赏军队的诺言而责备李专美时，李专美上奏语言中的一部分。五代时，武夫专权，以滥赏收买军心为自己效命，致使人民不堪其苦。李专美的奏语，切中时弊，主张严刑政、尚耻格，有一定进步性。

② 耻格：廉耻准则。

③ 覆车之辙：指唐明宗、唐闵帝滥赏误国事。

译文

臣下以为国家的存亡，不单单在于施行赏赐，必须在朝廷中建立刑律政令，在军民中树立耻辱观念。量功而赏，量罪而罚，就近于治国的原则了。陛下若不改变前代滥赏失国的做法而滥赏无功之军，就白白使黎民百姓生活困窘，存亡也就不可知了。

王权不使契丹

原文

天福中，命权使于契丹，权以前世累为将相①，未尝有奉使而称陪臣者，谓人曰："我虽不才，年今耄②矣，岂能远使于契丹乎！违诏得罪，亦所甘心。"……其实权不欲臣事契丹，故坚辞之，非避事以违命也。

《旧五代史·晋书·王权传》

注解

①前世累为将相：王权曾祖父王起，官至左仆射、山南西道节度使；祖父王龟，官至浙东观察使；父王荛，官至右司员外郎。

②年今耄（mào）：王权于天福六年卒，七十八岁。

译文

天福（公元936—944年）年间，晋高祖命王权出使契丹，王权觉得自家的前几辈官居将相，未曾有出使称陪臣的人，所以对人说："我虽不才，现今已七十多了，怎能远使契丹呢！违抗诏令而得罪，也是甘心情愿的。"……其实王权是不愿以臣子的身份侍奉契丹，所以坚决推辞了，并不是因为偷闲而违抗诏令。

梁太祖求贤哲

原文

癸巳，以禅代已来，思求贤哲，乃下令搜访牢笼之，期以好爵，待以优荣，各随其材，咸使登用。宜令所在长吏，切加搜访，每得其人，则疏①姓名以闻。如在下位不能自振者，有司荐导之；如任使后显立功劳，别加迁陟。

《旧五代史·梁书·太祖本纪四》

注解

① 疏:条陈,排列。

译文

开平二年(公元908年)七月二十四日,(梁太祖)因为自从取代唐朝以来,便思念寻求贤士哲人,于是下诏令搜求、访查、收罗他们,许给他们高官显爵,给他们以优厚待遇,根据他们各自的聪明才智,让他们都能出仕重用。适当地命令各地官吏,切实细加搜寻访求,每得贤士哲人,就分别陈述他们的姓名上报。如有在下位而不能自达名号的,就让专门机构推荐导引他们;如有委任职务后成绩显著的,就格外加以升迁和提拔。

因貌废诗

原文

罗隐,余杭人。诗名于天下,尤长于咏史,然多所讥讽,以故不中第,大为唐宰相郑畋、李蔚所知。隐虽负文称,然貌古而陋。畋女幼有文性,尝览隐诗卷,讽诵不已,畋疑其女有慕才之意。一日,隐至第,郑女垂帘而窥之,自是绝不咏其诗。

《旧五代史·梁书·罗隐传》

译文

罗隐，余杭（今浙江余杭）人。以工诗称名于天下，尤其擅长吟咏史事，但其中多所讽刺讥笑。所以屡试不中，但却甚为唐宰相郑畋、李蔚所理解。罗隐虽然以诗文著名，但相貌却长得古板而丑陋。郑畋的女儿自幼有文学天才，曾经见到过罗隐的诗卷，经常吟咏朗诵，郑畋便觉得女儿有了仰慕才华、以身相许之意。有一天，罗隐来到郑府，郑畋的女儿隔着帘子偷看了他的相貌，从此再也不诵读罗隐的诗了。

以先诉者为得理

原文

全义少长军中，立性朴滞，凡百姓有讼词，以先诉者为得理，以是人多枉滥，为时所非。又尝怒河南县令罗贯，因凭刘后谮于庄宗①，俾贯非罪而死，露尸于府门，冤枉之声，闻于近远，斯亦良玉之微瑕。

《旧五代史·唐书·张全义传》

注解

① 凭刘后谮于庄宗：刘皇后曾拜张全义为义父。《五代史阙文》："河南令罗贯，方正文章之士，事全又稍慢，全义怒告刘皇后，毙贯于枯木之下，朝野冤之。"

译文

张全义自少在军中长大，本性质朴呆板。凡是百姓有来诉讼的，都以原告为胜诉者，因此人们多被冤枉而滥定罪名，时人非议。以前，被河南县（今河南洛阳）县令罗贯惹得大怒，他通过刘皇后向唐庄宗进了谗言，使罗贯无罪而被诛，并暴尸于府衙门外。冤枉之声，远近都能听到。这也是他“白璧微瑕”罢了。

梁现之死

原文

开平中，金吾街使寇彦卿入朝。过天津桥[1]，市民梁现者不时回避，前导伍伯捽之，投石栏以致毙。

《旧五代史·唐书·崔沂传》

注解

① 天津桥：隋炀帝迁都，以洛水贯都，为天汉之象，建此桥，因名天津桥，即今洛阳上浮桥。

译文

开平（公元907—911年）中，金吾街使寇彦卿入宫朝见。从天津桥上经过，市民梁现回避不及，被开道差役揪住，扔到石栏杆上丧了命。

白团围村之战

原文

癸亥，大军至白团围村下营[1]。人马俱渴，营中掘井，及水辄坏，兵士取其泥绞汁而饮，敌众围绕，渐束其营。是日，东北风猛，扬尘折树，契丹主坐车中谓众曰："汉军尽来，只有此耳，今日并可生擒，然后平定天下。"令下马拔鹿角，飞矢雨集。军士大呼："招讨使[2]何不用军，地而令士卒虚死！"诸将咸请击之，杜威[3]曰："俟风势稍慢，观其进退。"守贞曰[4]："此风助我也，彼众我寡，黑风之内，莫测多少，若俟风止，我辈无噍类[5]矣。"即呼众军齐力击贼，张彦泽、符彦卿、皇甫遇等率骑奋击，风势尤猛，沙尘如夜，敌遂大败。时步骑齐进，追袭二十余里，至阳城东，贼军稍稍成列，我骑复击之，乃渡河而去。

《旧五代史·晋书·少帝本纪三》

注解

① 白团围村：晋少帝即位，对契丹称孙不称臣，惹怒契丹，契丹国主带兵兴师问罪，少帝命杜重威等将兵迎敌，战于白团围村。

② 招讨使：时杜重成为北面行营都招讨使。

③ 杜威：即《旧五代史·汉书·杜重威传》及《新五代史·杜重威传》中的杜重威，《晋

少帝本纪》中避少帝石重贵讳而改。

④ 李守贞：时为副诏讨使。

⑤ 噍(jiào)类：能吃东西的动物，此指活着的人。

译文

开运二年(公元945年)三月二十七日，晋军到达白团卫村安营。人马俱渴，在营中掘井，刚掘到水就坍坏了。兵士们只好取出井泥而绞出泥汁来喝。契丹军包抄过来，渐渐围住营寨。这天，东北风猛烈，尘土飞扬、吹折树木，契丹国主坐在车中对手下的将士们说："汉人军队全都来了，只有这么多。今日可全部活捉，然后平定天下。"于是命令(军士)下马，拔除晋营的鹿角树障，箭矢也像雨点般射进晋营。营兵大呼说："招讨使为何不下令出击，而让士卒白白送死!"诸将都请求出击，杜重威说："等风势稍慢，看看他们的进退情况再说。"李守贞说："这风正对我们有利。敌众我寡，在黑风中，敌人推测兵力多少；若等风停了，我们就没一个能活着的了。"即传呼诸军齐力出击。张彦泽、符彦卿、皇甫遇等率骑兵奋力出击，风势更加猛烈了，沙尘遮蔽天日，如同夜晚，敌人大败了。当时步兵骑兵一齐进击，追袭了二十多里，至阳城(今山西阳城)东，契丹军刚要排成队列，晋骑兵又冲杀过去，(契丹车)就渡过黄河而逃去了。

史建瑭① 智胜梁军

原文

建瑭乃分麾下三百骑为五军，自将一军深入，各命俘掠梁军之刍牧者还，会下博桥。翌日，诸军至。获刍牧者数百人，聚而杀之，缓数十人，令其逸去，各曰："沙陀军大至矣!"梁军震恐。明日，建瑭、嗣肱为梁军服色，与刍牧者相杂，晡晚，及贺德伦寨门，杀守门者，纵火大噪，俘斩而去。是夜，梁祖烧营而遁，北至贝州，迷失道路，委弃兵仗，不可胜计。

《旧五代史·唐书·史建瑭传》

注解

① 史建瑭:后唐名将,在梁唐莜县大战中智烧梁军营寨,迫使梁太祖朱温退走。

译文

史建瑭于是把自己手下的三百骑兵分为五队,亲自带领一队深入敌后,集合各队俘掠梁军中的打草放马者而后回来,在下博桥会齐。第二天,各队骑兵都回来了,俘获了梁军中的打草放马者数百人,把他们合在一起杀掉了,只放了几十人,让他们逃走,并教他们说:"李克用大军到来了!"因此,使梁军甚是惊恐。第三天,史建瑭、李嗣肱换上梁军服装旗号,与打草放马者掺杂在一起。傍晚,到达贺德伦的营寨门口,杀掉守门者,放起火来,大声呐喊,俘获和斩杀了不少敌人而后退去。这天夜里,梁太祖朱温(吓得)烧掉营寨逃跑,北达贝州(今河北清河)时,迷失道路,丢弃的兵器,不计其数。

新五代史

《新五代史》概论

《新五代史》原名《五代史记》，北宋欧阳修模仿《春秋》笔法且将五代融而为一撰成，共七十四卷，本纪十二卷，列传四十五卷，考三、世家及年谱十一、四夷附录三。全书文字简要，并补充了不少新史料，为正史中自唐朝以后唯一的私修史书，与《旧五代史》同为研究五代十国史的主要资料。

欧阳修幼时因家庭贫困，无钱上学，他母亲就用荻草枝儿在地上画字，亲自教他学文化。在艰苦的环境中，经过母亲的辛勤教育和自己的刻苦学习，为欧阳修一生治学打下了深厚的文化基础。

宋仁宗天圣七年（公元 1029 年），二十二岁的欧阳修参加进士科考试，连考三次，都获得第一名。第二年，他经过复试被录取之后，就被派为西京（今洛阳）留守推官，作为西京留守钱惟演的幕僚，走入仕途。作为一部私修的史书，其产生是有一定的背景的，就欧阳修的个人遭遇也可见一斑。宋仁宗景佑三年（公元 1036 年）仲夏，年方三十的欧阳修因替指陈时弊而遭贬逐的范仲淹申辩，身遭诬陷，被逼即行离京，从水路调赴一千里外的峡州夷陵。他满怀悲愤来到这远离洛阳、开封的荒僻小邑，开始了坎坷的生活道路。这是欧阳修在仕途初次遭到的挫折，此后又几经调移和再贬滁州，虽是不幸，却也使他的思想与创作起了变化。他从一度繁荣富庶的京都走到贫困多难的基层乡镇，从朝廷收藏文件图书的馆阁走向冷酷复杂的社会，看到了他任文学侍从见不到的许多情景，触动思绪，引起了他对现实与历史一些问题的思考。正是在这谪居外州的时间里，他利用“政务之暇”着手私家著史的事业，即《新五代史》的写作。

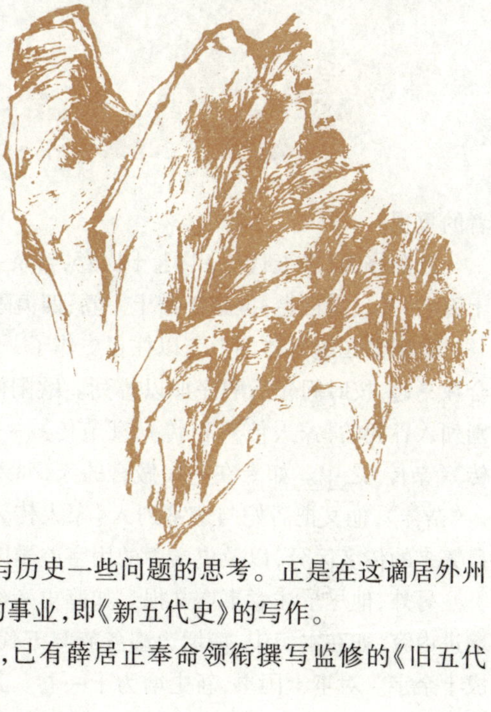

在欧阳修写作《新五代史》之前六十多年，已有薛居正奉命领衔撰写监修的《旧五代

史》(原名《五代史》)的编纂,不过是把五个小朝代的史书汇合成为一个缩编本,而不是有规划地重写一书。所以其书内容明显地反映着五代统治者的立场观点,多为之作曲笔回护,淹没了史实真相,使后世统治者失去“借鉴”的机会,文章也平淡卑弱,虽然材料很多,叙写详尽,但缺乏考辨选择,同时,文字繁冗,长达一百五十卷。

至北宋中期,对五代时期历史已有新的看法,因而在统治者中提出了重撰《五代史》的要求,欧阳修私自重新修订《五代史》,就是在这样的条件下产生的。

《新五代史》出于私撰,但由《欧阳文忠公外集》卷十七、卷十八、卷十九《与尹师鲁书》《答李淑内翰书》等篇,可知欧阳修修撰此书经历了长期探索,并与友人反复商量过。他断断续续私修五代史,费时甚多。他撰写《新五代史》所依据的史料,也非常丰富,加总起来也有数十种,共计四百多卷。经过十八年左右的时间,到皇祐五年(公元1053年),一部七十四卷的《五代史记》即《新五代史》基本脱稿。此后,他仍反复斟酌,不断修改,直到逝世。因其不肯轻易示人,生前未见流传。嘉祐年间(公元1056—1063年)范镇等向朝廷建议,征取其书,以备正史,“公辞以未成”。其时实已成书,惟以未成为辞而不肯示人而已。欧阳修死后,朝廷下令征去了这部著作,熙宁十年(公元1077)正式颁行于天下,与薛氏书并行,世人为区别起见,称薛史为《旧五代史》,欧史为《新五代史》。《新五代史》由于被宋廷列为科举考试的一科,因而受到学者的重视。

欧阳修的《新五代史》共七十四卷,目录一卷,分为五个组成部分:本纪十二卷;列传四十五卷;考二篇三卷;世家年谱十一卷;四夷附录三卷。

欧阳修在编写体例上与以往正史作了一些改变。《新五代史》则把五朝的本纪列传综合在一起,按时间先后顺序加以排列。欧阳修按照自己的观点,把人物分成几种类型,分别列入各朝的《家人传》《臣传》《死节传》《一行传》《唐六臣传》《义儿传》《伶官传》《宦者传》《杂传》之中。如专在一代做官的人,列入这一代的《臣传》,而历仕数代的人,则被列入《杂传》,他又把后妃与宗室列入《家人传》,而废过去的后妃传与宗室传。通过这些名目繁多的传名区分,以及史文中的用字差异以贯彻他的褒贬原则。

另外,他尽量注意事增文损。如薛史帝纪六十一卷,新史删并为十二卷,还注意适当增进内容,如在本纪中,新增边疆各族与五代的贡使关系。对周世宗毁佛之事,新史简化成十余字。对于十国事,新史增为十一卷。其中有一卷是十国年谱,即相当于十国年表。

又增有“四夷附录”三卷，记奚、契丹、吐浑等。这主要是因为欧阳修在采用史料上，比他以前的史家视野开阔，不但注重运用各朝实录，而且还采用小说、笔记之类的记载，以补充旧史书中所没有的史事。有些则插入比较生动的情节，以小见大，使读者加深对历史事件和人物的了解。《新五代史》对于世俗流行的迷信思想有不同的看法。各史书中充满迷信灾异的五行志，《新五代史》全予删去，《司天考》也只记一些天象的变化，略去灾异之事。书中于神异之事，皆以客观的笔法记之，并随时加以评论，这确是欧阳修比一般史家高明之处。欧史不立志，只有司天、职方二考（天文和地理）。他主观地认为五代典章制度不足为后世法，仅撰二考以备稽查。鉴于五代时疆宇交错，很难用文字表达明白，为了准确反映现实情况，欧阳修将表志改革为职方考，深受王鸣盛的推崇，说：“此考虽简略，然提纲挈领，洗眉刷目。”通看此考，便知五代土地，以梁为最小，后汉差大，周又大，而后唐为最大，为我们今天研究五代沿革地理提供了宝贵资料。简言之，欧史文笔简练，字斟句酌，全书出于一手，远非《旧五代史》所能及，史实方面亦有所补充。欧史直书其事，如朱温以追叛为名向邻部发动进攻之事，欧史即直书“移檄兖郓，诬其诱汴亡卒以东，乃发兵攻之。”（卷一《梁太祖本纪》）这几点是欧史的长处。但欧史叙事过于简略，甚至于重要史实不着一字，且书中差错时有所见，故虽力求高“简”，但有时实际上是“简而不明”。作为史书而言，其史料价值较逊于《旧五代史》。”宋人吴缜撰有《五代史纂误》五卷，纠正了欧史有关一百二十事的错误记载，很受时人重视，但其书久佚。清乾隆时，从《永乐大典》辑出一百十二事，析为三卷，略具梗概。清人杨陆荣的《五代史志疑》四卷、吴兰庭的《五代史记纂误补》四卷，都揭示了欧史的若干错误，可供参阅。彭元瑞、刘凤诰二人，先后撰成《五代史记补注》四十卷，以欧史为正文，以薛史、《册府元龟》《五代会要》《五代史补》等书分注于欧史正文之下，是一部五代史的史料汇编，对于查检五代史事，颇为有用。

朝廷兴亡宰相为难

原文

翔为人深沉，有大略，从太祖用兵三十余年，细大之务，必关之。翔亦尽心勤劳，昼夜不寐，自言惟马上乃得休息。而太祖刚暴难近，有所不可，翔亦未尝显言，微开其端，太祖意悟，多为之改易。

太祖破徐州，得时溥[①]宠姬刘氏，爱幸之，刘氏，故尚让[②]妻也，乃以妻翔。翔已贵，刘氏犹侍太祖，出入卧内如平时，翔颇患之。刘氏诮[3]翔曰："尔以我尝失身于贼乎？尚让，黄家宰相；时溥，国之忠臣。以卿门地[4]，犹为辱我，请以此诀[5]矣！"翔以太祖故，谢而止之。刘氏车服骄侈，别置典谒，交结藩镇[6]，权贵往往附之，宠信言事不下于翔。当时贵家，往往效之。

太祖崩，友珪立，以翔先帝谋臣，惧其图己，不欲翔居内职，乃以李振代翔为崇政使，拜翔中书侍郎、同中书门下平章事。翔以友珪畏己，多称疾，未尝省事。

末帝即位，赵岩等用事[7]，颇离间旧臣，翔愈郁郁[8]不得志。其后，梁尽失河北[9]，与晋相拒杨刘[10]，翔曰："故时河朔[11]半在，以先帝之武，御貔虎[12]之臣，犹不得志[13]于晋。今晋日益强，梁日益削，陛下处深宫之中，所与计事者，非其近习，则皆亲戚之私，而望成事乎？臣闻晋攻杨刘，李亚子负薪渡水，为士卒先。陛下委蛇守文[14]，以儒雅自喜，而遣贺瓌为将，岂足当彼之余锋乎？臣虽驽矣，受国恩深，若其乏材，愿得自效。"岩等以翔为怨言，遂不用。

其后，王彦章败于中都[15]，末帝惧，召段凝[16]于河上。是时，梁精兵悉在凝军，凝有异志，顾望不来。末帝遽呼翔曰："朕居常忽卿言，今急矣，勿以为怼[17]，卿其教我当安归？"翔曰："臣从先帝三十余年，今虽为相，实朱氏老奴尔，事陛下如郎君[18]，以臣之心，敢有所隐？陛下初用段凝，臣已争之，今凝不来，敌势已近，欲为陛下谋，则小人间之，必不见听。请先死，不忍见宗庙之亡！"君臣相向恸哭。

翔与李振俱为太祖所信任，庄宗入汴，诏赦梁群臣，李振喜谓翔曰："有诏洗涤，将朝新君。"邀翔欲俱入见。翔夜止高头车坊，将旦，左右报曰："崇政李公入朝矣！"翔叹曰："李振谬为丈夫矣！复何面目入梁建国门乎？"乃自经而卒。

《新五代史·梁臣传》

注解

① 时溥(pǔ)：唐末徐州节度使，唐中和三年(公元 883 年)为东南面行营兵马都统，镇压黄巢起义。景福二年(公元 893 年)梁军攻占徐州，时溥被杀。

② 尚让：唐末黄巢起义军将领。黄巢建"大齐"，任尚让为大尉兼中书令。撤出长安后，屯兵太康(今属河南)，被李克用等击败，公元 884 年与黄巢同时战死(一说降于唐将时溥)。

③ 诮(qiào)：责备，谴责。

④ 门地：指门第，门阀地位。唐以后以当代官爵高下为区分门第的标准。

⑤ 诀：诀别，告别。

⑥“别置”句：典，制度、礼仪，此处指打着仪仗之人。谒，说明、陈述，此处指传达、通报的使者仆人。藩镇，亦称“方镇”。唐初在重要地区设总管，后改称都督，总揽数州军事。唐玄宗时，在边要诸州设置十节度经略使，通称藩镇，其权力扩大到总揽一区的军、民、财政，所辖区内各州刺史均为其下属。安史之乱后，内地也多设节度使，所辖地区还多兼军号。藩镇往往拥兵自大，传位于子孙或部下。五代时藩镇更多。宋初削夺藩镇兵权，结束藩镇割据局面。

⑦“末帝”句：末帝，即梁太祖第三子朱友贞，乾化三年即位。用事，当权。

⑧ 郁郁：忧伤、沉闷貌。

⑨ 河北：道名，唐贞观十道、开元十五道之一，治所在魏州（今河北大名东北），辖境相当于今北京、河北、辽宁省大部，河南、山东古黄河以北地区。

⑩ 杨刘：在今山东东阿县东北古黄河南岸。

⑪ 河朔：泛指黄河以北地区。

⑫ 貔（pí）虎：比喻勇猛的军队。

⑬ 得志：得意，达到目的。

⑭ 委蛇守文：委蛇，庄重而又从容自得的样子；守文，遵守成文。

⑮“王彦章”句：王彦章，梁将，龙德三年（公元 923 年）为北面行营招讨使，抵抗晋军，后战死。中都，县名，治所在今山东汶上。

⑯ 段凝：梁将，时为代替王彦章任北面行营招讨使，后降晋。

⑰ 怼：怨恨。

⑱ 郎君：贵公子，此处指门生故吏称府主之子。

译文

敬翔为人深沉，有方略，跟着梁太祖用兵打仗有三十多年，小事大事都必定牵涉到他。敬翔同时也尽心尽力、勤恳操劳，白天夜里都不睡，他自己说只有在马上才能休息一下。而梁太祖性格刚烈暴躁，难以接近，有不可行的事，敬翔也不曾挑明来说白，只是稍微开个头，（让）梁太祖体会领悟（到不妥或不可行的事），大多因此而改变。

梁太祖攻占了徐州城，获得唐将时溥的爱妾刘氏，（梁太祖）很宠爱她，刘氏是故去的尚让的妻子，（梁太祖）就让刘氏作敬翔的妻子。敬翔显贵了，可刘氏还在侍奉梁太祖，像平时一样进出他的卧室，敬翔因此感到很担忧。刘氏斥责敬翔说：“你以为我曾在盗贼那里丧失了操节吗？（你以为尚让、时溥是贼，可是）尚让，是黄巢大齐朝廷的宰相；时溥，是大唐国的忠臣。凭你的门第,还辱没了我。请从此分别吧!”敬翔因为梁太祖的缘故,(便向刘氏)谢罪并阻拦了她(的分别)。刘氏的车马服饰很骄纵奢侈,还另设仪仗队和传达使者,与藩镇交往联系,权贵们往往依附于她,她(在梁太祖那里的)宠爱信任,对军国之事的讨论参与(的程度)并不亚于敬翔。当时的显贵之家,往往要仿效刘氏。

梁太祖死后,朱友珪立为皇帝,因敬翔是先帝的谋臣,朱友珪怕他打自己的主意,不想要敬翔担任朝廷亲近的职务,就以李振代替敬翔任崇政院使,任敬翔为中书侍郎、同中书门下平章事。敬翔也因朱友珪怕自己,就常常称病(在家),不去过问政务。

梁末帝即位后,赵岩等专权弄事,大肆挑拨离间(朝廷与)老臣(的关系),敬翔更加忧闷不得志。此后,后梁把河北地区都丢失了,和晋军在杨刘对抗着,敬翔说:“以前我们还占有着河北一半的地区,凭着先帝的武威,统率着勇猛善战的臣子,(梁)尚且不能打败晋。现在晋日益强大,梁渐渐日益削弱,陛下住在深宫之中,和陛下谋划事情的人,不是陛下的亲信,就都是内亲外戚的偏爱(之人),(这样)还有希望办成大事吗?我听说晋军进攻杨刘时,晋王李存勖是背着柴草过河,身先士卒。而陛下从容自得,遵守成文,因儒雅而沾沾自喜,却派贺瓌任统率梁军的将军,(这样)难道足以抵抗敌军的余锋吗?我虽然困乏衰朽了,但蒙受了国家很深的恩泽,如果国家缺乏有才能的人,我希望能效力。”赵岩等认为敬翔说的是怨恨之话,就没听他的。

此后,王彦章在中都打了败仗,梁末帝害怕了,从黄河上召见段凝。此时,梁的精兵都在段凝的军队里,段凝心怀不轨,左右顾盼着(担心犹移)而不来朝见(皇上)。梁末帝急促地喊着敬翔说:“我平时不注重你的话,现在危急了,请你不要怨恨,请你指教我该怎样归宿呢?”敬翔说:“我跟随先帝三十多年,现在虽然当着宰相,实际上只是朱家的老奴仆而已。我事奉陛下如同(事奉)郎君,凭着我的忠心,哪敢有所隐瞒?陛下当初任用段凝时,我曾论过此事。现在段凝不来朝见陛下,(而且)敌人的势力已迫近了,(如果我)想要替陛下谋划,那么小人就会来挑拨离间(我们的君臣关系),(我的谋划也)一定不会被(陛下)采用。请(让我)先死吧,我不忍心看到朝廷的灭亡!”(说完)君臣面对着痛哭。

敬翔和李振都被梁太祖所信任,后唐庄宗进入汴京(开封)时,下诏赦免梁的众位臣子,李振欢喜地对敬翔说:“(唐)有诏书赦免(我们),(我)将朝见新的皇帝。”他邀请敬翔想一起入宫参见(新皇帝)。敬翔夜里住在高头车坊,快天亮时,身边的人报告说:“崇政院使李公进朝了!”敬翔叹息道:“李振错为男人了!又有什么脸面进梁朝的建国门呢?”于是他上吊而亡。

宋 史

《宋史》概论

《宋史》共四百九十六卷，包括本纪四十七卷，志一百六十二卷，表二十二卷，列传二百五十五卷，约五百万字，是正史中卷帙最为浩繁的一部官修史书。

元代中期，李孟曾请求纂修宋史，袁桷在呈给翰林国史院《修辽金宋史搜访遗书条例事状》中说，先朝圣训，屡命史臣修撰辽、金、宋史，可惜都因循未就。此后，延投（公元1314—1320年）天历（公元1328—1330年）年间又一次议修三史未成。修纂三史工作一再迁延未就，引起不少儒臣的非议。三史成功地修撰的转机出现在顺帝时期。至正三年（公元1343年），元顺帝下诏修辽、金、宋三史，当时脱脱主持修史，断然决定辽、金、宋都为正统，设局修三史。脱脱为都总裁，中书平章政事铁木儿塔识、中书右丞贺唯一（后改名太平）、御史中丞张起岩、翰林学士欧阳玄、侍御史吕思诚、翰林侍学士揭傒斯为总裁，负责编纂事宜。都总裁、总裁之下，选择文臣担任史官，在翰林国史院分史置局，设立了辽史、金史、宋史三局，三史同时修撰。

《宋史》修撰的组织领导、正统问题确定之后，又解决了修史的经费问题，于是从至正三年四月开始正式编纂。由于有旧史作基础，经过编纂人员的努力，历时两年半修成。元朝仿效宋制，用宰相兼领史事。都总裁官脱脱在《辽史》修成后辞去右丞相之职，由阿鲁图继任，所以《宋史》修成后由阿鲁图领衔进呈。其实在《宋史》修撰中起主要作用的是都总裁、总裁和《宋史》局的史官。

脱脱（公元1314—1356年）以中书右丞相的身份兼都总裁，他实行的重用儒臣等“更化”政策，为《宋史》的编撰创造了必要的外部条件。在此之前，三史的体例尤其是谁为正统的问题严重阻碍着三史的修撰，在众说纷纭、久而不决的情况下，脱脱断然决定“三国各与正统，各系其年号”，从而平息了长期以来得不到解决的体例问题，使三史得以顺利修撰，并确定了平等对待辽、金、宋三史的准则。作为三史都总裁，他又组织了修史班子，解决了修史所需浩繁经费。在修撰中许多是非问题也由脱脱裁定。《修三史诏》说“纂修期间，予夺议论，不无公私偏正，必须交总裁官质正是非，裁决可否”。总之脱脱为《宋史》修撰作出了重要贡献。

《宋史》叙事始于赵匡胤称帝，终于元军攻破崖山（今广东新会南），陆秀夫背着帝昺投海，记载了有宋一代三百二十年的历史。宋朝的历史在中国古代史上占有重要地位。它与汉、唐合称“后三代”，承汉唐之制而有进一步的发展，并开启明清乃至近代社会历史变化的端倪，显现出中国封建社会历史转折的新特点。宋代的农业、手工业和商业都比唐代有了进一步的发展。经济重心南移宣告完成。记录这一时期的史料较多，但又专制主义中央集权集前代之大都有所偏重或侧重，或者是在典章制度，或者是在北宋历史，或者是在南宋历史，或者是在民族关系方面。全面、系统地反映宋朝历史的基本史籍当首推《宋史》。

《宋史》卷帙浩繁，修成之后遭到许多批评和非议。其突出的问题一是遗漏较多，二是繁杂芜秽，三是编次错讹。如卷三百五十七已有李熙靖，卷四百五十三又有李熙靖，查其事迹，实系一人，并非偶同姓名者，这就是人们批评的一人两传。传与传，表与传，纪与传，传文与传论之间互相矛盾，如《陈宜中传》说尹玉等皆战死，张全不发一矢；《尹玉传》则称张全等抗战军败。《宋史》前后详略不一，北宋的历史讲得很完备。因为有王称《东都事略》和李焘《续资活通鉴长编》作为参考，南宋高宗、孝宗、光宗、宁宗四朝的历史也写得较好。但南宋中叶以后，记载得过于简略。

由于《宋史》存在不少问题，从明代以来许多人着手重修宋史。如明柯维琪的《宋史类编》、王维俭的《宋史记》，等等。“这些重之书，都只能作为《宋史》的补充，而直到现在，后修的许多宋史没有一部能取代它的地位。”顾炎武、朱彝尊这些大家想重修而终于没有结果，都不是偶然的。《宋史》史料价值和历史地位仍然高于所有的改写之作，由于《宋史》的自身价值，使得它无可动摇地成为宋朝的基本史料书。

太祖微服私访

原文

太祖数微行[1]过[2]功臣家，普[3]每退朝，不敢便[4]衣冠。一日，大雪向[5]夜，普意[6]帝不出。久之，闻叩门声。普亟出，帝立风雪中，普惶惧迎拜。帝曰：“已约晋王矣。”已而太宗至，设重裀[7]地坐堂中，炽炭烧肉。普妻行酒，帝以嫂呼之。因与普计下太原。普曰：“太原当[8]西北二面，太原既下，则我独当之，不知姑俟[9]削平诸国，则弹丸黑子[10]之地，将安逃乎？”帝笑曰：“吾意正如此，特试卿尔。”

《宋史·赵普传》

注解

① 微行:微服出行。即身着便装外出,不使人知其真实身份。

② 过:访问。

③ 普:赵普(公元 962—992 年),字则平,河南洛阳人。宋初曾任枢密使、宰相等职。

④ 便:动词,穿戴便衣便帽。

⑤ 向:接近。

⑥ 意:估计。

⑦ 裀:垫子或褥子。

⑧ 当:抵挡。

⑨ 姑俟:姑,姑且。俟,等待。

⑩ 弹丸黑子:形容地方狭小。

译文

宋太祖多次微服出行访问功臣之家,所以,赵普每次退朝回家后,不敢马上换上便衣便帽。一天,大雪一直下到半夜,赵普想皇上不会外出了。过了很久,听到敲门声,赵普急忙出门探看,只见皇上站在风雪之中。赵普惶恐不安地上前跪拜迎接。太祖说:“我已经约了晋王到你这儿来。”不一会儿,太宗也到了。于是他们铺起厚厚的垫褥,在厅堂中就地坐了下来。燃起薪炭,烧起肉来。赵普的妻子给他们酌酒助兴,皇上称他为“嫂子”。宋太祖便同赵普商议攻伐太原的大计。赵普说:“太原挡住西北两面。如果太原攻了下来,那西北两面之敌势必由我们独挡。不如等一下,先调兵去削平南方各国。各国削平了,那么太原这个弹丸之地,会逃脱覆灭的命运吗?”太祖笑道:“我的意思正是这样,刚才不过试探你一下。”

杯酒释兵权

原文

乾德初，帝因晚朝与守信等饮酒，酒酣，帝曰："我非尔曹[1]不及此，然吾为天子，殊不若为节度使之乐，吾终夕未尝安枕而卧。"守信等顿首曰："今天命已定，谁复敢有异心，陛下何为出此言耶?"帝曰："人孰[2]不欲富贵?一旦有以黄袍加汝之身，虽欲不为，其可得乎?"守信等谢曰："臣愚不及此，惟陛下哀矜[3]之。"帝曰："人生驹过隙[4]尔，不如多积金、市[5]田宅以遗子孙，歌儿舞女以终天年。君臣之间无所猜嫌，不亦善乎。"守信谢曰："陛下念及此，所谓生死而肉骨[6]也。"明日，皆称病，乞解兵权，帝从之，皆以散官[7]就第，赏赉[8]甚厚。

《宋史·石守信传》

注解

① 尔曹：你们。

② 孰：谁；哪个。

③ 哀矜：同情；怜悯。

④ 驹过隙：比喻光阴迅速。

⑤ 市：买。

⑥ 生死而肉骨："生"，"肉"都是使动用法。生死，使死者复生。肉骨，使白骨长肉。形容恩惠深厚。

⑦ 散官：指有官名而无固定职事的官。

⑧ 赉(lài)：赐给。

译文

乾德初年，太祖趁晚朝的时候与石守信等一起饮酒。酒喝得正畅快的时候，太祖开口说道："我要不是有你们大力相助，绝不会有今天，但我作了天子，总觉得远不如作节度使时快乐，整夜地不曾落枕睡过安稳觉。"石守信等人磕头说："现在天命已定，哪个还敢存有二心？不知陛下为什么说出这种话来？"太祖说："哪个人不图富贵？一旦有人把黄袍加在你们身上，到那时即使你不想作天子，又怎么可能脱身呢？"石守信等人谢罪说："我们太愚笨了，连这都想不到，希望陛下可怜可怜我们吧！"太祖说："人生在世，好像骏马掠过细缝一般快得很啊！不如多多积聚些金银，购置田产房屋留给子孙，多养些歌儿舞女，来度过一生。这样一来，君臣之间就不会有什么猜疑了，这不是也很好吗？"石守信感激地说道："陛下替我们想到了这一点，真是使死者复生、白骨长肉啊。"次日，石守信等都托言有病，乞求解除兵权，太祖给予准允，都让他们以散官的身份回家养老，给他们的赏赐也特别优厚。

吕夷简劝刘太后

原文

明道元年，疾革，进位宸[1]妃，薨，年四十六。初，章献太后欲以宫人礼治丧于外，丞相吕夷简奏礼宜从厚。

太后遽[2]引帝起，有顷，独坐帘下，召夷简问曰："一宫人死，相公云云，何欤[3]？"夷简曰："臣待罪宰相，事无内外，无不当预。"太后怒曰："相公欲离间吾母子耶！"夷简从容对曰："陛下不以刘氏为念，臣不敢言；尚念刘氏，则丧礼宜从厚。"太后悟，遽曰："宫人，李宸妃也，且奈何？"夷简乃请治丧用一品礼，殡洪福院。夷简又谓入内都知罗崇勋曰："宸妃当以后服殓，用水银实棺，异时勿谓夷简未尝道及。"崇勋如其言。

后章献太后崩，燕王为仁宗言："陛下乃李宸妃所生，妃死以非命。"仁宗号恸顿毁，不视朝累日，下哀痛之诏自责。尊宸妃为皇太后，谥庄懿[4]。

幸洪福院祭告，易梓宫，亲哭视之，妃玉色如生，冠服如皇太后，以水银养之，故不坏。仁宗叹曰："人言其可信哉！"遇刘氏加厚！"

《宋史·真宗赵恒宸妃李妃传》

注解

① 宸(chén)：音。

② 遽(jù)：急忙。

③ 欤：语气词，表示疑问。

④ 懿(yì)：音。

译文

明道元年，李氏病重，刚刚晋封为宸妃，就去世了，享年四十六岁。开始，章献太后刘氏准备按普通宫人的规格替她办理丧事，丞相吕夷简却奏请将丧礼办得隆重些。

于是章献太后迅速引仁宗赵祯退出，过后又独自坐在帘下召见吕夷简，质问他说："一个宫人死了，相国还唠唠叨叨地，是什么意思？"吕夷简说："我的职位是宰相，朝廷上事无内外，我都应当过问。"刘太后大怒，说："你想挑拨我们母子间的关系吗？"吕夷简不慌不忙地回答说："陛下如果再也不念及刘家了，那我也就无话可说了。如果很念及刘家的话，那么，依我看，李宸妃的丧礼就还是以隆重一些为好。"太后醒悟过来了，说："是啊，这位宫人不是别人，她是李宸妃呀！你快给我说说看，怎样办理才好呢？"于是吕夷简建议采用一品礼仪治丧，殡于洪福院。得到刘太后的同意后，又特意吩咐入内都知罗崇勋说："李宸妃必须用皇后服饰装殓，棺内注满水银，以免后人讥笑我吕夷简，说我考虑不周全。"罗崇勋听从了吕夷简的指示。

后来章献太后去世，燕王告诉赵祯："皇上是李宸妃所生，而李宸妃是死于非命的。"气得赵祯哭天叫地，悲痛欲绝，几天都没有上朝。他一面下诏追尊宸妃为皇太后，谥号庄懿，一面亲赴洪福院祭奠，但打开棺盖一瞧，由于棺内注满了水银，宸妃的遗体一点也未腐败，身体的颜色像活人的一样，冠服规格则全部与皇太后身份相符，连一丝一毫“死于非命”的迹象也没有，赵桢看后叹息说：“外面有的人说的那些话，实在是相信不得的。”此后，赵桢待刘氏家属更好了。

宗泽忧愤而亡

原文

泽[①]忧愤成疾，疽[②]发于背。诸将入问疾。泽矍然[③]曰：“吾以二帝[④]蒙尘[⑤]，积愤至此。汝等能歼敌，则我死无恨。”众皆流涕曰：“敢不尽力！”诸将出，泽叹曰：“出师未捷身先死，长使英雄泪满襟[⑥]。”翌日[⑦]，风雨昼晦[⑧]。泽无一语及家事，但连呼“过河”者三而薨。都人号恸。

《宋史·宗泽传》

注解

① 泽：即宗泽。字汝霖（公元1103—1142年），浙江义乌人，宋名将，宋高宗时官至龙图阁学士。

② 疽：毒疮。

③ 矍(jué)然：激动的样子。

④ 二帝：指宋徽宗和宋钦宗。

⑤ 蒙尘：比喻帝王流亡或失位，蒙受屈辱。此指靖康之变时，徽宗、钦宗被金人俘获之事。

⑥ “出师”两句：语出杜甫诗《蜀相》。全句是说三国诸葛孔明带兵六出祁山，还没有取得最后胜利，就先死了。

⑦ 翌(yì)日：第二天。

⑧ 晦：昏暗。

译文

宗泽忧愤成疾，背上生了毒疮。众将领进帐探望病情，宗泽激动地说："我因徽、钦二帝被俘受辱，胸中郁积忧愤，才病到这种地步。如果你们能歼灭敌人，我就是死了也无遗憾。"众将领都痛哭流涕，说："我们怎敢不竭尽全力杀敌呢！"众将领出了帐门，宗泽叹了口气说："出师未捷身先死，长使英雄泪满襟。"第二天，风雨交加，天色昏暗。临终时，宗泽没有一句话谈到家事，只连呼三声："过河！过河！过河！"然后就去世了。连都城的老百姓，都为他的死而号啕痛哭起来。

吕蒙正受诬不辩

原文

蒙正初为相时，张绅[①]知[②]蔡州[③]，坐[④]赃免。或言于上[⑤]曰："绅家富，不至此，特蒙正贫时勾索[⑥]不如意，今报之尔[⑦]。"上命即复绅官，蒙正不辩。后考课院[⑧]得绅实状，复黜[⑨]为绛州[⑩]团练副使。及蒙正再入相，太宗谓曰："张绅果有赃。"蒙正不辩亦不谢[⑪]。

《宋史·吕蒙正传》

注解

① 张绅：生平不详。
② 知：任知府。
③ 蔡州：隋大业初改溱州置，治所在今河南省汝南县。
④ 坐：获罪。
⑤ 上：即宋太宗。
⑥ 勾索：勾取勒索。

⑦ 尔：罢了。

⑧ 考课院：考核官员政绩的政府机关。

⑨ 黜（chù）：贬。

⑩ 绛州：唐武德元年（公元618年）改绛郡为绛州，所辖在今山西新绛县一带。

⑪ 谢：感谢。

译文

吕蒙正起初做宰相时，张绅任蔡州知府，由于犯贪污罪而免职。有人对皇上说："张绅家境富裕，不会贪污，只因吕蒙正贫困时向他勒索没有如愿，如今对他进行报复罢了。"皇上听了，命令马上将张绅官复原职，吕蒙正对此不作申辩。后来，考课院获得张绅贪污的真凭实据，皇上又把张绅贬为绛州团练副使。直到吕蒙正再次入朝为相，太宗才对他说："张绅的确犯了贪污罪。"吕蒙正听了，还是不申辩，自己再度入主相府也不感激皇上。

狄青建奇功

原文

尹洙[①]为经略判官，青以指使[②]见，洙与谈兵，善之，荐于经略使韩琦、范仲淹[③]曰："此良将才也。"二人一见奇之，待遇甚厚。仲淹以《左氏春秋》授之曰："将不知古今，匹夫勇尔。"青折节[④]读书，悉通秦、汉以来将帅兵法，由是益知名。以功累迁西上閤门副使，……又加捧日天武四厢都指挥使，惠州团练使。

仁宗以青数有战功，欲召见问以方略，会贼寇渭州。命图形以进。元昊称臣，徙真定路副都总管，历侍卫步军殿前都虞侯、眉州防御使，迁步军副都指挥使、保大安远二军节度观察留后，又迁马军副都指挥使。

青奋行伍，十余年而贵，是时面涅[5]犹存。帝常敕青傅药除字，青指其面曰："陛下以功擢臣，不问门地[6]，臣所以有今日，由此涅尔，臣愿留以劝军中，不敢奉诏。"以彰化军节度使知延州，擢枢密副使。

皇祐[7]中，广源州蛮侬智高反[8]，陷邕州，又破沿江九州，围广州，岭外骚动。杨畋[9]等安抚经制蛮事，师久无功。又命孙沔、余靖为安抚使讨贼，仁宗犹以为忧。青上表请行，翌日入对[10]，自言："臣起行伍，非战伐无以报国。愿得蕃落骑数百，益以禁兵，羁贼首致阙下。"帝壮其言，遂除宣徽南院使、宣抚荆湖南北路、经制广南盗贼事，置酒垂拱殿[11]以遣之。时智高还据邕州，青合孙沔、余靖兵次宾州。

先是，蒋偕、张忠皆轻敌败死，军声大沮。青戒诸将毋妄与贼斗，听吾所为。广西钤辖陈曙乘青未至，辄以步兵八千犯贼，溃于昆仑关[12]，殿直袁用等皆遁。青曰："令之不齐，兵所以败。"展会诸将堂上，揖曙起，并召用等三十人，按以败亡状，驱出军门斩之。沔、靖相顾愕眙[13]、诸将股栗[14]。已而顿甲[15]，令军中休十日。觇者[16]还，以为军未及进。青明日乃整军骑，一昼夜绝昆仑关，出归仁铺为阵。贼既失陷，悉出逆战。前锋孙节搏贼死山下，贼气锐甚，沔等皆失色。青执白旗麾骑兵，纵左右翼，出贼不意，大败之，追奔五十里，斩首数千级，其党黄师宓、侬建中、智中及伪官属死者五十七人，生擒贼五百余人，智高夜纵火烧城遁去。迟明[17]，青按兵入城，获金帛巨万，杂畜数千，招复老壮七千二百尝为贼所俘胁者，慰遣之。

枭黄师宓等邕州城下，敛尸筑京观[18]于城北隅。时贼尸有衣金龙衣者，众谓智高已死，欲以上闻。青曰："安知非诈邪？宁失智高，不敢诬朝廷以贪功也。"初，青之至邕也，会瘴雾昏塞，或谓贼毒水上流，士饮者多死，青殊忧之。一夕，有泉涌寨下，汲之甘，众遂以济。

复为枢密副使，迁护国军节度使、河中尹。还至京师，帝嘉其功，拜枢密使，赐第敦教坊，优进诸子官秩。初，青既行，帝每忧之曰：“青有威名，贼当畏其来。左右使令，非青亲信者不可；虽饮食卧起，皆宜防窃发。”乃驰使戒之。乃闻青已破贼，顾宰相曰：“速议赏，缓则不足以劝矣。”始，交阯[19]愿出兵助讨智高，余靖言其可信，具万人粮于邕、钦待之。诏以缗钱三万赐交阯为兵费，许贼平厚赏之。青既至，檄余靖无通使假兵[20]，既上奏曰：“李德政声言将步兵五万、骑一千赴援，非其情实。且假兵于外以除内寇，非我利也。以一智高而横蹂二广，力不能讨，乃假兵蛮夷，蛮夷贪得忘义，因而启乱，何以御之？请罢交阯助兵。”从之。贼平，人服其有远略。

《宋史·狄青传》

注解

① 尹洙：北宋文学家，字师鲁，河南府（治所在今河南省洛阳）人。仁宗庆历年间，官至起居舍人直龙图阁，曾参与西北地区的防务。范仲淹被贬，他出监唐州酒税。李元昊为西夏王，常与宋战。时尹洙正在民间，死于庆历七年（公元 1047 年）。

② 指使：军中的职事衔。

③ 经略使韩琦、范仲淹：韩琦，字稚圭，相州安阳（今河南）人，官历仁宗、英宗、神宗三朝，仁宗庆历年间随范仲淹一起为相，一起被贬，英宗时复为相，神宗时出知相州、大名等地，为王安石变法的反对派。范仲淹，字希文，苏州吴县人，北宋的政治家、文学家，庆历三年（公元 1043 年）任参知政事，主张推行新政，遭到保守派的反对，遂出任陕西四路宣抚使，后在赴颍州途中病死。此指宝元三年（公元 1040 年）西夏攻延州，韩琦与范仲淹同任陕西经略使，改革军务，巩固边防时事。

④ 折节：改变平日的志节和行为。此指发奋读书。

⑤ 面涅（niè）：兵士脸上刺的字迹符号。

⑥ 门地：门阀地位。魏晋之际，讲求门阀特权，形成一种以贵族门阀为高尚的等级制度。唐代以后，代之以官爵的高下论定其所享有的特权。故有门阀地位之说。

⑦ 皇祐：宋仁宗赵祯的年号。

⑧ “广源州”句：广源州，唐置羁縻平源州，宋称羁縻广源州，属广南西路邕州管辖，治所在今越南高平省广渊。侬智高为其地的壮族首领。宋仁宗时，侬智高极力扩展势力，并于皇投四年（公元 1052 年）起兵反宋，攻破横、贵、浔、龚、藤、梧、封、康、端诸州，后在泉州受挫；第二年，在昆仑关归仁铺，他又为宋大将狄青所败，退走云南大理，不知所终。

⑨ 杨畋：宋大臣。宋仁宗时做过知州，殿中丞，后升为龙图阁直学士。

⑩ 入对：进宫回答皇帝提出的问题。

⑪ 垂拱殿:宋宫殿名。宋代君臣常在此处议政。

⑫ 昆仑关:在广西邕宁县东西120里昆仑山上。

⑬ 愕(è)眙(yí):吃惊貌。

⑭ 栗:同“慄”、“溧”,害怕得发抖。

⑮ 顿甲:顿,屯驻。甲,甲士,指士兵。

⑯ 觇者:指侦察的人。

⑰ 迟明:将近天明。

⑱ 京观:古代战争,胜者为了炫耀武功,收集敌人的尸体,封土成高冢,称京观。《左传·宣公十二年》社预注:“积尸封土其上,谓之京观。”

⑲ 交阯:指越南。越南自10世纪30年代独立建国后,北宋称其国为交阯。

⑳ 假兵:借兵。

译文

尹洙任经略判官的时候,狄青以军中指使的身份拜谒他,尹洙与狄青谈论军事,很赞成狄青的看法,并向经略使韩琦、范仲淹推荐说:“这是一个良将之才。”韩琦、范仲淹二人一见狄青就认为他是个奇才,给他很高的待遇。范仲淹把《左氏春秋》送给他说:“当将军不懂得古代和今天,就只是勇猛的匹夫。”狄青发奋读书,通晓了秦汉以来将帅的战法,从这时起狄青更加知名。因战功迁升为西上阁门副使,经略招讨副使,……又兼捧日天武四厢都指挥使,惠州团练使。

宋仁宗因为狄青多次获得战功,想召见他,向他询问大政方针,正赶上敌兵入侵渭州,就命令他画出地理图形拿给朝廷。西夏国王元昊对宋称臣,狄青迁为真定路副都总管,历任侍卫步军殿前都虞侯、眉州防御使,又迁为步军副都指挥使、保大安远二军节度观察留后,后又迁为马军副都指挥使。

狄青在军中奋斗十多年而显贵,这时他当士兵期间在脸上刺的字迹、符号还存在。皇帝常令狄青敷上药剂除掉那些字迹,狄青指着自己的脸说:“陛下您依据功绩提拔我,不论门阀地位的高低,由于这些字迹,所以我才有今天,我愿意将它们保留下来,借以规劝军中的士卒,要尊奉皇帝的旨意。”以彰化军节度使的身份执掌延州,提拔为枢密副使。

皇祐年间,广源州的少数族人侬智高造反,攻陷邕州,又攻破了沿江的九个州,围攻广州,岭外地方为之骚动不安。杨畋等人安抚管制少数族的事情,长期驻军都不见成效。又命令孙沔、余靖为安抚使讨伐贼寇,宋仁宗更加为此担忧。狄青上书请命前往征讨,次日进朝回答皇帝提出的问题，自己提出：“我出身于军伍之间，不参加攻战和讨伐就无法报答国家。我希望得到蕃邦部落的骑兵数百名，再加些禁卫军，把敌人的首领绑缚到宫城之下。”皇帝很欣赏他的话，就授任他为宣徽南院使、宣传安抚荆湖南北路、管制广南盗贼的事，在垂拱殿摆下酒席而派遣了他。这时，侬智高还占据邕州，狄青会合孙沔、余靖的军兵驻扎在宾州。

此前，蒋偕、孙忠都因为轻敌战亡，部队的士气大大地衰落。狄青告诫众将官不要轻易地跟敌人作战，看我都干些什么。广西钤辖陈曙趁着狄青尚未到达，就带领八千名步兵进攻敌军，在昆仑关被打散，殿直袁用等都逃跑了。狄青说：“军令不一致，部队就要打败仗。”早晨在大堂上会见众将，拱手让陈曙起立，并且集合了袁用等三十个人，审查了他们的战败逃跑的情况，将他们赶出军门以外斩首。孙沔、余靖相互看了看都大吃一惊，众将官吓得两腿打战。随后休军，狄青令军中休整十日。侦察的人回来，以为军队来不及向前进发。第二天狄青就整治了骑兵，一日一夜而打开了昆仑关，出归仁铺列成阵势。敌军既已丢失了险要，就全部出动进行迎战。前锋孙节与敌人搏斗死于山下，敌人气势还很强盛，孙沔等人大惊失色。狄青手执白旗指挥骑兵，操纵左右两侧军兵，出敌不意，打败了他们，追袭五十里，斩了数千颗人头，他们的同伙黄师宓、侬建中、智中以及伪官属等五十七人死去，活捉敌人五百多名，侬智高夜间放火烧城逃去。将近天明，狄青整兵入城，缴获金银布帛巨万、各种牲畜数千，招回了七千二百名曾被敌人俘虏、胁迫而去的老年人和成年人，安慰并打发了他们。

在邕州城下砍掉了黄师宓等人的脑袋，收敛了死者的尸首并在城北一角修筑了一座大合葬墓。当时在那些敌人的尸首里有一个穿黄龙衣的人，大家都说侬智高已死，想以此向皇帝报功。狄青说：“怎知这就不是一种欺诈呢？宁肯上报侬智高跑掉，也不敢欺骗朝廷而贪图赏功。”当初狄青到邕州，正赶上毒雾充塞得昏昏暗暗，有人说敌人在河水的上流放毒，喝了这水的战士大多死去，狄青对此事非常忧虑。一个傍晚，有一股泉水从营寨下面涌出，取来尝尝，是甜的，众人因此得救。

狄青又做了枢密副使，升为护国军节度使、河中尹。回到京城，皇帝称赞狄青的功劳，授任他为枢密使，在敦教坊赠给他一处住宅，优待他的几个儿子并给他们晋升官爵。想当初，狄青出发，皇帝对他很忧虑，说：“狄青有威名，敌人当然害怕他前来。在他身边供他使唤的人，不是他的亲信不行；就是那些饮食住行的小事，也都应该防备奸情的发生。”于是皇帝派使者飞马前去告诫他。等到听说狄青打败了敌人，皇帝对宰相说：“快点商议奖赏，慢了就没有鼓励的意思了。”战争一开始，交阯表示愿意出兵帮助讨伐侬智高，余靖认为他们可信，准备了一万人的粮食在邕、钦两地等待他们。皇帝命令将三万串钱赏赐给交阯作为军费，答应他们平定侬智高后，重重地奖励他们。狄青到来，传令余靖不要通使借兵，他立即上奏皇帝说：“李德政声称率领步兵五万、骑兵一千赶赴战地救援，这不是他们内心的真实情况。况且借兵于外而铲除内寇，对我们不利。有一个侬智高横行蹂躏两广地区，力量尚且不能讨伐，又借兵蛮夷，蛮夷之人贪得无厌并且忘恩负义，因而引起变乱，又用什么来抵御他们呢？我请求终止交阯的助兵。”皇帝听从了他的意见。侬智高被平定，人们都佩服他有高深的谋略。

杨业善恤士卒

原文

业[1]不知书，忠烈武勇，有智谋。练习攻战，与士卒同甘苦。代[2]北苦寒，人多服毡罽[3]，业但挟纩[4]，露坐治军事，傍[5]不设火，侍者殆[6]僵仆[7]，而业怡然无寒色。为政简易，御下有恩，故士卒乐为之用。朔州之败，麾下尚百余人，业谓曰："汝等各有父母妻子，与我俱死无益也，可走还报天子。"众皆感泣不肯去。

《宋史 · 杨业传》

注解

① 杨业：又名继业（？—986 年），山西太原人。宋代著名的将领。

② 代:州名,治所在今山西代县。

③ 毡罽:毛织品。

④ 纩:丝棉絮。

⑤ 傍:同“旁”。

⑥ 殆:几乎。

⑦ 僵仆:倒下。

译文

杨业没有读过书,但忠诚刚烈,英武勇猛,富于智谋。练习攻战,能与士兵同甘共苦。代州以北,天寒地冷,人们大多穿上了毛织物,而杨业只披棉衣,坐在露天下处理军务,身旁不摆火炉。侍卫冻得差不多要倒仆地上,而杨业却怡然自乐,毫不怕冷。他处理政务简约平易,对待部下,多有恩惠,所以士卒乐于为他效力。朔州战败时,部下还剩百多人,杨业对他们说:“你们都有自己的父母妻子,同我一起死在这里没有什么益处。你们可以突围而逃,回去报告天子。”大家都感动得热泪奔流,没有一个人愿意离开。

辽 史

《辽史》概论

《辽史》一百一十六卷，元朝脱脱奉敕修撰。其中包括本纪三十卷，志三十二卷，表八卷，列传四十五卷，另附国语解一卷。它是研究辽代历史的最基本也是最重要的史料。

《辽史》的编撰，大体上是由史官撰成初稿，然后进呈总裁，由总裁笔削裁定。因而总裁在修纂《辽史》中有着重要作用。欧阳玄、揭傒斯、张起岩都是元代的著名学者，熟悉历史典故，精通儒学经典。欧阳玄订立三史凡例，作为撰写初稿者的写作依据，不公正处亲笔改定，并且亲笔撰写三史中的论、赞、表、奏。揭傒斯强调修史以用人为本，重视史法和史意，在三史编纂中，毅然以笔削自任。政事得失、人才贤否必定求得公正。张起岩对初稿中立言未当之处，总是据理改定。吕思诚除参加《辽史》等三史的编修外，还总裁后妃、功臣传，荟萃《六条政类》。铁木儿塔识、贺唯一（后改名太平）两位总裁在《辽史》修纂中也起过重要作用。

《辽史》所以能在不到一年的时间里修撰成功，除了有一个较为完善的写作班子外，更主要的是利用了辽代耶律俨编纂的国史和金代陈大任编纂但未最后完成的《辽史》。其中耶律俨的著作《辽实录》是后来金修《辽史》的基础，是元修《辽史》引证最多的著作之一。陈大任的《辽史》也是元修《辽史》的重要依据。

《辽史》全书按纪、志、表、传编排，是一部按传统方法纂修的纪传体史书。本纪和列传是全书的主要内容。本纪是从开国皇帝太祖耶律阿保机到天祚皇帝耶律延禧，共九帝，计三十卷，《辽史》本纪所占的比重，超过了金、宋二史。《辽史》本纪以内容的多少来安排卷数，太祖本纪二卷，太宗本纪二卷，世宗本纪一卷，穆宗本纪二卷，景宗本纪二卷，圣宗本纪八卷，兴宗本纪三卷，道宗本纪六卷，天祚皇帝本纪四卷。《辽史》本记述了辽朝九帝的历史事迹和整个朝代重大事件，在《辽史》中占有首要地位。

君臣论军国之务

原文

九月壬寅，次赤山[①]，宴从臣，问军国要务，对曰：“军国之务，爱民为本。民富则兵足，兵足则国强。”上以为然。

《辽史·太宗本纪》

注解

① 赤山：山名，在今辽宁省境内。

译文

辽太宗会同八年九月壬寅之日，太宗率兵驻扎在赤山，宴请随行大臣，并问他们什么是治理军国的根本。大臣回答说：“治军治国的事务中，爱民是根本。人民富裕了，兵力就充足，兵力充足则国家富强。”辽太宗认为说得对。

郭袭谏景宗

原文

郭袭，不知何郡人。性端介，识治体。……景宗[1]即位，召见，对称旨，知可任以事，拜南院枢密使，寻加兼政事令。

以帝数游猎，袭上书谏曰："昔唐高祖好猎，苏世长[2]言不满十旬未足为乐，高祖即日罢，史称其美。伏念圣祖创业艰难，修德布政，宵旰[3]不懈。穆宗[4]逞无厌之欲，不恤国事，天下愁怨。陛下继统，海内翕然[5]望中兴之治。十余年间，征伐未已，而寇贼未弭；年谷虽登，而疮痍未复。正宜戒惧修省，以怀永图。侧闻恣意游猎，甚于往日。万一有衔橛之变[6]，搏噬之虞，悔将何及？况南有强敌伺隙而动，闻之得无生心乎？伏望陛下节从禽酣饮之乐，为生灵社稷计，则有无疆之休。"上览而称善，赐协赞功臣。

《辽史·郭袭传》

注解

① 景宗：即辽景宗耶律贤（公元 948—982 年），辽世宗次子，公元 969 年即位。

② 苏世长：唐初大臣，曾任谏议大夫等职。

③ 宵旰：即"宵衣旰食"一词的省称，意思是天未明即穿衣，日已晚才吃饭。常用以形容执政勤勉。

④ 穆宗：即辽穆宗耶律璟（公元 931—969 年），公元 951 年即位。在位期间，善狩猎，滥杀人，不问朝政，狂欢饮酒，每夜饮酒，必至大醉，常常昏睡不醒。国人称之为"睡王"。

⑤ 翕（虹）然：一致的样子。

⑥ 衔橛之变：语出《史记·司马相如传》："且夫清道而后行，中路而后驰，犹时有衔橛之变。"言车马驰聚，常恐有倾覆之祸。衔，马嚼子。"橛"，同檗，车之钩心。

译文

郭袭,不知哪儿的人。他品行端正耿直,懂得治国。……景宗即帝位后,召见了郭袭,郭袭的对答很符合景宗的旨意,景宗才知道可以对他委以重任,便拜他为南院枢密使,不久又让他兼任政事令。

因为景宗经常外出游玩打猎,郭袭便上书劝谏说:"从前唐高祖喜欢打猎,苏世长劝他说,不到百天,是不能打猎取乐的,唐高祖当天就不打猎了。因此,历史上人们称颂他的美德。我怀念祖先们艰苦创业,修养德行,施行政令,勤勉而不懈怠。穆宗放纵欲望,不问国事,导致天下之人愁苦怨恨。陛下您继承王位,海内之人都一致盼望有中兴之治。十多年来,战争不断,而敌寇和叛贼还没有消灭;每年的粮食虽然丰收,但残败的局面还没得到收拾。现在正应当警惕小心,修身反省,以作长远的打算。我听说您毫无节制地出游打猎,比往日更频繁。万一出现车马颠覆的事故,或是遇上被兽伤咬的危险,将来后悔还来得及吗?况且南边有强大的敌人伺机而动,他们听说您出游打猎,怎么会不起心袭击呢?我希望陛下您节制捕猎禽兽及狂欢饮酒的乐事,多为百姓和国家着想,那么,您就会获得无限的欢乐。"辽景帝看过郭袭上奏的谏书后,称赞他说得好,便赐给他协赞功臣的称号。

后晋称"孙"不称"臣"

原文

秋七月[1]庚寅,晋遣金吾卫大将军[2]梁言、判四方馆事[3]朱崇节来谢,书称"孙",不称"臣",遣客省使[4]乔荣让之。景延广[5]答曰:"先帝[6]则圣朝所

立，今主则我国自册⑦。为邻为孙则可，奉表称臣则不可。”荣还，具奏之。上⑧始有南伐之意。

《辽史·太宗本纪》

注解

① 七月：指辽太宗会同五年七月。

② 金吾卫大将军：将军名号。

③ 判四方馆事：官名，职掌文武官朝见、辞谢等事。

④ 客省使：官名，掌管国使信的朝见赐宴、四方进奉及外国朝贡等事。

⑤ 景延广：后晋大臣。

⑥ 先帝：指已故的后晋君主石敬瑭。

⑦ “今主”句：今主，即石敬瑭的养子石重贵，敬瑭死后继位。册，封立也。

⑧ 上：指辽太宗耶律德光。

译文

秋季七月庚寅日，后晋派遣金吾卫大将军梁言、判四方馆事朱崇节来辽国答谢，国书上自称“孙”，不称“臣”。辽国于是派遣客省使乔荣去指责后晋人。景延广回答说：“死去的君主石敬瑭是辽国扶立的，现在的君主却是我们后晋自己册立的。作为邻国向你们自称‘孙子’可以，上进书表称‘臣’却不行。”乔荣回来后，把这些话都向皇帝禀告了。太宗就开始有南伐后晋的打算。

阿没里进谏废株连

原文

先是，叛逆之家，兄弟不知情者亦连坐[①]。阿没里[②]谏曰："夫兄弟虽曰同胞，赋性各异，一行逆谋，虽不与知，辄坐以法，是刑及无罪也。自今，虽同居兄弟，不知情者免连坐。"太后[③]嘉纳，著[④]为令。

《辽史·耶律阿没里传》

注解

① 连坐：一人犯法，其他人也连带一同受罚，亦即所谓株连。

② 阿没里：即耶律阿没里，字蒲邻，辽大臣，曾任南院宣徽使、都统、北院宣徽使、都监等职。

③ 太后：指辽圣宗之母萧绰。史称睿智皇后。

④ 著：写为，写作。

译文

以往，叛逆者的家庭成员中，兄弟就算是不知内情的人，也要株连治罪。耶律阿没里向朝廷进谏说："兄弟之间尽管是同胞关系，但天资和禀性各有不同。一个人做了叛逆之事，其兄弟就算没有参与，也不知情，倘若仍按照法律连带治罪，那么这种刑罚则触及了无罪之人。从如今起，即使是生活在一起的兄弟，倘若是不知内情者，就应该对他免去连带治罪。"皇太后称赞并采纳了他的意见，还把他所说的写成了律令。

耶律虎古料宋必取河东

原文

耶律虎古，字海邻，六院夷离堇觌烈之孙[①]。少颖悟，重然诺。

……十年[②]，使宋还，以宋取河东[③]之意闻于上。燕王韩匡嗣曰："何以知之？"虎古曰："诸僭号之国，宋皆并收，唯河东未下。今宋讲武习战，意必在汉。"匡嗣力沮[④]，乃止。明年，宋果伐汉，帝以虎古能料事，器之，乃曰："吾与匡嗣虑不及此。"授涿州[⑤]刺史。

《辽史·耶律虎古传》

注解

① "六院"句：六院，辽契丹族部落之一。夷离堇，官名，职掌兵马。

② 十年：此指辽景宗（耶律贤）保宁十年，即公元978年。

③ 河东：指今山西省境内黄河以东地区。当时为北汉王朝所在地。

④ 沮：阻止。

⑤ 涿州：州名，故地在今河北省涿县一带。

译文

耶律虎古，字海邻，是六院部夷离堇觌烈的孙子。耶律虎古自幼聪明，也很守信用。

……保宁十年，耶律虎古出使宋朝回来，将宋朝攻取河东地区的意图报告了辽景宗。燕王韩匡嗣对耶律虎古说："你怎么知道宋朝会攻打河东呢？"耶律虎古说："那些越分自立旗号的国家，都被宋朝兼并了，只有河东地区没被攻取。现在宋朝在练兵习战，其用意一定是为了攻取河东。"韩匡嗣极力劝说景宗不要防御宋军，景宗才没有采取行动。第二年，宋朝果然出兵征伐北汉，景宗认为耶律虎古善于预料事情，很器重他，还说："我和韩匡嗣都还没有想到这点上。"景宗授给了他涿州刺史的官职。

赏罚不明取败之道

原文

以守司空[①]萧嗣先为东北路都统，……以虞候崔公义为都押官，控鹤指挥[②]邢颖为副，引军屯出河店[③]。两军对垒，女直军潜渡混同江[④]，掩袭辽众。萧嗣先军溃，崔公义、刑颖、耶律佛留、萧葛十等死之，其获免者十有七人。萧奉先惧其弟嗣先获罪，辄奏东征溃军所至劫掠，若不肆赦，恐聚为患。上[⑤]从之，嗣先但免官而已。诸军相谓曰："战则有死而无功，退则有生而无罪。"故士无斗志，望风奔溃。

《辽史·天祚皇帝本纪》

注解

① 司空：官名。

② 控鹤指挥：武官名号之一种。指挥，为禁卫之官。

③ 出河店：地名，在今黑龙江省肇源以西。

④ "女直"句：女直，即女真，我国古代少数民族名，为满族的祖先，辽时，女真完颜部首领阿骨打统一各部，建立金王朝。混同江，水名，古为粟末水，辽太宗破灭后晋，遂改名混同江，实即今之松花江。

⑤ 上：此指辽天祚帝耶律延禧（公元 1075—1128 年）。

译文

辽国以守司空萧嗣先为东北路军的都统，……以虞侯崔公义为都押官，控鹤指挥邢颖为副手，率领辽军驻扎在出河店。两军对垒，女真军偷偷渡过混同江，掩杀袭击辽国军队。萧嗣先的部队被打败，崔公义、邢颖、耶律佛留、萧葛十等人在战斗中被杀，幸存下来的人只有一十七人。萧奉先害怕他的弟弟萧嗣先因战败而被治罪，就向朝廷报告说东征的败军在所到之处抢劫掠夺，如果不大赦其弟，恐怕他聚众闹事，惹出麻烦。天祚皇帝对他的意见表示听从，对萧嗣先只是免掉官职而已。各军将士相互传言说："打仗的死了而无功，败逃的得以活命而无罪。"因此，士兵们没有斗志，一打仗就望风而逃。

金 史

《金史》概论

《金史》一百三十五卷，元朝脱脱等奉敕编纂。全书本纪十九卷，志三十九卷，表四卷，列传七十三卷，共计一百万字左右，是研究金代历史最基本、最重要的史料。《金史》主要取材于金朝实录、刘祁的《归潜志》和元好问的《遗山文集》《中州集》和《壬辰杂编》等。

《金史》所依据的史料书籍，有些今已不存，赖《金史》保存了其中的一些材料，《金史》因而显得珍贵。

元修三史，《辽史》简略粗糙，《宋史》杂芜繁乱，《金史》相对来说修得较好。《金史》不仅记载了金朝一百二十年的历史，还记述了金朝建立前的女真族早期发展史。女真早期历史的资料十分缺乏。《金史》所记的这部分资料十分珍贵。在编纂体例上，这部分资料被《金史》编撰者作为"世纪"列在本纪之前，专述金太祖先世的生平事迹，仍以纪传体的形式，追述建国前的女真族历史。

在编纂体例上，《金史》最富创建性的是在本纪末尾又列《世纪补》一篇，用来记述金朝历史上未曾称帝而为后代追认的几位皇帝的事迹。它既有别于《本纪》所记载的正式登基的皇帝，而又不失被追认之后的皇帝身份，处理得十分得当。这种独有的编纂体例，又为后代修史者所承继。

在总体设计上，《金史》没有出现《宋史》那样详北宋略南宋的不合理布局，而是做到详略得当，重要人物、事件、制度一般都较为详细，能够反映出某一历史现象的基本面目。该书的志和表，记载较为全面、系统，使用了大量的原始资料，使得一代典章制度得以再现，具有较高的史料价值。《金史·交聘表》是其首创的一种缡纂形式，它采用编年体的修史方法，而用表格的方式记述金朝与邻国的战和关系。表格将宋、夏、高丽并列，易于相互参照，了解同一时期金朝周边关系的情况，是研究宋、夏、金相互关系的重要参考史料。

《金史》也存在一些错误和缺点。一是语多掩饰、虚妄。如《纥石烈牙吾塔传》记其为侵宋战争的主帅，所向无敌，战功卓著，而实际上他是"无功而还"；二是体例编次欠当，有些该立传的没有列传。如金初大将韩常，与另一名将宗弼共事，累有战功，《金史》上却没有他的传。金太祖阿骨打抗辽建国，得到杨朴的帮助甚多，事见《辽史》，而《金史》却无传。崔立杀宰相、劫后妃等，以汴京降蒙古，按旧史家的观点应列入叛臣、逆臣传中，而《金史》却将其与"功臣"同卷，显属编次失当；三是人名错讹，互相歧异。如宗杰，太祖之子，目录列本名木里也，而卷六十九本传作没里野。宗望，卷七十四作斡离不，又名斡鲁补，《礼志》作斡里不，等等。这些译名的不统一，造成了许多混乱，而且常与《辽史》《宋史》《元史》相互歧异。

尽管《金史》有上述不足，但它不仅提供了金朝历史的基本资料，更辑佚和保存了众多的金朝文献，它在中国史学史上的地位和价值不容忽视和否定。

《金史》修成后多次刊行。元代初刻本今存八十卷，此外有元复刻本、明南监本、北监本、清殿本等。1975 年中华书局出版的点校本《金史》，以百衲本为底本，充分吸收了前人整理校勘的成果，是目前最好的版本。

《金史》本纪第一卷是《世纪》。记载金始祖函普到康宗乌雅束的世系，简要介绍了世居白山黑水之间的女真族由原始社会后期进入阶级社会，由各部纷争的混乱局面走向统一、逐渐强盛的历史过程。这段历史表明，女真族过着不定居的漂泊生活，到后来逐渐发展到耕垦种植，建筑居室。女真族同时由无文字、无书契、无约束发展到“稍以条教为治，部落浸强”。女真族已经由迁徙不常的渔猎和游牧生活发展到半渔猎半农耕的生活。以后备卷，依次记载了金太祖、太宗、熙宗、海陵王、世宗、章宗、卫绍王、宣宗、哀宗等九朝的历史。其中太祖本纪记载了金太祖完颜阿骨打统一女真各部，设置猛安谋克制度，建立奴隶制国家，颁行女真文字，战胜并攻灭辽朝等重要史实。太宗本纪主要记载金太宗继续开展对辽、宋的战争，擒获辽天祚帝，灭亡北宋，掳获徽、钦二帝，并进一步南下侵掠宋朝。在继续扩大侵略战争、拓展金朝领土的过程中，金朝的政治、军事、经济制度也随之相应得到改变和发展。熙宗本纪反映了废除女真旧制，采用汉制等政治改革，统治集团内部争斗日趋激烈，各族人民的反抗斗争相继发生。海陵王本纪，主要记载了金朝进一步改革政治制度。任用汉人、采用汉制、推行封建化，并再次发动侵略南宋的战争，镇压各族人民的起义。世宗本纪和章宗本纪是《本纪》部分最详者，记载了金朝统治者争取各贵族的支持，巩固统治，完成封建化进程，农业、牧业、手工业、商业得到较大发展。随着封建剥削的加强，农民起义相继发生，民族间的融合与战争交替进行，土地兼并严重，社会矛盾尖锐，社会经济呈现衰落的趋势。卫绍王、宣宗、哀宗本纪主要记载金蒙战争，统治集团内部互相倾轧诛杀，红袄军等各族人民反金抗蒙斗争的情况。

金太祖定国名

原文

上[1]曰："辽以宾铁[2]为号，取其坚也。宾铁虽坚，终亦变坏，惟金不变不坏。金之色白，完颜部[3]色尚白。"于是国号大金，改元收国[4]。

《金史·太祖本纪》

注解

① 上：指金太祖完颜阿骨打（公元1066—1123年），公元1115年称帝，建国号大金。

② 宾铁：纯精之铁，亦即所谓镔铁。

③ 完颜部：女真族部落之一，是女真宗室形成的中心。

④ 收国：金国第一个年号，起于公元1115年，止于公元1116年。

译文

金太祖说："辽国以宾铁为称号，是取其坚硬之意。宾铁虽然坚硬，但最终也会变锈，而只有金才不会变锈、坏损。金的颜色是白色，而我们完颜部落在颜色上又崇尚白色。"于是，以大金作为国号，并改皇帝年号为收国。

杨云翼医谏

原文

云翼尝患风痹[1]，至是稍愈，上[2]亲问愈之之方，对曰："但治心耳。心和则邪气不干，治国亦然，人君先正其心，则朝廷百官莫不一于正矣。"上矍然[3]，知其为医谏也。

《金史·杨云翼传》

注解

① "云翼"句：云翼，即杨云翼，字之美，明昌五年（公元1194年）进士，曾任判官，太常寺丞、按察司事、吏部郎中、礼部侍郎、御史中丞、礼部尚书等职。风痹，病名，即今所谓中风。

② 上：指金哀宗完颜守绪（公元1193—1234年），女真名守礼。

③ 矍（jué）然：惊视的样子。

译文

杨云翼曾经得了中风，到了这时稍有好转。金哀宗亲自询问他病好转的药方，他回答说："我只是疗治心罢了。心中平和，邪气就无法干扰，治理国家也是这样。君主首先使自己的心端正，那么朝廷的文武百官就没有谁不归于正直了。"金哀宗听后，惊讶地看着他，心里明白他这是借病事来劝谏自己。

金世宗不举亲

原文

尚书省①奏，拟同知永宁军②节度使事阿可为刺史。上③曰："阿可年幼，于事未练，授佐贰官可也。"平章政事唐括安礼④奏曰："臣等以阿可宗室，故拟是职。"上曰："郡守⑤系千里休戚，安可不择人而私其亲耶。若以亲亲之恩，赐与虽厚，无害于政。使之治郡而非其才，一境何赖焉？"

《金史·世宗本纪》

注解

① 尚书省：官署名。
② 永宁军：治所在今河北省蠡(lǐ)县。
③ 上：指金世宗完颜雍(公元1123—1189年)，女真名乌禄，金太祖之孙。
④ 唐括安礼：人名。
⑤ 郡守：官名。此指刺史之职。

译文

尚书省奏报说，准备让同知永宁军节度使事完颜阿可担任刺史之职。金世宗说："完颜阿可年轻且行事不老练，让他担任副职官就行了。"平章政事唐括安礼禀告说："我们认为完颜阿可是皇族子弟，所以才打算让他任刺史之职。"世宗说："刺史之职关系到千里之内百姓的喜忧福祸，怎么能不选择人才而偏私于皇亲呢？假如出于亲爱自己亲属的感情，赏赐他的东西虽然可丰厚，但不可有害于国政。让他治理州郡，但他又没那种才能，整个辖境的百姓将依靠谁呀？"

张汝霖执法不严

原文

世宗[1]召谓曰："卿[2]尝言，监察御史所察州县官多因沽买以得名誉，良吏奉法不为表禩[3]，必无所称。朕意亦然。卿今为台官，可革其弊。"……时将陵主簿高德温大收税户米，逮御史狱。汝霖具二法上。世宗责之曰："朕以卿为公正，故登用之。德温有人在宫掖[4]，故朕颇详其事。朕肯以宫掖之私挠法[5]耶？不谓卿等顾徇如是。"汝霖跪谢。

《金史·张汝霖传》

注解

① 世宗：即金世宗完颜雍，女真名乌禄，公元1123—1189年在位。在位时，内治外和，团结人心，一时号为"小尧舜"。

② 卿：此指张汝霖，金官员。字仲泽，少聪慧好学，贞元二年赐进士第。特授左补阙，后任大兴县令、翰林待制、刑部郎中、礼部郎中、转运使、礼部尚书、御史大夫等职。为人甚圆滑，善揣人意。

③ 表禩：犹言表彰也。

④ 宫掖：古代帝王的嫔妃所居之宫室。

⑤ 挠法：扰乱法令。

译文

金世宗召见张汝霖说："你过去曾讲，监察御史所考查的州官和县官，多半由于花钱买通上级而获得了官位和声誉，而奉公守法的好官却得不到表彰、重用，如此一来就必定使官员们不得其所。我的看法也是这样。你如今当了台官，应当革除这些弊端。”……当时将陵主簿高德温大肆收纳税户贿赂的大米，被御史逮捕关进了大牢。张汝霖向朝廷陈说了处理高德温的两种方法。金世宗责备他说：“我觉得你办事公正，因此才提拔重用你。高德温有熟识的嫔妃在宫掖之中，因此我对他的事情了解得很详细。我怎么愿意由于嫔妃们的私情而扰乱国家的法令呢？没想到你们会这样地有所顾忌而徇私情！”张汝霖听后，便跪在地上向世宗请罪。

行台宥死罪而乱法

原文

因有杀人当死者，行台①欲宥之，元②不从，反复数四，势不可夺，乃仰天叹曰：“如杀人者可宥，死者复何辜，何欲徼③己福而乱天下法乎？”

《金史·赵元传》

注解

① 行台：官署名。金熙宗天会十五年置行台尚书省于汴京。天眷元年，以河南地与宋遂改燕京枢密院为行台尚书省。天眷三年，又移置于汴京。行台尚书省，掌管军政及监察事务。

② 元：即赵元，字善长，涿州人，原为辽朝官员，后降金，在金曾任枢密院令史、兵部郎中、行台右司员外郎等职。

③ 微：通“邀”，求取。

译文

囚犯中有个因杀人而应判死刑的人，行台却打算宽恕他。赵元反对如此做，反复争论了很多次，由于行台有权势，赵元未能改变其决定，便仰天叹息说："像这般的杀人犯可以受到宽恕，那么被他杀死的人又是犯了什么罪呢？怎能够为了谋求自己的福利而扰乱国家的法律呢？"

勿用小人　开国承家

原文

时方擢王守信、贾耐儿者为将，皆鄙俗不材、不晓兵律，行信[1]惧其误国，上疏曰："《易》称'开国承家[2]，小人勿用'。圣人所以垂戒后世者，其严如此。今大兵纵横，人情汹惧，应敌兴理，非贤智莫能。狂人庸流，猥蒙拔擢，参预机务，甚无谓也。"于是，上[3]皆罢之。

《金史·张行信传》

注解

① 行信：即张行信，金官员，守信用，金世宗至宣宗时曾任铜山令、监宗御史、转运使、左谏议大夫、按察使等职。

② 家：古代卿大夫的采地食邑。

③ 上：指金宣宗完颜珣（公元 1163—1223 年），女真名睹补。

译文

那时刚提拔王守信、贾耐儿等为将领，他们都是鄙俗无才，不懂兵法的人，张行信怕他们误害国家大事，便向皇帝上疏说："《易经》说'建国、治家，都不能任用德才低下的小人'。圣人用以告诫后人的教诲就是这样严明。现在大军纵横作战，人心惶恐不安；抗击敌人、伸张正义，如果不是德才兼备的人就不能胜任。狂妄平庸之辈，已受到提拔，参与了军国大事，这是毫无意义的。"于是，金宣宗罢免了他们。

徐文无奈降齐

原文

徐文字彦武，莱州掖县① 人，……勇力过人，挥巨刀重五十斤，所向无前，人呼为“徐大刀”。……宋康王渡江，召文为枢密院准备将，擒苗傅及韩世绩，以功迁淮东、浙西、沿海水军都统制。诸将忌其材勇。是时，李成、孔彦舟皆归齐②，宋人疑文有北归志，大将阎皋与文有隙，因而谮之。宋使统制朱师敏来袭文，文乃率战舰数十艘泛海归于齐。

《金史·徐文传》

注解

① 莱州掖县：即今山东省掖县。

② 齐：宋高宗建炎四年（公元 1130 年），降金的宋朝将领刘豫受金人册封为皇帝，伪号大齐，都太名府（今河北省太名）。

译文

徐文，字彦武，莱州掖县人，……勇气和力气都超过常人，挥舞五十斤重的大刀，所向无敌，人们称他为“徐大刀”。……宋康王南渡过长江后，召用徐文为枢密院准备将，在战斗中他活捉了敌将苗傅和韩世绩，因立功而被提升为淮东、浙西沿海水军都统制。将领们都嫉恨他的才干和勇武。当时，李成和孔彦舟都已投降大齐，宋朝人便也怀疑徐文有投奔北方的意向。大将阎皋与徐文有矛盾，他便乘机诬陷徐文。宋国朝廷于是派遣统制朱师敏来攻打徐文，徐文便真的率几十艘战舰渡海归附了大齐。

元 史

《元史》概论

《元史》二百一十卷，明朝宋濂、王濂等修撰。是一部用时很短而史料价值极高的官修正史。

《元史》作为正史有其鲜明的特点，主要表现在以下两个方面：

首先是编修时间特别早。元朝灭亡的当年（公元 1368 年），明太祖朱元璋就下令编修《元史》。第二年就组织了以李善长为监修，宋濂、王濂为总裁，赵埙等十六人为纂修的修史班子，立即开局编修。公元 1368 年 8 月，明军攻克大都（今北京），元顺帝率后妃太子仓皇出逃到上都，就当时历史形势而言，元朝灭亡已成定局。但是扩廓帖木儿拥兵山西，李思齐、张良弼等人盘踞陕西，纳哈出据辽阳，梁王把匝刺瓦尔密割据云南，尤其是扩廓帖木儿拥兵数十万，对刚刚建立的明王朝威胁最大。中原大地虽经明军北伐渐次攻克，但留恋前朝的蒙古、色目、汉族地主贵族及前元官僚仍然大有人在。总之担心元朝的残余势力卷土重来成为明太祖朱元璋的一块心病。如何在舆论上宣传元朝已经灭亡、天下已经统一成为明政权的迫切需要，编修《元史》成为明太祖朱元璋实现这一政治目的的极好途径。为了笼络故元遗民，安定社会秩序，招抚与平定割据势力，完成统一大业，巩固新生的明政权，朱元璋急于表明自己是"奉天承运，济世安民"的圣主，新建王朝只不过是继元朝之后中国历史上封建王朝的继续。《元史》一旦修成，就意味着一个朝代的终结，从而消除残元势力复国的幻想，使明王朝成为承继元朝帝统的合法王朝。

公元 1368 年底朱元璋下诏修《元史》。第二年初，在天界寺开局，诏中书左丞相李善长为监修，翰林学士宋濂、待制王濂为总裁，汪克宽、胡翰、宋僖、陶凯、陈基、赵埙、曾鲁、高启、赵访、张文海、徐尊生、黄麓、傅恕、王社、傅著、谢徽等十六人为纂修。历时半年就完成上自太祖、下至宁宗的"粗完之史"。计本纪三十七卷、志五十三卷、表六卷、传六十三卷、目录二卷，共一百六十一卷。元顺帝一朝史事，因没有典籍可据，暂付缺如。同时派遣儒士欧阳佑等采集顺帝一朝的有关史料，运回京师。洪武三年二月，重新开局修史，纂修除赵埙以外，另外召来朱右、贝琼、朱世濂、王濂、王彝、张孟兼、高逊志、李懋、李汶、张宣、张简、杜寅、俞寅、殷弼等十四人。仍由宋濂、王濂等为总裁。这年七月初续修《元史》完成，计补修纪十卷、志五卷、表二卷、传三十六卷。两次合在一起，编成二百一十卷。全书编纂时间总共三百三十一天。

《元史》本纪四十七卷，几占全书四分之一。其中《太祖记》一卷，除记载太祖铁木真一生活动外，还记载了其先十世的简单情况和世系。《太宗、定宗纪》一卷，《宪宗纪》一卷，《世祖纪》一十四卷，《成宪纪》四卷，《武宗纪》二卷，《仁宗纪》三卷，《英宗纪》二卷，《泰定帝纪》二卷，《明宗纪》一卷，《文宗纪》五卷，《宁宗纪》一卷，《顺帝纪》十卷。《世祖纪》和《顺帝纪》共二十四卷，占本纪的一半以上，而蒙古前四汗，即太祖、太宗、定宗、宪宗的本纪又过于简略。太宗、定宗合一卷。定宗死后三年之间竟未记一事，有人认为显然属于漏落。前四汗本纪，特别是太祖本纪，记述了十三世纪初蒙古族的兴起，成吉思汗统一蒙古各部，建立国家，并东征西讨，向外扩张的情形。《世祖纪》详述忽必烈率兵南下，逐渐采用汉法，建立元朝，灭金亡宋，统一中国，各种制度相继建立，统治阶级内部矛盾激化，是本纪中最详细也是最重要的内容。元朝中期，由于国家统一和社会相对比较安定，使农业生产得到恢复和发展，手工业生产取得显著进步，商业、中外经济文化交流、城市经济空前活跃，这些在元朝中期各帝本纪中都有一定程度的反映。顺帝本纪较详，比较集中地反映了元末民族矛盾、阶级矛盾的加剧以及元末农民起义等情形。

《元史》列传共九十七卷，记载了一千二百多人。立传名目与前史大同小异，计有后妃、宗室、儒学、良吏、忠义、孝友、隐逸、列女、释老、方技工艺、宦者、奸臣、逆臣。《元史》列传突出的弊端是蒙古色目人立传太少，有些传记内容空洞，如丞相见于宰相表的蒙古人有五十九人，立传的人不及一半；见于宰相表的色目人更多，立传的更少；太祖诸弟、诸子仅各有一人立传，太宗以后皇子竟无一人立传。

元朝建立过程中涌现出不少英雄人物。在开国功臣中，木华黎、博尔忽、博尔术、赤老温号称“四杰”。木华黎追随成吉思汗，参与统一蒙古高原各部的战争，屡立战功。后来参加指挥进攻金朝的战争，攻取辽东、辽西等地。成吉思汗西征时，封木华黎为太师国王，负责率各族军队征取太行山以南各地，连破河北、河东、山东等地。在这些军事行动中，他改变了以往蒙古军春去秋来、一味屠杀掠劫的办法，意在长期占领。后在山西病死。速不台与折里麦、哲别、虎必来并称开国四先锋。早年，速不台追随成吉思汗，参加统一漠北诸部的战争，战功卓著。后参与指挥攻金战争并随从蒙古军西征。阅读他们的传记可以从一个侧面了解蒙古族兴起和强盛的过程。

忽必烈消疑

原文

丙辰[1]，枢[2]入见。或谗王府得中土心，宪宗遣阿蓝答儿大为钩考[3]，置局关中[4]，以百四十二条推集经略宣抚官吏，下及征商无遗，曰："俟终局日，入此罪者惟刘黑马、史天泽以闻[5]，余悉诛之。"世祖闻之不乐。枢曰："帝，君也，兄也；大王为皇弟，臣也。事难与较，远将受祸。莫若尽王邸妃主自归朝廷，为久居谋，疑将自释。"及世祖见宪宗，皆泣下，竟不令有所白而止，因罢钩考局。

《元史·姚枢传》

注解

① 丙辰：即丙辰日，时元宪宗在位。

② 枢：指姚枢（公元1201—1278年），元初政治家、理学家，字公茂，号雪斋、敬斋，先世自柳城入迁洛阳，少年时学习勤奋，后参与朝政，终于翰林学士承旨之职。

③ "宪宗遣"句：宪宗，指元宪宗蒙哥。阿蓝答儿，元宪宗之臣。

④ 关中：地名，即今陕西省。

⑤ "入此罪"句：刘黑马，元前期大臣。史天泽，元朝大将。

译文

丙辰日，姚枢入王府拜见世祖忽必烈。有人进谗言说忽必烈亲王有争夺中原的野心，宪宗蒙哥派阿蓝答儿大规模清查，并在关中设立钩考局，阿蓝答儿用一百四十二条法令来推究所有的经略、宣抚等官员，最小的连征收商人赋税的小吏也不放过，宪宗说："等最后关闭钩考局的那一天，被清查有罪的人只将刘黑马、史天泽的情况呈报上来，其余的人一概诛杀。"世祖忽必烈听说后很不高兴。姚枢劝告说："宪宗，是君王，是长兄；大王是皇上的兄弟，是大臣。这件事情你很难与皇上计较，如果再疏远皇上你将遭受灾难。不如大王你自动将王府所有的嫔妃侍妾送到朝廷，作长久居住的打算，那么宪宗的猜疑就会自动消除。"等世祖忽必烈拜见宪宗蒙哥时，两人都流下了眼泪，宪宗不等世祖辩白就消除了猜疑，于是罢除钩考局。

李冶论士

原文

世祖在潜邸，闻其贤，遣使召之，且曰："素闻仁卿[①]学优才胆，潜德不耀，久欲一见，其勿他辞。"既至，问河南居官者孰贤，对曰："险夷一节，惟完颜仲德。"又问完颜合答及蒲瓦何如[②]对曰："二人将略短少，任之不疑，此金所以亡也。"又问魏征、曹彬何如，对曰："征忠言谠论，知无不言，以唐诤臣观之，征为第一。彬伐江南，未尝妄杀一人，拟之方叔、召虎可也。汉之韩、彭、卫、霍，在所不论。"又问今之臣有如魏征者乎，对曰："今以侧媚成风，欲求魏征之贤，实难其人。"又问今之人材贤否，对曰："天下未尝乏材，求则得之，舍则失之，理势然耳。今儒生有如魏璠、王鹗、李献卿、兰光庭、赵复、郝经、王博文辈，皆有用之材，又皆贤王所尝聘问者，举而用之，何所不可，但恐用之不尽耳。然四海之广，岂止此数子哉。王诚能旁求于外，将见集于明廷矣。"

《元史·李冶传》

注解

① 仁卿：指李冶，字云卿，元朝真定乐城人，为金进士，后归元朝，为世祖时大臣。

② “又问完颜合答”句：完颜合答，金人，名瞻，字景山，少长兵间。习弓马，为良将，兵败被杀。蒲瓦，人名。

译文

元世祖忽必烈在王府官邸的时候，听说李冶贤能，便派使者前去召见他，并说：“常听说你学识优异，才略过人，且深藏美德从不显耀，很早就想相见。”李冶到后，世祖忽必烈便问他在黄河以南为官的人中谁有贤德，李冶回答说：“具备无论困难还是顺利都保持镇定态度这种节操的，只有完颜仲德。”世祖又询问完颜合答及蒲瓦两人的品行如何，李冶回答说：“他们两人缺少带兵的谋略，而金国却毫无思虑对他们加以任用，这就是金国所以灭亡的原因。”世祖再问魏征、曹彬两人如何，李冶回答说：“魏征忠贞，敢于直言进谏，知无不言，唐朝敢于直谏的大臣，魏征应排在第一位。曹彬征伐江南，不曾乱杀过一人，可以与方叔、召虎相比了。至于汉朝的韩信、彭越、卫青、霍去病，那就更不用谈了。”世祖又问现在的大臣中是否有像魏征那样的贤德之人，李冶回答说：“现在的人形成了谄媚讨好的风气，想要得到像魏征那样的贤才，实在是难找到这样的人。”世祖又问现在的人才是否贤能，李冶回答说：“国家不曾缺少过有才能的人，只要征求就会得到人才，不征求就会失去人才，规律的趋势就是这样呀。现在像魏璠、王鹗、李献卿、兰光庭、赵复、郝经、王博文这样一些儒生，都是有用的人才，这些人又都是贤明的大王所曾聘请访问过的，选拔运用他们，有什么不可以的，只恐怕不能完全任用他们吧。然而天下广大，难道只有这几匹千里马吗？大王只要能在天下广招贤才，那么天下的贤才就一定会得到啊。”

铁木真嫁妹

原文

孛秃，亦乞列思氏，善骑射。太祖[1]尝潜遣术儿彻丹出使，至也儿古纳河[2]，孛秃知其为帝所遣，值日暮，因留止宿，杀羊以享之。术儿彻丹马疲乏，复假以良马，及还，孛秃待之有加。术儿彻丹具以白帝，帝大喜。许妻以皇妹帖木伦。孛秃宗族乃遣也不坚歹等诣太祖，因致言曰："臣闻威德所加。若云开见日，春风解冻，喜不自胜。"帝问："孛秃孳畜几何？"也不坚歹对曰："有马三十匹，请以马之半为聘礼。"帝怒曰："婚姻而论财，殆若商贾矣。昔人有言，同心实难，朕方欲取天下，汝亦乞列思之民，从孛秃效忠于我可也，何以财为！"竟以皇妹妻之。

《元史·孛秃传》

注解

① 太祖：即元太祖成吉思汗（公元 1162—1227 年）。

② 也儿古纳河：河名，在今俄罗斯境内。

译文

孛秃，是亦乞列思氏人，善长骑马射箭。太祖曾暗中派术儿彻丹出使，到也儿古纳河边。孛秃知道他是太祖成吉思汗派遣出来的，当时正好天刚黑，于是孛秃就留术儿彻丹住宿，并杀羊来款待他。术儿彻丹的马匹困乏，孛秃又把好马借给他，等到返回时，孛秃待他更热情。术儿彻丹把这些事仔细地讲给太祖听了，太祖大喜，决定把自己的妹妹帖木伦嫁给孛秃作妻子。孛秃宗族的人派也不坚歹等人去见太祖，他们向太祖表达谢意说："我们听说大汗威望德行施予的地方，就像云开见日、春风解冻，我们感到喜不自胜。"太祖问道："孛秃牧养繁殖了多少牲口？"也不坚歹回答说："孛秃有三十匹马，他请求拿出一半的马匹作聘礼。"太祖大怒说："谈婚姻而论及钱财，就好像商人谈买卖一样。以往的人曾经说过，同心同德实在困难；我现在想要夺取天下，你是亦乞列思的族人，跟随孛秃效忠于我就可以了，何必谈论钱财呢！"于是把妹妹嫁给孛秃作妻子。

张雄飞廉洁守法

原文

雄飞①刚直廉慎，始终不易其节。尝坐省中，诏趣召之，见于便殿，谓雄飞曰："若卿，可谓真廉者矣。闻卿贫甚，今特赐卿银二千五百两、钞二千五

百贯。"雄飞拜谢，将出，又诏加赐金五十两及金酒器。雄飞受赐，封识藏于家。后阿合马[②]之党以雄飞罢政，诣省乞追夺赐物，裕宗[③]在东宫闻之，命参政温迪罕谕丞相安童曰："上所以赐张雄飞者，旌其廉也，汝岂不知耶？毋为小人所诈。"塔即古阿散[④]请检核前省钱谷，复用阿合马之党，竟矫诏追夺之。塔即古阿散等俄以罪诛，帝虑校核失当，命近臣伯颜阅之。中书左丞耶律老哥劝雄飞诣伯颜自辩，雄飞曰："上以老臣廉，故赐臣，然臣未尝敢轻用。而封识以俟者，政虞今日耳，又可自辩乎？"

《元史·张雄飞传》

注解

① 雄飞：即张雄飞，字鹏举，元朝琅琊临沂人，由金入元，为元官员。

② 阿合马：元初期大臣，专权横暴，贪赃不法，后被诛杀。

③ 裕宗：即元世祖忽必烈太子真金。

④ 塔即古阿散：世祖时大臣。

译文

张雄飞为官正直廉洁，节操始终不改。有一次在中书省处理公务时，世祖派使者前去诏见他，并在偏殿中接见他，世祖告诉张雄飞说："只有你，才真正可以称得上廉洁呀。我听说你非常清贫，现在特别赏赐给你白银二千五百两，钱钞二千五百贯。"张雄飞跪拜谢恩，将要退出时，世祖又诏命加赐黄金五十两及金质酒器。张雄飞接受赏赐后，全部存封做好标记后密藏在家中。后来阿合马的同党由于张雄飞被罢职，就到中书省请求收缴追回原来所赏赐的物品，裕宗真金听说后，命令参知政事温迪罕诏令丞相安童说："皇上原先赏赐张雄飞，是为了表彰他的廉洁呀，难道你不知道吗？不要被小人所欺骗。"塔即古阿散奏请检查核实前中书省官员的财政情况，再次起用阿合马的同党，他们最后竟假传诏书追缴收回赏赐的财物。塔即古阿散等不久因罪被诛杀，世祖考虑到清查核实可能不当，下令近臣伯颜复查。中书省左丞相耶律老哥劝张雄飞到伯颜那里为自己辩辞，张雄飞说："皇上由于老臣廉洁，所以赏赐我，然而我却未曾敢轻易动用赏赐的财物，而封存后做好标记以等待不测，预料到要发生今天的变故，又有什么可以为自己辩护的呢！"

扩廓飞扬跋扈

原文

初，李思齐与察罕帖木儿同起义师[①]，齿位相等。及是扩廓帖木儿[②]总其兵，思齐心不能平。而张良弼[③]首拒命，孔兴、脱列伯等皆以功自恃[④]，各怀异见，请别为一军，莫肯统属。衅隙既开，遂成仇敌。扩廓帖木儿乃遣关保、虎林赤以兵西攻良弼于鹿台[⑤]，而思齐亦与良弼合，兵连不能罢。扩廓帖木儿始受命南征，而顾乃退居彰德[⑥]，又惟务用兵陕西[⑦]，天子之命置而不问，朝廷因疑其有异志。皇太子之奔太原也，欲用唐肃宗灵武故事[⑧]，因而自立。扩廓帖木儿与孛兰奚[⑨]等不从。及还京师，皇后奇氏[⑩]传旨，令扩廓帖木儿以重兵拥太子入城，欲胁帝[⑪]禅之位。扩廓帖木儿知其意，比至京城三十里，即散遣其军。由是皇太子心衔之。及是，屡趣其出师江淮，扩廓帖木儿第遣弟脱因帖木儿及部将完哲、貊高以兵往山东。而西兵互相胜负，终不解。帝又下诏和解之，顾乃戕杀诏使天下奴等，而跋扈之迹成矣。

《元史·察罕帖木儿传》

注解

① "李思齐"句：李思齐，元末武将，农民起义后，他曾起兵镇压。察罕帖木儿，字廷瑞，曾祖、父亲为有功之臣，元河南颍州沈丘人，元末起兵镇压农民起义。

② 扩廓帖木儿：元末将领，本姓王，小字保保，今安徽临泉人，察罕帖木儿之甥、养子，元末兵起后，从察罕起兵镇压红巾军。

③ 张良弼：元末军阀，为李思齐亲信。

④ "孔兴"句：孔兴，李思齐亲信。脱列伯，李思齐亲信。

⑤ 鹿台：地名，在今陕西高陵县西南。

⑥ 彰德：地名，即今河南安阳。

⑦ 陕西:即今陕西、甘肃一带。

⑧ “欲用唐肃宗灵武故事”句:安史之乱爆发后,作为皇太子的李亨留守关中,征讨叛军,后在灵武被众人推举为皇帝,尊父亲李隆基为太上皇,这里指皇太子欲逼元顺帝退位。

⑨ 孛兰奚:顺帝朝大臣。

⑩ 奇氏:即元顺帝的第二皇后。

⑪ 帝:指元顺帝妥欢帖木儿。

译文

开始时,李思齐与察罕帖木儿同时起兵镇压农民军,资历和职位大致相等。等到扩廓帖木儿统领他们的军队时,李思齐内心很不平衡。而张良弼首先违抗命令,孔兴、脱列伯等人都居功自傲,各怀心思,都要求单独带领军队,没人愿隶属他统领。矛盾激化后,双方很快成了仇敌。扩廓帖木儿于是派关保、虎林赤出兵向西在鹿台攻打张良弼,然而李思齐也与张良弼联合,两军相连,无法攻破。扩廓帖木儿起先奉命南征,不从,反而退居于彰德,并且只顾出兵攻打陕西李思齐部,对皇上的诏命置之不理,朝廷因此怀疑他企图不轨。皇太子出奔太原,想要仿效唐肃宗于灵武废唐玄宗自立为帝的故事,也想逼顺帝退位后自立为帝。扩廓帖木儿与孛兰奚等人都不答应。等扩廓返回京城,皇后奇氏传旨,命令扩廓帖木儿率重兵拥太子入京城,想胁迫顺帝禅让帝位给太子。扩廓帖木儿得知她的意图后,等大军到离京城三十里的地方,就遣散了他的军队。由于这个原因皇太子心里非常怨恨他。及至此时,皇太子多次催促他出兵,平定江淮,扩廓帖木儿先后派兄弟脱因帖木儿及部将完哲、貊高统军前往山东征讨。而西部与李思齐作战的部队互有胜负,仍然不能和解。顺帝于是又下达诏令命他们和解,扩廓帖木儿反而杀死下达诏书的使者天下奴等人,这样他便开始飞扬跋扈了。

纽璘奇袭败宋军

原文

纽璘[1]伟貌长身，勇力绝人，且多谋略，常从父军中。丁巳岁，宪宗[2]命将兵万人略地，自利州下白水[3]，过大获山[4]，出梁山军直抵夔门[5]。戊午，还钓鱼山[6]，引军欲会都元帅阿答胡等于成都。宋制置使蒲择之，遣安抚刘整、都统制段元鉴等，率众据遂宁江箭滩渡以断东路[7]。纽璘军至不能渡，自旦至暮大战，斩首二千七百余级，遂长驱至成都。帝闻，赐金帛劳之。蒲择之命杨大渊等守剑门及灵泉山，自将四川兵取成都。会阿答胡死，诸王阿卜干与诸将脱林带等谋曰："今宋兵日逼，闻我帅死，必悉众来攻，其锋不可当。我军去朝廷远，待上命建大帅，然后御敌，恐无及已。不若推纽璘为长，以号令诸将，出彼不意，敌可必破。"众然之，遂推纽璘为长。纽璘率诸将大破宋军于灵泉山，乘胜追擒韩勇，斩之，蒲择之兵溃。进围云顶山城，扼宋军归路。其主将仓卒失计，遂以其众降。城中食尽，亦杀其守将以降。

《元史·纽璘传》

注解

① 纽璘(lín)：元宪宗时大将，祖父和父亲都是元初的功臣，他也多次获得战功。

② 宪宗：即元宪宗蒙哥(公元1209—1259年)。

③ "自利州"句：利州，地名，在今四川境内。白水，涪陵江支流。

④ 大获山：在今四川境内。

⑤ "出梁山军"句：梁山军，地名，在四川境内。夔(kuí)门，在今四川内。

⑥ 钓鱼山：在四川合川附近。

⑦ "率众"句：遂宁，今四川遂宁。箭滩渡，在遂宁附近。

译文

纽璘相貌雄伟，身材修长，勇力过人，并且还很有谋略，经常跟随父亲在军中征战。丁巳年，宪宗蒙哥命令纽璘带领一万士兵出征，在利州渡白水河，越过大获山，经过梁山军径直抵达夔门。戊午日，纽璘军回师钓鱼山，他带领军队想与都元帅阿答胡等在成都会师。宋朝制置使蒲择之，派安抚刘整都统制段元鉴等，率军据守遂宁江箭滩渡以阻绝元军东进路线。纽璘的军队抵达后不能渡江，从白天一直激战到日暮，斩杀敌军二千七百多人，于是大军长驱直入进抵成都。蒲择之命令杨大渊等人防守剑门和灵泉山，自己亲率四川的士兵来夺成都。刚好阿答胡死了，诸王阿卜干和众将领脱林带等商议说："现在宋军逐渐逼近，如果他们听到我们主帅已死的消息，一定会发动全部军队前来进攻，那么他们的气势就会锐不可当。我军远离朝廷，等到皇上任命主帅，然后再来抵抗敌军，恐怕就来不及了。不如推举纽璘作为主帅，让他来指挥诸将作战，让敌人意料不到，那么就可大败敌军。"大家对这个主张都很赞同，于是推举纽璘做主帅。纽璘率领众将士大败宋军于灵泉山，乘胜追击，生擒韩勇，并斩杀之，蒲择之军队大败。纽璘率军前进，包围云顶山城，阻断宋军退路。宋军主将惊慌失措，于是率军投降。云顶山城粮食消耗完了，众守军于是也斩杀其守将，然后出降。

两都之战

原文

岁戊辰[①]七月庚午，泰定皇帝崩于上都[②]，倒刺沙[③]专权自用，逾月不立君，朝野疑惧。时佥枢密院事燕铁木儿[④]留守京师，遂谋举义。八月甲午黎明，召百官集兴圣宫，兵皆露刃，号于众曰："武皇有圣子二人，孝友仁文，天下归心，大统所在，当迎立之，不从者死！"乃缚平章乌伯都刺、伯颜察儿，以中书左丞朵朵、参知政事王士熙等下于狱。燕铁木儿与西安王阿刺忒纳失里固守内廷。于是帝[⑤]方远在沙漠，猝未能至，虑生他变，乃迎帝弟怀王于江陵，且宣言已遣使北迎帝，以安众心。复矫称帝所遣使者自北方来，云周

王[6]从诸王兵整驾南辕，旦夕即至矣。丁巳，怀王入京师，群臣请正大统，固让曰："大兄在北，以长以德，当有天下。必不得已，当明以朕志播告中外。"九月壬申，怀王即位，是为文宗。改元天历，诏天下曰："谨俟大兄之至，以遂朕固让之心。"

时倒刺沙在上都，立泰定皇帝子为皇帝，乃遣兵分道犯大都[7]。而梁王王禅、右丞相答失铁木儿、御史大夫纽泽、太尉不花等，兵皆次于榆林[8]，燕帖木儿与其弟撒敦、子唐其势等，帅师与战，屡败之。上都兵皆溃。十月辛丑，齐王月鲁帖木儿，元帅不花帖木儿以兵围上都，倒刺沙乃奉皇帝宝出降，两京道路始通。于是文宗遣哈散及撒迪等相继来迎，朔漠诸王皆劝帝南还京师，遂发北边。

《元史·明宗本纪》

注解

① 戊辰：指泰定帝也孙铁木儿致和元年，即公元1328年。

② 上都：地名，即今内蒙古自治区正蓝旗东20公里闪电河北岸。

③ 倒刺沙：泰定帝时权臣。

④ 燕铁木儿：功臣土土哈之孙，元文宗时权臣，曾密谋毒死明宗，后惧怕事情败露，病死。

⑤ 帝：即元明宗。

⑥ 周王：即元明宗。

⑦ 大都：地名，即今北京。

⑧ 榆林：地名，即今陕西榆林。

译文

戊辰年七月庚午日，泰定皇帝死于上都，倒刺沙专权独断，横行无忌，过了一个多月还不拥立新皇帝，朝廷上下人心惶惶。当时佥枢密院事燕铁木儿留守京师，决定政变。八月甲午日黎明，燕铁木儿在兴圣宫召集百官，兵器都露了出来。他向众人号召说："武宗皇帝有两位皇子，忠孝仁义，老百姓都归服他们，他们是皇位的最佳继承人，应当迎立他们，不同意的就得处死。"于是逮捕了平章乌伯都刺、伯颜察儿，并把中书左丞朵朵，参知政事王士熙押入大牢。燕铁木儿与西安王阿剌忒纳失里一齐把守宫廷。这时明宗皇帝远在北方，匆忙之间不能赶到，考虑到可能会发生其他变故，于是前往湖北江陵迎立明宗皇帝的

弟弟怀王（即文宗皇帝），并且宣称已经派使臣到北方去恭迎明宗皇帝，用以安定人心。接着又假称明宗派遣的使者已从北方赶来，报告周王和诸王及卫士们向南赶来，马上就会到了。丁巳日，怀王进入京师大都，诸王大臣们请求他登基，怀王推辞说："我的大哥在北方，凭他的年龄和德行，都应该可以统治天下。现在情势迫不得已，应当把我的想法告于天下。"九月壬申日，怀王即位，就是文宗，改年号为天历，诏告天下人说："我等待着我的大哥回到京师，这样就可以达成我推辞即位的心愿。"

此时倒刺沙在上都，拥立泰定皇帝的儿子为新帝，然后派兵分几路进犯大都。不久梁王王禅、右丞相答失铁木儿，御史大夫纽泽、太尉不花等，率兵都抵达榆林。燕帖木儿和他的弟弟撒敦、儿子唐其势等人，率军同他们作战，屡次击败他们。上都的军队都被击败了。十月辛丑日，齐王月鲁帖木儿，元帅不花帖木儿率兵包围了上都，倒刺沙不得不捧出皇帝玉玺出降，大都与上都的道路这才开始畅通。于是文宗又派哈散及撒迪等先后前去迎接明宗皇帝回大都即位，北方的诸王都劝谏明宗南还京师，明宗皇帝于是从北边开始起程。

明　史

《明史》概论

《明史》是正史中的一部大书，它的卷数仅次于《宋史》，全书共计二百三十二卷，其中本纪二十四卷、表十三卷、列传二百二十卷，近五百万字。《明史》的修纂时间在二十四史中为最长的一部，从清顺治二年（公元1645年）下诏纂修开始，至乾隆四年（公元1739年）刊刻进程，前后长达九十五年。《明史》又是继前四史之后的一部体例完备、史笔谨严的史学著作。《明史》流行的版本较多，大约十余种，其中较好的版本有清乾隆年间的武英殿刊本、商务印书馆影印的百衲本、中华书局的点校本。

《明史》自史局开设到刊刻问世，历经顺治、康熙、雍正、乾隆四个朝代，延续近百年之久。先后多次更换《明史》总裁。参与修纂工作者也有近百人之多。从《明史》纂修情况看，可分成三个阶段：

从顺治二年（公元1645年）到康熙十七年（公元1678年），共三十四年。这是《明史》初修阶段，由于政局与修纂者的关系，本期只是做了初步的资料搜集工作，成绩甚小。领衔的《明史》总裁官是大学士冯铨、洪承畴、李建泰、范文程、刚林等五人，副总裁官由侍读学士詹霸等十一人充任。

从康熙十八年（公元1679年）到六十一年（公元1722年），共四十四年。这是《明史》纂修的关键阶段，《明史》的体制、叙述内容已基本确定。在本阶段担任总裁官的有徐元文、叶方蔼、张玉书、王鸿绪、陈廷敬等。

从雍正元年（公元1723年）到乾隆四年（公元1739年），共十七年。这是《明史》的最后成书阶段。雍正元年重开史馆，以张廷玉等人为总裁，张廷玉等在康熙年间修成的《明史稿》的基础上，增删修改，雍正十三年（公元1735年）十二月《明史》修成，乾隆四年正式刊行。《明史》终于问世。

纵观《明史》的纂修过程，康熙十八年以后才是《明史》成书的主要阶段。这一时期，大规模的反叛活动逐渐平息，清朝统治愈趋巩固，经济得到初步恢复和发展，康熙后期出现了盛世的繁荣，国力显著增强，这些都为《明史》的修纂提供了安定的环境和良好的条件。而封建统治者在完成刀光剑影的军事征服之后，为了进一步的政治稳定，为了笼络明朝遗民，即以修史的形式将他们招集起来，软控在朝廷之下。并且胜国为前朝修史是历代相沿的传统，这一来可总结前朝治政的得失，二可炫耀自己改朝换代的武功。明朝遗民目睹故国江山日渐牢固地掌握在他人手上，复兴已是无望，于是将故国的哀思寄托在《明史》编纂中。这些遭逢明清易代之变的文人士大夫，较为清醒、自觉地整理明朝的历史，使《明史》成为一部带有时代印记的著作。同时，由于朴学的酝酿、学风的逐渐转移，人们在修史的方法和态度上更为科学、客观，加上时间的延长、资料准备的充足，使《明史》成为一部体例谨严、史料翔实之作。

纪淑妃潜养皇子

原文

孝穆纪太后，孝宗[①]生母也，贺县人。本蛮土官女。成化中征蛮，俘入掖庭，授女史，警敏通文字，命守内藏。时万贵妃专宠而妒，后宫有娠者皆治使堕。柏贤妃生悼恭太子[②]，亦为所害。帝偶行内藏，应对称旨，悦，幸之，遂有身。万贵妃知而恚甚，令婢钩治之。婢谬报曰病痞。乃谪居安乐堂。久之。生孝宗，使门监张敏溺焉。敏惊曰："上未有子，奈何弃之。"稍哺粉饵饴[③]蜜，藏之他室，贵妃日伺无所得。至五六岁，未敢剪胎发。时吴后废居西内，近安乐堂，密知其事，往来哺养，帝不知也。

帝自悼恭太子薨后，久无嗣，中外皆以为忧。成化十一年，帝召张敏栉发，照镜叹曰："老将至而无子。"敏伏地曰："死罪，万岁已有子也。"帝愕然，问安在。对曰："奴言即死，万岁当为皇子主。"于是太监怀恩顿首曰："敏言是。皇子潜养西内，今已六岁矣，匿不敢闻。"帝大喜，即日幸西内，遣使往迎皇子。使至，妃抱皇子泣曰："儿去，吾不得生。儿见黄袍有须者，即儿父也。"衣以小绯袍，乘小舆，拥至阶下，发披地，走投帝怀。帝置之膝，抚

视久之，悲喜泣下曰：“我子也，类我。”使怀恩赴内阁具道其故，群臣皆大喜。明日，入贺，颁诏天下。移妃居永寿宫，数召见。万贵妃日夜怨泣曰：“群小绐[4]我。”其年六月，妃暴薨。或曰贵妃致之死，或曰自缢也。谥恭恪庄僖淑妃。敏惧，亦吞金死。敏，同安[5]人。

……孝宗即位，追谥淑妃为孝穆慈慧恭恪庄僖崇天承圣纯皇后，迁葬茂陵，别祀奉慈殿。

《明史·后妃传》

注解

① 孝宗：明孝宗朱祐樘，公元1488—1505年在位。

② “柏贤妃”句：柏贤妃，明宪宗妃。悼恭太子，生于成化五年，取名祐樘，两岁时立为皇太子，成化八年（公元1472年）二月突然夭折。

③ 饴（yí）：糖浆；糖稀。

④ 绐（dài）：欺哄。

⑤ 同安：县名，今属福建省。

译文

孝穆纪太后，是明孝宗的生母，贺县人。原先是少数民族土官的女儿。成化年间征讨西南少数民族，被俘后进了后宫当宫女，授任女史，因为她聪明伶俐，通晓文字，王皇后便命她守护宫廷藏书库。当时万贵妃专恃恩宠，心性忌妒，后宫妃嫔宫女有了身孕的她都下毒手堕胎。柏贤妃生了悼恭太子，后来也被她害死。宪宗皇帝有一次偶然到藏书库来，见纪女年轻美貌，言谈应对很合圣意，宪宗爱幸，于是有了身孕。万贵妃知道后非常妒恨，便命心腹丫环来查办。这丫环知纪女怀下龙种，便隐瞒真情，向贵妃回报说纪氏得了肿瘤病症。于是贬斥纪女，把她赶出藏书库，迁居安乐堂。又过了很长一段时间，

纪氏生下一男，就是后来的孝宗。当时纪氏心知自己难以抚养，便叫守门太监张敏把儿子抱出溺死。张敏听说要把婴儿溺死，大惊失色，说："皇上还没有子嗣，怎么能轻弃皇儿?"便把皇子藏到别处密室中，慢慢用米粉糊蜜糖水哺养，万贵妃时常暗查都没有查出。皇子一直到五、六岁，都不敢剪胎发。那几年当中，吴皇后被贬谪住在西宫，在安乐堂附近，暗中知道了皇子之事，便把皇子接到西宫，让纪氏往来哺养，宪宗皇帝仍然不知道。

宪宗皇帝自从悼恭太子死后，很久没有子嗣，朝廷内外都为此而担忧。成化十一年，皇帝召太监张敏到寝宫来为他梳理头发，他对镜自照，不觉喟然长叹，说："朕都快老了，却还没有子嗣。"张敏听后，立即伏地顿首，说："臣有事未奏圣上，死罪，死罪！万岁已有子了。"皇帝十分吃惊，忙问皇子在哪里。张敏回答说："奴言一出，性命难保，望万岁为皇子做主。"这时太监怀恩在旁边，连忙跪下奏道："张敏说的是实话。皇子一直在西宫暗中养育，现在已经六岁了，因害怕被人谋害，所以一直隐匿不报。"皇帝大喜过望，立即前往西宫，并派人到纪妃居住的安乐堂迎接皇子。皇帝派的人到了安乐堂，纪妃抱着皇子哭道："我儿出去可以重见天日了，只是恐怕我性命难保。我儿看见那身穿黄袍、脸上有胡须的，就是你的父亲。"边说着边给皇子换上一件小红袍，把他抱上小轿子，迎接的人簇拥着皇子到了西宫殿阶下面，

皇子从轿子里下来，满头长发披地，三蹦两跳地跑上台阶，一头扑到宪宗怀里。宪宗把儿子抱起来，让他坐在自己的双膝上，爱抚地看了又看。宪宗悲喜交集，垂着热泪说："是我的儿子，真像我。"于是派怀恩到内阁将得皇子喜讯告诉大臣们，群臣都欢天喜地。第二天，群臣进宫拜贺，并颁布诏书，告谕天下。后来淑妃移居永寿宫，宪宗时常召见她。万贵妃对此事怀恨在心，昼夜怨愤哭泣，恶狠狠地说："这帮小人哄骗了我。"这一年六月，纪妃暴亡。有人说是万贵妃下毒手害死了她，有人说是上吊自杀。谥号为恭恪庄僖淑妃。淑妃暴亡，张敏惧祸，也吞金自杀。张敏，是同安县人。

……孝宗即位之后，追谥淑妃为孝穆慈慧恭恪庄僖崇天承圣纯皇后，迁葬茂陵，别祀奉慈殿。

弘治两贤臣

原文

（弘治）八年，文武大臣以灾异陈时政，（周）经[1]为具奏草，而斥戏乐一事，语尤切直。帝密令中官廉草奏者，尚书耿裕曰："疏首吏部，裕实具草。"经曰："疏草出经手，即有罪，罪经。"世两贤之。

《明史·周经传》

注解

① 周经：时任吏部左侍郎。

译文

弘治八年，文武大臣因灾异上奏章陈述时政利弊，周经是奏章的起草者，痛斥游戏玩乐一事，用语特别急切耿直。孝宗皇帝密令宦官追查起草奏章的人，吏部尚书耿裕说："奏章是吏部领头，我耿裕是起草者。"周经说："奏章草稿出自我周经之手，如果有罪，应该判我周经的罪。"人们称赞耿裕、周经两人都是贤臣。

黄孔昭之事

原文

成化[1]五年，文选郎中[2]陈云等为吏所讦[3]，尽下狱贬官，尚书姚夔知孔昭廉，调之文选。九年进郎中。故事，选郎率闭门谢客。孔昭曰："国家用才，犹富家积粟。粟不素积，岂足赡饥；才不预储，安能济用？苟以深居绝客为高，何由知天下才俊。"公退，遇客至，辄延见，访以人才，书之于册。除官，以其才高下配地繁简。由是铨叙平允。其以私干者，悉拒之。尝与尚书尹旻争，至推案盛怒。孔昭拱立，俟其怒止，复言之。旻亦信谅直。旻通政[4]谈伦，欲用为侍郎，孔昭执不可。旻卒用之，伦果败。旻欲推故人为巡抚，孔昭不应。其人入都谒孔昭，至屈膝。孔昭益鄙之。旻令推举，孔昭曰："彼所少者，大臣体耳。"旻谓其人曰："黄君不离铨曹，汝不能迁也。"

为郎中满九载，始擢右通政。久之，迁南京工部右侍郎。有官地十余区为势家所侵，奏复之。奉诏荐举方面，以知府樊莹、佥事章懋应。后皆为名臣。郎官主藏[5]者以羡银数千进，斥退之。掘地得古鼎，急命工镌文庙二字，送之庙中。俄中贵欲献诸朝，见镌字而止。

《明史·黄孔昭传》

注解

① 成化：明宪宗年号。

② 文选郎中：吏部下属机构文选司主官，掌官吏班秩迁升、改调之事。

③ 讦(jié)：攻击；揭发。

④ 通政：指通政使。掌通章奏。

⑤ 藏：贮藏财物的仓库。

译文

成化五年，文选郎中陈云等人被属吏揭发，都被罢官入狱。吏部尚书深知黄孔昭廉洁，把他调到文选司，九年提升为郎中。按照惯例，文选郎中大多闭门谢客。黄孔昭说："国家选用人才，好比富足人家蓄积粮食。粮食如果不平常蓄积，饥荒时怎么能够接济？人才不预先储备，用人时怎么能满足需要呢？如果闭门谢客，那从哪里了解发现天下的人才俊杰呢！"由官府回到家中，遇有来客，黄孔昭都以礼相待，并留意寻访人才，随时记于书册。在除授官职时，依据才能的高下分别派往难于治理的地方和容易治理的地方任职。因此选拔任用公平合理。如果有人以私利求请，都予以拒绝。有一次与吏部尚书尹旻争论，惹得尹旻大怒，顺手推翻了桌子。黄孔昭垂手站立，等他息怒了，接着又陈述自己的观点。尹旻也相信黄孔昭诚信正直。尹旻和通政使谈伦关系亲密，想任用他为吏部侍郎，黄孔昭坚持认为不可以。尹旻还是用了谈伦，后来谈伦果然垮台。尹旻想推荐老朋友担任巡抚，黄孔昭不同意。这个人进京拜谒黄孔昭，直至双膝跪下求情。黄孔昭更加鄙视他。尹旻命令推举，黄孔昭说："他所缺少的，正是大臣的体统。"尹旻只好对这个人说："黄君不离开选曹，你是得不到升迁的了。"

黄孔昭担任文选郎中满了九年时间，才升为右通政。又过了好久，调任南京工部右侍郎。有十多处官地被权门大户侵占，黄孔昭奏请，全部收回了这些官地。奉诏命荐举方面大臣，黄孔昭荐举了知府樊莹、佥事章懋，两人后来都成为名臣。主管银库的郎官把几千两盈余的银子进奉给黄孔昭，结果被呵斥而退出。有人挖地挖出了一只古鼎，黄孔昭马上命工匠刻上"文庙"二字，把古鼎送到文庙中。不多久宦官权贵想把古鼎进献朝廷，看见古鼎刻有"文庙"二字才算了。

四贤之一王与龄

原文

王与龄，字受甫，宁乡[①]人。嘉靖八年进士。授苏州推官。入为户部主事，调吏部，进员外郎。二十一年，迁文选郎中[②]。澄清铨叙，所推荐皆廉静老成。

大学士翟銮为礼部主事张惟一求吏部，严嵩为监生钱可教求东阳知县，俱书抵与龄。与龄偕员外郎吴伯亨，主事李大魁、周铁，白之尚书许赞，具疏以闻，言："平时请属甚多。臣等违抗，积罪如山。非圣明覆庇，则二权奸主于中，群鹰犬和于外，臣等不为前选郎王嘉宾之斥，得为近日御史谢瑜之罢，幸矣。"疏入，銮言惟一资望应迁。嵩抵无致书事，请逮可教讯治，因言："圣明日览奏章，革弊厘奸悉宸断。而赞等妄意臣辈为之，借以修怨。然赞柔良，第受制所属耳。"帝方信嵩，又见疏中引嘉宾、瑜事，遂发怒。切责赞，除与龄名，伯亨等俱调外。给事中周怡论之，廷杖系狱。御史徐宗鲁等亦以为言，皆夺俸。自是，诸司以与龄为戒，无复敢与嵩抗。

与龄既罢，锦衣遣使侦其装，襆被[③]外无长物，称叹而去。里居，角巾躬稼圃，翛然[④]自得。郡人为作《平阳四贤诗》美之。四贤者，尚书韩文、陶琰、张润及与龄也。

《明史·王与龄传》

注解

① 宁乡：县名。今属湖南省。

② 文选郎中：明代吏部文选清吏司主官。职掌官吏班秩迁升、改调之事。

③ 襆(pú)被：用包袱包扎衣被。

④ 翛然：无拘无束、自由自在的样子。

译文

王与龄，字受甫，是宁乡县人。于嘉靖八年考取进士。授任苏府推官。入朝任户部主事，改调吏部，升为员外郎。二十一年升为文选郎中。所掌官吏班秩迁升面貌一新，他所推荐选拔的人都廉洁清正，老成稳重。

大学士翟銮为礼部主事张唯一求吏部职位，严嵩为监生钱可教求任东阳知县，请托书信都送到王与龄这里来了。王与龄偕同员外郎吴伯亨，主事李大魁、周钛，报告了尚书许赞，又上疏奏报朝廷，说："平时私人托请很多。臣等进行抵制没有办理，罪过积怨如同山积。如果不是圣上庇佑，那么两大权奸和他们的鹰犬爪牙里应外合，臣等不像前选郎王嘉宾那样被贬斥，而能像近日御史谢瑜那样被免职，也就是幸运了。"上疏奏进，翟銮说张唯一按资历声望应当升迁。严嵩绝口否认给王与龄写过信，请求逮捕钱可教审讯，并说："圣上每天亲览奏章，革除弊害惩治奸邪悉听圣断。而许赞等错认为是臣等处理这些国政大事，因此而结下怨仇。而许赞为人软弱善良，他只是受下属摆布。"皇上正宠信严嵩，又见上疏中引述了王嘉宾、谢瑜两人的事，于是发怒。严厉斥责许赞，王与龄被免官，吴伯亨等都由朝廷调往地方任职。对于此事给事中周怡提出了意见，在殿廷杖打，并把他关进监狱。御史徐宗鲁等也都站出来说话，都被削夺俸禄。从此之后，各司都以王与龄为鉴戒，没有人再胆敢与严嵩对抗。

王与龄罢官之后，锦衣卫派人侦探他的行装，除了一包衣物之外别无它物，这几个人又称赞又叹息，就走了。王与龄平常家居，头戴角巾，亲自种菜，悠然自得。郡中有人撰写《平阳四贤诗》赞美他。四贤，指尚书韩文、陶琰、张润和王与龄四人。

虎狼王邦奇

原文

锦衣革职旗校王邦奇屡乞复职，(安)磐言："邦奇等在正德[①]世，贪饕[②]搏噬，有若虎狼。其捕奸盗也，或以一人而牵十馀人，或以一家而连数十家，锻炼狱词，付之司寇[③]，谓之'铸铜板'。其缉妖言也，或用番役四出

搜愚民诡异之书，或购奸僧潜行诱愚民弥勒之教，然后从而掩之，无有解脱，谓之'种妖言'。数十年内，死者填狱，生者冤号。今不追正其罪，使得保首领，亦已幸矣，尚敢肆然无忌，屡渎天听，何为者哉。且陛下收已涣之人心，奠将危之国脉，实在登极一诏。若使此辈攘臂一朝坏之，则奸人环立蜂起，堤防溃决，不知所纪极矣。宜严究治，绝祸源。"帝不能从。其后邦奇卒为大厉如磐言。

《明史·安磐传》

注解

① 正德：明武宗年号（公元1506—1521年）。

② 饕（tāo）：贪财；贪食。

③ 司寇：官名，周代置；掌管刑狱、纠察等事，此处代指刑部。

译文

锦衣卫革职旗校王邦奇多次请求复职，安磐上奏说："王邦奇等人在正德朝之时，贪残酷烈，如虎狼一般，他们抓捕奸盗，或者因一个人而牵涉十几人，或者因一家而株连几十家，诬陷捏造罪状供词，交付刑部审讯，称之为'铸铜板'。他们所谓侦缉妖言，或者用外番仆役四处出动，搜集愚民诡异奇书，或者收买奸僧暗中引诱愚民笃信佛教。然后突然把这些人逮捕，让他们无法解脱，称之为一种妖言。几十年来，因冤狱而死者成千上万，被囚禁被流放者鸣冤叫屈。如今没有认真追查依法治罪，而使他得以保全首级，已经便宜他了，他竟还如此肆无忌惮，向陛下要求复职，这是为什么呢？况且陛下要收已经涣散之人心，拯救濒临灭亡之国脉，关键在于即位诏书。如果让这帮家伙从中捣鬼一朝败坏，那么奸人就将环立四周，纲纪大防就如蚁穴破堤，不知要糟糕到什么地步。应当严格追究，依法治罪铲除官患根源。"世宗皇帝不能听从。后来王邦奇果然如安磐所言，成为大祸害。

左光斗打假

原文

左光斗，字遗直，桐城[1]人。万历三十五年[2]进士。除中书舍人。选授御史，巡视中城。捕治吏部豪恶吏，获假印七十馀，假官一百馀人，辇下[3]震悚。

《明史·左光斗传》

注解

① 桐城：县名，今属安徽省。
② 万历三十五年：1607年。
③ 辇下：京城。

译文

左光斗，字遗直，是桐城县人。万历三十五年考取进士，除授中书舍人。被授为御史，巡视京都城中。捕获了吏部为非作歹的官吏，查获假官印七十多颗，假官一百多人，京城为之震惊。

朱元璋取天下之略

原文

帝(朱元璋)……尝与诸臣论取天下之略,曰:"朕遭时丧乱,初起乡土,本图自全。及渡江以来,观群雄所为,徒为生民之患,而张士诚、陈友谅尤为巨蠹。士诚恃富,友谅恃强,朕独无所恃。惟不嗜杀人,布信义,行节俭,与卿等同心共济。初与二寇相持,士诚尤逼近,或谓宜先击之。朕以友谅志骄,士诚器小,志骄则好生事,器小则无远图,故先攻友谅。鄱阳之役,士诚卒不能出姑苏一步以为之援。向使先攻士诚,浙西负固坚守,友谅必空国而来,吾腹背受敌矣。二寇既除,北定中原,所以先山东[①]、次河洛,止潼关之兵不遽取秦、陇者,盖扩廓帖木儿、李思齐、张思道皆百战之馀,未肯遽下。急之则并力一隅,猝未易定,故出其不意,反旆[②]而北。燕都[③]既举,然后西征。张、李望绝势穷。不战而克,然扩廓犹力抗不屈。向令未下燕都,骤与角力,胜负未可知也。"

《明史·太祖本纪三》

注解

① 山东：古代指崤山（今属河南）以东为山东。
② 旆（pèi）：泛指旌旗。
③ 燕都：今北京市。

译文

洪武皇帝……曾和大臣们一起讨论夺取天下的方略，说："我遭逢天下大乱，开始从家乡起兵，原曾想保全自己。及至渡江之后，看到群雄割据，为所欲为，成为百姓的灾难，而张士诚、陈友谅尤其是大祸害。张士诚自恃富有，陈友谅自恃强大，我一无所靠。只是不嗜杀戮，讲求信义，厉行节俭，与大家和衷共济。当初与二贼相持，张士诚势力尤为逼近，有人建议应先攻击张士诚。我认为陈友谅志意骄纵，张士诚器量狭小，志意骄纵则好生事端，器量狭小则没深谋远虑，所以决定先攻击陈友谅。鄱阳湖战役之中，张士诚最终没有出姑苏一步援助陈友谅。倘若先攻击张士诚，他在浙西固城坚守，陈友谅必定倾巢出动，我就要腹背受敌。后来二贼都被灭，挥师出伐，收复中原，用兵方略是先山东地区，再河、洛一带。在潼关驻兵不进，不急于攻取秦、陇地区，主要原因是，扩廓帖木儿、李思齐、张思道等人都身经百战，断不肯投降，情急之下就会同心协力，负隅顽抗，急攻不容易取胜，所以我军出其不意，挥师北上，攻克燕都之后，然后西征。这时张思道、李思齐希望断绝，势单力穷。我们不战而克，然而扩廓帖木儿仍拼力顽抗，没有屈服。假如我们不先攻下燕都，骤然与扩廓帖木儿等人较量，我们是胜是败还很难预料啊。"

清史稿

《清史稿》概论

《清史稿》，赵尔巽主编，共五百三十六卷，计有本纪二十五卷，志一百四十二卷，表五十三卷，传三百一十六卷，记载上起努尔哈赤在赫图阿拉建国称帝，下至宣统三年（公元1616—1911年）、清朝灭亡前后约二百九十六年的清代史事。

《清史稿》始修于民国三年（公元1914年）。这年春，北洋军阀政府国务院欲循历代为前朝修史的成例，向总统袁世凯呈请设清史馆，编修《清史》。总统袁世凯接到呈文后，非常高兴。原来这位大总统正准备恢复帝制，因此，他极想笼络清朝遗老，而纂修《清史》正是网罗这些人的绝好机会。修好《清史》，不仅可以文事饰

治，同时过可以换取前清遗老们对他的拥戴。于是，他欣然批准设立清史馆，同时广罗“海内通儒”，分任纂修之事。清史馆址设立在东华门内。

清史馆设立后，袁世凯延聘赵尔巽为史馆总裁（后称馆长）。赵尔巽欣然从命，并由他聘请组成了纂修班子。当时许多知名人士都被网罗在内，其中绝大多数为前清达官。纂史者先后延聘的有柯劭忞、缪荃孙、王树楠、夏孙桐、马其昶、吴廷燮、张尔田、金兆蕃、秦树声、王式通、朱师辙等百多人。最后总理发刊事宜的是袁金铠，总理校刺事务的是金梁。尚有名誉聘约三百人。真正自始至终参与纂修者不过十余人。纂修班子大体组成后，接着便商讨编纂体例。此事在社会上引起了很大反响。当时参与讨论的人，有馆内也有馆外，包括梁启超在内凡数十人。大抵分为两派：梁启超等少数人主张创新史体裁；另一派以馆内人士居多，主张仍沿用旧史体裁，大体近法《明史》，而稍有变通。最后馆长赵尔巽接受了代表多教人意见的后者，确定以旧史体裁纂修《清史》。其后于式枚等人拟定篇目为：本纪十二篇，志十六篇，表十篇，列传十七篇。后经众人讨论，大体同意了。在编纂过程中，志、表两类篇数未改，但篇目有所变动。如删去《国语志》，增入《交通志》，删去《总

理各国大臣年表》,改为《外戚表》。列传也改为十五篇。

之后《清史稿》的纂修,经历了三个阶段:

第一阶级,从1914年到1917年,是初创阶段。纂修之始,一切处于混乱状态,编修工作没有条例可循。各自为战,如同一盘散沙。馆长赵尔巽虽号称能办事,但无史才,学术著书本非所长,尤其是不善于组织。不仅馆长如此,由于缺乏经验,即使是一些著名学者也没有注意到这一点,结果造成总纂与协修各自任意秉笔,互不相下。参加撰稿的人,情况也非常复杂,不仅水平相差悬殊,而且工作态度也大不一样,许多人懒于翻书考证,再加上无人总阅,所以撰写出来的稿子虽多,但稿子是否能用,却无人过问,甚至彼此互相矛盾。因此,所写成的稿子,大多废弃。

第二阶段,从1917年到1926年,编纂工作逐渐走上了正轨。经过一段时期的杂乱无章之后,赵尔巽从工作中吸取了一定的经验教训。馆内同仁也逐渐认识到纪、传、志、表各目如果不专任一人以划一体例,不足以撰述,而考核事实,裁定详略、交流所见,更需要总纂与分纂者经常讨论联系,以免互相矛盾。于是,对纂修人员进行了整顿,辞退了一部分人员,使纂修队伍趋于精干;又立专人分别负责纪、传、表、志。这样,纂修工作走上了正轨,大约在1920年,初稿完成。但咸丰、同治、光绪、宣统四朝皆不合用。于是又推柯劭忞、夏孙桐再加整理。这一阶段,正值时局纷乱,纂修工作受到很大干扰。首先是经费紧张,由于减薪欠薪,不少馆员离开了史馆;加上直、奉两系军阀相继开战,东华门时启时闭,史馆工作多停顿。一方面经费不足,一方面馆内议论不定,遂使馆员散去的越来越多,最后终于全面停顿。

第三阶段,从1926年到1927年,为结束时期。清史馆的全部工作停顿一段时间后,赵尔巽即向军阀筹款,有了着落后,立即着手收尾工作。当时留馆人员都很努力。原定用三年的时间对史稿修订完毕。但才过半年,北伐军胜利进军,北京形势危急,赵尔巽感到时事艰虞,更因自己已到了迟暮之年,担心活不到书成之日,便召集馆人会议,决定宣布结束纂修工作,立即付刊。

赵尔巽提出将史稿付印时,遭到了夏孙桐的反对。他认为史稿繁杂、矛盾和错漏之处很多,书法体例也未能划一,不宜刊印。建议仍照计划用三年时间,实事求是,逐加修正,纵然不幸时局有变,导致工作中断。但修正之稿仍在,可供后来者采择,胜过草草印成。但赵尔巽拒绝了他的意见,坚持付刊。他说:“我不能刊《清史》,难道不能刊《清史稿》吗?”不久,赵卧床不起,印书之意更切。这时,袁金铠从辽阳来北京。表示愿意任印书之事,赵尔巽便任袁氏总理发刊事宜,金梁任校对,预定一年印毕。

1927年秋,赵尔巽痛故,由柯劭忞代理馆长。柯氏因与袁金铠、金梁意见不和,对刊印之事不愿过问。交稿后不阅即交给金梁。金梁因怀有个人目的，时《清史稿》发刊更是迫不及待，他没作细致的校对，即仓促付印。1928 年，全书出齐。《清史稿》初印一千一百部，凡五百三十六卷，分订为一百三十一册。史稿在付刊时，金梁趁机偷改增删，并私作《校刻记》。书印出后，东三省原预定四百部，金梁在未请示代馆长核准发行的情况下，就将这四百部运往关外，剩下的部分仍留在馆内。1929 年，留馆的七百部《清史稿》由故宫博物院接收。原史馆人员检阅金书，发现金梁改史稿，私作《校刘记》，于是众论哗然，指斥金梁无耻。于是召集会议，决定将金梁偷改的部分拆换回原稿，卷首职名、金梁所作的《校刻记》以及增入的张勋、康有为传剔除，保持了史稿的原貌。但已运往关外的四百部无法追回，这就形成了最初的两种版本。运往关外的四百部称“关外本”（或“关外一次本”），保持原貌的七百部称“关内本”。

1934 年，金梁在东北再次偷印《清史稿》，这一版称为“关外二次本”。此版大部分依关外本，但删去《时宪志》中的《八线时数表》七卷、《公主表序》等，增加陈黉举、朱筠、翁方纲三传，压缩了《赵尔丰传》。总卷数为五百二十九卷。1977 年出版的中华书局标点本，即以“关外二次本”为工作本，以标点、分段为重点。凡三种版本篇目，内容不同的地方，标点本都有附注，录出异文，以资参考。这是《清史稿》最好的一种版本，读者利用起来也比较方便。

文宗之言定帝位

原文

至宣宗晚年，以文宗长且贤，欲付大业，犹未决。会[1]校猎南苑。诸皇子皆从，恭亲王奕䜣获禽最多，文宗未发一矢。问之，对曰：“时方春，鸟兽孳育，不忍伤生以干天和。”宣宗大悦，曰：“此真帝者之言！”立储遂密定，受田[2]辅导之力也。

《清史稿·杜受田传》

注解

① 会:适逢,恰好。
② 受田:即杜受田,时任上书房总师傅。

译文

到了宣宗晚年的时候,因为文宗是长子又贤明,宣宗打算把天下交付与他,但还没作出决定。适逢宣宗到南苑打猎,众皇子都随驾。恭亲王奕䜣猎获的禽鸟最多,文宗却一箭也未发。问他,他回答说:"这时正是春天,鸟兽生育繁殖。我不忍心杀生而破坏自然的和谐。"宣宗非常高兴,说:"这真是帝王所说的话!"立太子的事就此暗定下来,这都归功于宣宗师傅杜受田的辅助引导。

张之洞几事

原文

之洞耻言和,则阴自图强,设广东水陆师学堂,创枪炮厂,开矿务局。疏请大治水师,岁提专款购兵舰。复立广雅书院。武备文事并举。同治十二年,兼署巡抚。于两粤边防控制之宜,辄多更置。著《沿海险要图说》上之。在粤六年,调补两湖。

会海军衙门奏请修京通铁路,台谏争陈铁路之害,请停办。翁同龢和等请试修边地,便用兵;徐会沣请改修德州济宁路,利漕运。之洞议曰:"修路之利,以通土货、厚民生为最大,征兵、转饷次之。今宜自京外卢沟桥起,经河南以达湖北汉口镇。此干路枢纽,中国大利所萃也。河北路成,则三晋之辙接于井陉,关陇之骖交于洛口;自河以南,则东引淮、吴,南通湘、蜀,万里声息,刻期可通。其便利有数端:内处腹地,无虑引敌,利一;

原野广漠，坟庐易避，利二；厂盛站多，役夫贾客可舍旧图新，利三；以一路控八九省之衢，人贷辐辏，足裕饷源，利四；近畿有事，淮、楚精兵崇朝可集，利五；太原旺煤铁，运行便则开采必多，利六；海上用兵，漕运无梗，利七。有此七利，分段分年成之。北路责之直隶总督，南路责之湖广总督，副以河南巡抚。"得旨报可，遂有移楚之命。大冶产铁，江西萍乡产煤，之洞乃奏开炼铁厂，汉阳大别山下，资路用，兼设枪炮钢药专厂。又以荆襄宜桑棉麻枲而饶皮革，设织布、纺纱、缫丝、制麻革诸局，佐之以堤工，通之以币政。由是湖北财赋称饶，土木工作亦日兴矣。

二十一年，中东事棘[①]，代刘坤一督两江，至则巡阅江防，购新出后膛炮，改筑西式炮台，设专将专兵领之。募德人教练，名曰"江南自强军"。采东西规制，广立武备、农工商、铁路、方言、军医诸学堂。寻还任湖北。时国威新挫，朝士日议变法，废时文，改试策论。之洞言："废时文，非废《五经》、《四书》也，故文体必正，命题之意必严。否则国家重教之旨不显，必致不读经文，背道忘本，非细故也。今宜首场试史论及本朝政法，二场试时务，三场以经义终焉。各随场去留而层递取之，庶少流弊。"又言："武科宜罢骑射、刀石，专试火器。欲挽重文轻武之习，必使兵皆识字，励行伍以科举。"二十四年，政变作，之洞先著《劝学篇》以见意，得免议。

二十六年，京师拳乱，时坤一督两江，鸿章督两广，袁世凯抚山东，要请之洞，同与外国领事定保护东南之约。及联军内犯，两宫西幸，而东南幸无事。明年，和议成，两宫回銮。论功，加太子少保。以兵事粗定，乃与坤一合上变法三疏。其论中国积弱不振之故，宜变通者十二事，宜采西法者十一事。于是停捐纳，去书吏，考差役，恤刑狱，筹八旗生计。裁屯卫，汰绿营，定矿律、商律、路律、交涉律，行银元，取印花税，扩邮政。其尤要者，则设学堂，停科举，奖游学。皆次第行焉。

二十八年，充督办商务大臣，再署两江总督。有道员私献商人金二十万为寿，请开矿海州，立劾罢之。考盐法利弊，设兵轮缉私，岁有赢课[②]。明

年，入觐，充经济特科阅卷大臣，厘定大学堂章程，毕，仍命还任。陛辞奏对，请化除满、汉畛域，以彰圣德，遏乱萌，上为动容。旋裁巡抚，以之洞兼之。三十二年，晋协办大学士。未几，内召，擢体仁阁大学士，授军机大臣，兼管学部。三十四年，督办粤汉铁路。

《清史稿·张之洞传》

注解

① 事棘：事情吃紧，危机。

② 赢课：增加的税收。

译文

张之洞对停战言和不齿，就暗地发愤自强，开设广东水陆军学堂，创办枪炮厂，开办矿务局。上疏建议重点兴办海军。每年拨专款购买军舰，又设立广雅书院，国防军事和文化教育同时并举。同治十二年，张之洞兼任巡抚，对广东广西两省边防控制事宜予以改革。他撰写了《沿海险要图说》上报朝廷。在广东六年后，调任两湖总督。

当时海军衙门奏请修筑京通铁路，御史台官员争相陈述铁路之害，要求停办。翁同龢等要求先在边境试修，便于用兵；徐会沣要求改修德州济宁铁路，利于漕运。张之洞建议说："修铁路的好处，对于流通土特产、方便人民生活为最大，其次是运送军队和粮饷。现在应当从京城外的卢沟桥开始，经河南到达湖北汉口。这一条干路枢纽，是中国许多重大利益之所在。河北铁路修成，则三晋铁路在井陉交汇，关东陇西由洛口连接；在黄河以南，则东连淮河、江苏，南通湖南、四川，万里之外的消息，很快就可相通。其有利之处、方便之处有几条：第一，内处腹地，不必担心外敌；第二，经过平原荒漠，容易避开坟地村庄；第三，沿路工业发达，车站众多，役夫商人可舍旧求新；第四，以一条铁路控制八九省的交通枢纽，人员货物聚集，足以提供所需财粮之源；第五，京城附近万一有事，江南、楚地精兵一个早上就能调集；第六，山西太原铁、煤丰富，交通便利后开采一定更多；第七，海上一旦用兵，漕运可仍然畅通无阻。有这样七大好处，铁路可以分段分年建成。北边责成直隶总督，南边责成湖广总督，河南巡抚也要协助。”圣旨批准下来，便把张之洞调到湖北。湖北大冶产铁，江西萍乡产煤，张之洞就奏请在汉阳大别山下开办炼铁厂，以备修铁路之用，同时开设枪炮炼钢火药专厂。又因为荆州襄阳一带适宜种植桑棉麻而且皮革资源丰富，就开设了织布、纺纱、缫丝、制麻革等局，又修筑堤防，改革币政。从此湖北的财赋比别处丰富，土木工程也日益兴办起来了。

光绪二十一年，中东事情吃紧，张之洞代替刘坤一任两江总督，到任后就巡视长江防务，购买新出的后膛炮，改修西式炮台，设立专门的将领来管理。聘请德国人作军队教练，称为“江南自强军”。采用东西两方的制度，广泛设立武备、农

工商、铁路、方言、军医等学校。不久又回湖北任职。当时国家刚刚受挫，朝廷大臣每天谈论变法，科举废掉八股文，改试策论。张之洞说：“废八股文，并不是废《四书》、《五经》，因此文体必须正，命题必须严格。否则国家重视教育的宗旨不能体现，定然导致考生不读经书，背道忘本，这并非小事。现在应当首场考史论和本朝政法，二场考时务，三场考经义。每场都有淘汰，逐步遴选，这样流弊就少了。”又说：“武科应停考骑射、刀石，专考枪炮火器。要扭转重文轻武的旧习，就必须让兵士识字，鼓励士兵参加科举考试。”光绪二十四年，实行变法，张之洞先写了《劝学篇》陈述自己的意见，而没有受到批评。

光绪二十六年，京都义和团起义，当时刘坤一任两江总督，李鸿章任两广总督，袁世凯任山东巡抚，共同邀请张之洞，与外国领事谈判订立东南联保的条约。等到八国联军攻打北京，东西两宫太后西幸而无事。第二年，辛丑条约签订，两宫太后回京。论功行赏，加封张之洞为太子少保。张之洞因为战事

稍微有所安定，就与刘坤一起上了关于变法的三道奏章。其中论述中国积弱不振的原因，应加以变通的有十二条，应采用西法改革的有十一条。于是停止捐纳为官，废除书吏，对差役进行查核，减缓刑狱，为八旗子弟筹划生计。裁减屯卫兵数目，淘汰绿营军，制订了矿法、商法、路法、交涉法，流通银元，收取印花税，扩大邮政。其中最重要的，是开办学校，停止科举考试，奖励出国留学。这些都先后实行了。

光绪二十八年，张之洞充任督办商务大臣，再任两江总督。有个道员私自送给商人万两黄金祝寿，请求在海州开矿，张之洞马上弹劾罢了他的官。又考察盐法的利弊，派兵船缉私，每年有增加的税收。第二年，入宫觐见，充任经济特科阅卷大臣，订立大学堂章程，完成后，仍然命他回湖北任总督。面辞皇上时奏对，要求化解满、汉之间的隔阂，以彰明圣上恩德，防止变乱发生，皇上动容。很快就裁减巡抚，让张之洞兼任。光绪三十二年，晋升为协办大学士。不久，宫内召见，擢升他为体仁阁大学士，授任军机大臣，兼管学部。光绪三十四年，督办粤汉铁路。

心术当慎

原文

（梁）国治笃[①]孝友，与兄李生，兄早卒，终生不称寿，事嫂如母。治事谨慎缜密。生平无疾言遽色，然不可以私干。门下士有求入按察使幕主刑名者，戒之曰："心术不可不慎！"其人请改治钱谷，则曰："刑名不慎，不过杀一人，所杀必有数，且为人所共知。钱谷厉人，十倍刑名，当时不觉。近数十年，远或数百年，流毒至于无穷，且未有已！"卒不许。

《清史稿·梁国治传》

注解

① 笃（dǔ）：重视。

译文

梁国治重视孝、友之情，他与哥哥是孪生兄弟，哥哥早亡。他一生不做寿，事奉嫂嫂如事奉母亲一样。办事谨慎周密，从来没有疾言厉色，然而也不能以私情相求。他门下有人请求到按察使手下充当管刑名的幕僚，梁国治告诫他说：“办事居心不能不特别慎重！”这个人又请求改管钱粮，国治就说：“刑名不慎，不过错杀一人而已，错杀的必定有限，而且人所共知。钱粮上不慎而害人，比刑名厉害十倍，当时还不觉得。短的几十年，长的几百年，流毒无边无际，而且没有休止。”最终没有同意。

黎士弘断婚案

原文

甲诉乙悔婚。乡俗婚书各装为卷，书男女生辰。两造①固邻旧，女生辰所素悉，伪为卷为证。（黎）士弘先问媒证：“乙得甲聘礼若干？行聘时有何客？”媒证出不意，妄举以对。复问甲，所对各异。擘②视卷轴，竹犹青，笑诘之曰：“若订婚三载，卷轴竹色犹新，此非临讼伪造者乎？”甲乃服罪。

《清史稿·黎士弘传》

注解

① 两造：男女双方。

② 擘（bò）：剖；分开。

译文

甲状告乙悔婚。乡里风俗，婚书分别装成一卷，上面写有男女双方的生辰八字。甲乙两方本来为邻里旧识，乙方女儿的生辰，甲方本已知道。因而伪造婚书，以此为证。黎士弘先问媒人："乙得甲的聘礼有多少？行聘时有什么客人在场？"媒人因为出于意料之外，就胡乱说些物品人名来对答。又以同样的问题问甲，所得的回答不一样，将婚书卷轴剖开来看，竹子还是青的，便笑着质问甲说："如果订婚有了三年，婚书卷轴还是青的，这难道不是告状前临时伪造的吗？"甲方于是认罪。

官逼民反

原文

（谷际岐）上疏曰："教匪滋扰，始于湖北宜都聂杰人，实自武昌府同知常丹葵苛虐逼迫而起。当教匪齐麟等正法于襄阳，匪徒各皆敛戢[①]，常丹葵索以虐民喜事为能。乾隆六十年，委查宜都县境，吓诈富家无算，赤贫者按名取结，纳钱释放。少得供据，立与惨刑，至以铁钉钉人壁上，或铁锤排击多人。情介[②]疑似，则解省城，每船载一二百人，饥寒就毙，浮尸于江，殁狱中者，亦无棺殓。聂杰人号首富，屡索不厌，村党结连拒捕。宜昌镇总兵突入遇害，由是宜都、枝江两县同变。襄阳之齐王氏、姚之富，长阳之覃加耀、张正谟等，闻风并起，遂延及河南、陕西。此臣所闻官逼民反之最先最甚者也。"

《清史稿·谷际岐传》

注解

① 敛戢(jí):收敛,止息。
② 情介:情节。

译文

谷际岐上奏章说:“教民造反生事,始于湖北宜都县的聂杰人,其实起因是武昌府同知常丹葵对教民苛虐逼迫太甚。当初叛乱教民齐麟等在襄阳被正法,其余教民本已有所收敛,常丹葵向来以虐待百姓、惹是生非为能事。乾隆六十年,他受命在宜都县内缉查,对有钱人家敲诈勒索,不知有多少次,贫苦人家则逐个具结,交钱才能释放。稍有一点供状,马上施用酷刑,甚至用铁钉把人钉在墙上。又用铁锤打死了很多人。情节稍有可疑,就解往省城,每艘船载一二百人,饥寒而死的,尸体浮在江面上,在牢中病死的,也没有棺殓。聂杰人在宜都号称首富,常丹葵多次向他索要钱财,贪得无厌。聂家就和村里人联合起来抗拒官府拘捕。宜昌镇总兵冲了进去,遭到杀害,由此宜都、枝江两县同时发生叛乱。襄阳的齐王氏、姚之富,长阳的覃加耀、张正谟等,一起闻风而动,叛乱一直蔓延到河南、陕西。这是我所听说过的官逼民反的最早最厉害的例子。”

清廷腐败　外患重重

原文

(道光)十八年,(穆彰阿)晋文华殿大学士。时禁烟议起,宣宗意锐甚,特命林则徐为钦差大臣。赴广东查办,英吉利领事义律初不听约束,继

因停止贸易，始缴烟，尽焚之，责永不贩运入境，强令具结，不从，兵衅遂开。则徐防御严，不得逞于广东，改犯闽、浙，沿海骚然。英舰抵天津，投书总督琦善，言由则徐启衅，穆彰阿窥帝意移，乃赞和议，罢则徐，以琦善代之，琦善一徇敌意，不设备，所要求者亦不尽得请，兵衅复起，先后命奕山、奕经督师，广东、浙江皆挫败。英兵且由海入江，林则徐及闽浙总督邓廷桢、台湾总兵达洪阿、台湾道姚莹以战守为敌所忌，并被严谴，命伊里布、耆英、牛鉴议款。二十三年，和议成，偿币通商，各国相继立约。国威既损，更丧国权，外患自此始。

《清史稿·穆彰阿传》

注解

（略）

译文

道光十八年，穆彰阿晋升为文华殿大学士。当时禁烟的呼声渐起，宣宗的决心很大，特地诏命林则徐为钦差大臣，去广东查办禁烟事务。英国领事义律起先不听林则徐约束，后来因被停止贸易，才缴出鸦片，林则徐全部烧毁，责令义律永不贩运鸦片入境，强迫他具结，义律不肯，由此发动侵略战争。林则徐防御严密，英军在广东不能得逞，转而进犯福建、浙江，沿海一带。英舰抵达天津后，派人给总督琦善送信，说是林则徐挑起事端。穆彰阿观察到皇上有所动摇，就力促和议，罢免林则徐，派琦善接替。琦

善一味顺从英军，不设防备战，英国人所要求的也不完全做到，于是战火复燃。先后命令奕山、奕经督率军队，在广东、浙江都遭挫败。英军将要从入海口进入长江，林则徐和闽浙总督邓廷桢、台湾总兵达洪阿、台湾道姚莹因奋力抗战防守为敌人所嫉恨，一齐遭到贬斥，命令伊里布、耆英、牛鉴谈判议和。道光二十三年，条约达成，清朝赔款通商，其他国家也相继与清朝订立条约。这样一来，不但损害了国家尊严，而且丧失了主权，外患从此猛增。

英人占据香港

原文

义律[1]数索香港，志在必得，琦善当事急，佯许之而不敢上闻。至是，义律献出所据炮台。并愿缴还定海以易香港全岛，别议通商章程。琦善亲与相见莲花城定议，往返传语，由差遣之鲍鹏将事，同城将军、巡抚皆不预知。及英人占据香港，出示安民，巡抚怡良奏闻，琦善方疏陈：“地势无可扼，军械无可恃，兵力不固，如与交锋，实无把握，不如暂事羁縻。”上益怒，诏斥琦善擅予香港，擅许通商之罪，褫职逮治，籍没家产。英兵遂夺虎门靖远炮台，提督关天培死之。奕山等至，战复不利，广州危急，许以烟价六百万两，围始解，而福建、浙江复被扰。琦善逮京，谳论大辟，寻释之，命赴浙江军营效力。未至，改发军台。（道光）二十二年[2]，浙师复败，吴淞不守，英兵遂入江，江宁[3]戒严，于是耆英、伊里布等定和议，海内莫不以罢战言和归咎于琦善为作俑之始矣。

《清史稿·琦善传》

注解

① 义律：英国人。清道光十四年（公元 1834 年）以船务总督身份随律劳卑来华。两年后充任驻华商务监督。林则徐禁烟以后，他是对中国发动侵略战争的主要策划者和指挥者。

② 道光二十二年：公元 1842 年。

③ 江宁：今南京市。

译文

英国人义律多次索要香港，志在必得，琦善被逼无奈，假装答应了他而不敢报告皇上。到这时，义律交出所占据的炮台，并希望交还定海来换取香港全岛，另外商议通商章程。琦善亲自和他在莲花城见面商订协议。往来传话，由差遣的鲍鹏办理，同城的将军、巡抚都不知情。等到英国人占领了香港，出了安民告示，巡抚怡良上奏了皇上，琦善才上奏章辩解："香港地势不够险要，军械不足依靠，兵力不算强大，如果与英国人交锋，实在没有把握取胜，不如暂时牵制，再作打算。"皇上非常生气，下诏斥责琦善擅自让出香港，擅自允许通商的罪行，撤掉他的官职，逮捕法办，抄没家产。英军便抢占了虎门靖远炮台，提督关天培在此殉难。奕山等人到后，交战又遭失败，广州危急，向英军许诺给烟价六百万两银子，才得以解围，而福建、浙江又被英军侵扰。琦善被抓到京城，定为死罪，不久又被释放，命他到浙江军营效力。还没到浙江，又改派到军台。道光二十二年，浙江军队又打败了，吴淞失守，英军进入长江，江宁戒严，于是耆英、伊里布等签订了《南京条约》。海内人士都将罢战言和归咎于琦善首开恶例。